U0037001

法鼓山年鑑

2021

◆**方丈和尚對 2021 年的祝福**

祝福全球 平安自在

　新年吉祥、萬事如意，祝福大家平安自在！「平安自在」是 2021 年法鼓山為我們的社會及全世界祝福的主題。所謂平安，是以慈悲心待人，時時有平安；所謂自在，是以智慧心安己，處處得自在。新冠病毒疫情雖已持續近一年，我們仍需以平常心來面對、接受、處理、放下，並以同理心、寬容心、關懷心，共同祈願疫情早日止息，回復正常的生活步調。

努力當下，創造機緣

　疫情發生以來，全球各地民眾多多少少都感到生活上的些許不便，甚至有些人因而面對親人辭世、隔離，或是工作與經濟生活的驟變。從佛法的角度，物質生活的短少而致生活不便，確實是存在的，但如果我們能保持心理安定與精神的平安，那才是真正可靠的平安。因此，勸請大眾在關心疫情、關注生活的同時，也要好好關照我們的內心環境。

　佛法的智慧，主要是因果因緣觀，任何事情都有它的前因後果，然而因果並非絕對，只要積極努力，就可以改善現況，甚至能創造成功的機會和機緣。所以，新的一年可以說充滿了希望，若能抱持這種心態和心行，我們自己本身就是平安自在的。

　佛經也說：「心生種種法生，心滅種種法滅。」一切人

事物環境都是由心主宰。我們是不是能夠共同發起大悲心，以同理心、寬宏心、互相關懷的心，來照顧自己，也照顧他人？是不是能夠對整體大環境多一些保護，珍惜有限的地球資源，而多做一些永續經營的努力？假使人人有此體認，相信不僅這一代能夠活得平安快樂，我們的下一代也能夠獲得平安自在。

學習觀音，自安安人

平安自在，要從自己做起，也可以學習觀世音菩薩平等慈悲的精神。我們的生命，細如分分秒秒的生存，都與許多認識或者不認識的人，存有直接或間接的因緣關係，從中獲得非常多的助益和支持。如《菩薩戒經》記載，一切眾生都是我們過去生的父母。

法鼓山 2021 年以「平安自在」做為對社會的祝福，方丈和尚果暉法師與大眾共勉：「慈悲心待人，時時有平安；智慧心安己，處處得自在」。

若能將一切長輩視為我們過去生的父母，將一切平輩當成兄弟姊妹，而將所有的晚輩待如子女或親人，以這種心態待人，平等的慈悲心就容易產生。換句話說，當我們對生命抱持感恩與珍惜，自然就會以慈悲心待人；當我們以平等心、慈悲心待人，我們自己就是平安的。

觀世音菩薩也叫作觀自在菩薩，其修持方法，如《心經》所述，乃是照見五蘊皆空。世間的一切現象，都是暫時的存在，而非永久存在。當我們順利成功之時，不應得意忘形；當我們失敗困頓之時，也不必灰心喪志，最好能以智慧心面對。事實上，環境是自心的一面鏡子，身處各種境緣而能練習反觀自心，放下個人的執著或堅持，就時時刻刻得到自在，這是觀自在菩薩照見五蘊皆空的法門，非常好用。

互信互助，安樂人間

我們只有一個地球，這是我們共同生活的大環境，以這種大心量、大悲心來對待任何人、處理任何事、接觸任何環境，我們就能時時平安，處處自在。祝福大家新的一年平安自在，也請人人為自己、為家人親友、為所有認識或不認識的人祝福，更為全世界祈願「平安自在」。阿彌陀佛！

編輯體例

一、本年鑑輯錄法鼓山西元 2021 年 1 月至 12 月間之記事。

二、正文分為三部，第一部為綜觀篇，含括法鼓山方丈和尚（果暉法師）、法鼓山僧團、法鼓山體系組織概述，俾使讀者對 2021 年的法鼓山體系運作有立即性、全面性且宏觀的認識。第二部為實踐篇，即法鼓山理念的具體實現，以三大教育架構，放眼國際，分為大普化、大關懷、大學院、國際弘化。各單元首先以總論宏觀論述這一年來主要事件之象徵意義及影響，再依事件發生時序以「記事報導」呈現內容，對於特別重大的事件則另闢篇幅做深入「特別報導」。第三部為全年度「大事記」，依事件發生時間順序記錄，便於查詢。

三、同一類型的活動若於不同時間舉辦多場時，於「記事報導」處合併敘述，並依第一場時間排列報導順序。但於「大事記」中則不合併，依各場舉辦日期時間分別記載。

四、內文中年、月、日一律以阿拉伯數字書寫，如：2021 年 5 月 8 日。其餘人數、金額等數值皆以國字書寫。

五、人物稱呼：聖嚴法師皆稱聖嚴師父。其他法師若為監院或監院以上職務，則一律先職銜後法名，如方丈和尚果暉法師、僧團副住持果品法師。一般人員敘述，若有職銜則省略先生、小姐，如法鼓山社會大學校長曾濟群。

六、法鼓山各事業體單位名稱，部分因名稱過長，只在全書第一次出現時以全名稱呼，其餘以簡稱代替，詳如下：

法鼓山世界佛教教育園區簡稱「法鼓山園區」、「法鼓山總本山」

中華佛教文化館簡稱「文化館」

法鼓山社會福利慈善事業基金會（法鼓山慈善基金會）簡稱「慈基會」

法鼓文理學院簡稱「文理學院」

中華佛學研究所簡稱「中華佛研所」

法鼓山僧伽大學簡稱「僧大」

法鼓山社會大學簡稱「法鼓山社大」

法鼓山人文社會基金會簡稱「人基會」

聖嚴教育基金會簡稱「聖基會」

護法總會北投分會簡稱「北投分會」

七、檢索方法：本年鑑使用方法主要有四種：

其一：了解法鼓山弘化運作的整體概況。請進入綜觀篇。

自〈法鼓山方丈和尚〉、〈僧團〉、〈法鼓山體系組織〉各篇專文，深入法鼓山弘化事業的精神理念、指導核心，及整體組織概況。

其二：依事件分類，檢索相關報導。

請進入實踐篇。事件分為四類，包括大普化教育、大關懷教育、大學院教育，及國際弘化，可於各類之首〈總論〉一文，了解該類事件的全年整體意義說明；並於「記事報導」依事件發生時間，檢索相關報導。

各事件的分類原則大致如下：

· 大普化教育：

凡運用佛教修行與現代文化，所舉辦的相關修行弘化、教育成長活動。

例如：禪坐、念佛、法會、朝山、誦戒、讀經等修行弘化，佛學課程、演講、講座、讀書會、成長營、禪修營、教師營、兒童營、人才培育等佛法普及、教育成長，對談、展覽、音樂會、文化出版與推廣等相關活動，以及僧團禮祖、剃度，心六倫運動，法鼓山在臺灣所舉辦的國際性普化、青年活動等。

· 大關懷教育：

凡對於社會大眾、信眾之間的相互關懷，急難救助以及心靈環保、禮儀環保、自然環保、生活環保等相關活動。

例如：關懷感恩分享會、悅眾成長營、正副會團長與轄召、召委聯席會議等信眾關懷教育，佛化祝壽、助念關懷、歲末關懷等社會關懷教育，以及海內外慈善救助、災難救援關懷，國際關懷生命獎等。

· 大學院教育：

凡為造就高層次的研究、教學、弘法及專業服務人才之教育單位，所舉辦的相關活動。

例如：中華佛學研究所、法鼓文理學院、法鼓山僧伽大學等所舉辦的活動，包括國際學術研討會、成長營、禪修，以及聖嚴教育基金會主辦的「聖嚴思想國際學術研討會」等。

· 國際弘化：

凡由法鼓山海外分院道場、據點等，所主辦的相關弘化活動、所參與的國際性活動；以及法鼓山於海外所舉辦的弘化活動等。

例如：美國東初禪寺、象岡道場、洛杉磯道場、舊金山道場，加拿大溫哥華道場，馬來西亞道場以及海外弘化據點，包括各國護法會，以及各聯絡處及

聯絡點等。各地所舉辦、參與的各項活動，包括各項禪修、念佛、法會及演講、慰訪關懷等。

另有聖嚴教育基金會與海外學術機構共同設立的「聖嚴漢傳佛學講座教授」，海外人士至法鼓山拜訪，海外學術單位至法鼓山園區參學等。

其三：依事件發生時間順序，檢索事件內容綱要。請進入大事記。

其四：檢索法會、禪修、讀書會等相關資料統計或圖表。

請進入附錄，依事件類別查詢所需資料。

例如：大普化教育單位所舉辦的法會、禪修、佛學課程之場次統計，主要出版品概況，以及國際會議參與情形、聖嚴師父相關主要學術研究論文一覽等。

※ 使用範例：

範例 1：查詢事件「大悲心祈福法會」

　　　　方法 1：進入實踐篇→大普化教育→於 11 月 20 日→可查得該事件相關報導

　　　　方法 2：進入大事記→於 11 月 20 日→可查得該事件內容綱要

範例 2：查詢單位「法鼓文理學院」

　　　　進入綜觀篇→〈法鼓山體系組織〉一文→於教育體系中，可查得該單位 2021 年的整體運作概況

範例 3：查詢「法鼓山 2021 年各地主要法會統計」

　　　　進入附錄→法鼓山 2021 年各地主要法會統計

目錄

46 實踐篇

269 大事記

327 附錄

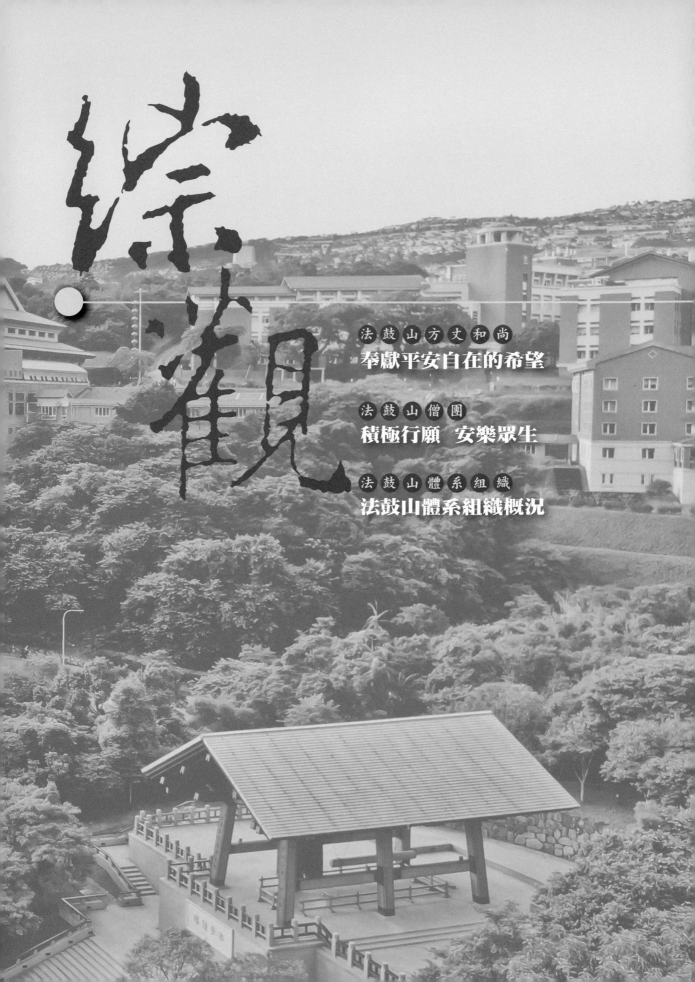

綜觀

法鼓山方丈和尚───2021年的果暉法師

奉獻平安自在的希望

　　2021年，時序進入二十一世紀第三個十年，世人與疫情相伴的日常也進入了第二年；以照顧好自己做為保護他人的善心護念，依然是大眾恪守平安的生活準則。而在新冠肺炎疫情時而嚴峻、時而緩解的這一年，分享平安自在的信心與希望，成為法鼓山團體四眾共學、共修且共同實踐的一大目標。

　　在開年的新春祝福中，方丈和尚果暉法師即指出，關心疫情的同時，也要好好觀照個人的內心環境；保持心理安定與精神的平安，才是真正可靠的平安。同時籲請人人發起大悲心，照顧自他之餘，也要將保護整體大環境及珍惜地球資源，視為與個人不可劃分的整體，因為這正是人類世世代代得以平安生活的最大保障。

　　平安，要從個人的內心做起；平安，需相互分享、傳遞與關懷。以下即略述2021年，方丈和尚引領僧俗四眾，透過佛法修學及實踐，分享平安自在的弘法剪影。

修福修慧，增長道業

　　法鼓山2021年度主題是「平安自在」，以「慈悲心待人，時時有平安；智慧心安己，處處得自在」四句副標訂為行動方針。方丈和尚分享定奪副標的思量，除了疫情仍然持續，另一焦點則是，可銜接大乘佛法的核心。

　　何謂大乘佛法的核心？2月下旬，在緬懷聖嚴師父圓寂十二週年的「法鼓傳燈日暨傳燈法會」中，透過網路直播，方丈和尚與全球僧俗四眾共勉：「檢視這一年來，實踐了多少聖嚴師父的教法，又做了多少自我成長與奉獻利他的功課，這是傳燈法會最大的意義所在。」並引《華嚴經》所云：「菩提心燈，大悲為油，大願為炷」，勸請大眾以眾生為福田，點亮光明的智慧，就能照亮三千大千世界的所有眾生。

　　3月，逢值僧伽大學創校二十週年，僧大透過網路發行《僧命旅程》、《走向十方》系列影片，方丈和尚以佛學院院長身分，期許未來的法門龍象，勤修戒、定、慧三學，懷抱大悲願心，為全世界人類奉獻和服務，因為二十一世紀的全體人類非常需要安定人心的力量。

法鼓文理學院本年創校十四週年，4月8日校慶當天，方丈和尚以中華佛學研究所所訓中的「實用為先，利他為重」兩句，期勉學生將在校所學知識，運用在奉獻利他的志業上。6月舉行的線上學士班畢業典禮，方丈和尚為十位來自臺、港、馬來西亞、泰國及越南的畢業生祝勉，未來不論繼續進修或是投入就業，都能秉

方丈和尚於寶雲寺梁皇寶懺法會上，期勉大眾學習佛菩薩發起慈悲心，為一切眾生拜懺。

持為了奉獻而不斷學習的精神，開展人生新旅程。

發悲願心、菩提心，以利他為前提，策勵自我成長與提昇，此一大乘佛法心要，也在方丈和尚年度四場對專職人員的精神講話中，殷殷提點。

1月，方丈和尚以「珍惜生命」為題，說明佛教徒的人生觀是珍惜生命、積極生活的菩薩行；期勉眾人建立三世因果的生命觀，發揮此生價值。4月，分享止觀禪法，從基礎的體驗呼吸開始，修「止」安心，修「觀」覺照，活出行、住、坐、臥皆是禪的自在人生。8月，因應疫情升溫，精神講話改採線上直播，方丈和尚分享聖嚴師父所言「木頭跟著木排走」，勉勵大眾藉由「規律」修行的習慣，來鍛鍊身心。10月，期勉眾人當以平常心進行危機管理，以心靈環保、「心五四」來面對、接受，就能隨時安心、隨處平安。

視眾生如親，讓地球永續

不僅疫情陷入膠著混沌，區域性衝突及地球持續暖化、惡化，也在這一年帶來嚴峻挑戰。方丈和尚在與社會大眾的溝通上，直陳種種危機，皆根源於人心的貪婪、彼此間缺乏信任，而慈悲心是對治的最好良藥。

2月，配合政府防疫政策，首度不開放現場參與的除夕撞鐘祈福法會，方丈和尚表示，新冠病毒出現變異，大眾需要做好個人防疫，也感謝全球站在第一線的醫護人員，守護全人類的健康。3月起舉行的兩梯次菩薩戒，經演禮、說戒、拜懺等儀軌，於正授典禮上，擔任菩薩法師的方丈和尚勉勵戒子：莫忘初發心，從簡單的戒條做起，用清淨的身、口、意三業來莊嚴淨土、成熟眾生。

本年於全臺舉辦的四場祈福皈依大典，皆由方丈和尚親授三皈五戒，共有兩千三百多位民眾皈依三寶。其中，4月於北投雲來寺，方丈和尚指出，一般人若能建立佛教信

仰，面對老病死、災難等無常，生命就會有所依靠。同月在高雄紫雲寺，方丈和尚期勉眾人，從念觀音、求觀音、學觀音、做觀音，次第修學菩薩道。9月，首度舉行線上祈福皈依典禮，方丈和尚勸請新皈依弟子發菩薩願，用佛法感化自己的身、口、意三業，積極奉獻利他，護念他人與環境。

為慶祝浴佛節暨母親節，行之多年的「心靈環保家庭日」活動，5月上旬於農禪寺舉行。方丈和尚親臨關懷，分享感恩、報恩是慶祝雙節日的具體行動，更要感謝全人類共同的母親——地球，將眾生視為親眷，過簡樸的環保生活，讓自然環境、後代子孫能永續生存與發展。

這一年，兩起意外事故，牽動全臺民心。4月，臺鐵太魯閣408車次於花蓮翻覆，法鼓山配合政府及社工單位，於第一時間前往醫院及殯儀館助念關懷，僧團也於花蓮殯儀館舉行佛化奠祭，由方丈和尚主法。另一方面，方丈和尚也出席於臺東信行寺啟建的三時繫念法會，從佛法分享這一期生命僅是菩薩道無數旅程中的一站，成佛才是終點；往生的菩薩們，在未來的旅程中，仍會跟我們在無數諸佛座下相見，互為菩薩道的同學、善知識。一席談話，溫暖慰藉了在場往生者家屬的心緒。

10月，高雄城中城大樓發生火災事故，方丈和尚前往事故現場及殯儀館，關懷罹難者家屬，勸請以懇切的心念佛迴向往生者，並感恩救難警消人員，以及社工與蓮友以佛法安定大眾身心。

疫情與意外事故交織，人心難免浮動。僧團特別於8月，在法鼓山園區大殿舉行「中元報恩三時繫念超度法會」，為全球祈福。方丈和尚開示，疫情水災、火災、地震、旱災與戰亂不斷，是人類的共業；期勉大眾發大菩提心，做好心靈環保，才能徹底解決災厄及環境衝突等課題。

人生「六度」，自安安人

防疫期間，法鼓山推出多樣的線上共修活動及共學課程，方丈和尚對全球護法信眾的關懷，也隨疫情因緣調整，有時現場關懷，有時視訊連線，與海內外僧俗四眾互勉分享防疫的安心之道。

其中，由護法總會策畫的「方丈和尚抵溫叨——地區巡迴關懷」，年初，方丈和尚前往基隆、臺南，關懷護法信眾的道業生活。於基隆，方丈和尚勉勵眾人「奉獻社會即修福，自己修行即修慧」，隨時隨地行菩薩道。於臺南，方丈和尚感恩鼓手們致力募人募心，也邀請眾人發心募僧，為住持佛法努力。11月與彰化員林分會視訊，指出悅眾「職務無高低，責任有輕重」，鼓勵大眾以成就他人來成長自己。

年中，防疫升級，法鼓山取消實體活動，方丈和尚關懷行程改為視訊連線。如6月起，法鼓山首次以ZOOM的研討方式結合臉書直播，舉辦八場「居家線上分享會」。方

方丈和尚與大同、士林鼓手相聚圓山分會，共願發大菩提心，利人利己。

丈和尚於第一場活動分享：專注念菩薩聖號，感受菩薩就在心中；心安就能身安，身心安頓，家庭、事業也會平安。同月，護法總會舉辦兩場線上關懷各地鼓手活動，勉勵大眾將疫情當作考驗，以聖嚴師父提倡的「四安」與「四它」來安頓身心。

8月起，護法總會五場線上關懷活動，計有全臺近一千五百位護法委員、教聯會、助念團、法青會，以及義工團的悅眾參與，方丈和尚多次闡述「人生六度」心法：「深度」表大信心，「寬度」指大精進心，「長度」為長遠心，「細度」即大智慧，「溫度」為大慈悲心，「高度」則是發大菩提心，以佛陀為榜樣。並以「安己和眾六字訣：輕、鬆、慢、細、小、分」，勉勵大眾身心放鬆，從小處著手，循序漸進自安安人。值得一提的是，螢幕前的方丈和尚與大眾互動，仿如面對面、一對一關懷，更增幾許親切。

而在海外道場，北美地區因疫情嚴峻，包括美國東初禪寺、洛杉磯、舊金山及加拿大溫哥華道場，已持續暫停實體活動近一年半。5月，方丈和尚透過視訊，向溫哥華、舊金山、洛杉磯三地法師及信眾表達關懷，期勉大眾以平常心面對疫情，不論疫情持續多久，仍要修行，仍要弘揚佛法。9月，由東初禪寺舉行的「提放‧自在」網路系列講座，方丈和尚分享止觀禪，提點眾人隨時隨地「放鬆」身心、每天將身心「歸零」，並學習萬緣「放下」，一念不生。

12月，洛杉磯、舊金山及加拿大溫哥華道場，聯合舉行線上「歲末暖關懷」，西雅圖、多倫多分會同步與會，方丈和尚說明「心靈環保」是法鼓山關懷世界的首要法寶，勉勵大眾運用慈悲智慧的佛法，為全世界祈福。

結語

時局愈不安，愈需要佛法。在疫情持續蔓延的2021年，無論是現場勉勵，或是線上關懷，方丈和尚屢屢提挈：多一分慈悲與智慧，多一分平安自在。當人人對生命抱持感恩與珍惜，自然會以慈悲心待人，自己就是平安的；身處各種境緣，能夠反觀自心，放下個人的執著或堅持，就時時刻刻得到自在。故而總是籲請大眾：效法佛菩薩的心量來待人處世，相互尊重、彼此了解，人人為人人祝福，才能促進整體人類的平安自在。

積極行願　安樂眾生

2021年，全球因疫病、天災、人禍、自然災變、戰爭等種種現象，致使人類生活產生諸多不安與恐懼。尤其隨著新冠肺炎病毒不斷突變，各項防疫警戒更讓人們的內心因外境而不安，產生焦慮與恐懼的情緒。聖嚴師父曾指出：「能改善人類命運的還是人心，只要人類的內心平安，生活的環境也能平安，只要人的心靈在一念之間清淨平安，就會影響到周遭人物環境的清淨平安。」法鼓山僧團秉持師父教導，持續以佛法安定社會，引領大眾開發慈悲心與智慧心的心法，從「學習」著力，智慧面對、接受現實，安心安身。

5月後臺灣本土疫情升溫，體系相關單位配合政府防疫政策，減低活動造成群聚感染的風險，自5月11日起暫停實體活動、課程與共修，並展延至10月底。同時啟動以「安定人心」為主軸的安心防疫服務，全球資訊網設置的「安心專區」提供多元的安心資源，包括佛法開示、法會、禪修、佛學課程等數位影音，以及大事關懷專區等平台。大眾可以依照個人生活節奏，安排動靜調和的定課，提昇心的免疫力。

以下就法務推廣、僧眾培育、道場建設、國際交流等面向，概述僧團2021年重要的弘化踐履。

法務推廣

本年度僧團在法務推廣上，持續於順應社會脈動、多元活潑的基礎上，進一步深化開展佛學教育、禪修推廣、法會共修與社會關懷等面向。雖因疫情讓推廣活動充滿考驗，然僧俗四眾齊心投入，盼能將佛法與禪修的精神，帶給社會大眾身心安定與平安。

佛學教育部分，普化中心信眾教育院本年度禪學班共開辦兩班次、學員近四百四十四人；佛學班三十七班次、學員逾四千三百人；福田班三班、學員近六百人；快樂學佛人九班次、學員近八百五十人；長青班共二十二班次，學員逾兩千人；心靈環保讀書會帶領人培訓課程，於北美、東南亞及臺灣共舉辦三場。

5月疫情升溫，聖嚴書院課程及經典共修停課，9月全面改為網路課程，佛學班、禪學

班新舊班共三十九班四千八百多人，於8月底、9月初線上開學復課；為了使新舊各班順利上線上課，信眾教育院從6月招生開始便著手準備，7月接續舉辦講師與悅眾線上說明會，具體力行「自己在哪裡，那裡就是道場」。無論是實體開課，或線上授課，學員均把握因緣，精進學習，確立學佛正知見。

禪修推廣方面，禪堂、傳燈院持續舉辦各類禪修活動與層次化的精進禪修課程，青年院分別於1月、4月舉辦「冬季青年卓越營」、「社青禪修營」，帶領青年學員體驗禪法的覺照力與活潑妙用，透過禪法來安定自己並提昇智慧。另一方面，7月起，傳燈院開辦入門及基礎網路禪修課程，引導大眾在疫情中運用禪法安身安心。活潑多元的形式，接引不同年齡層、不同社群人士學習安全的禪法，也讓禪法更貼近人心需求。

大型法會相關共修上，2月除夕撞鐘首度改採網路直播，並發起線上「#108 for All · 為世界祈福」影音分享，來自全球一百三十多位百工百業代表響應、參與，跨越國籍、種族、宗教，齊心凝聚聲聲祝福，祈願世間平安；聖嚴師父圓寂十二週年之際，僧團以線上直播舉辦「法鼓傳燈日暨傳燈法會」，全球四眾弟子於法會中點亮菩提心燈，感念師恩教澤，發願繼承師願，弘揚漢傳佛教。

第二十五屆傳授在家菩薩戒會分兩梯次於總本山舉行，共五百七十六位戒子圓滿受戒。全年度舉辦四場祈福皈依大典，由方丈和尚果暉法師親授三皈五戒，共有兩千三百多位民眾皈依三寶，開啟修學佛法新生命，其中9月於法鼓山園區，首度以網路舉辦，共有十一個國家地區、七百三十位民眾成為三寶弟子，踏上利人利己學佛路。法鼓山一年一度的水陸法會改為「大悲心祈福法會」，11月於園區啟建，並以全程線上共修舉行，由僧團法師領眾共修《梁皇寶懺》、觀音法門、地藏法門、念誦《法華經》四種法門，約有近三萬人次跨越時空，上線參與。

社會關懷方面，3月蘇花公路重大車禍、4月臺鐵太魯閣號列車發生出軌意外、10月高雄城中城火災事故，方丈和尚、僧團法師均於第一時間率同義工前往現場及醫院，提供各項關懷服務，包括帶領念佛、提供佛卡與大悲水等，並為亡靈及傷患超薦祝禱，匯聚群力注入佛法的溫暖與祝福。

本年，法鼓山持續關注新冠肺炎國內外疫情，除捐助國內醫療院所、縣市政府、社福機構所需的防疫和民生物資；為減少疫苗殘劑，提高大眾接種普及率，透過十方善信發心護持，採購六百萬支一毫升細針具，捐贈衛福部配發給各地疫

僧團舉辦「與禪相遇2.0」課程，培訓禪修師資。

苗接種單位使用。同時跨海援助緬甸，將防疫物資捐贈給仰光聖心禪寺（Myatmanaw Dhamma Yeiktha）、愛緬基金會（Chit Myit Tar Foundation），轉發給需要援助的寺院、佛學院、防疫組織及社區，協助僧伽及民眾防疫。

僧眾培育

於培育僧眾的推展上，除了僧伽大學持續辦學招生，並為六位求度者落髮圓頂、授沙彌（尼）戒、七位僧大新生求受行同沙彌（尼）戒，學習成為漢傳佛教宗教師，也為漢傳佛教增添新血輪。本年為僧大創校二十週年，除透過網路發行系列影片《僧命旅程》、《走向十方》，邀集學僧、於各體系領執的法師們現身說法，分享僧大教育內涵；也策劃展出「現代唐三藏養成計畫」，將出家修行生活樣貌與僧大教育特色，濃縮在三台收納式的移動展車中，讓社會大眾認識僧大的創建因緣和理念，以及學僧的學習鍛鍊，與生命歷程。

除每年例行的「僧大畢結業生領執培訓」外，為培養具有道心、悲願心及弘化能力的佛教人才，5月舉辦「與禪相遇2.0」課程，培訓初級及中級1禪訓班師資，透過演練與研討交流，提昇教學力，及助人安心的方法。

此外，三學院也持續規畫僧眾執事教育課程，其中，依據聖嚴師父1998年寫下的「漢傳佛教傳承發展系統表」，進行長期的教理研讀之「e同學研習營」及「e同學共學」課程，內容包括教史、教理及禪法的深入研讀，不僅引導僧眾深入禪學義理，精進弘法能力，更展現僧團永續成長的願景。

道場建設

2021年，國內增設兩處推行法鼓山理念的護法新據點。8月灑淨啟用的護法總會圓山分會、11月落成啟用的淡水分會中正路新據點，兩處分會空間寬廣、交通便利，除展開念佛、禪坐、讀書會等共修活動，也舉辦適合各年齡層的心靈成長、佛法講座等，接引更多大眾親近法鼓山、共修佛法。

國際交流及弘化

本年度僧團在國際參與上，不囿於疫情藩籬，積極與各界交流互動，如出席國際會議、跨宗教論壇等活動，延伸多元關懷觸角，並持續與國際社會分享漢傳佛教的智慧與「心靈環保」理念。2月，法國國立東方語言與文明學院（Institut national des langues et civilisations orientales, Inalco）聯合設立「國立東方語言與文明學院——聖嚴近現代漢傳佛教教授講座」（簡稱「東語——聖嚴講座」），象徵「近現代」的漢傳佛教研究，邁進當代西方學術體系的核心。

與不同宗教、族群對話與交流，共同促進世界和平，是法鼓山國際弘化的理念之一。6月加拿大溫哥華道場監院常悟法師，應當地卑詩省蘭利市的基督教西三一大學（Trinity Western University）之邀，出席校方舉辦的博士班專題跨宗教研討會，與基督教、錫克教、原住民等三位代表座談，分享順應時代的宗教弘法方式，為淨化人類心靈而努力。

關注世界宗教和平議題，10月第八屆「世界宗教議會」（The Parliament of the World's Religions），以網路視訊方式舉行，美國法鼓山佛教協會（DDMBA）常濟法師代表參加東南亞區域會議。法師提出，法鼓山倡導「心靈環保」即是要扭轉現有局面，而關鍵在於觀念的改變，來呼應會議主題「透過共同的目標來強化對氣候及生物多樣性的努力」，更呼籲國際社會愛護環境、擔起責任，地球才能永續發展。

僧團法師接續聖嚴師父在西方弘揚漢傳禪佛教之願行，美國象岡道場本年首度舉辦網路精進禪修，由住持果元法師主七，並邀請三位聖嚴師父西方法子查可‧安德列塞維克（Žarko Andričević）、吉伯‧古帝亞茲（Gilbert Gutierrez）、賽門‧查爾德（Simon Child），以及加拿大溫哥華道場監院常悟法師、常濟法師共同帶領；7月，常悟法師應瑞士伯恩禪修中心（Bern Chan）邀請，以實體、線上帶領該中心舉辦的年度禪七，推廣師父的教法。

本年僧團法師，包括方丈和尚果暉法師、僧團都監常遠法師、禪修中心副都監果醒法師、中華佛研所所長果鏡法師、僧大副院長果光法師、常啟法師等，透過網路視訊與海外道場信眾，弘講漢傳禪法、講授經典、高僧行誼及生活佛法運用等課程，引導大眾建立正確知見的修行與生命觀，諄諄期勉大眾，儘管環境瞬息萬變，不變的是讓「心」安住在佛法上，以穩健踏實的步履，走在精進學佛道路上。

結語

為推動漢傳佛教研究的深化及廣化，第八屆「聖嚴思想學術研討會」於6月舉行，因應防疫政策，首次於官方臉書及YouTube進行線上視訊直播，共有九十一位海內外的專家學者與會，發表五十篇論文，開展佛法跨界對話。而聖嚴師父法身舍利「《法鼓全集》2020紀念版」之數位版於11月全新上線，完善的搜尋功能，提供使用者深入了解師父的智慧無盡藏。

面對疫情的嚴峻考驗，2021年法鼓山僧團承師教法，秉持理念，在既有的基礎上穩定發展，積極為當今社會各層面注入以「心靈環保」為核心主軸的佛法弘化，為大眾心靈注入清淨與安定的力量；也以「無緣大慈，同體大悲」的佛法救濟，持續與國內外政府、慈善機構合作，援助所需資源。另一方面，更著重僧眾修行的深化與成長，累積攝眾、化眾、安眾的資糧，將法鼓山的理念不斷地延綿開展，讓佛法住世廣傳。

法鼓山體系組織

法鼓山體系組織概況

　　2021年，新冠病毒引發嚴重特殊傳染性肺炎（COVID-19）在全球持續蔓延，臺灣因疫情嚴峻，於5月中旬至7月底，警戒層級提高至第三級，法鼓山配合政府防疫政策，防範發生社區傳播，同步布達至10月底暫停所有實體、課程與共修活動，園區總本山及體系各分支道場、護法分會與共修處亦暫停對外開放。

　　警戒升級為社會帶來不安，延續2020年「安定人心」為主軸的安心防疫服務，法鼓山體系積極發揮宗教安定人心的力量，包括捐贈第一線醫護人員所需的醫療物資，充實線上修行共學所需的心靈防疫資源，推動「心呼吸」禪法、宅在家英雄日課表，及舉辦居家線上分享會、設置祈福平台等，期許大眾於居家避疫期間，能善用網路資源，以安定的身心展開與疫情共存的新生活。

　　疫情改變世界運行，也為佛法的弘揚帶來挑戰，以下分別就運作、發展、教育、支援四大體系的主要工作及活動內容，進行重點概述。

一、運作體系

　　運作體系包括園區中心、全球寺院、護法總會，因應疫情變化，致力推動數位化轉型，呈現跨越時空局限的弘法新動力。

（一）園區中心

　　位於新北市金山區的法鼓山世界佛教教育園區，簡稱園區中心，下有弘化院、百丈院。配合防疫，歲末感恩分享會調整為網路「邁向2021平安自在 —— 歲末感恩祈福法會」，於1月在園區展開；已舉辦十五年的除夕撞鐘，2月首度採線上直播，以一百零八響法華鐘聲護佑全球人類，除法鼓山官網，並有YouTube、Facebook、網路新聞台等平台同步播出，全球收看人數屢屢攀高，最後三響時刻，臉書留言超過一萬一千則。

　　另外，法鼓傳燈法會也以網路連線全球展開，方丈和尚果暉法師在園區大殿主法傳燈，透過視訊帶領發願，以生命實踐佛法，點亮菩提心燈。2020年因疫情而延期的第二十五屆「在家菩薩戒戒會」，於3月分兩梯次在園區大殿舉辦，為落實防疫，受戒人

數減半，五百七十六位求戒者分外珍惜殊勝法緣，在莊嚴梵唄聲中，成為新戒菩薩。

8月，由副住持果醒法師主法的中元報恩三時繫念超度法會，在線人數最高達三千五百多人，共有超過一萬五千人次觀看，齊心為在疫情中往生者超薦。

首度舉辦的雲端祈福皈依大典於9月展開，由方丈方尚為線上七百三十位來自臺灣、美國、德國、澳洲、中國大陸、港澳、東南亞等十一個國家地區的民眾親授三皈五戒；雲端舉辦讓以往無法現場參加的海外民眾，以及在照護中心、醫院的長者滿願。

11月，一年一度的水陸法會因應防疫調整為「大悲心祈福法會」，由僧團法師帶領，全程七日於線上共修《梁皇寶懺》、觀音法門、地藏法門、念誦《法華經》四種法門，每日透過雲端參加者近三萬人次，圓滿日舉辦三時繫念法會，將功德迴向全世界。

（二）全球寺院

法鼓山全球寺院弘化據點，包括國內各分寺院，及歐美、亞太、大中華等三區當地道場與護法會。

於臺灣，有十三處分寺院：北投中華佛教文化館、農禪寺、雲來寺、臺北安和分院、三峽天南寺、蘭陽分院、桃園齋明寺、臺中寶雲寺、南投德華寺、臺南分院、雲集寺、高雄紫雲寺、臺東信行寺。三處別苑：北投雲來別苑、桃園齋明別苑、臺中寶雲別苑。五處精舍：臺北中山精舍、基隆精舍、新竹精舍、高雄三民精舍、花蓮精舍。其中，花蓮精舍硬體建築於10月完工，常住法師進駐，帶領悅眾、義工完備內部各項設施，並陸續展開各項弘化活動。

於海外，歐美區有五處道場：美國紐約東初禪寺、象岡道場、加州洛杉磯道場、舊金山道場，及加拿大溫哥華道場。一處精舍：美國麻薩諸塞州波士頓普賢講堂。七個分會：美國紐約州、新澤西州、伊利諾州芝加哥、德克薩斯州達拉斯、佛羅里達州塔城、華盛頓州西雅圖，與加拿大安省多倫多。另外，北美部分有十個聯絡處、九個聯絡點；歐洲部分，則有盧森堡、英國倫敦兩個聯絡處，及里茲聯絡點。

亞太區除設有馬來西亞道場，另有泰國、新加坡護法會，以及澳洲雪梨、墨爾本分會。大中華地區則有香港道場。

「大悲心祈福法會」共修四大慈悲法門，圖為禮《梁皇寶懺》。

1. 國內各分寺院

國內各分寺院作為法鼓山理念的重要推手，2021年落實數位化轉型，積極配合防疫，更適時發揮安定社會的功能，藉由網路展開法會、禪修、講座及佛法課程，接引大眾心安平安。

法會方面，包含新春普佛、清明報恩、梁皇寶懺、浴佛、中元地藏法會等。其中寶雲寺、農禪寺於4月、8月啟建為期七日的梁皇寶懺法會，分別安排寺院管理副都監果理法師、常法法師解說《梁皇寶懺》，引導大眾深入懺法要義，拜懺更安定。法會全程透過網路直播，各有逾十一萬人次、二十萬人次參加。清明期間，國內發生太魯閣號列車出軌事故，各分支道場於舉辦清明報恩法會時，同步設立消災及超薦牌位，凝聚光明與安定的力量。而安和分院自2012年起，每年分期恭誦四十九部《地藏經》，2021年邁入第十年，本年受疫情影響，於3至11月間舉行，月份、日期雖略有調整，但大眾精進修行的願心，不因修行形式而改變。

11月的「大悲心祈福法會」，齋明寺、紫雲寺、信行寺、花蓮精舍連線《梁皇寶懺》共修；寶雲寺、臺南分院、齋明別苑參與《法華經》共修；雲來別苑則修持觀音法門。串聯無量悲心，迴向人間平安。

佛學課程上，各分寺院開辦的《金剛經》、《六祖壇經》經典共修課程，聆聽聖嚴師父的影音開示，學習活用經典的智慧。另一方面，包括安和分院「觀自在、大悲行」系列講座，開展念觀音、求觀音、學觀音、做觀音的修學之旅；紫雲寺四場「梵文《心經》」講座，解析空性的智慧；齋明別苑「佛陀心藥鋪」講座，以「四它」及「因緣與因果」兩帖心藥，引導學員運用佛法化解人生難題。

涵融佛法、禪法、生活、文化、藝術、教育於一體的多元教育成長活動，本年也於各分支道場展開，農禪寺、安和分院為中熟齡族群開辦「後四十的人生必修課」、「禪悅的人生」，分享運用正知見的佛法，讓生活更快樂；安和分院「社會與生命關懷」、「樂活善生，尊嚴善終」等多場生命關懷講座，除邀請醫界人士提供專業照護知識之外，也安排僧團法師傳遞佛法的安心之道。

延伸關懷觸角，農禪寺「幸福覺招團練室」帶領六十位青年朋友翻轉思惟，穿越時空向

學員於農禪寺「後四十的人生必修課」中，分享開創心靈富足、踏實自在的人生。

佛教最強居士維摩詰學習；齋明別苑「心光講堂」、紫雲寺「法鼓青年開講」系列講座，啟發青年開展生命熱忱，在實踐夢想中成長自己、成就他人。安和分院的「童趣班」、雲來寺與寶雲寺的「兒童故事花園」，藉由閱讀繪本及趣味課程，讓菩提種子向下扎根；寶雲寺的「兒童讀經班」、臺南分院「親子讀經班」，則陶冶孩童性情，培育良善品格。

2.歐美區

相對於臺灣疫情於5月進入三級警戒，歐美區海外道場配合當地政府防疫措施，自2020年起即已陸續停止實體活動，2021年間多是持續關閉、或僅有部分緩慢逐步開放，但國際弘化的腳步並未停歇，藉由現代科技，透過數位雲端，持續為世界帶來佛法的祝福。

美國東岸的東初禪寺，除例行念佛、禪坐，及週日法會外，於新春期間舉辦網路《藥師經》共修，由象岡道場住持果元法師等帶領，持誦《藥師經》、〈藥師咒〉及藥師如來聖號，祈求全球疫情平息；並開設兩場線上新春講座，首場由果元法師以「鼠去牛來」為題，期勉大眾「汰舊換新」，反思身口意三業；第二場「對《金剛經》的思惟」，由聖嚴師父法子吉伯・古帝亞茲（Gilbert Gutierrez）結合歷史與禪修正見，帶領深入經典的奧義。

5月「初心浴佛」法會，監院常華法師勉勵善用人身努力修行，證得清淨法身，運用與佛無別的真心救度眾生。9月舉行中元佛五暨三時繫念法會，實體與網路直播同步進行，除了現場三十位僧俗代表，每日在線參與共修的民眾，逾一百五十人。

2021年的中文佛學講座，如《大乘佛說稻稈經》、《華嚴經》、《大乘起信論》，皆由常住法師引導大眾領略經典要義；英文佛學講座，包括由常華法師主講「小止觀」，另邀請聖嚴師父西方弟子哈利・米勒（Harry Miller）主講《法華經》（*The Lotus Sutra*）、李世娟（Rebecca Li）主講「禪者如何修行『無緣大慈』」（Cultivating Unconditional Love as a Chan Practitioner），接引西方人了解漢傳佛教的智慧。

9月三場「提放・自在」線上講座，由方丈和尚果暉法師、僧團都監常遠法師、關懷院監院常哲法師分享如何覺察身心、安身心家業、放下身心，不論是提起，還是放下，都能平安自在。

同處東岸的象岡道場，首先於1月舉行冬安居，東初禪寺、象岡道場的常住法師們，各自藉由打坐、拜佛、拜懺、經行，精進用功；2月起展開為期五十二天的「線上精進藥師咒共修暨清明報恩三時繫念法會」，集聚眾善為世界祝禱，將佛法帶回生活中實踐。3月的網路精進禪修，由住持果元法師主七，提供居家隔離期間安定身心的指引。

北美西岸的洛杉磯、舊金山、溫哥華三處道場，2021年聯合舉辦多項法會與活動，包括於1月線上歲末關懷分享會，方丈和尚果暉法師與道場十位法師、三百多位海外信

於象岡道場舉行的三時繫念法會，由住持果元法師主法。

眾透過網路共修，凝聚願力，為受疫情所苦的北美大地帶來溫馨暖意。2月新春，為傳遞年節溫暖，舊金山、洛杉磯道場開放停車「Drive Through」（得來速），以「大菩提心」春聯、平安米等的福袋，與信眾結緣；於「法鼓傳燈日」，三處道場從不同的主題和角度緬懷師恩，包括《聖嚴法師年譜》線上分享會、「聖嚴法師的禪學思想」線上講座、《本來面目》紀實電影線上座談會，分享對聖嚴師父教法的領納與體會。

清明期間，三處道場接連舉辦線上報恩共修法會，舊金山道場監院常惺法師在淨土懺網路法會上，勉勵大眾福慧兩足尊；5月線上浴佛及法會，方丈和尚透過網路關懷，並開示浴佛在於清淨自心，才能與佛的功德相應。

7至8月，三處道場共同舉辦「2021暑期佛法講座」，由中華佛研所所長果鏡法師、僧大副院長果光法師、僧大教務長常啟法師，分別主講「唐代茶文化與茶公案」、「撞倒須彌山——漢傳佛教之話頭禪法」、「《維摩詰經》旨略——紅塵不迷亦不離」，三場演講同步英文口譯，讓西方眾也能聞法無礙。

年底的「歲末暖關懷」，除洛杉磯、舊金山、溫哥華等三處道場，西雅圖、多倫多分會同步與會，信眾齊聚線上，聆聽方丈和尚的祝福，也串連歲末團聚的祝福與喜悅。

另一方面，在北美地區發展十餘年的讀書會，疫情初期隨著道場關閉而暫停，後陸續轉型於線上舉辦，各地參與人數逐步增加，新的讀書會也相繼成立，三處道場本年首次合辦「心靈環保讀書會帶領人基礎培訓」，有七十位帶領人參加，學習帶領人的心法，發願共同推廣法鼓山的理念。

在因地制宜的弘化推廣上，舊金山道場於年初開辦「樂在學習，活出自己」系列課程，邀請舊金山州立大學（San Francisco State University）教授李明曄講授學習理論在日常生活中的應用。5月，邀請聖嚴師父西方法子查可·安德烈塞維克（Žarko Andričević）透過Zoom視訊主講「修行與開悟之道」，勉勵大眾，精進修行，就是開悟之道。

溫哥華道場於2、5月舉辦佛法講座，分別邀請查可·安德列塞維克連線分享「如何培養對自己和他人的慈悲心」，及李世娟帶領探討，如何運用《楞嚴經》的智慧，破解

真實虛妄、守護六根。12月「你心我心——傾聽和溝通」線上英文講座，邀請具有心理諮商和臨床經驗的常聞（David Listen），分享如何透過禪修增進人我之間的關係。

3.亞太區

馬來西亞道場本年主要延續2020年「處處是道場，學習零距離」的線上學習行事曆，及「生活的日常，步步皆是禪」專案，每日在臉書推廣禪修的生活實踐，協助大眾以禪法、動禪及心靈環保的觀念，設計每天的行動方針。

2021年的節慶法會都於線上舉行，包括新春觀音、燃燈供佛、浴佛法會等。其中5月的浴佛法會圓滿後，特舉辦分享會，回顧當地佛教團體爭取衛塞節（佛誕日）成為公共假期的歷史過程，監院常藻法師勉勵眾人，從長遠的角度去思考有利於佛教和眾生的事，積極朝目標奉獻。

8月起每月舉辦網路禪一，帶領大眾透過禪坐、動禪，讓生命重新恢復活力，面對當下。10、11月的兩場「提起‧放下‧看生死」線上工作坊，從「洞悉無常，提起希望」、「生死大事，圓滿放下」、「生命有限，願力無限」三個面向切入，引導一百五十四位學員認識法鼓山的大事關懷，建立「諸行無常」的生命觀，以珍惜人生的態度，圓滿生命價值。

佛學課程方面，週四開辦的「學佛五講」，提綱契領介紹宗教的概念、佛法的正知正見、修行的方法，研讀佛法已久的學員，再深入探索更多未開發的智慧空間；初學學員則初探佛法的博大精深，了解正信的佛教。

此外，道場亦應當地學校、宗教團體邀請，前往分享佛法的生活運用，包括常藻法師8月應馬佛青吉打州聯委會之邀，於網路講座中，以「疫心迴向」為題，分享生命的價值與規畫；也於雙威大學（Sunway University）佛學會舉辦的網路專題演講中，以「法師，鬼門開了怎麼辦？」為題，講解盂蘭盆的起源、意義、內容，並進一步釐清盂蘭盆與民間鬼節的差異；9月於「第十五屆全國大專佛青思想工作營」中，參與「佛學會與學佛系統之間的關係」網路座談，分享佛法修學的體驗。

新加坡護法會、泰國護法會的念佛、法會，以及禪坐、初級禪訓班等共修活動，皆採線上進行。新加坡護法會5月舉行浴佛活動，配合政府防疫措施，控制人流；7月「人生覺招——《四十二章經》」佛學課程，由常耀法師講說《四

馬來西亞道場8月起，每月舉辦網路禪一，一如身在禪堂，體驗放鬆與安定。

香港道場參加香港書展，以閱讀分享法鼓山的理念。

十二章經》要旨。

泰國護法會於4月舉辦地藏法會，由常空法師主法，迴向累劫父母、六親眷屬及十方法界眾生；11月「逆轉人生的懺悔法門」佛學講座，演柱法師分享應用佛法的懺悔法門，修練身心，讓生命更有意義。

4.大中華區

大中華區主要是香港道場專案。1月起，香港道場推廣「修行日常」網路共修，週一至週五分別安排念佛、經教導讀、禪坐、大悲咒、禪瑜伽等主題，由常住法師透過影片，帶領信眾在家中善用網路持續精進，開啟心的修行日誌。

2月，舉辦祈福、觀音法會，邀請大眾透過線上共修，迎接新春法喜；5月於九龍會址舉辦「約咗佛陀去慶生」，內容包括浴佛法會、禪瑜伽頌缽體驗；並在饒宗頤文化館舉行浴佛祈願、《本來面目》影片欣賞、佛系燈謎，以及多項禪藝創作活動。8月的「平安自在藥師週」，實體法會與網路共修同步進行，凝聚大眾善念願力，祝禱新冠肺炎疫情早日消退，眾生消災免難，人間平安有福。

「學佛入門」課程於9月起展開，由常住法師等主講，內容包括認識佛教核心義理、學佛行儀導引等，接引大眾走進學佛的門徑，獲得修行法寶與法喜。

香港道場本年也參加一年一度的香港國際書展，以「平安自在」為主題設立展位，展出聖嚴師父著作與法鼓文化出版品，傳遞平安自在的閱讀幸福；並以「您可以選擇不恐懼」為題，由常禮法師、心理學家袁家慧、精神科醫生梁琳明分享以「四它」面對恐懼，讓心更安定。

（三）護法總會

護法總會包括護法會團、關懷院、青年發展院及服務處，為不同屬性社會大眾，提供服務，共同成長。

1.護法會團

僧俗四眾協力成就的護法會團，轄下有會團本部、各會團及各地分會、共修處。

（1）會團本部

年度首場大型活動為歲末感恩分享會，配合防疫政策、也為護念海外四眾弟子，於1月調整為「邁向2021平安自在 —— 歲末感恩祈福法會」線上直播，由方丈和尚果暉法師主法，引領全球善信精進共修，並感恩各地護法大眾共同學法、弘法、護法，也提醒防疫要從自身做起，護念彼此健康的生活。

「方丈和尚抵溫叨——地區巡迴關懷」活動，1、4月分別於基隆分會、臺南分院實體展開兩場，10、11月則透過網路於紫雲寺及彰化、員林分會舉辦。除了解地區需求，也凝聚願心、傳承護法薪火。8月舉辦五場「方丈和尚視訊關懷」，與全臺護法會員、教聯會、助念團、法青會與義工團，近

護法鼓手返校體驗心靈環保教育，發願接引更多人報考文理學院。

一千五百位悅眾交流，並開示人生六度：「長、寬、高、深、細、溫」，各會團輔導法師也同步連線關懷。

為感恩信眾的護持，三梯次「勸募會員返校日」於3至4月展開，近兩百五十位勸募會員回到法鼓文理學院、僧大，認識大學院的教育精神，學習運用體系內各種教育資源，持續精進。

3月，於天南寺舉辦悅眾禪修營，八十多位悅眾，透過八天七夜規律作息調和身心，互勉護法、弘法更得力。五場「勸募鼓手研習營」於3至5月間展開，以「分享的力量」為主題，七百多位鼓手重溫聖嚴師父教法，凝聚團體共識，也交流勸募心法。

9月，首度於線上舉辦勸募會員授證典禮，以雲來別苑大殿為主現場，兩百四十五位新勸募會員加入鼓手行列，共同耕耘募人、募心、募款的大福田。

（2）各會團

護法總會各會團主要由在家居士組成，現有榮譽董事會、法行會、法緣會、社會菁英禪修營共修會、教師聯誼會、念佛會、義工團、合唱團、助念團等。因應2021年的紛擾疫情，各會團協力彼此支援，共享法鼓山體系學佛資源。

法緣會除例行讀書會，閱讀聖嚴師父著作外，3月邀請資深媒體人陳月卿就「女力崛起・自在隨緣」為主題，向退居方丈果東法師請法，退居方丈以佛法妙喻，說明女性可以恰如其分扮演各種角色。法行會全年舉辦九場例會，由僧團法師講授《金剛經》、《維摩詰經》等，方丈和尚果暉法師則在8月的例會中，線上分享以「四它」面對後疫情時代。

教聯會全年舉辦兩場禪一、一場禪二；並有九場「網路讀書會」，由演本法師講授《華嚴經・入法界品》，並帶領共讀聖嚴師父著作，為教學和生活注入安定力量。3月於法鼓山園區首度與關懷院合辦生命教育營隊，由關懷院監院常哲法師分享法鼓山大事

關懷的意義與內涵；4月舉辦兩場「教師心靈環保教學研習營」，以《大智慧過生活》為研習主題，分享教學運用，讓教學更得力。

許多榮譽董事闔家出席頒聘典禮，體現代代相傳的護法因緣。

榮譽董事會3月於天南寺舉辦禪悅營，六十位學員分享親近佛法的因緣，堅定修行與奉獻的願心。本年三場頒聘典禮於4、11及12月舉行，其中有家族三代、或是職場團體共同成就，傳承學佛護法心；9、12月於農禪寺舉行的全球榮董感恩聯誼會、全球悅眾聯席會議，採實體與線上雙線進行，來自全臺、美國、加拿大、東南亞海內外悅眾跨區交流。

疫情期間，榮董會成立「學佛群疑」群組及「線上讀書會」，鼓勵居家避疫也能持續用功學習。其中，讀書會閱讀聖嚴師父著作《禪的理論與實踐》、方丈和尚新書《止觀禪》，每場皆有逾百人參加。

助念團於3月在雲來別苑舉辦「大事關懷交流茶會」，有近三十位北部各區助念組組長參加，與法師們交流大事關懷實務經驗。

（3）各地分會、共修處

2021年，護法總會於全臺共有四十一處分會、十處共修處，作為地區弘化據點，平日舉辦念佛、禪坐及各項生活禪藝等共修或課程；也支援體系內各單位執行如聯合祝壽、歲末關懷及獎助學金頒發等活動的舉辦，在地方播撒學佛種子。其中，匯聚大同與士林地區信眾同心共願而成立的圓山分會，於8月灑淨啟用；位於北海岸的淡水分會，11月舉辦中正路新據點啟用典禮，除就近接引民眾修學佛法，也提供大眾更寬廣的共修空間。

於地區活動上，新店、新莊、雙和、松山與城中等分會，全年與法青會共同舉辦多場「悟寶兒童營」，藉由話劇、遊戲、唱誦等方式，帶領國小中、低年級學童探

各地分會開辦各式禪藝課程，陶冶性情。圖為文山分會的書法課程。

索佛法的心靈寶藏；5月，林口、內湖、城中等分會則舉辦「兒童浴佛與插花」，引領孩童認識佛陀，啟發「謝謝爸媽給我生命，謝謝佛陀給我法身慧命」的感恩心。

文山分會「平安自在」講座，由僧大男眾副院長常寬法師主講「從文山到法鼓山 —— 平安自在的修行旅程」，法師出生成長於臺北市文山區，溫馨的生命故事分享，讓兩百多位在地聽眾備受感動；新莊、雙和分會「做自己人生的GPS」系列講座，由資深悅眾及法青合力承擔成就，透過課程的深度啟發，延伸到課外的活絡交流，落實世代傳承。

2.關懷院

關懷院著力於推動以心靈環保為核心的生命教育、臨終關懷、佛化奠祭、環保自然葬等，為大眾提供生死教育的學習，2021年於園區，以及護法總會新莊、文山、林口、重陽、城中等分會舉辦大事關懷課程，內容包括禮儀環保理念、法鼓山大事關懷作法與細則等，傳遞正向面對老病疾苦的生命態度。

5月中旬後，配合政府第三級防疫警戒，並兼顧往生者與家屬的心靈安定，啟動「線上大事關懷」服務，依循網上誦念、儀軌的引導，為往生者助念及關懷家屬，祈願生者心安，亡者安詳。

12月於雲來寺舉辦大事關懷講座，邀請臺灣安寧緩和醫學學會理事長蔡兆勳醫師主講「好走！」，分享安寧緩和醫療和病人自主權利法的推動，有助深化善終品質。

3.青年發展院

致力於接引年輕人親近佛法、接觸禪修的青年發展院，各項活動規畫及課程設計，活潑新穎。行之有年的「青年卓越禪修營」，於1月在法鼓文理學院展開，將禪修與佛法的觀念與方法運用在團康遊戲中，帶領學員探索生命的方向；4月的社青禪修營，以禪修體驗為主軸，藉由靜中觀察自心、動中覺察情緒，學習以穩定的情緒面對職場挑戰。

各地法青會於各分支道場定期開辦梵唄、念佛、禪坐等課程，接引青年學習各種修行方法。2021年的成長課程，包括1月起舉辦四場「菩薩系列」講座，由僧團法師分享出家歷程；全年三梯次的「身心SPA」，內容

冬季青年卓越禪修營，學員在辜琮瑜（站立者）老師帶領下，分組討論法鼓山對自己的意義。

包括瑜伽伸展、禪坐體驗、遊戲動中禪等；「初階梵唄培訓課程」則認識基本課誦、法會種類與功能，體驗佛門梵唄之美。「說書交流會」於2及10月舉行，由說書人、聽書人與講評人交流閱讀聖嚴師父著作後的體驗和啟發。

關懷服務方面，不定期前往養護中心、偏鄉小學進行關懷，如1月前往新北市三峽區成福國小展開陪伴活動，由二十位隊輔及義工，帶領二十多位幼稚園至國小高年級學童製作防疫酒精、學習處理情緒、培養團隊合作與專注力，啟發善心。

兒少關懷上，3月中起於基隆精舍、新竹精舍，以及護法總會北區重陽、板橋、內湖、松山等十一處分會舉辦「兒童日2.0」，由地區悅眾、法青帶領，在遊戲中體驗四種環保、認識禪修；暑期的「暑期線上悟寶兒童營」，則以線上親子課程，讓大、小朋友共同學習。

二、發展體系

發展體系以了解社會脈動需求，致力推展法鼓山修行、教育、文化等事業，包括普化中心、禪修中心、文化中心及相關基金會（慈基會、人基會、聖基會），提供現代人具體可行、安頓身心的佛法甘露。

（一）普化中心

普化中心主要負責規畫、研發、推廣各式佛學課程，及共學培訓等工作，其下設有信眾教育院、心靈環保學習中心，2021年持續整合豐碩的學習資源與現代科技，深入社會各層面，廣邀大眾在學佛路上歡喜同行。

1.信眾教育院

信眾教育院規畫分齡、分眾的佛學課程，以完整而有次地的學佛地圖，普及信眾的佛法教育。

長青班學員歡喜展現學習成果。

佛學課程方面，主要有聖嚴書院佛學班及禪學班，各項課程為期三年，引領學員完整了解佛學與禪修的教理法脈，進而建立正知正見與方法，並將所學落實在日常生活中，2021年共新開佛學九班、禪學兩班，總計三十七班，學員近五千人。因應新冠疫情，本年首度全面改為網路課程，8月底、9月

初各班線上開學，新、舊學員歡喜相聚，把握疫情中聽聞佛法的善因緣。福田班新開三班，近六百位學員學做福慧具足的萬行菩薩。

專為學佛新手設計的「快樂學佛人」系列課程、分齡課程「法鼓長青班」，各開辦九、二十二班次，助益學員踏實學佛腳步，放諸生活中實踐。

「法鼓講堂」本年持續開課，主題包括《吉祥經》、《圓覺經》、《釋禪波羅蜜次第法門》、《維摩經》等經典；雖不開放現場聽講，大眾可於「心靈環保學習網」的直播中，認識經藏、參與課程討論。此外，包括「聖嚴法師《大法鼓》」、「聖嚴法師經典講座」、「法鼓山經典講座」、「Great Dharma Drum」等數位頻道，也提供聖嚴師父講經、佛學課程，鼓勵大眾利用數位課程，修行增上。

推廣共讀共享的「心靈環保讀書會」，2021年多採網路共學。而「心靈環保讀書會帶領人基礎培訓課程」，也分別於1、10、12月舉辦三場，由果毅法師、常用法師、資深讀書會帶領人方隆彰老師線上帶領，深化帶領人的領導技巧。

2.心靈環保學習中心

心靈環保學習中心主要推廣大普化教育及數位學習，「心靈環保學習網」除線上直播「法鼓講堂」佛學課程，並整合運用實體與數位課程，同時提供行動裝置服務，與大眾共享法鼓山學佛資源；截至2021年年底，累積課程逾三百門，學員人數逾三萬人。

（二）禪修中心

禪修中心其下有禪堂（選佛場）、傳燈院，藉由系統化、層次化的各項禪修活動，推廣生活化的漢傳禪法，讓現代人透過禪修放鬆身心，進而提昇人品。

年度大型活動為5月於農禪寺場展開的「心靈環保家庭日」，民眾闔家透過托水缽浴佛、感恩奉茶，以及環保手作、生活禪等活動，體驗身心的清楚與放鬆。

1.禪堂

禪堂統籌辦理各項精進禪修活動，2021年共舉辦七場，包括初階禪七、中階禪七，以及話頭禪三十。三場初階禪七於1、4月，在園區、天南寺、信行寺舉行；三場中階禪七分別由常諗法師、演醒法師、演捨法師擔任總護，共有兩百五十多位熟悉初階禪七修行生活的禪眾，於禪期中體驗更精進的止觀課程。

「心靈環保家庭日」活動中，民眾體驗禪修。

5月舉行的話頭禪三十，由禪修中心副都監果醒法師擔任主七和尚，為方便禪眾參與，禪期原規畫為兩梯次禪七、一梯禪十五，兩梯次禪七有一百二十多位禪眾深入體驗棒喝逼拶的法喜，禪十五則因5月中旬新冠疫情嚴峻而取消。

2.傳燈院

以推廣各項禪修方法、理念及活動為主要任務的傳燈院，在入門課程方面，有一場初級禪訓班、兩場初級禪訓密集班，另有兩場引領初學者在身心放鬆中體驗禪味的「Fun鬆一日禪」；基礎禪修方面，於雲來寺舉辦兩場禪一，兩場精進禪二則於雲來別苑進行。此外，針對初級禪訓班結業學員，開辦兩場中級1禪訓班，提供進一步深入了解、體驗與適應禪七規矩與作息。

5月中旬後疫情升溫，傳燈院於7月起推廣系列線上禪修課程，內容如下：

類別	禪修指引	初級禪訓班	初級禪訓班 （密集班）	中級1禪訓班 （密集班）	半日禪	禪一
場次	5	8	6	2	3	10

多場「零接觸」入門與基礎線上課程，跨越時空限制，讓大眾在居家避疫期間，透過禪法放鬆、沉澱與充電。

12月，於安和分院舉辦四場「一覺佛光照大千 —— 向內觀心」線上講座，邀請聖嚴師父西方法子吉伯‧古帝亞茲（Gilbert Gutierrez）主講，剖析大悲無我的菩薩心性，鼓勵大眾善用禪法，行菩薩道。

為培養更多禪修的種子人才及培訓師資，傳燈院2021年舉辦立姿動禪、初級禪訓班輔導學長培訓課程；也首度開辦「禪心生活」學長成長營，由果醒法師、演一法師帶領，引導在生活中觀察隨緣無常，體驗覺性。

（三）文化中心

文化中心為法鼓山主要的文化出版、推廣單位，藉由書籍出版、影視製作、文宣編製、文史保存展覽等方式，落實漢傳禪佛教的生活實踐。其下設有專案規畫室、文化出版處、營運推廣處、數位影史處。其中，文化出版處下有叢書部、雜誌部、文宣編製部、產品開發部；營運推廣處下有整合行銷部、通路業務部、物流服務部；數位影史處下有影音製作部、史料部。對外出版單位為法鼓文化。

2021年叢書部共出版三十八項新品，包含書籍三十本，鈔經本七項，桌曆一項。

與聖嚴師父相關的出版品共有十六本，包括《平安自在 —— 慈悲心待人，時時有平安；智慧心安己，處處得自在。》、《承先啟後的中華禪法鼓宗》、《留日見聞》，改版的《絕妙說法 —— 法華經講要》、《觀音妙智 —— 觀音菩薩耳根圓通法門講要》、《佛法綱要 —— 四聖諦、六波羅蜜、四弘誓願講記》、《佛陀遺教 —— 四十二章經、

佛遺教經、八大人覺經講記》、《日韓佛教史略》及《漢傳佛教的智慧生活（修訂版）》；大字版的《平安的人間》、《禪的理論與實踐》、《是非要溫柔》、《修行在紅塵 —— 維摩經六講》；簡體版的《平安自在 —— 慈悲心待人，時時有平安；智慧心安己，處處得自在。》、《帶著禪心去上班 —— 聖嚴法師的禪式工作學》、《修行在紅塵 —— 維摩經六講》。

其中，《平安自在 —— 慈悲心待人，時時有平安；智慧心安己，處處得自在。》是2021年度主題書，精選聖嚴師父關於四種環保的開示，從自安安人、利他互助、簡單生活到環境保護，期勉能以環保生活共同守護世界；《承先啟後的中華禪法鼓宗》分享法鼓山淵源、理念與建立教團的願心，期盼人人共建人間淨土。

智慧人書系的禪修主題新書，包括：方丈和尚果暉法師的《止觀禪 —— 打開心門的鑰匙》，分享如何以「止」安定心念，以「觀」覺照萬境，活出覺醒的人生；繼程法師的《禪觀修學指引 —— 漢傳禪修次第表解》、《話頭禪指要》，分別詳解漢傳禪修的次第、思想、方法運作，與話頭禪的心法和參悟關鍵；以及聖嚴師父法子吉伯·古帝亞茲所著的《以心觀心 —— 默照禪要領》，以生動譬喻及實例說明，直探默照禪法心要。另有寬謙法師的《大智慧到彼岸 —— 心經講記》，梳理《心經》的思想脈絡、義理修行等。

琉璃文學系列新書《法緣·書緣》，為單德興老師分享習禪心得及中譯聖嚴師父英文著作的心路歷程。智慧海系列靈源老和尚新書《心經集註》，透過句解《心經》詮釋經典要義，集諸佛菩薩心法於一書。好讀系列出版《好讀·雜阿含經 第三冊／實修實證自在解脫 卷二十一至卷三十》，介紹實修的方法，掌握精進用功要領。學佛入門Q&A系列，出版《彌勒佛50問》，分享彌勒信仰如何慈心守護世間。

佛學研究部分，新亞洲佛教史系列新書《民眾佛教的扎根 —— 日本Ⅲ》，探研日本近世佛教的進程發展；大視野系列有于君方教授的《漢傳佛教復興 —— 雲棲袾宏及明末融合》，解析被視為漢傳佛教復興時期的晚明佛教。聖嚴思想論叢系列《聖嚴研究第十四輯 —— 聖嚴法師與禪學研究》，則針對聖嚴師父的禪學

法鼓文化出版多種書籍及《法鼓》雜誌、《人生》雜誌，以文化傳播弘揚佛法。

思想有諸多精彩討論。

本年特別出版兩本童書繪本，《阿嬤的粽子》繪製溫馨的包粽子故事，分享幸福的感動；《動物大車拼》運用廢鐵、水彩為媒材，創造出森林動物的腳踏車比賽故事，從競爭轉為互助合作，充滿趣味。

此外，持續出版的平安鈔經本系列《六字大明咒》、《準提神咒》、《藥師咒》、《往生咒》，鼓勵以鈔經持咒定心、修心；丹青妙法書法鈔經本系列《八大人覺經》、《金剛經》、《六祖壇經定慧品》，由書法家陳一郎書寫經文，引領大眾鈔經靜心，獲平安吉祥。

本年法鼓山桌曆製作主題為「一方水月」，取景於農禪寺，為「空中花，水中月」即景觀心的景觀道場，祝福人人心如朗月，心安平安。

雜誌部2021年出版十二期《法鼓》雜誌（373～384）、十二期《人生》雜誌（449～460）。其中，《人生》雜誌在專題加強提供安心的觀念與方法，引導大眾從自己身心平安做起，繼而擴展到家庭和諧、社會和善、世界和平，如「心靈防疫在雲端」（449期）、「疫起共修藥師法門」（456期）、「看佛教藝術療療心」（457期），為讀者介紹線上課程、共修法門、網路博物館等資源，提供充實心靈的方法，防疫不放逸，雖然外在行動受限，但心念的力量超越時空，依然可以持續精進。

探討佛教修行法門與經典的現代運用的專題，有「平安自在《觀無量壽經》」（450期）、「調身調心，以法為藥」（451期）、「一個人的善終準備」（452期）、「戶外禪，身心SPA」（453期）、「創傷覺察與安心之道」（455期）、「《十牛圖》尋禪上路」（458期）、「開箱！觀音菩薩的禮物」（459期）、「慈悲喜捨 莊嚴心地」（460期），從佛法修行觀念、方法，全方位照顧每個人的身心。

雖然世界天災人禍、社會不公屢見不鮮，但結合善的力量就能改變社會，「幸福社企，讓善循環」介紹社會企業的類型與使命，在兼顧經濟、社會與環境永續的願景，尋求翻轉世界的力量（454期）。

專欄方面，「與生命相遇」記錄資深志工從事臨終關懷所見的感人、發人深省的人生故事；「心農法進行式」由返鄉從事自農有機耕作的青年分享面對自然、生命、佛法的心情札記；「世界佛教村．京都」邀請在日本京都大學攻讀博士學位的有醫法師，為讀者介紹親歷的日本寺院文化與風俗民俗；「平安湯之味」每期介紹主廚拿手的湯品與私房菜，兼顧美味與健康。

「人生導師」聖嚴師父的開示、「一種觀看」、「清心自在」、「電影不散場」（電影與人生）、「廣角萬花鏡」，惠敏法師的「佛學新視界」等，持續從不同面向探索佛法修行的運用與日常的覺察與體驗。

2021年並連載中央研究院院士于君方教授的「漢傳佛教復興」、繼程法師的「禪觀

修學指引」。「佛教藝術維基解密」則從佛教歷史溯源、考古遺址報告、佛教學者研究等資料，介紹佛教藝術的發展與軼事。

《法鼓》雜誌於2021年，持續報導法鼓山全球體系於新冠肺炎疫情期間的各項弘化作為。延續十五年的除夕撞鐘首度不開放現場，改以線上直播，祈願法華鐘響，眾生平安、世界和平（375期）。撞鐘前夕並廣邀海內外各界人士響應「＃108 for All，為世界祈福」錄製祈福影片，凝聚祝福（374期）。2月的法鼓傳燈法會亦改為網路共修；北美各地道場、分會以禪修週、法會、專題講座緬懷師恩（375期）。第二十五屆「在家菩薩戒」戒會歷經2020年疫情延期，2021年採分兩梯次、受戒人數減半方式，圓滿戒子受戒的心願（376期）。

4月，臺鐵太魯閣號列車行經花蓮清水隧道發生出軌意外，造成重大傷亡，法鼓山啟動緊急救援機制，動員前往事故現場、醫院、殯儀館，關懷傷者及罹難者家屬，並設置安心服務站，同時於信行寺啟建「三時繫念祈福超薦法會」，為罹難亡靈及傷患超薦祝禱（377期）。

5月中臺灣發生社區傳播，疫情緊急，法鼓山暫停所有實體活動，於法鼓山全球資訊網設置「安心專區」，提供以「安定人心」為主軸的安心防疫、祈福平台等資源，並規畫「宅在家英雄日課表」，提昇心靈免疫力（378期）。信眾教育院、各地分院執行數位學習課程及網路共修活動（375、382、385期）；農曆7月的中元報恩法會也改採線上舉行，並於總本山大殿舉行「中元報恩三時繫念超度法會」，大眾連線齊心為世界祈福（381期）。

疫情中，《法鼓》雜誌同步報導關懷最前線及各項防疫行動。如慈基會捐助國內醫療院所、縣市政府、社福機構所需的防疫和民生物資（375、379、382期），同時跨海援助緬甸仰光聖心禪寺，幫助當地僧伽及民眾安度疫情（380期）；慈基會關懷弱勢學子「停課不停學」遠距教學的數位資源落差，除了捐助平板電腦，並安排數位動畫課程（381期）；為減少疫苗低劑量殘留，使疫苗發揮最大效益，法鼓山採購六百萬支一毫升細針具，捐贈衛福部配發給各地疫苗接種單位使用（381期）；關懷院啟動線上大事關懷，透過網路助念、誦念關懷、追思祝福，讓生死兩相安（375、379、383期）。

2021年其他重要報導包括：適逢法鼓山僧伽大學創校二十週年，376、377期以專題報導僧大培育一代代弘法利生的僧才。聖基會第八屆漢傳佛教與聖嚴思想國際學術研討會以「境智一如 —— 聖嚴思想與漢傳佛教的身心安樂與天地時空」為主題，首度於線上進行論文發表及討論（380期）。聖嚴師父「《法鼓全集》2020紀念版」捐贈國家圖書館；《法鼓全集》有聲書6月起於各大播客（Podcast）平台上架（379期），《法鼓全集》2020數位版11月全新上線（384期）。

此外，「方丈和尚抵溫叨 —— 地區巡迴關懷」本年度陸續至中永和（374期）、高雄

（383期）、彰化員林（384期）。護法總會關懷院邀請臺灣安寧緩和醫學學會理事長蔡兆勳醫師，分享如何「增強」對臨終者及家屬的陪伴與關懷，幫助臨終者的心靈寫下圓滿結局（385期）、傳燈院舉辦「遇見心自己」課程，關注社青在職場／家庭的身心壓力與自我覺察（374期）、青年院與北區護法分會合辦「兒童日2.0」、菩薩系列講座、線上居家分享會（374、376、380）等，各期均有深入的報導。

關懷勸募會員的《護法》季刊，2021年發行第25至28期。於25至27期頭版報導方丈和尚地區巡迴關懷，不論是親臨現場，或以視訊連線，皆感恩大眾的護持，也勸勉持續精進，弘揚佛法；28期詳實報導首度線上勸募會員授證典禮。

二、三版「專題特寫」，分別邀請悅眾鼓手分享親近法鼓山、學佛護法的因緣；四版「地區動態」，則介紹新莊、雙和、臺南、羅東分會的成立與發展歷程。

文宣編製部受體系各單位委託製作文宣、結緣品，2021年主要出版品包括《2020法鼓山年鑑》、法鼓山《行事曆》等，以及《用心溝通》、《面對挫折的勇氣》等兩本中文結緣書籍，前書彙編聖嚴師父的開示，引領掌握傾聽與表達的技巧，達到有效溝通，在家庭及職場上，擁有和諧的人際關係；後書分享師父面對挫折的智慧，轉化負面的情緒，建立自在人生。而廣受歡迎的《大智慧過生活》校園版套書，全臺有近一百三十六所學校提出申請，總發行量逾四萬冊。

發行已二十年的《金山有情》，本年出版第75至78期，不僅是連結法鼓山與北海岸四區的橋樑，也是法鼓山投入在地關懷的具體實踐。頭版「本期焦點」主要報導在地關懷或即時新聞，如「新北創客季 —— 三芝金山首登場」（75期）、「閱讀老梅，夢想城真」（77期）；二、三版為「專題特寫」，每期規畫不同主題，深度報導北海岸的人事物，如社區營造（75期），幸福告別（76期），健康樂活（77期），停課不停學（78期）。

四版「北海鄉情」，挖掘在地趣味人文風土，包括三芝好聲音（75期）、新北第一座地質公園 —— 野柳公園（76期）、巴拉卡公路的驛與藝（77期）；另有地方短波及法鼓山園區相關資訊，邀請鄉親參與課程、體驗修行活動。

研發涵容心靈環保理念的環保用品、生活飾品、修行用品為主的產品開發部，2021年共開發三十七項新品，包括隨身佛堂、聖嚴師父墨寶復刻原木壁掛、MP3有聲書、吊飾、日日好文具等，以禪修與佛法的日用，豐富現代人的生活。

影音製作部2021年的自製影片，包括《2021法鼓山大事記》、《耕耘心田Ⅲ》、《圓山分會簡介》、《那些年，跟隨聖嚴師父的日子 —— 口述農禪寺歷史》、《心靈防疫包，線上自修總動員！》、《緬懷果燦法師暨農禪寺口述歷史》，以及動畫《聖嚴法師頑皮童年》（第四至五集）等十餘部。而在教學類的影片方面，共完成《方丈和尚精神講話之師父開示》四則、《大事關懷》四十七則等聖嚴師父開示的字幕製作。

史料部本年規畫的主要展覽，包括「《法鼓全集》特展」，於法鼓山園區、農禪

寺、齋明寺、寶雲寺、紫雲寺等五地展出；德華寺、德貴學苑的「平安自在」主題年特展；以及齋明別苑「安心禪」、信行寺「人間淨土」特展等，分享法鼓山相關理念與對社會的祝福。

（四）相關基金會

慈基會、人基會、聖基會，為法鼓山深耕大關懷、大普化、大學院三大教育理念的重要相關單位。

1. 慈基會

慈基會致力於社會間落實大關懷教育的目標，以人間化的佛法，普遍而平等地關懷大眾。例行活動上，延續2020年歲末關懷，2021年1月接續於各分寺院及護法總會各地分會展開，總計關懷兩千一百戶家庭；4月及9月起的端午、中秋關懷，因應防疫，除慰訪義工分別至各地社福機關、安養機構，致贈口罩、護目鏡、體溫計、酒精等防疫物資；中秋前夕，也與臺北農產運銷公司合作，準備食物箱，宅配給一千一百多戶關懷戶，傳達社會真誠的溫暖。

4至11月期間，在全臺各地舉辦第三十八、三十九期「百年樹人獎助學金」頒發活動，共有兩千三百多人受益，為疫情期間家庭經濟受到衝擊的學子，提供實質幫助，鼓勵求學路上精進不懈。

5月起，新冠肺炎疫情升溫，慈基會以安心為主軸，展開各項關懷行動，捐贈防疫物資予臺北市社會局萬華龍山老人服務暨日間照顧中心、陽光基金會桃竹中心、蘭智社會福利基金會、臺北市東區單親家庭服務中心、北海岸社福中心等社福團體；也陸續捐贈防護衣、面罩、N95口罩等，予臺北榮民總醫院、臺大醫院金山分院、臺北市聯合醫院、關渡醫院、羅東聖母醫院等專責防疫醫院，提供醫護人員安全的防護保障；並提供大悲水、平安觀音御守，祝福心安平安。

另一方面，因應防疫「停課不停學」的政策，捐贈南投、彰化、嘉義等縣市偏鄉孩童筆記型電腦，並安排線上學習及數位課程，改善數位落差等問題；也與當地公益團體合作，於社區兒少課後關懷據點，帶領學童透過動畫課程熟悉軟體應用，練習發揮創作力。

賑災救援方面，臺鐵太魯閣列車翻覆事故、高雄市城中城大樓火災意外，慈基會均即時啟動緊急救援系統，配合政府救災，前往協助；同時也設置安心服務站，以佛法關懷陪伴與祝福，期許生死兩相安。

慈基會捐助偏鄉學童平板電腦，協助改善數位學習落差。

「幸福體驗親子營」安排寓教於樂的活動，認識「心六倫」。

教育訓練亦是慈基會的重點項目。其中，「創傷的認識與自我照顧」於4月舉行，邀請專業心理諮商師講授創傷預防與急性處理；8月起，舉辦五場「專職暨義工教育訓練課程」，學員透過經驗的交流，凝聚共識，同心同願發揮善的力量。

2. 人基會

以心靈環保的理念、心五四的方法，落實「人文社會化，社會人文化」願景的人基會，本年持續與教育廣播電台合作製播《幸福密碼》節目，廣邀社會賢達分享人生閱歷，傳遞和諧共好的力量。「2021平安自在靈講座」3月由僧大教務長常啟法師主講「僧心平安，俗世自在」，分享出家生活轉變與心態成長；12月邀請畫家鄭治桂主講「藝術自在——自在的藝術」，介紹東晉書法家王羲之的書法藝術，以藝術陶冶性情，建構自在人生。

本年「心藍海策略——企業社會責任」課程，於11月邀請臺灣大學電機系教授葉丙成主講「用創新改變世界」，與近五十位企業主、中高階主管和經理人分享新型態教育：無界學校，提昇閱讀素養，培育自主學習能力。

在「心六倫」的推展上，延續2020年的「家長陪伴成長課程」，2021年邀請專家學者主講九場，引導家長練習自我檢視，讓親子關係緊密，從觀照自己的過程中再次成長。10月的「幸福體驗親子營」，透過戲劇表演、遊戲勞作和故事分享等課程，教導小朋友學習生活禮節，培養孝順、合群、知足、感恩、共享等好品格。

於校園，應臺北市復興高中之邀，於4月開辦教育劇場課程「復興聊天室with大支校長」，邀請創作歌手大支，跳脫傳統授課模式，與五百六十位高一學生展開互動，共鳴青春練習曲；10月，十八位心六倫宣講團種子教師，帶領十八個高一班級進行「與高中生有約——尋夢計畫」，引領學子認識自我，進而開發興趣、成就夢想。

心六倫宣講團亦受臺南市敏惠醫護專科學校邀請，為該校一年級住宿生宣講「校園倫理——性別平等」觀念，提醒學子兩性交往要發乎情，止乎禮，循序漸進，相互尊重。

3. 聖基會

聖基會戮力推廣、弘傳聖嚴師父思想與理念，重點工作包括舉辦經典、專題講座、國際學術會議及研討會等。2月，首先與法國國立東方語言與文明學院（Institut national des langues et civilisations orientales, INALCO）聯合設立「國立東方語言與文明學

院──聖嚴近現代漢傳佛教教授講座」，裨益於漢傳佛教研究在歐洲的深化。

年度重點工作為6月舉辦的「第八屆漢傳佛教與聖嚴思想國際學術研討會」，因應疫情，首度於官方臉書及YouTube進行線上視訊直播，兩日的學術交流，共有近百位來自臺灣、日本、香港、中國大陸，以及歐美地區的

「第七屆近現代漢傳佛教論壇」邀集學者、教界人士，進行現場及線上交流。

學者專家參與，發表近五十篇論文，以跨界對話，帶領漢傳佛教與聖嚴師父思想研究新思潮。

年底於集思臺大會議中心主辦「第七屆近現代漢傳佛教論壇」，主題是「境智一如──聖嚴思想與漢傳佛教的身心安樂與天地時空」，學者、教界人士就漢傳佛教修行的實踐、經驗表述等議題，進行現場及線上交流。

另外，由聖基會監製的聖嚴師父紀實電影《本來面目》，獲2021年美國洛杉磯菲斯蒂喬斯國際影展（Festigious International Film Festival）最佳紀錄片長片殊榮，影片刻畫師父在困頓中仍心繫佛教、利益眾生的悲願，感動人心。

三、教育體系

教育體系包括法鼓文理學院、中華佛學研究所、僧伽大學、法鼓山社會大學、三學研修院等，是法鼓山推動大學院教育的基石，除了以佛學與世學兼備的教育環境，培養跨領域學科素養、關懷生命、奉獻社會的各項專業人才；也透過社區教育的落實，推廣終身學習。

（一）法鼓文理學院

以「博雅教育」為辦學方針的文理學院，包括佛教學系博碩學士班，及生命教育、社區再造、社會企業與創新、環境與發展等四個碩士學位學程，2021年持續透過學校教育、學術研討以及跨領域的交流合作等多元管道，建構視野宏觀、內修外化的學習場域，世法與佛法兼備，全方位涵養學子的人文關懷。

在學校教育方面，除各系所的專業學習，為新生開設的必修學分「心靈環保講座」，本年由多位師長講授心靈環保於管理學、社會學、經濟學、生命教育等學科的實踐，除啟發學子自主學習，帶領探索各領域知識與心靈環保的關聯，也打造校內合作學習的學風。5月並舉辦「109學年度學士班畢業呈現」線上發表會，佛教學系十一位學

法鼓文理學院創校十四週年校慶，同時舉辦校園攝影暨短文大賞，由方丈和尚果暉法師（右一）頒獎。

士班學生，各依專長及志趣，展現四年學習成果。

在學術研討與交流上，「對話與交流 —— 佛教禪修研究工作坊」10月於臺北舉行，二十八位學者及研究生，共發表十六篇論文及三場討論，從文獻、現代社會、宗教經驗三面向，探索禪修的意義與挑戰，為禪修的社會實踐，提出具體可行的方向。

另一方面，3月，校長惠敏法師受邀於馬來西亞發展基金會舉辦的「科學昌明與佛法弘揚」網路座談中，與馬來西亞拉曼大學（Universiti Tunku Abdul Rahman, UTAR）校長尤芳達對談科學發展的理論與佛法的觀念；新加坡藏傳佛教中心以視訊舉辦的「梵巴傳統增上三學國際研討會」（Pali-Sanskrit International Buddhist Conference 2021），則由佛教學系系主任鄧偉仁與中國大陸、馬來西亞、印尼等地三十八位專家學者，就「戒、定、慧」三個主題進行對談。

10月，由輔仁大學主辦的「歐亞連結 —— 歐亞文化交流」（Eurasian Connection: Eurasian Cultural Exchange）大師講座中，校長惠敏法師受邀介紹古代印歐民族宗教文化、佛典之傳譯與佛教藝術、印歐文化之梵語詩律與中國文化，概覽佛教在歐亞大陸的傳譯。

為拓展學生研究思惟與視野，本年舉辦多場專題講座，邀請學者專家分享所學，包括教育部保護校園智慧財產權跨部會諮詢小組委員曾勝珍主講「數位教材製作與網路平台的使用規範」、基隆地方法院刑事庭法官施又傑介紹「國民法官制度」，以及精神科醫師楊聰財講析「由大腦性別差異談溝通」，結合榮格性格理論分析情感關係；國立歷史博物館館長廖新田於「為什麼臺灣美術史很重要？」講座中，剖析臺灣美術的發展與困頓；紐約市立大學布魯克林學院（Brooklyn College of the City University of New York）現代語言文學系教授張嘉如講授「人類世下人類文明的終結與解放」，跨學科探索批判理論、生態批評與佛教研究之間的連結。

在校園活動方面，4月的創校十四週年校慶，以「走步道、選好名」為主題，為新建的「禪林步道群」五條步道命名，並結合DILA年度攝影暨短文大賞、校友會獎學金頒發，師生齊聚，共願永續心靈環保的核心價值。11月舉辦「圖書館週」，內容包括電影欣賞、中西參大賽及五分鐘書評等；深受歡迎的「五分鐘書評活動」，多位法鼓山園區專職與大學院師生以書會友，分享閱讀之樂，校長惠敏法師鼓勵學子藉著說書活

動，訓練思考與表達，學習說出適當的言語。

於校外，「第五屆佛法盃」本年於宜蘭佛光大學校園舉辦，校長惠敏法師帶領八十位佛教學系師生參加，兩校學子在體育競賽與藝文交流，相互切磋觀摩。8月，參加由朝邦文教基金會主辦的「Our World我們的世界」SDGs線上桌遊，透過遊戲進行經濟、推廣、消費活動，了解個人價值觀及行為的影響力。

於推廣教育方面，法鼓文理學院推廣教育中心本年分兩期在德貴學苑開辦二十餘門課程，包括佛法教理、佛學語言、佛教應用、快樂生活等類別，提供大眾修學佛學、充實心靈的平台；同時開辦佛教學系隨班附讀學分班、人文社會學群碩士學分專班，為有意入學就讀者，提供先修管道。此外，「樂齡大學」持續於園區開辦，不僅因應高齡化學習，也接引長者活出樂齡人生。

（二）中華佛學研究所

致力於推動臺灣佛學研究與國際接軌的中華佛學研究所，9月舉辦「獨坐大雄峰 ── 禪宗思想與寺院文化」線上研習營，十餘位海、內外學者透過講學與提問對話，探索禪宗思想發展與東亞寺院文化。11至12月，三場線上「數位唯識工作坊 ── 當代的唯識研究與文本解讀」，邀請唯識學者分享研究成果，啟發學子研究唯識新面向。

中華電子佛典協會（Chinese Buddhist Electronic Text Association, CBETA）則於2月舉辦「2021電子佛典線上交流會」，介紹線上閱讀系統的升級與內容的充實，讓CBETA佛典的質量，成為電子「善本」。

本年，佛研所有「建構佛教知識網絡」、「宋朝禪師塔銘及碑銘之研究」兩項新研究專案，共計九項專題獲教育部專案補助，展現研究實力；年底，新網站上線，全新平台提供完整資訊，助益社會大眾對佛研所的認識與了解。

（三）僧伽大學

以培養解行並重、道心堅定僧才為教育理念的僧伽大學，學制上設有佛學、禪學兩系。2021年各有四位男、女眾入學，亦有六位學僧畢結業，加入僧團領執，共同為如來家業奉獻。

1月底，由僧大學僧籌備多時的「生命自覺營」因防疫停辦，學僧隨順因緣，於開營日舉行拜願祈福法會，祈願疫情早日平息；也藉由師長引導，練習事境中調整腳步，在過程中練心；3至5月共舉辦六場「自覺工作坊」，引導學員將佛法核心融入生活，在修行的道路上

僧大以三台移動展車，介紹創校二十年來的發展歷程。

「自覺覺他」。

「招生說明會」於3月在園區舉行，由多位師長介紹辦學精神、課程規畫及生活照護，在校學長也分享出家的初發心、應考經驗等，邀請青年加入僧眾培育，延續佛法慧命。

為提昇學僧弘講能力，4、5月舉辦的講經交流會、禪修專題呈現中，學僧分別以經典、禪修、心靈環保為主題，除分享法義，並展現修行體驗；多位自覺營的學員也返校觀摩，重溫解行並重的出家生活。9月剃度典禮中，六位新戒法師圓滿頂戴如來家業，方丈和尚勉勵求度者努力學習當好出家人，為奉獻大眾做準備。

「來自海外的青年學僧法師座談會」於11月展開，由副院長常寬法師主持，藉由外籍學僧的分享，了解該國佛教弘揚與其他宗教團體的現狀，以及自身接觸佛法後的出家因緣。

12月，由學僧企畫、採訪、編輯的刊物《法鼓文苑》第十二期出刊，本期專題「現代青年僧的自我超越」，以學僧圖文為主體，不拘泥傳統編排方式，分享如何轉化難題，超越生命中的各個關卡。

本年為僧大創校二十週年，3月起透過網路發行系列影片《僧命旅程》、《走向十方》，邀集學僧、於各體系領執的法師們，分享僧大的教育內涵與學習鍛鍊；4月起於校園，以「現代唐三藏養成計畫」為主題，設計三台收納式的移動展車，展出出家修行的樣貌與僧大的教育特色。

（四）法鼓山社會大學

法鼓山社大是大眾終身學習的教育平台，也與地方鄉親成為生命共同體，本年於北海、新莊及北投三校區，共開辦近百門實體與遠距課程，涵蓋生活技能、心靈成長、語文學習、藝術陶冶、自然環保層面，學員包括學童、主婦、上班族與銀髮族，在多元學習中，心靈更富足。2021年的課程，共逾兩萬五千人次參與。其中，9月開課的秋季班，除戶外教室的實體課程外，三校區多數課程均改為遠距課程。

於新北市石門區、三芝區的自然環保戶外教室開辦「耕心田趣」系列課程，包括種植阿里磅紅茶、咖啡、香草、茶樹、蔬菜、地瓜等，引導學員以自然農法推動自然環保，學習以慈悲心對待萬物。7、11月並於臺大醫院金山分院舉辦「風輕雲淡水墨畫聯展」、「銀齡樂活共學享老」繪畫展，展現學員的歡樂學習成果。

社大於三芝區的自然環保戶外教室開辦「耕心田趣」系列課程，學員體驗自然環保。

除開設各項課程、深耕社區，4月於新北市金山杜鵑公園舉辦「自然環保友善農耕市集」，內容包括小農市集、環保手作、講座、藝文表演等，邀請北海岸農友參與，共同推廣友善環境的自然農耕。

（五）三學研修院

三學研修院設有僧才培育院及僧眾服務院，不具學院形式，但將戒、定、慧三學落實於生活實踐中，於出家修道生活中完成三學的研修。

本年的僧眾培育，包括1月邀請覺風佛教藝術基金會負責人寬謙法師帶領「e同學研習營」，講授因應時代潮流，不再以法師開示為核心的固定模式，而是由使用者自主學習、問答與互動、虛擬實境等新模式的網路弘法思惟。

5月，繼2020年為僧眾舉辦「與禪相遇」禪修研習營後，進一步以提昇初級及中級1禪訓班師資為目標，於園區分兩梯次展開「與禪相遇2.0」課程，由禪堂監院常乘法師、僧團法師共同指導，提昇僧眾禪修帶領能力。往年於6月展開的結夏安居，因應疫情變化，調整為僧眾於執事的各分寺院就地辦理。

四、支援體系

支援體系主要單位為行政中心，包括人力資源處、文宣處、資訊處、總務處、財會處等，是法鼓山行政服務單位，除整體統籌相關業務，也配合體系組織各單位活動舉辦、運作需求，提供行政協助及服務。

落實關懷體系專職暨專任義工，3月舉辦兩梯次「宜蘭國立傳統藝術中心參訪見學之旅」，了解傳統文化，並實際體驗傳統藝術創作。

為優化體系內服務與關懷能力，11月，於雲來別苑舉辦講座，邀請Big City遠東巨城董事長李靜芳，以「感動服務 化危轉機」為主題，講授工作上實際發生的案例，分享成功與失敗的因應經驗。

結語

2021年5月，方丈和尚果暉法師於臺灣警戒升三級的第一時間開示指出，全世界是防疫共同體，人心愈是不安，就更需要用佛法的慈悲與智慧來安心，讓心不受環境影響，以平常心面對、接受、處理、放下，並以同理心、寬容心、關懷心，共同祈願疫情早日止息。

在新冠肺炎疫情持續影響全球的險峻局勢中，法鼓山體系各單位善用數位科技，舉辦海內外大眾隨時隨處都能參與的各式線上法會、祈福共修、網路定課等活動，透過雲端串聯，引導大眾淨行精進，鼓勵隨處、隨緣修行，得到佛法的祝福，也讓佛法甘露，潤澤世間。

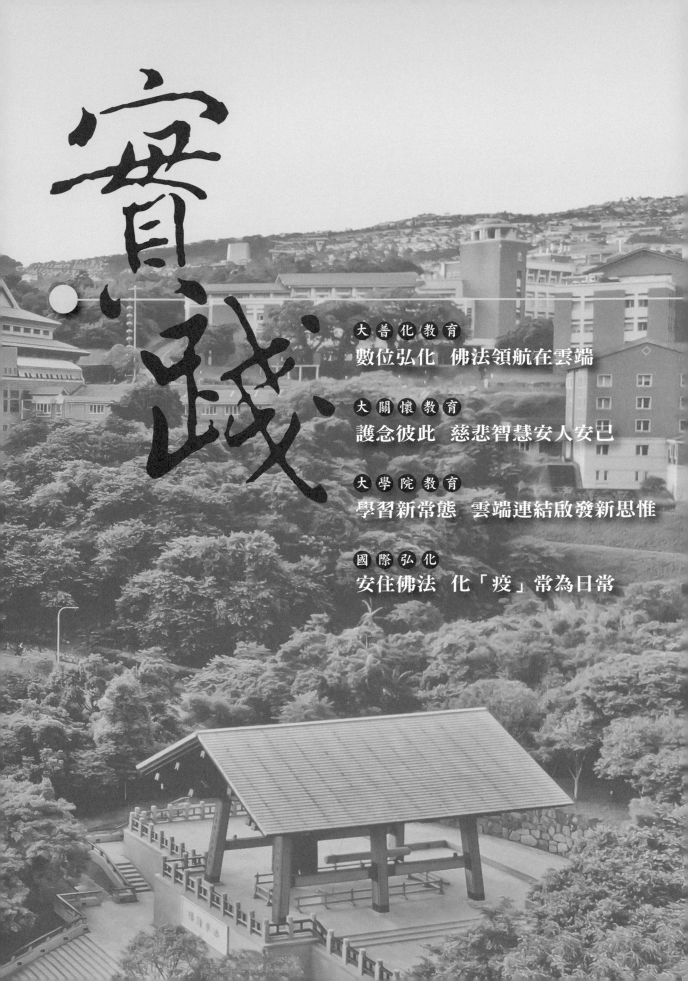

實踐

大普化教育
數位弘化　佛法領航在雲端

大關懷教育
護念彼此　慈悲智慧安人安己

大學院教育
學習新常態　雲端連結啟發新思惟

國際弘化
安住佛法　化「疫」常為日常

壹【大普化教育】

大普化教育是啟蒙心靈的舵手，
引領眾生從自心清淨做起，
培養學法、弘法、護法的菩薩，
敲響慈悲和智慧的法鼓，
建設人間為一片淨土。

數位弘化
佛法領航在雲端

新冠疫情持續影響的2021年，大普化教育以心靈環保為軸心，
建構跨域時空、地域等有形障礙的數位弘法網絡，
以隨時隨處都能參與的法會共修、佛學教育，與禪修推廣，
引領大眾開發自心寶藏，不受外境影響，安住身心面對驟變局勢。
雲端共修共學的安心法門，消融病毒帶來的人我藩籬，
持續以佛法領航，為全世界祝福，
在娑婆世界建設清涼淨土。

臺灣於5月將新冠肺炎疫情警戒提高為第三級，在隔離、保持社交距離的防疫政策下，法鼓山充實線上共修共學所需的心靈防疫資源，推動「心呼吸」禪法、安心日課表、「大悲咒LINE起來」手機平台祈福，以及舉辦居家線上分享會等，鼓勵社會大眾善用網路學習資源，隨處、隨緣念佛，養成禪修好習慣，以安定的身心，迎接與疫情共存的新生活。

其中，於全球資訊網安心專區推出「宅在家英雄日課表」，籲請大眾在居家防疫期間，透過包括法鼓八式動禪、早晚課、經典共修、法會、禪修等多元功課，淨化身、口、意三業，讓個人內省自修的工夫，在日常生活中發酵延續，安定身心。

而因應人心普遍不安的社會局勢，6至8月期間，以ZOOM研討方式結合臉書直播，舉辦八場「居家線上分享會」，由僧團法師、各界人士以「發現新觀點、心生活」、「感受新體驗、心呼吸」等為主題，廣邀大眾線上聆聽、交流，以新視野面對、接受疫情帶來的生活改變，學習對順境不執著、對逆境不煩惱，調解居家期間焦慮、恐慌與不安的情緒，做好自身防疫工作，進而護念他人。

法會共修

讓傳統佛事具足教育與修行意涵，是法鼓山法會共修的一大特色，於2021年疫情嚴峻期間，法鼓山園區及各分寺院舉辦的新春、清明報恩、中元報恩等法會，皆採線上進行，大眾藉由網路科技與諸佛菩薩悲智連線，如同參與實體法會，以梵唄音聲、持咒、禮佛、誦念經文等，建立自心道場，將佛法內化於

生命。

其中，7月於園區舉行「中元報恩三時繫念超度法會」，由僧團副住持果醒法師主法。法會在線人數最高達三千五百多人，共有超過一萬五千人次觀看；大眾齊心為在新冠疫情中往生的菩薩超薦，也為全球因天災、戰亂、人禍而受苦受難的民眾祈福。而於法會前推動「心靈環保心疫苗」活動，呼籲透過微笑、蔬食、祝福、反省、心安、感恩、好願等七項簡易小行動，改變生命、提昇人品。

本年度的大型法會，尚包括2月舉行的法鼓傳燈法會，為顧及大眾健康安全，本年傳燈法會改為網路共修，由方丈和尚果暉法師於園區大殿主法傳燈，接續點亮僧團法師的缽燈，燈燈相傳綿延無盡，象徵以智慧點亮內在光明，以慈悲照亮有情世間；大眾則透過視訊點亮菩提心燈，發願以生命實踐佛法。

歷經2020年因疫情延期，第二十五屆「在家菩薩戒戒會」於3月分兩梯次在園區展開，為落實防疫，受戒人數減半，五百七十六位求戒者分外珍惜殊勝法緣，在莊嚴梵唄聲中，搭起菩薩衣，成為新戒菩薩，發願以堅定菩薩道的願心與信心，精進前行。

11月，一年一度的水陸法會調整為「大悲心祈福法會」，全程七日，由僧團法師帶領全球信眾，於雲端共修《梁皇寶懺》、觀音法門、地藏法門、念誦《法華經》等四大慈悲法門，凝聚悲心善願，串聯祝福心願，迴向世界平安。

此外，2020年起推動的居家線上持咒活動「大悲咒LINE起來」，於2021年升級為「大悲咒Line起來2.0」，除了原有「我要持咒」、「邀請共修」、「個人上傳紀錄」等功能，增加「雲端祈福」、「考生祝福」選項，透過新介面，讓祝福願力無限廣大。

佛學教育

佛學教育推廣上，持續強化解行並重、內容多元、系統次第等三大特色，結合豐碩學習資源，透過網路科技深入社會各層面，接引大眾淨行精進。本年大普化教育於佛學入門方面，包括讀書會、快樂學佛人、法鼓長青班以及各地分院的佛學弘講課程，接引大眾認識佛法的妙用，以佛法觀念疏導生活中的煩惱，在學佛的路上互相支持。10月並首度開辦「快樂學佛人」線上課程，透過線上視訊，帶領大眾認識三寶、禪修入門與體驗，學習做一個正信的佛教徒。

聖嚴書院則涵蓋基礎與進階佛學課程，包括福田班、佛學班及禪學班，本年共有逾五千位學員參與，藉由完備的普及教育，深入了解法鼓山的理念、佛法知見及漢傳禪佛教內涵，也學做福慧具足的萬行菩薩。因應嚴峻疫情，8月佛學班、禪學班新學期，首度採取全程線上授課，海、內外共三十九個班級，近五千位學員參加；同時為能順利推展課程，6月起，針對佛學班講師、各班關懷員、學員代表，辦理多場軟體使用說明會、連線彩排測試，協助解決軟體

操作等技術問題，讓學員能安心學習，增長道業。

因應時代趨勢，法鼓山的佛學教育也結合豐碩的學習資源及現代科技，在數位學習推廣上，「心靈環保學習網」除開辦直播課程「法鼓講堂」，另有「聖嚴法師《大法鼓》」、「聖嚴法師經典講座」、「法鼓山經典講座」、「Great Dharma Drum」等數位頻道，整合運用數位課程與實體課程，並同步上傳至YouTube、土豆網等影音平台，亦製作App，提供行動裝置服務，讓學佛跨越時空的限制。

各分寺院的佛學弘講，亦未因疫情而停歇，如臺北安和分院「觀自在　大悲行」、臺南分院「《六祖壇經》的智慧心法」、桃園齋明別苑「佛陀心藥鋪」等講座，皆由僧團法師引領深入經典奧義，分享學佛樂佛，運用佛法化解人生難題。

禪修推廣

禪修推廣是大普化教育重要主軸之一，本年的實體禪修活動，包括入門的禪修指引、初級禪訓班、Fun鬆一日禪、戶外禪；基礎禪修包括中級1禪訓班、禪一、精進禪二等；進階的禪修活動，則有初階、中階等禪七，接引大眾在日常生活中體驗落實禪修，安己安人。另針對不同族群的特性與需求，開辦的青年卓越禪修營、社青禪修營，則引導青年學員成長自己，反思生活方向與生命目標。

面對疫情，2021年以禪修心法為基礎，推廣「21天自我禪修，『心呼吸』養成計畫」，鼓勵善用隨時隨地都能進行的「呼吸」，體驗呼吸、享受呼吸，將注意力從情緒中抽離出來，清楚當下身體的感受，讓心不再追悔過去、擔心未來，安定疫情帶來的緊張與恐慌。

7月起，開辦「零接觸」的網路禪修入門與基礎課程，引導大眾於居家防疫期間，透過禪修觀念的建立與方法的引導，學會自助助人的安心之道。不僅國內民眾積極參與，並有新加坡、馬來西亞、中國大陸、香港、澳門、北美、德國、澳洲等海外學員，克服時差連線參加。除了線上入門與基礎禪修外，並規畫「遇見心自己」線上關懷進階課程，以Zoom會議形式，引導學員更深層地觀照自我內心與生命觀。

年底於安和分院舉辦的「一覺佛光照大千──向內觀心」線上講座中，邀請聖嚴師父西方法子吉伯・古帝亞茲（Gilbert Gutierrez）從歷史和教理的演變分享菩薩行願，指出行菩薩道的關鍵在於發菩提心，好好照顧自己的心，以心觀心、不起煩惱，提醒學員，要為眾生修行，時時刻刻都要體顯禪的作用。

另一方面，人才與師資培育上，2021年開辦立姿動禪、初級禪訓班輔導學長培訓課程，以及「禪心生活」學長成長營，不僅提昇悅眾了解禪修心法的內涵，也透過資深禪眾的參與，由學長帶領學員學習，讓關懷與指導更貼近現代人不同的需求。

文化出版與推廣

未受疫情所圍，本年大普化教育於文化出版與推廣方面，持續藉由出版、影視製作、文宣編製、文史展覽等方式，落實漢傳禪佛教的生活實踐。文化中心於2021年出版包含書籍三十本、鈔經本七項及桌

11月底的「大悲心祈福法會」，以三時繫念法會圓滿佛事，也將大眾共修的功德，迴向世界平安。

曆等新品，契入不同世代的需求；各十二期《人生》及《法鼓》雜誌，則以漢傳佛法修行的日常運用為出版方向，帶領讀者親近法鼓山，也提昇人文素養與關懷。

繼2020年全面校訂出版後，「《法鼓全集》2020紀念版」於2021年接續發行有聲書，包括《放下的幸福》、《工作好修行》、《人行道》、《智慧一〇〇》等十一本生活類著作，在Google Podcasts、Apple Podcasts、Spotify、SoundOn、KKBOX等十二個播客（Podcast）平台上架，透過手機或電腦隨選聆聽，隨時、隨處領受聖嚴師父分享的佛法智慧。數位版也自11月起改版全新上線，新版本具有優化閱讀版面、個人化設定等特色，同時提供更便捷的搜尋功能，對讀者、研究學者有很大助益。

多項藝文展覽，包括於法鼓山園區、農禪寺、齋明寺、寶雲寺、紫雲寺等五地展出的「《法鼓全集》特展」，德華寺「平安自在」主題年特展，以及齋明別苑「安心禪」、信行寺「人間淨土」特展等，引領大眾了解聖嚴師父著作內涵，也傳遞對社會的祝福。

結語

2021年，除夕撞鐘首度改採網路直播，並發起線上「#108 for All·為世界祈福」影音分享，跨越國籍、種族、宗教，匯聚全球一百三十多位百工百業代表的祝福，無論素人、名人、達人，人人都能像法華鐘聲，為世界帶來幸福；社會大眾也可以錄製、分享自己的祈福心聲。

聖嚴師父在詮解「心靈環保」時指出，「只要人的心靈在一念之間清淨平安，就會影響到周遭人物環境的清淨平安」，突破疫情持續影響的驟變局勢，大普化教育以佛法領航，透過數位科技雲端弘化，籲請大眾以慈悲智慧共修安心法門，讓心不受環境影響，擁有最強而有力的防疫力。

● 01.01～02

海內外分寺院元旦共修
大眾為心靈除舊布新

寶雲寺於元旦舉辦〈楞嚴咒〉早課，由監院果理法師帶領共修。

迎接平安自在的2021年，法鼓山海內外分寺院以跨年法會、元旦早課共修等，帶領民眾為心靈除舊布新、為世界祈福，期許新年以「慈悲心待人，時時有平安；智慧心安己，處處得自在」。

於臺灣，臺中寶雲寺於元旦舉辦〈楞嚴咒〉早課，迎接新年第一道心曙光，寺院管理女眾部副都監果理法師開示，照顧好自己的心，不受外境波動影響，依止「戒、定、慧」三學來修持，讓內心清淨，產生智慧與慈悲，並將心中的善念、善願遍及一切處，散發更多光與熱，進而擴及社會、國家，乃至全世界，共有五百多人參加。

臺北安和分院於1至2日舉辦網路《法華經》共修，共有三千多人次參與，監香常嘉法師提醒，新冠肺炎疫情險峻，能有殊勝因緣共修《法華經》，更應該互相感恩，延續這樣的福報，將祝福迴向給全世界。在悅眾法師帶領下，大眾恭誦經文，將功德迴向因疫情受苦的民眾，以及無量的眾生。

海外的美國東初禪寺舉辦跨年迎新「一〇八〈大悲咒〉全球祈福線上法會」，由監院常華法師帶領，在專注、放鬆、清楚的持咒中，安定浮動的人心，祈願大眾離苦得樂。

● 01.01～12.31期間

《幸福密碼》傳遞和諧共好的力量
人基會、教育廣播電台合作製播

1月1日至12月31日，人基會與教育廣播電台合作製播《幸福密碼》節目，節目分季由《點燈》節目製作人張光斗、人基會顧問張麗君、劇團導演蔡旻霓、資深媒體工作者石怡潔擔任主持人。透過專訪各界人士生命故事、專長閱歷，與對社會的貢獻及影響力等精彩內容，建構正向價值，體現和諧共好的力量，於每週五上午十時至十一時在該臺各地頻道播出，同時保留音檔在電台及人基會官網上。

教育界方面，玩轉學校的創辦人黎孔平，介紹將社會議題帶入學校教育中，讓學生在「玩」中學習同理心，從不同立場的衝突中凝聚共識，議題式遊戲沒有標準答案，只引導學生思考，自行找出共好的解決方案；臺灣大學慈善公益委員會主委曾文河分享於偏鄉推行簡報教育的工作，協助學童從簡報演說中獲取自信，藉此拓展到各領域裡勇於表現

黃柏堯（左）分享進入全臺四百一十二所國小，宣揚善愛環境的理念。右為節目主持人張麗君。

自我；輔仁大學師資培育中心主任黃騰，鼓勵學子學習讓自己擁有批判、反省的能力，跳脫盲目跟從的思維；黑潮海洋文教基金會志工黃柏堯分享進入全臺四百一十二所國小，宣揚善愛環境的理念。

企業界人士，禾乃川執行長林峻丞說明透過豆製品，創造社會企業追求經濟、環境與社會三重盈餘的新商業模式；小農飯盒營運長戴龍睿鼓勵消費者購買臺灣在地農產，除了穩健小農的收益，也透過「吃」來支持友善農法，表達對土地的認同，建立一個完整的友善循環系統，落實環境永續的社會責任；全家便利商店E-Retail事業本部副本部長林志清，介紹超商與社群、新創企業的合作共好方程式。

另一方面，資深音樂工作者林隆璇分享三步驟正念練習，先覺察身體的狀況，再專注於呼吸，最後擴展覺知，體驗活在當下的覺受；設計師邱柏文指出以正向心態與微笑展現美學的姿態。

人基會期盼藉由《幸福密碼》節目，傳遞幸福體驗，建構美善社會。

● 01.02～03

寶雲寺舉辦念佛禪二
共修祈願淨土遍一切處

臺中寶雲寺於1月2至3日舉辦念佛禪二，由禪堂監院常乘法師擔任總護，帶領大眾在淨念相繼的念佛聲中，安定自心，祈願淨土遍一切處，世界各地平安自在，共有兩百多人參加。為落實防疫措施，禪眾每天自主量體溫、全程配戴口罩，保護自己與他人的清淨安全。

禪期間，大眾聆聽聖嚴師父影音開示，了解「有相念佛」是基礎，無相才是最高目的，念佛念到心一境，便是念佛三昧；禪修中心副都監果醒法師也於錄影開示中強調，參加念佛禪修行目的是要斷煩惱，同時也要幫助眾生斷煩惱，

常乘法師帶領兩百多位禪眾，於寶雲寺共修念佛禪二。

所以一定要發願度眾生。常乘法師則提醒大眾，以印光大師「十念記數法」來念佛，達到攝心效果，也可以「觀已死未生」，觀想自己死了、尚未往生，由於沒有退路，便不會打妄想，而能一心念佛。

禪眾隨總護及悅眾法師繞念、坐念，禪堂遍滿佛號聲，身心也趨向清淨光明。大堂分享時，有首次參加念佛禪的禪眾表示，元旦假期在寺院裡精進共修，祈求疫情及早消除，臺灣及全世界都能平安；也有禪眾分享念佛禪開啟與佛相應的「心」力量，身心充滿法喜。

● 01.03～02.07期間

傳燈院開辦「遇見心自己」課程
青年學習自我觀察、放下煩惱

傳燈院於1月3日至2月7日，每週日在臺北德貴學苑舉辦「遇見心自己」系列課程，每期六堂課，由演一法師、藝術心理治療師徐曉萍等帶領，有近三十人參加。

內容包括認識情緒、藝術心理探索、打坐、吃飯禪、戶外禪等。在「看見自己的情緒」課程中，藉由「情緒樹」、「說書人說書」活動，引導學員覺察情緒，了解環境對自己產生的影響。演一法師從生物學觀點，指出情緒是人類為了存活而促發的回應機制，從中衍生出追求或逃避的價值觀；追求看似積極，求不到會生出沮喪、責怪、憤怒等情緒，一旦求到了，卻又產生擔心失去的不安。法師強調，知道一切快樂或痛苦都是自己創造，與環境無關，便能從自身開始改變。

法師也在「覺照身心的變化」課程中，指出「認知」是轉變關鍵，並帶領學員透過禪修的單純感受、不比較分析，提昇覺照力。「團體曼陀羅」中，學員專注於筆尖上的色彩，歡喜拼貼出繽紛的曼陀羅後，再「撕成碎片」，從過程中體驗到無常的身心變化。

演一法師帶領學員透過禪修，覺照身心變化與環境無關。

有學員表示，原任職公司因新冠肺炎影響而歇業，在人生轉折期首次參加法鼓山活動，發現到如果不執著自己的一點，退一步遠看，小小的點將成就完整的美；也有法青分享，常掙扎於迎合社會期待或做真實的自己，害怕不夠完美，法師以生活化的實例解析情緒，認清了自身的盲點。

● 01.06～04.20期間

法青會「菩薩系列」講座
四位法師分享僧命歷程

1月6日至4月20日，法青會週二或三於臺北德貴學苑舉辦「菩薩系列」講座，由四位法師分享僧命歷程，有近兩百五十人次參加。

首場由僧大講師常燈法師主講「快閃馬戲團──觀音菩薩」。擅於繪畫的常燈法師，以插圖帶領學員認識父親生病期間，全家人成為訓練有素的「馬戲團演員」，依據父親的行為反應，自動隨順劇情演出；同時也以宗教師的視角，

常燈法師從「照顧手札」說起，與青年朋友分享生命體驗。

分享其中獲得的佛法智慧。法師表示活在當下，就是送給自己最棒的禮物，好好地說話、聆聽、凝視、感謝與道別，留住當下就能創造無限的希望。

常正法師在「微微禪修・很療癒」中，分享運用「微型」禪修面對煩惱、療癒心靈，方法包括停一下、放鬆、呼吸、傾聽、保持喜悅、念觀音聖號、支持與祝福、保持覺知、走一走、完全接受等十種。法師說明，療癒意指「反轉痛苦、離苦得樂」，用內在力量療癒自我，較能從根本上幫助自己，微型禪修是不受時空限制的方法。

「觀音菩薩的禮物」講座中，演柱法師透過聖嚴師父的開示影片，引導了解師父一生修習觀音法門，同時深入淺出介紹〈大悲懺〉的由來；勉勵眾人，將懺悔落實於日常生活中，隨時幫助身邊需要幫助的人，即能利益眾生。演捨法師於4月20日的講座中，介紹巧說譬喻的佛陀，曾以《如來藏經》糠糩粳糧喻、菴羅果種喻、弊物裹金喻等故事，揭示眾生本具祕寶，勉勵大眾應該透過修行，增加戒、定、慧三無漏學的技能，得以獲得至寶──眾生本具的佛性。

有學員表示，從四位法師體驗生命、分享僧命中，學習到的佛法智慧，獲益甚多。

2021 青年院「菩薩系列講座」一覽

時間	講題	主講人
1月6日	快閃馬戲團──觀音菩薩	常燈法師
1月12日	微微禪修‧很療癒	常正法師
3月2日	觀音菩薩的禮物	演柱法師
4月20日	發現 One Piece 心中大祕寶	演捨法師

● 01.07

致贈《法鼓全集》予臺大醫院金山分院
張志豪院長代表受贈

僧團將《法鼓全集》贈予臺大醫院金山分院，院方將與醫護人員及來院民眾分享佛法智慧。

完整收錄聖嚴師父中文著作的《法鼓全集2020紀念版》出版後，僧團陸續贈閱海內外各大圖書館、大學院校、佛學院等，期使將師父的智慧寶藏，分享給各地讀者。1月7日於臺大醫院金山分院舉辦贈書儀式，方丈和尚果暉法師代表贈與《法鼓全集》，由院長張志豪代表接受，法鼓山社大校長曾濟群與院方八位一級主管出席典禮。

方丈和尚致詞感謝金山分院對北海岸地區的醫療照顧，讓當地居民健康獲得保障，期盼加上聖嚴師父佛法的關懷，幫助大眾得到身心完整的照護。曾濟群校長分享，無論是待人接物、處事態度、面對困境或自我修持等方面，於《法鼓全集》中處處都有師父教導處事的般若智慧。

張志豪院長表示，醫院長期與法鼓山合作，從長照的靈性關懷照護到北海藝廊的藝術分享，都有益於療癒就診民眾的心靈；強調《法鼓全集》是智慧寶藏，院方將與醫護人員及就醫民眾分享，得到聖嚴師父與佛法的祝福。

● 01.09

雙和分會青年講座參學之旅
學員期許掌握人生的GPS

護法總會雙和分會於1月9日，為參加「做自己人生的GPS」青年講座的學員們，於法鼓山園區舉行結業參學之旅，學員們期許珍惜一期一會的相遇，從利

他當中成就大眾、成長自己，也找到自己生涯價值的GPS。

除了體驗園區的禪悅境教，並進行「心靈捕手」活動，有學員分享，原本遲疑是否要參加佛教團體的課程，實際參與後，發現講師授課都能善巧融入生活佛法的觀念，獲得許多啟發。

對於學員針對出家的提問，服務處監院常應法師表示，出家是少數人才有的因緣，而出家弘法的目的，是為了讓人了解佛法的好，協助人們離苦得樂。

雙和分會於法鼓山園區為參加青年講座的學員們，舉行結業參學之旅。

法師進一步說明，聖嚴師父教導的佛法非常生活化，希望學員將佛法觀念運用到生活上，讓世界更美好。人基會心六倫宣講團團長林知美期許雙和團隊，未來繼續累積活動經驗，分享給更多地區分會。

● 01.10

弘化院舉辦「圍布義工培訓」
布藝中修行身心和諧

弘化院於1月10日舉辦「圍布義工培訓」課程，由圍布老師廖美櫻、曾國山與法鼓山圍布義工團隊帶領，演柔法師並分享「殿堂莊嚴──圍布緣由及功能」，增進學員對圍布的了解。

法師說明圍布的功能在於莊嚴殿堂、助成修行，漢傳佛教中的禪佛教以「樸實」為家風，圍布不只呈現出法鼓山質樸的禪風，同時用「法」串起空間環境，壇場的

圍布實作過程中，一次次調整修改，是布藝的修行課。

布置，也是修行的功課，在調整修改的實作過程中，磨練耐心與專注。

廖美櫻、曾國山老師在課程中，介紹編布型態與摺花技巧，從繁複至簡單、從華麗至素樸，將粗糙的木桌，轉變成殊勝莊嚴的供桌和壇位；除講解算布及圍布的技巧、布料質感的辨識，也示範如牢靠、壓條、丈量、拉布、百褶、拆收布等技巧。實作課程中，學員全神貫注，並以安定的身與心，加上團隊合作助成，圓滿呈現一件件作品。

參與學員表示，講師透過照片說圍布的故事，更能看見每一場佛事及活動的

隨緣變化，每件圍布作品的背後，都是幾十年經驗的累積，更是萬行菩薩護法弘法的信願行。

● 01.10　03.21

齋明別苑「心光講堂」
分享佛法的生活運用

果興法師分享學佛因緣與感悟。

1月10日、3月21日，桃園齋明別苑舉辦「心光講堂」講座，分享佛法在生活上的運用，共有三百六十多人次參加。

首場邀請資深媒體工作者陳月卿，以「從心開始——每天清除心靈癌細胞」為題，分享飲食與修行對身心健康的重要性。陳月卿為《大法鼓》節目主持人，曾向聖嚴師父請益工作壓力及內心習性引發的身心問題，透過師父開示「眾生顛倒，集苦以為樂」，引發開始思考人生常以為的樂，其實本質是苦。同時擔任癌症關懷基金會董事長的陳月卿表示，希望傳達正確的飲食觀念，減輕癌友痛苦，籲請大眾時時微笑呼吸、正面思考、學習利他，再加上正確的飲食觀，日日都是好日。

3月的講座由禪堂板首果興法師主講「身心淨土的生命故事」，分享人生經歷，以及皈依出家的因緣與學佛的感悟。講座中，法師也指導如何以禪修的方法來改變心情，練習的方式包括：走路禪講究行如風，心沒有觀想，以放鬆的方式與大自然融合；他人造口業時，自己要像吸音板一樣，將噪音吸收，而不是像打乒乓球一樣反擊回去，也才能提昇人的品質。

● 01.10～12.12期間

人基會開辦「家長陪伴成長」課程
拉近新世代親子關係

1月10日至12月12日，人基會週日於臺北中山精舍或德貴學苑舉辦「家長陪伴成長」系列課程，共九場，由專家學者主講，引導家長安助身心，讓親子關係緊密，每場有近五十位家長及學童參加。

首場邀請心理師許麗月主講「翻轉代代相傳的親子互動模式」，指出許多父母受坊間教養書籍影響，認為應尊重孩子，與孩子建立如朋友般的關係，以致「家長」角色趨於模糊，其實父母具有教養的責任，必須先做好「家長」的角色，讓孩子有依循的安全感，再學習跟孩子做朋友；也提醒父母，面對子女失控時，應優先處理孩子的情緒，而不是失序的行為。

學員在「家庭雕塑」體驗中進行角色扮演，模擬親子問題發生的情境。

心理諮商師陳怡婷在3月14日「從建立安全的依附關係到發展孩子同理心智」講座中，說明依附關係分為安全依附、矛盾／焦慮依附、迴避依附等三型，後兩種屬於不安全依附關係；安全依附關係的建立先從同理情緒開始，家長必須先接納孩子的情緒，要先覺察、辨識個人被激發的情緒，再以同理溝通建立親子間的安全與信賴。

4月11日「在正向教養中認識孩子的氣質」課程，邀請臨床心理師駱郁芬透過角色扮演，引導家長理解「正向教養」是一種由內而外的思維與行為模式的轉變，首先必須放下對短期成效的追求，發掘孩子的特質；從而引導與尊重，讓他們發現自己能力，並協助找回歸屬感與自我價值。

10月17日邀請種籽親子實驗國民小學副校長黃瑋寧講授「教養過程的歌單：一個中年女子關於教養與陪伴的體會」，指出權威不等於威權，人為的恐懼只能帶來短暫的教育效果，鼓勵孩童發展優勢學習，分析不如人的劣勢，方能找出詮釋學習的方法。

● 01.13～11.17

「法鼓講堂」佛學課程全年八講
心靈環保學習網線上直播

1月13日至11月17日期間，普化中心週三晚上於北投農禪寺舉辦「法鼓講堂」佛學課程，全年共八講，因應新冠肺炎疫情影響，課程未開放現場聽講，於「法鼓山心靈環保學習網」線上直播，提供全球學員上網聆聽。

1月首講由《法鼓全集》編輯小組召集人果毅法師擔任主講人，從編輯、閱讀面向，引領讀者認識重新編校的《法鼓全集2020紀念版》，介紹聖嚴師父的智慧寶藏，並深入每一輯的思想精髓，在展讀中與師同行。

果毅法師從編輯、閱讀面向，解說重新編校的《法鼓全集2020紀念版》。。

3月的講堂由法鼓文理學院佛教學系主任鄧偉仁主講「《吉祥經》最上吉祥」，講析佛說三十八種吉祥，循序漸進地從在家到出家、從世間法到出世間法，善巧引領通往最上吉祥——成佛之道；強調吉祥不假外求，其內涵猶如聖嚴師父期勉「提昇人的品質，建設人間淨土」，對於學佛者是很好的修行指南。

常諦法師、法源法師分別於4、5月的講堂中，講授「善導大師的淨土思想」、《圓覺經》。常諦法師帶領大眾優遊善導大師弘揚彌陀法門的悲願，勉勵以至誠心、深心、迴向發願心，實踐大師倡導的「正行」：讀誦、觀察、禮拜、讚歎供養、稱名，並常修「三福」：世福、戒福、行福，種下淨業正因，早日往生淨土、成就無上菩提。法源法師則透過科學觀念解說「離幻即圓覺」所描繪的感官與時空的虛幻，期勉學員修習正覺、遠離諸邪。

7月及10月的講座，分別由常鐘法師、常啟法師概說《釋禪波羅蜜次第法門》、《維摩經》要義。禪堂板首果興法師於9月講座中，以夢話、淨土、觀想、菩薩行四個主題，介紹聖嚴師父臨濟法脈傳承的靈源老和尚「夢而不迷，有菩薩同行」一生行誼，期勉學員學習老和尚夢中做佛事，以願力引導生死的菩薩行。

疫情期間，「法鼓講堂」藉由數位課程，引領學員轉化心念，努力修行增上。

2021「法鼓講堂」佛學課程一覽

時間	主題	主講人
1月13至27日	導讀《法鼓全集2020紀念版》	果毅法師（普化中心副都監）
3月3至24日	《吉祥經》最上吉祥	鄧偉仁（法鼓文理學院佛教學系主任）
4月7至21日	善導大師的淨土思想	常諦法師（僧團法師）
5月5至26日	《圓覺經》與量子科學	法源法師（僧大講師）
7月7至28日	智者之心——《釋禪波羅蜜次第法門》導讀	常鐘法師（僧團法師）
9月1至22日	夢而不迷，有菩薩同行	果興法師（禪堂板首）
10月6至27日	演不思議法——《維摩經》旨略	常啟法師（僧大學務長）
11月3至17日	仁者心行——菩薩戒的時空適應與行持	常格法師（僧團法師）

● 01.15～12.17

教聯會線上讀書會共學
演本法師帶領精進在雲端

1月15日至12月17日，教聯會週五於北投雲來別苑舉辦「2021線上讀書會」，全年共九場，由演本法師帶領，透過網路雲端，共讀共享，有近三十人參加。

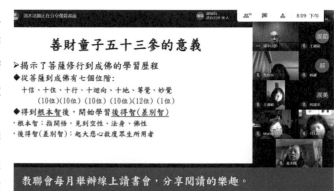

教聯會每月舉辦線上讀書會，分享閱讀的樂趣。

讀書會的上半場，由法師講解《華嚴經‧入法界品》法義，說明善財童子受到文殊菩薩指引：「為成就一切智，應當親近勤求諸善知識」，在不畏艱難參訪五十三位善知識後，遇普賢菩薩而成就佛道，也揭示了菩薩修行到成佛的學習歷程。

讀書會下半場以《我願無窮──美好的晚年開示集》為本，由演本法師進行導讀。法師講說學習千手千眼的觀世音菩薩，放下自私心、自我中心，是法鼓山禪修道場的根本精神，也就是「大悲心起」；法鼓山的三大教育、四種環保，都是在「大悲心起」的原則下而開展。

交流分享中，有學員表示持誦〈普門品〉及參加大悲懺法會，會讓心境有正向的引導，而誦念觀世音菩薩聖號，也可讓心情安定，進而克服困難；也有學員分享，曾在參與信仰基督教朋友的活動中，提及自己學習佛法的心得，雙方用心溝通，就不會產生對立心。

● 01.19　04.27　08.03　10.26

方丈和尚全年四場精神講話
期勉專職同仁精進成長歡喜服務

方丈和尚果暉法師2021年對僧團法師以及體系專職同仁、義工進行的四場精神講話，分別於1月19日、4月27日、8月3日、10月26日在北投雲來寺展開，全臺各分院道場同步視訊連線聆聽開示，每場有近三百人參加。

第一季精神講話的主題是「珍惜生命」，方丈和尚說明佛教徒的人生觀是珍惜生命、積極生活的菩薩行，唯有珍惜生命，才會腳踏實地，克盡責任與義務；期勉大眾建立三世因果的生命觀，努力發揮這一生的價值。

第二季精神講話，方丈和尚分享止觀禪法在生活中的運用，包括工作管理、

行動管理等，從基礎的體驗呼吸，以「止」安定心念，以「觀」覺照萬境，活出行、住、坐、臥皆是禪的自在人生。

考量新冠疫情轉趨嚴峻與避免群聚，第三季的精神講話採線上進行，方丈和尚分享疫情期間暫停實體活動，隨僧團、隨眾作息，晨起練習法鼓八式動禪、就寢前拜佛，並以聖嚴師父所言「木頭跟著木排走」，勉勵大眾藉由「規律」修行的習慣，來鍛鍊身心。

第四季的精神講話，方丈和尚期勉大眾，以平常心進行危機管理，不要把危機當成突發事件，而是日常習慣，也就是時時心存「無常觀」，以心靈環保、心五四面對困境，只要隨時安心，苦難中就會有平安。

每場精神講話之前，均會先播放一段聖嚴師父的開示影片，主題分別是「需要人做，正要人做，我來吧」、「『現在』的精神」以及「認同愛護法鼓山」、「觀音法門——念觀音，求觀音」，勉勵所有專職、義工更深入認識法鼓山的理念，淨化自己的身、口、意，為社會大眾服務。

● 01.20～25

「冬季青年卓越禪修營」園區舉行
學員從心認識自己

青年學員於「冬季青年卓越禪修營」中，體驗禪坐的安定與放鬆。

青年院於1月20至25日，在法鼓文理學院舉辦冬季青年卓越禪修營，由演信法師擔任總護，帶領學員透過學習、體驗、運用禪修的方法，活出卓越人生，共有六十多人參加。

卓越營內容多元，包括基礎禪修與學佛行儀課程、心靈遊戲、托水缽、戶外禪等，藉由如心禪對話、心靈體驗、孤獨勇士等活動，學員練習探索、體驗、覺察自我，賦予生命更多領悟；而聖嚴師父的開示影片，更是寶貴的見面禮：「要把生命留在現在」、「不管妄念，回到方法」、「放鬆身心，放下身心」，每句法語都是學員觀照的方法。

營隊並安排由文理學院生命教育學程助理教授辜琮瑜帶領工作坊，藉由提問：「佛教、法鼓山對自己的意義是什麼？」引領學員反思，向內心觀照；辜老師表示，先感化自己，才能感動他人，在共同成就中，以愛、尊重、包容、關懷來相互對待，無論面對何種境界，都能自安安人。

有學員分享，從聖嚴師父在影片中開示禪的心法：「身在哪裡，心在哪裡，清楚放鬆，全身放鬆。」理解到「禪」就是感受身體每個當下的感覺，行住坐臥都是「禪」。

● 01.21　01.25

社大「感恩有里」活動
與地方鄉親共享樂活學習

法鼓山社大應財團法人金包里慈護宮關懷據點邀請，於1月21日舉辦「樂齡心課程·社區關懷系列——2021感恩有里系列彩繪紅包」活動，由社大曹淑女老師帶領，參與的長者最高齡者為九十二歲。

「人生七十才開始。」曹淑女老師以活潑幽默的方式，和義工們引導長者彩繪紅包，長者們也發揮想像力，有夫妻共同創作，畫牛、畫花，再一起寫下平安，為新春祝福。

禪悅書法鈔經班學員於新莊校區舉行的「110年度感恩有里」活動，書寫春聯送祝福。

另一方面，社大也於1月24日在新莊校區舉辦「110年度感恩有里」活動，包括旅遊速寫、創意時尚刺繡、瓷器織品彩繪、水墨畫等班級成果展；並安排體驗課程，包括歐風彩繪班師生帶領居民彩繪紅包、禪悅書法鈔經班於現場「寫春聯送祝福」，更顯新春氣氛；同時以石頭彩繪DIY活動，引導小朋友藉由獨立完成彩繪，體驗做中學、學中做的教育理念。

而為推廣自然環保理念，邀請咖啡班、手工皂、友善農耕的小農舉辦培福市集，推廣友善環境的農法。

校長曾濟群表示，由於疫情暫停分享茶禪、咖啡禪，但社大師生從展場布置與規畫，以及作品與活動中，讓來參加的鄰里居民，更能體驗「心靈環保」的教育意義。

● 01.26

僧團舉辦辭歲禮祖
方丈和尚透過視訊開示勉勵

配合政府防疫政策，僧團首度取消一年一度的圍爐，調整為法鼓山園區及各分寺院常住，在平日固定晚課後各自禮祖。1月26日，園區大殿早課圓滿後，

方丈和尚帶領總本山僧眾辭歲禮祖。

方丈和尚果暉法師透過視訊連線，為海內外僧團法師開示勉勵；當日晚課後，方丈和尚於大殿點上滿願燈，隨後帶領總本山僧眾於開山紀念館祖堂辭歲禮祖。

方丈和尚表示，回顧2021年，雖受疫情影響，教團的弘化事業依然兢兢業業，僧團同時隨順因緣，建立共修、共學機制，為僧眾弘法利生不斷充實戒、定、慧三學資糧，感恩僧眾過去一年盡心盡力弘化，也期許未來能夠安住身心，繼續奉獻。

辭歲禮祖後，方丈和尚與退居方丈果東法師分別於菩提葉卡寫下祝願：「智慧安已得自在，慈悲待人有平安」、「凡事正面解讀，不以負面情緒反應處理，自然少煩少惱。」祝禱疫情消退，世界平安。

● 02.01起

分寺院新春主題展
「《法鼓全集》2020紀念版」增添飽滿智慧

迎接2021平安自在年，2月1日起，法鼓山園區、北投農禪寺、桃園齋明別苑、臺北德貴學苑、高雄紫雲寺，以甫出版的「《法鼓全集》2020紀念版」為新春展覽主軸，推出主題特展。

於園區第二大樓活動大廳，以「聖嚴法師的智慧寶藏」為主題的特展，從《法鼓全集》的版本演進、九輯內容及特色、如何閱讀《全集》等三個面向，帶領民眾認識聖嚴師父的生命菁華；同時也展出師父早期的手稿，引領大眾感受師父一字一句寫出的願心與智慧，此外，也展出多本著作不同版本的書封。

法鼓山園區展出「聖嚴法師的智慧寶藏」。

結合「平安自在」年度主題的德貴學苑展覽櫥窗，展現「平安的智慧寶藏」；齋明別苑特展主題「安心禪」，介紹法鼓山生活化的禪修方法，包括最佳的安心指引《法鼓全集》，邀請民眾闔家走春看展，為新的一年「牛」轉乾坤，增添飽滿的智慧。

● 02.01起

線上「#108 for All・為世界祈福」影音分享
全球百餘位百工百業代表響應

因應新冠疫情影響，法鼓山2021年除
夕撞鐘改採網路直播，並自2月1日發起
線上「#108 for All・為世界祈福」影音
分享，共有來自全球一百三十多位百工
百業的代表響應、參與，跨越國籍、種
族、宗教，齊心凝聚聲聲祝福，盼願世
間平安。

參與分享的人士，包括臺灣聽障節目
主持人陳濂僑、魔術師陳日昇、超馬健
將林義傑、作家吳念真，香港表演工作

嚴長壽董事長表示，疫情期間最好的祝福，就是以心靈環保讓
心平靜下來。

者劉德華、梁朝偉、張學友，日本藥師寺住持寬邦，美國拉可達族原住民提卡
辛・幽靈馬（Tiokasin Ghosthorse），烏干達酋長大馬勒・鮑雅（Chief Tamale
Bwoya）等各國人士，皆分享祈福心聲，為受疫情籠罩的全球人類，傳達希望
的新氣象。

公益平台文化基金會董事長嚴長壽也透過影音表示，過去一年被封鎖的生
活，是辛苦的考驗，但焦慮無助於疫情，聖嚴師父曾開示「心不平安，才是真
正的苦」，因此現在最好的祝福，就是學習用心靈環保，讓心靜下來；中央研
究院歐美文學研究所特聘研究員單德興則以「人生的價值在於奉獻」，與大家
共勉在奉獻中成長、廣結善緣。

● 02.07

臺南分院佛學講座
常寬法師分享聖嚴師父筆墨中的修行

臺南分院於2月7日舉辦網路佛學講座，由僧大男眾副院長常寬法師主講「隨
師筆跡──巧遇墨寶中的心法」，分享聖嚴師父透過墨寶書藝，傳承法脈、弘
法利生、創新佛學、大願興學，以及落實社會關懷的初衷。

《法華經》、《楞嚴經》、《圓覺經》等經句，均為聖嚴師父常寫的佛經法
語，常寬法師引用書法家杜忠誥所說，師父是一位學問僧，也是一位禪師，因
為是學問僧，筆墨文字反映出學問淵博、書卷氣韻；而身為禪師，長期修行的

工夫，殷實沉定在字跡上，自然呈現「骨勢洞達、閒逸自在」的意境，是師父書藝境界不同於一般書法家之處。

法師表示，聖嚴師父的墨寶如自我期勉「願成大宗教家，勿作宗教學者」和「承先啟後」，因此當墨寶成形，順勢推展佛法，2001年起，書寫「大好年」，開啟法鼓山每年以師父墨寶為年度

常寬法師於臺南分院，分享聖嚴師父筆墨中的修行。

春聯，為國家社會祈福；2007年則為籌建法鼓大學，以近五百幅書法，展開全臺巡迴展覽。

講座中，常寬法師以一幅對聯：「路遇懸崖峭壁走過去，巧遇人間仙境莫逗留」，闡釋聖嚴師父用筆的心法。禪修時，若遇到困境，心中無礙地走過就對了；若偶遇美好境界，一樣走過不停佇；身心統一，一心三昧，從忘我到無我，是師父的修行方法，也是翰墨用筆的絕妙心法。

● 02.11

除夕法華鐘聲傳送全世界
僧團法師代表撞鐘祈福

除夕撞鐘改為直播，全球網友跨越時空參與撞鐘、聞鐘及拜鐘，迎接新年。

2月11日，法鼓山於園區舉辦除夕撞鐘祈福法會，配合政府防疫政策，十五年來首度不開放現場參與，由僧團法師代表拜鐘祈福，從晚間九時三十分開始，以一百零八響法華鐘聲，護佑全球解除疫情與危機，世界和平，人間淨土早日實現。

當晚九時四十六分，方丈和尚果暉法師、副住持果醒法師、果品法師共同敲響前三響。今年首度透過六種視角讓網友選擇觀看，猶如親臨會場；除了法鼓山全球資訊網，另有YouTube、Facebook、網路新聞台等平台同步直播，全球透過網路一起聽聞鐘聲、共修、祈願。

隨著鐘響，悅眾法師帶領三十位義工全程拜鐘，一百零八響鐘聲圓滿後，方丈和尚祝福大眾新年快樂，也揭示年度主題「平安自在」的意義，在於共同學習以慈悲心待人，時時有平安；用智慧心安己，處處得自在。方丈和尚表示，新型冠狀病毒經過一年出現變異，大眾需要做好個人防疫，以及注意公共衛生，來保護自己和社會的健康；也將撞鐘功德迴向因疫情傷亡的民眾，更感謝全球站在第一線的醫護人員，守護全人類的健康。

法鼓山除夕撞鐘自2007年開始舉辦，不僅是法鼓山年度活動，更以底蘊深厚的文化內涵形象深植大眾心中，2021年國外媒體法新社（L'Agence France-Presse, AFP）也全程採訪，將除夕撞鐘祝福分享給全世界。

● 02.12～20期間

全臺道場新春迎牛年
走春祈福、網路共修齊精進

迎接2021「平安自在」年，法鼓山全臺分寺院道場於2月12至20日，展開各項新春活動，包括線上法會、點燈、供花、鈔經、DIY手作、展覽、快閃活動等，廣邀信眾闔家回到如來家，或透過網路與諸佛菩薩、僧團法師連線，為新年增添滿滿法味，也為世界祈願祝福。

為落實防疫措施，各地的新春法會調整為透過網路直播共修，12（初一）至

紫雲寺新春禮拜千佛懺，透過直播讓民眾安心拜懺。

14日（初三），高雄紫雲寺延續六十餘年傳統的「新春千佛懺法會」，提供信眾線上禮拜、懺悔，主法常炬法師開示：「只要有一口呼吸在，就有無限的希望，心念一轉，環境就會跟著轉變。」鼓勵大眾隨順因緣、把握因緣、創造因緣，時時來道場培福修慧做義工，將知識轉為正知見，轉心轉念，處處都是好因緣。

臺中寶雲寺分別舉辦普佛、大悲懺、慈悲三昧水懺法會，透過線上拜懺，祈願家庭與社會平安，主法常智法師期勉大眾善用永恆的財產，也就是佛法所謂的「七聖財」：信、戒、慚、愧、聞、施、慧，如此面對橫逆苦難都不易起煩惱，人人皆得平安自在。臺東信行寺則舉行普佛、觀音和大悲懺法會，主法常寬法師開示，寺中展出的「十牛圖」，是展現修行開始到圓滿的過程，從「見山是山、見水是水」，到「見山不是山、見水不是水」，再到「見山又是山、

見水又是水」的牧心之旅，期許眾人用心學習佛法。

另一方面，迎接2021新春牛年，各分寺院紛紛運用牛的意象，接引大眾親近道場。法鼓山園區以「平安自在」牛版畫、DIY手作牛與大眾結緣。北投農禪寺設計「十牛圖」活動傳單，內容描繪修行者馴服心牛的成長歷程。信行寺以別具在地特色的月桃葉編織，製作月桃牛造景，提供大人小孩走春賞牛、打卡拍照。

蘭陽分院以義工手繪的大白牛迎接大眾，並運用可騎乘的搖搖牛、「草埒」裝置，大、小朋友玩味農村生活、體驗自然環保；另有主題牛轉輪盤轉出「新年心功課」，或跟隨牛年新春特展的「十牛圖」尋找自心、聆聽聖嚴師父與牛的故事。

臺北安和分院安排手作「牛耕福田」活動，引領民眾在專注中領受禪悅自在；「鈔經許願——御守祈福」體驗，則邀請大眾一起存好心、發好願，在專注中領受禪悅的自在，回到本質的單純靜定，為自己、為家人、為世界祈福。

2021 全臺分院道場新春主要活動一覽

地區	地點	日期	活動名稱／內容
北部	法鼓山園區	2月12至16日	「平安自在」牛版畫、DIY手作牛、「快閃音樂」、親子和樂春遊
		2月1日起	「聖嚴法師的智慧寶藏」特展
	北投農禪寺	2月12至14日	「十牛圖」活動傳單、快閃發送古早米香餅、致贈《心經》鈔經紙
		2月12日起	《法鼓全集2020紀念版》特展
	北投文化館	2月12至14日	網路新春千佛懺法會
	臺北安和分院	2月12至13日	網路新春普佛法會
		2月14日	網路新春大悲懺法會
	桃園齋明寺	2月12日	網路新春普佛法會
	桃園齋明別苑	2月12日	網路新春普佛法會
	蘭陽分院	2月12日	網路新春祈福法會
		2月12至14日	新春特展「十牛圖」、新春裝置藝術大白牛圖、搖搖牛、草埒
	基隆精舍	2月20日	網路新春普佛法會
中部	臺中寶雲寺	2月12日	網路新春普佛法會
		2月13日	網路新春大悲懺法會
		2月14日	網路新春慈悲三昧水懺法會
	南投德華寺	2月12日	網路新春普佛法會
		2月14日	網路新春大悲懺法會

南部	臺南分院	2月12日	網路新春普佛法會
		2月14日	網路新春大悲懺法會
	高雄紫雲寺	2月12至14日	網路新春千佛懺法會
	高雄三民精舍	2月15日	網路新春普佛法會
東部	臺東信行寺	2月12日	網路新春普佛法會
		2月13日	網路新春觀音法會
		2月14日	網路新春大悲懺法會

● 02.20

法鼓傳燈法會園區舉行
四眾弟子點亮心燈 續師悲願

聖嚴師父圓寂十二週年，僧團於2月20日在法鼓山園區舉辦網路「法鼓傳燈日暨傳燈法會」，並進行線上直播，全球四眾弟子於法會中點亮菩提心燈，感念師恩教澤，發願繼承師願，共創人間淨土。

方丈和尚果暉法師率同僧團法師，透過觀看聖嚴師父

方丈和尚果暉法師主法傳燈，接續點亮僧團法師的缽燈。

影音開示「慈悲智慧，平安的著力點」，憶念師父的慈悲教誨，並以視訊連線帶領全球信眾齊心發願，共同學習以生命實踐佛法。

傳燈儀式前，僧團法師先隨著聖嚴師父唱誦的佛號聲，以「阿彌陀佛」聖號報恩念佛，在〈傳法偈〉的梵唄聲中，方丈和尚從滿願燈中點亮傳燈法師手中缽燈，法師們接續點亮缽燈，燈燈相傳綿延無盡，蘊含歷代祖師悲願的傳承，也象徵以智慧點亮內在光明，以慈悲照亮有情世間，最後全球四眾弟子共同發願、迴向，圓滿傳燈法會。

「每年的法鼓傳燈日正可以檢視這一年來，實踐了多少聖嚴師父的教法，又做了多少自我成長與奉獻利他的功課，這是傳燈法會最大的意義所在。」方丈和尚開示，師父的言教、身教都留在人間，法身慧命永遠長存；並說明傳燈在《維摩詰經》中又稱為「無盡燈」，《華嚴經》也提及：「菩提心燈，大悲為油，大願為炷」，法會現場的大缽代表所有眾生，大眾應以眾生的心做為修福

修慧的所在，點亮光明的智慧，就能照亮三千大千世界的所有眾生。

首度線上參與傳燈的信眾表示，會依教奉行，發願在所處的環境因緣中，運用佛法自安安人、自利利他。

● 02.25

法青會舉辦「說書交流會」
青年共學與師願共鳴

「說書交流會」的說書人分享閱讀聖嚴師父著作後，生命有了更多學習和啟發。

法青會於2月25日在臺北德貴學苑舉辦首屆「說書交流會」，介紹聖嚴師父著作，並搭配五分鐘現場Q&A，邀請政治大學斯拉夫語系教授劉心華、臺北大學企管系助理教授彭奕農、臺北大學主任教官朱漢屏，及演無法師、演謙法師等擔任講評人，共有十位法青擔任說書人。

青年院監院常炬法師關懷時，勉勵學員們，說書交流會的目的，是透過閱讀聖嚴師父的書籍，藉著消化、內化、分享，與自己的生命產生更多連結，選佛場中別無對手，學佛不需要比賽，而是大家一起交流。

尚在大學就讀的法青分享《法鼓山故事》，感念聖嚴師父篳路藍縷創建法鼓山；也有法青閱讀《美好的晚年》，學習到從不可愛的人、事、物裡找到可愛之處，心也愈來愈寧靜。已就業的法青從《放下的幸福》一書中覺察，幸福不是向外追求，而是向內探求，藉著觀照、消融自我，了解到幸福不是為了「獲得」，而是源於「放下」。

演謙法師與劉心華教授肯定每位說書人都很能激勵聽眾；朱漢屏教官則祝福法青同學，透過閱讀師父著作，智慧愈來愈高，煩惱愈來愈少。

● 03.02～05.06期間

農禪寺、安和分院開辦「禪悅的人生」系列課程
活用佛法讓生活更快樂

3月2日至5月6日，北投農禪寺、臺北安和分院分別於週二、週四舉辦「禪悅的人生」系列課程，主題是「生活要快樂」，由護法總會副總會長許仁壽帶領研讀聖嚴師父著作《真正的快樂》、《佛法綱要》等書，帶領五十歲以上學員

許仁壽副總會長於安和分院分享運用正知見的佛法，讓生活更快樂。

認識佛法、體驗佛法在生活上的運用，讓生活更快樂，生命更有意義。

許仁壽副總會長從「生活要快樂」、「生命有意義」、「生死皆自在」三個面向，分享「禪悅的人生」。說明先自省，也就是內觀，「觀」自己的身心，同時閱讀聖嚴師父書中的「教」理，教觀並重，生活就容易有著力點。

課程中，許仁壽不時提醒，《心經》經文中的「照見五蘊皆空」，意指外在現象都是因緣和合而生，所有的事物並不是永遠不變的，只是暫時的存在；因緣有變化，結果就會不一樣，所以「無常」是正常，沒有例外，正如聖嚴師父所說「因緣有，要努力；自性空，不執著」。他鼓勵大眾，過利人利己的智慧生活，便能突破人生的框架，讓生活更快樂。

● 03.04～07　03.11～14

「第二十五屆在家菩薩戒」園區舉行
新戒子發菩提心走上成佛之道

歷經2020年因疫情延期，法鼓山「第二十五屆在家菩薩戒」，於3月4至7日、11至14日分兩梯次在園區展開。為落實防疫，本年受戒人數減半，包括男眾一百一十二位、女眾四百六十四位，共有五百七十六位求戒者。

經過三日的演禮、說戒、拜懺，於7日及14日正授典禮上，擔任菩薩法師的方丈和尚果暉法師、首座和尚惠敏法師、副住持果醒法師，引領求戒戒子依次受四不壞信、三聚淨戒、十善戒，以及十無盡戒，恭敬搭上繡有佛像及法鼓山徽的菩薩衣。

方丈和尚以聖嚴師父所

第二十五屆在家菩薩戒時隔兩年舉行，求戒者發願以堅定菩薩道的願心與信心，精進前行。

說的「嬰兒菩薩」為喻，提醒戒子莫忘初發心，勉勵大眾從簡單的戒條做起，逐漸累積福慧資糧，以佛法來莊嚴自己的身心，用清淨的身、口、意三業來莊嚴淨土、莊嚴眾生，成就無量的福慧莊嚴。

惠敏法師述說佛陀在菩提樹下「降魔成道」，歷練各種感官與名利的誘惑、死亡的威脅，依舊堅定不動搖，以右手觸碰大地的降魔印來證明決心。果醒法師解釋，犯戒是因心中有能所，創造出主體的我和客體的對象、對外境的合意或不合意，由此而生殺、盜、淫、妄等行為，若能通向「能所雙亡」，便能不再製造流轉生死的因；並以「不說四眾過」與「不自讚毀他」二則戒條為例，期勉新戒菩薩多講他人優點，不貶低別人凸顯自己，透過持戒讓自己少煩少惱。

有懷孕五個月的戒子分享，成為「嬰兒菩薩」後，期許回到生活中，以菩薩的言行、規範來自我精進；也有法青表示，年輕人較重娛樂，受戒前也曾猶豫，但為了提昇自己，仍決定受戒，期許落實「有我在的地方就有佛法」，與親友廣結善緣。

● 03.04～05.06期間　09.16～12.30期間

臺南分院開辦「兒童心美學班」
陪伴學童多元學習快樂成長

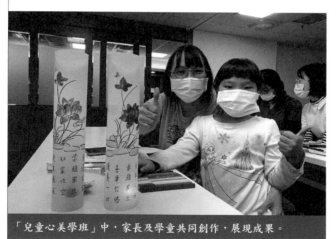

臺南分院於3月4日至5月6日、9月16日至12月30日，週四開辦「兒童心美學班」，由教聯會師資帶領，透過繪本故事、手作DIY、律動讀經等多元學習，帶領學童探索世界，認識心靈環保，有近三十位學童及家長參加。

「兒童心美學班」中，家長及學童共同創作，展現成果。

在繪本故事單元中，老師將佛曲與小故事，透過有趣的聽、說、唱、動，讓佛法潛移默化滋養心靈；生活美學方面，包括禪繞畫及手作美勞課程，提昇觀察力、創造力；生活禮儀上，則運用感恩與祝福的慈心練習，培養同理與感恩心。

有參與的家長表示，親子共學可以陪伴孩子成長、培養感情與溝通，透過分享更能了解孩子的內心世界，讓親子關係更和諧。

● 03.06

香草教師共備成長課程
觀察植物學習生命智慧

3月6日，人基會於臺北德貴學苑舉辦香草老師共備成長課程，邀請臺灣大學農藝研究所名譽教授劉麗飛主講「向植物學習──春花秋葉知多少」，從植物葉片的特性、樣貌、種類等面向，認識植物世界的奧妙，有近四十位香草老師參加。

香草教師們深入植物的世界，學習大自然的智慧。

劉麗飛教授說明，葉片的排列形狀、生長角度，都能窺見植物為適應生態環境所展現的生存機制與智慧。如：植物葉片的排列方式有互生、對生、輪生的差別，會如此排列生長，是為了充分利用空間，讓每片葉子都能受光，行光合作用及蒸散作用；而為易受光，植物葉片大多是薄薄一片，即使是下層的葉片，也能受到陽光照射，這正是利己也達到利人的最佳體現。無論遇到多大的災難和危險，只要留有一片葉、一段莖、一顆芽，植物就能保命、生生不息。

劉教授期勉學員，透過觀察植物來學習，不僅能看到大自然的智慧，更能提昇自我生命的態度。

● 03.07

社大講師共識營
開發線上教學 學習斜槓思維

3月7日，法鼓山社大首度舉辦網路講師共識營，校長曾濟群以「斜槓世代的學習思維，社大學習多樣化」為主題，分享社大的教學理念，共有三十多位教師參加。

曾濟群校長首先以美國著名脫口秀主持人歐普拉（Oprah Gail Winfrey）的職涯解釋「斜槓」一詞，歐普拉同時也是演員、製作人、投資家、慈善家，人生豐富多彩，不只專精一項，而是多元發展；現今千禧世代大多為二十至四十歲，正是社會發展的中堅力量，此一世代經歷過兩次經濟上的蕭條恐慌，為了就業，發展出不懂就學、求知欲強的行動力。

曾校長表示，因為新冠疫情的衝擊，社大將危機化為轉機，開始進行雲端學

社大首度舉辦網路講師共識營，曾濟群校長線上分享社大的教學理念。

習課程，產出二十六支教學短片，受惠人次逾萬；更開發遠距課程，帶出新的教學方向。而斜槓世代的思維，就是學習是無際無邊，無處不可學習、無時不可學習、無地不可學習多樣化的學習精神。

有老師表示，線上會議非常方便，毋須舟車勞頓，網路無國界；也有老師分享學會線上會議室的操作，相當受用。

● 03.09～30期間

齋明別苑舉辦佛學講座
果賢法師講「華嚴與人生」

3月9至30日，桃園齋明別苑每週二舉辦佛學講座，由文化中心副都監果賢法師主講「華嚴與人生」，有近一百八十人參加。

法師以新聞學中的5W1H介紹《華嚴經》，說法者（Who）是釋迦牟尼佛，同時以其法身毘盧遮那佛為救度眾生（Why）在華藏世界說法，說法時間（When）是佛陀證悟後兩週所講，地點（Where）則在佛陀證悟地菩提伽耶，至於所說之法（What）為佛的境界，也是法界緣起、圓融無礙、海印三昧等由業力和因緣而成的不可說世界，至於眾生則要透過修行（How to do）具足五眼，轉換看待事物的角度，才能循序進入佛的境界。

果賢法師講「華嚴與人生」，引導大眾領略《華嚴經》的智慧。

《華嚴經》是佛陀證悟後所講的第一部經典，論述緣起、因緣觀，一切世間的現象都離不開因緣因果，每個當下都隨著因緣而變化莫測；並以新冠肺炎疫情為例，每個過程環環相扣，每個因緣也在這個過程中隨之變化。了解因緣觀後，看待事情的角度就會有所不同，只要用心觀察，世間萬物

都在放光說法。

果賢法師期勉大眾，了解一切現象都是因緣所成，便會以包容心看待萬事萬物，將心轉染成淨，更無懼逆境現前，因為唯有逆境才能轉境，更能開拓生命的視野與心量。

● 03.13 03.20

安和分院舉辦「人生系列」講座
分享以佛法翻轉生命　銀力樂活

臺北安和分院於3月13日舉辦「人生講座」，邀請有鹿文化社長許悔之、文化中心副都監果賢法師分享「平安自在的人生」，以及作家王浩一、常隨法師分享「銀力樂活的人生」，有近四百人參加。

許悔之以「但願心如大海」為題，述說十八年前身陷生命低谷，透過六天五夜閉關專注鈔經，體會到修學過程就像埋

常隨法師（左二）、王浩一（左一）分享如何樂活的方法，主持人為臺灣社會影響力研究院創會理事長吳嘉沅（右）。

一顆種子，因緣到了就開出智慧的花朵，期許心能像大海般寬廣深遠，不畏煩惱染著。果賢法師以「深觀因緣學放下」為題，強調若能深觀因緣，即能看見重重無盡的因緣，而能學習在生命過程中不斷的提起與放下；聖嚴師父在《人生》復刊時，寫下「人生要在平淡之中求進步，又在艱困之中見其光輝」等八句勉勵語，更是自己人生順逆因緣的座右銘，而「《人生》要帶給世界光明和希望」，是師父對《人生》的勉勵，更成為法師一生的願力。

王浩一表示人生到了五十，就要開始學會清掃、捨棄、重置，說明修繕過的陶瓷器，就像每個不完美的人生，經過磨難修補，才能成為一件件世間僅有的藝術品。常隨法師以「不住不求以度瀑流」為題，引導大眾思考：如何從苦活到樂活？提點運用四行：報冤行、隨緣行、無所求行、稱法行，保持眼光高遠、心胸廣大，便可以度過生命的瀑流。

由於迴響熱烈，20日接續邀請臺灣好基金會執行長李應平、臺灣設計研究院副院長艾淑婷對談「利人利己的人生」，大亞創投公司合夥人郝旭烈、灣聲樂團大提琴首席陳世霖講述「健康快樂的人生」，有近三百人參加。

● 03.13　2022.01.15

文山分會舉辦專題講座
常寬法師講平安自在的修行旅程

常寬法師於文山分會分享出家與修行的歷程。

護法總會文山分會於3月13日、2022年1月15日，舉辦「平安自在」講座，由僧伽大學男眾副院長常寬法師主講「從文山到法鼓山──平安自在的修行旅程」，講述分享出家與修行的經歷，有近兩百人參加。

法師細數從童年至赴美留學的歷程，回憶求學過程如同孟母三遷，小學到高中，經常因故轉學，不斷地面對新老師、新同學。高中畢業考大學，父親原希望投考念法律系，畢業後當法官、律師，但自己選擇了數學系，畢業後赴美留學，最後出家成為法師。

法師表示，留美期間，父親罹患食道癌，他回臺照顧父親；父親往生後，法師發了一個願：希望幫助所有人「心開意解」。這不僅是日後法師決定出家的因緣，初發心也是從此開始。

講座中，常寬法師以多張照片，分享擔任聖嚴師父侍者、僧團生活，以及疫情期間，寫作的心境與心鏡。期勉大眾，學習師父研究戒律而嚴守戒律，讓身心修定時能夠耐煩，能安於物質的貧窮，與環境和平相處。

● 03.14～05.08期間

農禪寺「後四十的人生必修課」課程
開創踏實自在的下半場人生

3月14日至5月8日，北投農禪寺每月週六或日舉辦「後四十的人生必修課」課程，共三堂，每堂有近五十人參加。

課程由法師帶領工作坊，就不同的生命議題進行省思與分享，引導學員從容開展下半場人生。首場課程主題是「聽見不一樣的聲音」，由常用法師帶領學習認識自己也接納他人。課程中，學員首先分享自己喜歡與不喜歡的事物，並

觀看「貼心管家祖克柏」漫畫。貼心管家替主人翁——篩選環繞身邊的人事物，形塑出溫暖、美好與和樂的世界，卻迴避掉真實的聲音，令學員深刻自省。「要有勇氣否定昨天的自己。」常用法師從佛陀走出皇室舒適圈的歷程指出，對真實世界、生老

學員參加農禪寺「後四十的人生必修課」，學習開創踏實自在的下半場人生。

病死感到好奇，是佛陀解開人生答案、生死之謎的關鍵，唯有「自覺」才能解脫根本煩惱，鼓勵學員走出同溫層，善用有限生命創造無限的未來。

課程最後進行大堂分享，有學員省思義工經驗，出於好心也可能讓他人不快，盼能學習溝通、跨越歧見，接納更廣闊的生命經驗；也有學員表示，課程打破對於佛教的印象，原來佛法能活用在生命中，在步入中年、感到徬徨的人生階段，特別需要穩定的心靈力量。

● 03.14　04.11　05.30

臺南分院《六祖壇經》講座
果醒法師分享生活實踐

3月14日、4月11日及5月30日，臺南分院舉辦佛學講座，由禪修中心副都監果醒法師主講「《六祖壇經》的智慧心法」，分享《壇經》的生活實踐，有近五百人次參加。

前兩場講座中，果醒法師從「好的不喜歡，壞的不討厭」觀念談起，以海水和波浪為喻，引導聽眾了解「性」與「相」；性與相不一不二，但一般人不清楚性與相的關係，總是抓取波浪為「我」，而忽略了如同心性的海水。法師指出，大乘佛法所談

果醒法師於臺南分院分享《六祖壇經》的智慧與實踐。

的「空」，不是什麼都沒有，而是在種種現象裡面，沒有一個實有的「我」。

法師以旋火輪、霓虹鐘和布袋戲偶等道具，說明一般人心對應外境的錯誤認知，也分享在日常生活中實踐佛法的方法，一是建立知見，從「有我」轉化為「無我」，從「有能所」轉化為「無能所」；再者從心態著手，面對外境，從「有取捨」變為「不取不捨」、從「有貪瞋」變為「不貪不瞋」；最後由現象切入，不轉「不合意的」為「合意的」，不轉「被打罵的」為「被讚賞的」。

5月30日的講座，配合防疫措施，採線上進行，法師以祖師惠能與法海等多位高僧互動語錄，穿插日常實例，引領學員從中找到生活方向，開啟本具清淨的佛性。

果醒法師期勉大眾，經典的要義與智慧不易體會，即使不懂，還是要持續熏習，因為佛法是盡未來際、受用不盡的成佛種子。

● 03.19～21

農禪寺「農禪生活體驗營」
青年族群體驗農禪生活

青年學員在出坡作務中，體會「一日不作，一日不食」的農禪家風。

3月19至21日，北投農禪寺舉辦「農禪生活體驗營」，由演懷法師帶領，在水月道場的禪悅境教中，體驗三天兩夜的寺院生活，並從出坡作務中，體會「一日不作，一日不食」的農禪家風，共有四十六位青年學員參加。

學員從認識寺院開始，經由導覽義工的引領，入慈悲門，感受即景觀心；接著體驗「寺院的修行生活」，從練習問訊、拜佛、穿搭海青、參加早晚課到「認識梵唄」，透過實際演練木魚與引磬，感受梵唄音聲的清淨攝受。

晚間「星空夜話」，學員在法師相伴下，溫馨暢談學習的感動與成長，隨後點亮手中的心燈，在點點星光下，於戶外繞行，再至佛前供燈。一盞盞小小的燈光，凝聚成眾人的光熱，照亮心的方向。

透過營隊活動，學員除了認識佛陀與佛法，同時在禪坐、茶禪、手作體驗中，了解「禪在平常日用中」，也將安定、專注的方法帶回生活中。

● 03.20～04.25期間

清明祈福報恩法會全臺展開
大眾孝親共修 祈福迴向眾生

3月20日至4月25日，法鼓山海內外各分支道場相繼舉辦清明報恩法會，大眾透過誦經、念佛、拜懺淨化身心，將安定攝心的修行功德，迴向歷代先亡與一切眾生。

各地的法會以持誦《地藏經》、地藏法會為主，臺北安和分院、臺南分院、臺東信行寺及蘭陽分院等，先後舉辦清明報恩地藏法會、《地藏經》共修。臺南分院主法果舟法師指出，《地藏經》講述因果關係，指導眾人如何避免造業、墮入惡道，勉勵大眾透過守戒、實踐十善業，增長清淨心；高雄紫雲寺在地藏法會圓滿後，舉行慈悲三昧水懺法會，面對全球疫病及太魯閣號事件，引導大眾省思「世間無常，國土危脆」，藉由至誠懺悔，護念身、口、意，為全球生命共同體拜懺祈福。

北投農禪寺自3月28日起舉辦「清明報恩佛七」，每日有近四百位民眾精進念佛，壇場內外有逾一百位義工護持，以利他行實踐報恩願心；監院果毅法師指出，不論是念佛或當義工，皆可培福修慧、調伏心性，鼓勵大眾一同積聚成佛資糧。桃園齋明寺於清明期間舉辦「佛三暨八關戒齋」法會，眾人除了念佛報恩，也播下出離、出世的種子。

寶雲寺於4月3日啟建「梁皇寶懺法會」，並提供網路直播，線上共修達上萬人次。方丈和尚果暉法師到場關懷時，鼓勵大眾以智慧心認知並接受世間無常，以慈悲心為一切眾生拜懺；寺院管理女眾部副都監暨寶雲寺監院果理法師則以「仗千佛之威光，洗多生之罪垢」期勉眾人，仰仗諸佛菩薩的光明來拜懺，熏修戒、定、慧，淨化身心，實踐人間淨土的理念。

在農禪寺清明報恩佛七中，大眾至戶外繞佛，體驗「都攝六根，淨念相繼」的安定。

2021 全臺清明報恩法會一覽

地區	地點	日期	活動名稱／內容
北部	北投農禪寺	3月27日至4月3日	清明報恩佛七
	北投文化館	3月20日至4月25日	清明報恩《地藏經》共修
	臺北安和分院	3月28日至4月10日	清明報恩地藏法會
	蘭陽分院	4月4日	清明報恩地藏法會
	桃園齋明寺	4月24至25日	春季報恩法會
	桃園齋明別苑	4月17至18日	清明報恩地藏法會
	臺北中山精舍	3月28日至4月3日	清明報恩地藏法會
	新竹精舍	4月4日	清明報恩地藏法會
中部	臺中寶雲寺	4月3至10日	梁皇寶懺法會
	南投德華寺	4月18日	清明報恩地藏法會
南部	臺南分院	3月28日至4月4日	清明報恩地藏法會
	臺南雲集寺	3月25至27日	清明報恩《地藏經》共修
	高雄紫雲寺	3月28日至4月3日	清明報恩地藏法會
		4月4日	清明報恩慈悲三昧水懺法會
東部	臺東信行寺	3月25至28日	清明報恩地藏法會

● 03.20　04.17

蘭陽分院「平安自在 任意門」講座
與他人、自然和諧共生

劉東啟老師分享傾聽老樹，與自然融洽共生的研究歷程。

蘭陽分院以「任意門」為意象，於3月20日及4月17日，規畫「平安自在‧任意門」系列講座，帶領民眾開啟「生態行願門」、「人際慈悲門」，共有兩百八十多人參加。

首場講座，邀請中興大學園藝系副教授劉東啟主講「如何傾聽老樹的語言」，表示樹是地球上最偉大的供養者，地球的生命來自於太陽的能量，而樹正是能量的轉換者；森林能有效減緩全球暖化速度、涵養水源、保護土壤，提供人類及許多生物生存所需，必須用心傾聽它

的聲音，才能真正的保護樹木，創造出人與自然和諧共處的環境。

心理學家鄭石岩在4月17日主講「我好你也好，建立群我心關係」，說明建立良善的人際溝通，「態度」是關鍵，友愛、柔順有助交流，敵意、倔強易生衝突，若抱持慈悲、柔軟的溝通態度更可增進友誼、信任，啟發心智、凝聚共識，提高工作效能。

有聽眾分享，從兩場講座中，學習到與他人達成和諧、與自然融洽共生，得以建構平安自在的生活。

● 03.20　04.17～18　05.08　09.25　12.04

紫雲寺「法鼓文理講堂」系列講座
推廣博雅教育

3月20日至12月4日，高雄紫雲寺舉辦「法鼓文理講堂」系列講座，共五場，於南臺灣推廣博雅教育的實踐。

首場於3月20日展開，由法鼓文理學院生命教育學程助理教授辜琮瑜主講「三生有幸，四境安樂」，辜老師說明「三生」，是指「生存、生活、生命」，三者息息相關、環環相扣，過去的我們形塑出現在的

透過洪振洲老師的介紹，大眾認識運用AI科技來查詢與解讀藏經典籍。

我們，每一刻都要扎扎實實地安頓好自己的心，只要當下改變，未來便有所轉變；物質的生活環境、精神的生活環境、人際關係的社會環境與人類所依的自然環境，為「四境」。辜老師從哲學的角度切入，在不斷的叩問中，引領思索生命的意義。

4月17至18日，生命教育學程助理教授蕭麗芬於「蝶夢莊周——文學中遇見自己」講座中，講述莊周、陶淵明、蘇東坡等文學家，如何藉由文學追尋生命的核心價值；說明文學家的生命就是覺察自己的「本來面目」，找到生命的核心價值，無畏艱苦與阻撓，堅持信念、努力實踐。課程間，蕭老師也引導大眾發揮想像力，畫出內心想像的自己，互動熱烈。

佛教學系副教授洪振洲及助理教授王昱鈞於5月8日，主講「AI世代的經藏深入術」，分享人工智慧於經藏典籍的查詢與解讀上的運用。佛教學系副教授

莊國彬於9月25日，透過視訊主講「當佛陀還是猴子的時候——談本生故事的宗教意義」，帶領線上近六百人，藉由佛陀本生故事，學習佛陀圓滿諸波羅蜜的修行願心及其宗教意義。

12月4日的講座，由社會企業與創新碩士學位學程助理教授楊坤修主講「社會創新與永續發展在臺灣的實踐」，介紹結合有共同理念的相關企業進行環境改善、公平交易、責任消費等形成良善的循環，產生更大的獲利，期勉大眾從相關利害關係人的立場思考整體性的利益平衡，讓環境永續。

● 03.20　05.08

「法鼓青年開講」紫雲寺舉行
啟發青年實踐生命價值

明日餐桌創辦人楊七喜（左）分享愛惜食物，用創意在餐桌上，創造出美好。

高雄紫雲寺於3月20日、5月8日舉辦「法鼓青年開講」系列講座，邀請專業人士分享生命經驗，啟發青年實踐生命價值，有近八十人次參加。

3月20日的講座，邀請明日餐桌創辦人楊七喜主講「明日餐桌到明日之後」，說明根據聯合國統計，每年全世界所生產的食物，有高達十三億噸遭到浪費，其中有百分之四十是一般消費者、家庭所製造的，而蔬果與人一樣，沒有所謂的剩餘。講座中，楊七喜透過圖解方式，呈現明日餐桌每天如何從菜市場收菜、用心完成今日料理，為地球存下選擇權；也鼓勵青年朋友善用網路資源和大量閱讀，學習突破自己的視角。

恆誠有機農場主人張顯嚴於5月8日「有機飯心路」講座中，講述有機，就是有生機也是一種心法，態度比方法更重要。有機農業，就是有生命力的農業；農夫的工作，就是引導生命進到土壤體中，建構土壤生態系統，才能稱之為「有機農業」。

張顯嚴表示自己透過農業，領悟到「有佛法就有辦法，有福報自然結果」，向環境的免疫力學習，不以「妄想」干擾土壤生態系統的自然運作，更以善巧方便接引在地小農學佛培福、布施結緣。

● 03.27

教師心靈環保一日營
從心認識大事關懷

教聯會於3月27日，在法鼓山園區舉辦「心靈環保一日營」，進行戶外禪、禪繞畫，由演本法師等帶領，並由關懷院監院常哲法師分享法鼓山大事關懷的意義與內涵，有近四十人參加。

於大事關懷課程中，常哲法師說明疫情變化「無常」，關懷卻仍須「如常」運作，而佛

演本法師帶領教師學員進行戶外禪，體驗法鼓山園區的禪悅境教。

化奠祭的理念是以關懷完成教育的功能，又以教育達成關懷的任務，重視的是「誠心」；金山環保生命園區服務部主任陳高昌也介紹環保自然葬，法鼓山提倡的「植存」，是讓骨灰回歸大自然，永續循環於世，既是自然環保、禮儀環保與生活環保的體現，也符合心靈環保的理念。

演本法師帶領的戶外禪，藉由沿著園區步道的經行，讓所跨出的每一步，都因為珍惜眼前、活在當下，而成為「一步」；並透過許多的第一步，以」身在哪裡，心在那裡；清楚放鬆，全身放鬆」的心法，收攝眼根及耳根，體驗身心安定的法喜。

● 03.29　03.30

果賢法師受邀中山大學、屏東大學演講
分享「僧眼看世界」

文化中心副都監果賢法師於3月29、30日，分別應中山大學、屏東大學之邀，以「僧眼看世界」為題，與師生分享如何以佛法眼睛看世間萬象。

果賢法師首先談到，大學畢業後曾從事媒體工作、關心公共議題，希望尋找生命答案和人生意義，然而對於世間紛擾的現象，始終充滿疑惑，透過世間知識仍遍尋不著答案，直到學佛才找到解答。「生命的目的在於受報、生命的意義在於盡責、生命的價值在於奉獻。」聖嚴師父這段話，更讓自己找到人生的方向和目標。

果賢法師受邀至中山大學演講，由校長鄭英耀（左四）、西灣學院院長蔡敦浩（右二）、西語系教授黃心雅等接待，並巧遇前駐瑞典大使廖東周（右三）。

法師表示，佛法教導人們「不思善」、「不思惡」，希望我們超越主觀的思考判斷，能以更高的視野、更多元的角度看待世界，便能發現每個人、事、物，都是因緣和合、業力運作的結果，而能以包容和慈悲心去面對、接受現象，積極地關懷他人；而除了思想、觀念的轉化，還需要透過禪修的練習，讓自己隨時活在當下。

果賢法師勉勵學子，身處於資訊紛雜的現代社會，學習保持一顆寧靜安定的心，便能穿透種種複雜的現象，回到清楚簡單的心安自在。

● 03.31　12.29

人基會「2021平安自在」講座
豐富大眾的心靈資糧

3月31日、12月29日，人基會於臺北德貴學苑舉辦「2021平安自在」心靈講座，豐富大眾的心靈資糧。

僧大教務長常啟法師於3月31日的講座中，以「僧心平安，俗世自在」為題，分享出家生活與心態。法師表示人都有習性，而修行就是幫助我們一層層剝離習性，顯現本具的佛性；「放下」、「成長」、「奉獻」是進入僧團後的身心轉變，藉由隨眾修行抖落欲望煩惱，再踏出舒適圈進入更深一層的學習領域裡，體驗人生的無常，從中證悟自覺，最後再打破人我隔閡，發慈悲心，奉獻服務來自利利人；奉獻後，要將一切放下，再次成長學習，讓善心善念循環。

畫家鄭治桂介紹王羲之的書法藝術。

常啟法師說明，在這「破──放下」、「立──學習」、「合──奉獻」的歷程中，先由希望改變環境的「轉境」到不隨境轉的「不轉境」，再提昇到「轉心」，最終是開發悲智到「不轉心」，即是消融人我分際，慈悲心行、利己利他。

12月29日，邀請畫家鄭治桂主講「藝術自在──自在的藝術」，介紹東晉書法家王羲之的書法藝術與真性情，提醒欣賞藝術品時，要能

代入時空背景，才能在賞析之時「暫忘於已」，也能從藝術中「暫得於已」，體會真正的自在。

● 04.01

退居方丈分享同理智慧
空中相會幸福密碼

4月1日，退居方丈果東法師應人基會與國立教育廣播電台共同製播的《幸福密碼》節目之邀，分享弘法、關懷、處世的智慧，訪談內容並於4月2日播出。

「用同理心與人溝通，才能真正貼近受關懷者的內心世界。」自出家以來，退居方丈時常代表僧團，擔負起信眾關懷的工作；許多重大災難發生時，也經常率同救援或助念團人員抵達現場，協助臨終關懷、急難救助等工作。

退居方丈果東法師於《幸福密碼》節目，分享同理關懷。左為節目主持人張麗君。

退居方丈鼓勵大眾不要害怕承擔，凡事不是壓力而是助力，想要生活過得幸福，就要珍惜生命中相遇的每個因緣，並感恩生命裡的起、承、轉、合，感恩知足，才能安心自在，處處生機。

● 04.02

彌陀寺淨良長老示寂
方丈和尚果暉法師代表僧俗弟子前往悼念

中國佛教會名譽理事長淨良長老，4月2日於臺北彌陀寺方丈室安詳示寂，世壽九十二歲，僧臘七十六年，戒臘七十五載。方丈和尚果暉法師代表法鼓山前往彌陀寺拈香，表達誠摯的悼念。

淨良長老傳承臨濟宗第四十二世、曹洞宗四十八世法脈，曾任中華佛寺協會創會理事長、臺北市佛教會導師、世界佛教僧伽會副會長、世界佛教華僧會副會長等職務，致力於推動兩岸佛教交流。2005年法鼓山開山落成大典，長老蒞臨並擔任祈願觀音像開光主法。

長老淡泊生死，一生低調。自覺身體健康退化，立下遺囑，叮囑弟子：「臨終時，不須急救，讓我安靜而去。入滅後，不發喪、不發訃聞、不舉行追思讚

頌會,不須封龕說法等儀式。一切禮懺,焰口等佛事勿做,有緣來看我者,請念觀世音菩薩聖號結緣。」長老一生虔心弘法,海內外信眾均追思其恩德,祈願長老乘願再來,廣度有情。

● 04.02～06

青年院舉辦社青禪修營
以禪修為心靈充電

果醒法師以布袋戲偶舉例,說明人類對心所投射的影像、記憶、情感與時空,往往來自習性與偏見,引發學員踴躍探討。

4月2至6日,青年院於法鼓山園區舉辦社青禪修營,由演無法師帶領,以禪修練習放鬆身心、清楚覺察,有近七十位學員參加。

禪修課程從基礎調身開始,引導體驗禪坐、經行與鈔經,學員從緊繃、疲累和散亂中,逐漸轉為柔軟、放鬆且專注。活動中安排觀看聖嚴師父的影音開示,引導學員建立正確禪修的觀念與方法,師父說明禪法即是佛法,透過禪法來安定自身並提昇智慧,當身心環境遇到障礙,就要慚愧、懺悔,要發菩提心、出離心、感恩心、迴向發願心,用佛法修行,一定可以成就。

禪修中心副都監果醒法師主持的生活禪工作坊,藉由豐富的日常實例、禪修經驗與公案,帶領學員體驗禪法的覺照力與活潑妙用。法師帶領學員探討腦中所感知的世界、物質世界與夢中世界,都是心所感知的影像,然而心有無限功能,卻容易受限於人類的感官經驗;生活處處皆是禪,而禪就是我們的心,期勉學員視身體為修行工具,才能跳脫習性窠臼,解脫生死煩惱。

● 04.04～05.02期間

「觀自在 大悲行」系列講座
果慨法師講述觀音法門

4月4日至5月2日,臺北安和分院週日舉辦佛學講座,由弘化發展專案召集人果慨法師主講「觀自在 大悲行」,共五堂,分享觀音法門的慈悲與智慧,每堂有近五百人現場參加,逾一千七百人次線上聞法。

果慨法師逐一解說聖嚴師父整合的觀音法門四層次:念觀音、求觀音、學觀音、做觀音,念觀音是時時刻刻念佛、念觀世音菩薩;求觀音是希望觀世音菩

薩給予我們慈悲與智慧，能夠幫助更多人，出離煩惱與生死的苦海；學觀音是根據三寶指導的原則、觀念和方法，行菩薩道；做觀音是能夠隨時隨地用平等的慈悲心與智慧心來幫助人，那就是觀音菩薩的化身。

果慨法師於安和分院引導大眾開展「念觀音、求觀音、學觀音、做觀音」的修學之旅。

講座中，法師介紹修習觀音的主要三種法門，包括《心經》的照見五蘊皆空法門、《普門品》的持名法門、《大悲心陀羅尼經》的〈大悲咒〉修持法等。法師指出，許多人認為「修行就是修正自己的行為」，其實修行並非一味去想自己的缺點，而是把心力放在如何讓與自己接觸的人獲益、變得更好，以願力改變業力，最究竟的快樂方法是布施，尤以法布施最殊勝，藉由做眾生的供養人，修行菩薩道。

果慨法師提醒，懺悔不是跪在佛前說「我錯了」，而是「我願意承擔」，並分享自己透過懺悔產生光明力量的經驗，勉勵大眾將「知識變常識，常識變習慣」，讓所遭遇的每個外境，都成為「覺」的轉捩點。

● 04.09

人基會、復興高中開辦教育劇場課程
「心六倫」陪伴高中生成長

4月9日，人基會心六倫宣講團、導演蔡旻霓率領的團隊於臺北市復興高中，舉辦高中實驗性教育劇場課程「復興聊天室with大支校長」，邀請音樂創作者大支與學子展開互動式講座，分享生命中的啟發與感動，共有五百六十位高一學生參加。

「頭低低的孩子，眉頭緊皺的老師，價值偏差的父母，ㄟ，人生能不能重考一次？」舞者以創作短劇及舞蹈搭配大支填詞的〈一百分〉，詮釋沉重的教育價值觀，震撼開場。蔡旻霓提問：「大支的饒舌歌詞處處可見社會關懷，做音樂的初衷是什麼？」大支認為是「帶來改變世界的力量」，嘻哈音樂家是社會觀察家，反映社會現實，傳遞對生命際遇的感動，期望帶給大眾反思。

針對學生的提問，「遇到逆境時應該如何應對？」大支表示，只要對社會有益的事情就值得去做，自己從一枝筆、一張紙、一支麥克風開始，漸漸感動更多人響應，勉勵年輕學子，當不斷遭遇困難與反對時，要誠實面對自己，設定

計畫步步前進。成功並不只是運氣,而是一種選擇,如果想成為菁英中的菁英,就要付出菁英級的努力。

台上台下互動熱烈,復興高中校長劉桂光表示,教育不是教訓,而是啟發思考,也肯定「心六倫」陪伴高中生成長的意義與價值。

人基會於復興高中開辦實驗性教育劇場課程,舞者以創作短劇及舞蹈,詮釋沉重的教育價值觀,台上台下熱烈迴響。

● 04.10　04.17　04.25　09.12

祈福皈依大典全年舉辦四場
學佛新手以三寶明燈為人生導航

法鼓山2021年於全臺共舉辦四場「祈福皈依大典」,皆由方丈和尚果暉法師親授三皈五戒,共有兩千三百多位民眾皈依三寶,開啟修學佛法新生命。

4月10日於北投雲來寺舉行的首場祈福皈依大典中,方丈和尚開示指出,人的一生常感到茫然、不知何去何從,面對老病死、災難等無常,往往不知如何安頓身心,如能建立佛教信仰,生命就會有所依靠,並經由修學佛法來提昇自己,在生活、職場、社會中發揮影響力,實現人間淨土的願景。17日於臺南分院展開的皈依大典中,有近兩百位人成為三寶弟子;來自分院「兒童心的美學班」的四位國小學童,也在家人陪同下皈依,期許得到佛菩薩的祝福,平安健康長大。

4月20日,高雄紫雲寺有近三百位新皈依弟子,歡喜入佛門。方丈和尚期勉眾人,修學佛法,可以從念觀音、求觀音、學觀音、做觀音四階段來修行,並以慈悲心待人、智慧心安己,隨時善念善心、隨處廣結善緣。

9月12日於法鼓山園區展開的皈依大典中,方丈和尚期勉大眾在生活中實踐佛法,感化自己身口意,並以利益他人來成長自己,共有七百三十位學佛新鮮人,在疫情中成為三寶弟子。

農禪寺皈依大典後,方丈和尚與僧團法師一起祝福關懷新皈依弟子。

● 04.10　04.21

心靈環保教學研習營全年舉辦兩場
耕耘校園幸福學

　　4月10日及21日，教聯會於北投雲來寺、雲來別苑，分別舉辦「教師心靈環保教學研習營」，以《大智慧過生活》為研習主題，共有六十多位來自各地學校的教師參加。

　　研習營並邀請臺北醫學大學臨床醫學研究所教授張育嘉，以「心靈環保的理念與方法」為主題，深入淺出講述心靈環保的理念與精神，也分享如何在教學工作上，運用心靈環保的方法，落實在教學上，在學生心中種下良善的種子。

「教師心靈環保教學研習營」中，學員分組分享《大智慧過生活》的教學運用。

　　「教學實務與交流」單元，安排多位實際運用《大智慧過生活》套書的老師分享經驗，並分組討論。新北市中山國中的簡國樑老師，以吸引學習動機和專注力為發想，將教材融入資訊課程，讓學生製作成有趣的動畫；也融入生活科技課程，將故事文章與手作的迷你摩天輪結合，因有助於家人的交流，故取名為天「輪」之樂。

　　正德國中周孟君老師示範第三冊〈我是地球人〉一文，引導學生在多元社會中，學習異中求同的心量，進而學會認同、包容和尊重；中正國中林佳儒老師運用微笑禪和第二冊〈拒絕整型的少女演員〉，鼓勵學生對自己更有信心。

　　大堂分享時，有桃園地區老師表示，《大智慧過生活》套書教案的資源，能運用在改善教師、學生和家長三方的互動，若將教學化為服務，問題也會迎刃而解。

● 04.11

「自然環保友善農耕市集」金山展開
推廣心靈環保與自然環保

　　法鼓山社大於4月11日，在新北市金山杜鵑公園舉辦「自然環保友善農耕市集」，內容有講座、手作活動、小農市集、藝文表演、禪修遊戲等，包括金山區公所農經課課長張孟元、金山金美國小校長邱華璋、萬里大鵬國小校長許聰

果祥法師（左）、黃福君（右）分享友善農耕的自然農法。

顯、石門國小校長蔡清寬，以及立心基金會執行長黃也賢等來賓，共有一百多人參加。

活動邀請立心慈善基金會龍山海馬迴劇團演出失智症照護，在高齡化及失智症比例日益提高的偏鄉地區，藉由輕鬆活潑的方式，引導民眾認識失智症，也能提早發現及治療。

友善農耕講座，邀請樸耘生態教育園區負責人黃福君與僧團副住持果祥法師對談。果祥法師從出身農家談起，感恩有因緣從事自然農法的推動，多年來也親身體會自然食物對身體的益處；黃福君則分享親近法鼓山學佛，體會到心靈環保的重要性，因此全家人移居農村，向土地學習。

市集並邀請來自金山、石門、五股、貢寮等地農友，以及社大新莊及金山校區心靈環保自然農法班、種子盆栽班，帶來天然健康的稻米、蔬果、盆栽及手作好物等，呈現社大的學習成果，與鄉親一同體驗心靈環保與自然環保。

● 04.15　11.11

臺南二中師生訪臺南分院
學習放鬆心體驗

4月15日，臺南二中靜心靜坐社團師生十餘人參訪臺南分院，由常朗法師及義工帶領體驗禪繞畫、瑜珈、禪坐練習等。

一行人首先觀看《聖嚴法師的頑皮童年》動畫，認識兒時的聖嚴法師，由於父親的智慧譬喻引導，了解到只要依據自身福報，安住每個當下的身心，盡心盡力走自己的路，縱使遇到挫折或失敗，也能當成是人生的轉折，對未來有所助益。

隨後，師生體驗禪繞畫，以簡單的線條，透過點、直線、弧線、曲線的變化，體認手畫到哪裡，心就到那裡；禪坐會義工則帶領禪坐，鼓勵同學在學校及生活中，每日善用時間靜

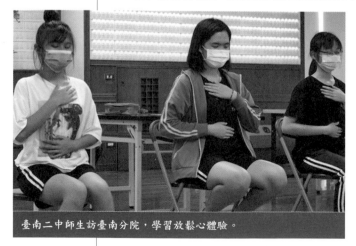

臺南二中師生訪臺南分院，學習放鬆心體驗。

坐五至十分鐘，練習身心放鬆與自在。

大堂分享時，常朗法師帶領學子學習殿堂威儀，包括操手、問訊、禮佛等，體驗身心的覺受；期勉同學們勇於表達自己的想法，只要努力不懈，「大鴨游大路，小鴨游小路」，建立學習自信，就能如游到彼岸的智慧小鴨子，走出自己的人生路。

11月11日的參訪，近二十位師生在演華法師的帶領下，練習法鼓八式動禪、體驗靜心靜坐，期勉學子以禪法的清楚、放鬆，面對課業壓力。

● 04.17

農禪寺「幸福覺招團練室」
法青朋友紅塵修練一方淨土

法青會於4月17日，在北投農禪寺舉辦「幸福覺招團練室」，主題是「研發幸福覺招」，由演懷法師帶領閱讀聖嚴師父著作《修行在紅塵 —— 維摩經六講》，探討維摩詰居士如何在紛擾紅塵中，享有無拘無束、自由自在的一方淨土，有近六十人參加。

演懷法師首先介紹居士學佛典範《維摩經》的時空背景與概要，以及主角維摩詰居士，說明耳熟能詳的「不二法門」、「天女散花」、「處處是道場」等典故，讓學員對經典有初步認識。

「情境演練」時學員討論熱絡，設想各種解決方式。

下午的課程，透過觀看《一念決定》影片，引導學員思考其中義涵與《維摩經》的關聯。有學員對於片中的中年司機很有感，因為自己的個性也很急躁，急著得到想要的，結果卻適得其反，從影片中體認到，一般人往往被自己的執念所騙，其實眼見不一定為真，應該學習放下，做心的主人。

「情境演練」針對青年常有的煩惱與困惑，包括：人際關係、情感生活、壓力與失敗、工作職場等，如博愛座讓座與老闆辱罵外送員事件，學員分組透過角色扮演，設想能否找到更好的解決方式，以及維摩詰如何處裡等，避免二元對立，轉而思考另一種可能，試著同理對方，謀求更適當的解決之道。

有國中輔導老師表示，課程豐富實用，獲得很多啟發；也有青年分享，找到閱讀經典的入手處，也習得經典中的生活智慧。

● 04.20～05.04期間

齋明別苑「佛陀心藥鋪」系列講座
學習以佛法消解煩惱

齋明別苑開辦「佛陀心藥鋪」課程，常法法師分享學佛樂活。

4月20日至5月4日，桃園齋明別苑每週二舉辦佛學講座，由蘭陽分院監院常法法師主講「佛陀心藥鋪」，引導大眾學佛樂活，共三堂，每堂有近兩百二十人參加。

課堂中，法師講說四它、因緣，帶領學員認識煩惱的形成與化解的方法。說明生活中碰到困難阻礙，若不面對、不接受，反而抱怨、甚至報復，只會造更多惡因；若是選擇接受它，隨順因緣，發好願、向上向善，便能跨越挫折，即所謂「隨緣消舊業，莫再造新殃」。

講座中，常法法師介紹諸多典範人物面對困境時的態度與作法，也分享自身於國內外災後關懷時的經驗。法師強調隨緣，就是隨順當下的因緣；盡分就是在各種主客觀條件下，盡力扮演好自己的角色；「四它」與因果因緣相對應，「深信因果，接受它；善觀因緣，面對它；隨緣盡分，處理它；盡分隨緣，放下它」，這也契合了成功三部曲：「隨順因緣，把握因緣，創造因緣」。

● 04.20～05.04期間

天南寺香積義工培訓課程
體會蔬房中的禪悅

4月20日至5月4日，三峽天南寺每週二舉辦「禪悅自然蔬房──香積禪者培訓」課程，由僧團副住持果祥法師授課，將護念眾生的慈悲智慧，展現在農作和飲食當中，有近五十人參加。

果祥法師分享心靈環保農法的前瞻性，首先從各類植物營

果祥法師於香積義工培訓課程中，分享心靈環保自然農法的前瞻性。

養素、藥食同源的相關統計、故事，解說目前科技農業所發現的問題；並藉由作物分辨、試吃，體驗食物對於人類的影響，不僅僅是毒素、化肥等問題，還有好的食物、飲水所能帶來的「幸福感」，而這正是生活最基本的需求。

課程中，法師並帶領導讀與佛法「緣起」、「一即一切」、「芥子納須彌」相應的文章，提醒農地是人類與萬物眾生共生、共存、共榮，互相成就祝福的，健康蔬果的營養素，皆來源於此。果祥法師也逐一答覆各種提問，提醒唯有少欲知足、利他為先，轉變消費習慣，才能落實自然環保。

許多學員表示，課程豐富實用，了解到飲食須與大地共生的重要性，也會以禪悅蔬食供養大眾。

● 04.24　04.30

信行寺、花蓮分會專題講座
許瑞云、鄭先安醫師「療」心事

為持續關懷臺鐵太魯閣408車次列車翻覆意外傷者、家屬與救援人員，花蓮分會、臺東信行寺分別於4月24日、30日舉辦專題講座，邀請花蓮慈濟醫院能量醫學中心主任許瑞云、副主任鄭先安共同主講「愛與希望——創傷的覺察與自療」，認識創傷後壓力症候群（Post-Traumatic Stress Disorder, PTSD），覺察情緒與病痛的源頭，回復心情的祥和與安寧，兩場講座有近四百人參加。

許瑞云醫師指出，當人們在面對巨大傷痛，措手不及的時候，便會引發創傷症候群，讓生活陷入谷底。鄭先安醫師說明，大腦會透過神經聯結到脊髓和所有器官，恐懼、害怕、悲傷產生的不安心念，都會藉由大腦與身體的聯繫引起疾病，影響身體的不是事件本身，而是內在情緒；創傷症候群發生後，若能改變心念，清理創傷，病痛或者就能逆轉。鄭醫師建議，運用禪修心法，專注於每個當下，覺察情緒，學習轉念、感恩因緣。

講座中，許瑞云醫師也引領大眾回到當下呼吸，感受安全的狀態，以正向思惟愛自己也祝福他人；許醫師強調，生命的本質，其實是「無來無去無代誌」，人生是一趟心靈成長的旅程，珍惜每一個因緣，面對災變轉換情緒，祝福罹難者前往下一個旅程。

最後的Q＆A，現場提問踴躍，兩位醫師均詳實答覆，並期勉大眾學習覺察當下的起心動念，改變心念，生命也會隨之轉變，因

信行寺舉辦專題講座，邀請許瑞云醫師（左）、鄭先安醫師（右）分享創傷的覺察與自療。

為「人的幸福來自安定」。

信行寺監院常覺法師也分享聖嚴師父對於處理災變的困境，給予的心藥就是「四它」，首先是「面對它」、「接受它」，更要心裡沒有怨天尤人的「處理它」，最後還要轉念及釋懷，才能「放下它」。

● 04.30～05.02

教師禪二於雲來別苑舉行
學員與自心對話　體驗慢拜佛

學員在戶外經行時，體驗心念的覺受與念頭的起伏。

4月30日至5月2日，教聯會於北投雲來別苑舉辦教師禪二，由演本法師擔任總護，有近三十人參加。

禪期中安排觀看聖嚴師父影音開示，師父說明禪修是在生活中慈悲與智慧的練習，慈悲就沒有敵人，智慧就不起煩惱；並提醒念念相續，念就是今心，也就是現在心，時時把握當下的現在心，就不會有煩惱。

戶外經行時，演本法師帶領學員沿著奇岩社區、公園、北投市場、溫泉路一路行到北投圖書館及溫泉博物館，沿途人車鼎沸；法師提醒「身在哪裏，心在哪裏」，清楚心念的覺受與念頭的起伏，不為這些念頭貼標籤，也不批判，練習讓心不留痕跡。

大堂分享時，多位學員表示，感恩法師全程示範引導、內外護義工護持，期盼藉由禪修的力量，養成心的新習慣。

● 05.01～09期間

全臺各分支道場喜慶佛誕
灌沐如來感念佛恩與母恩

迎接一年一度的浴佛節暨母親節，法鼓山全臺各分支道場於5月1至9日，陸續舉辦浴佛暨孝親活動，感恩佛陀誕生，為人間帶來佛法，給予法身、啟發慧命，也感恩佛母及普天下母親，賜予修習佛法、奉獻助人的生命。

臺北安和分院首先於1日舉辦孝親浴佛感恩活動，近六百位信眾藉由獻供、浴佛、禪悅帶動唱等活動歡喜共度佛誕。浴佛法會由文化中心副都監果賢法師主法，法師開示佛陀和眾生同樣生在人道，不同之處在於佛是已覺的眾生，眾

生是未覺的佛，期勉眾人以戒、定、慧提昇人品，透過學習佛法，消除自身煩惱，同時利益他人，便是報三寶恩、父母恩、眾生恩、師長恩和國家恩。

因應疫情，桃園齋明寺於2日舉行戶外浴佛，大眾並以寺院為背景拍攝全家福，並為長輩奉茶、戴佛珠、獻上康乃馨。臺東信行寺於4至8日展開系列慶祝佛誕活動，4日深入社區關懷、分送壽桃；6至7日為鄰近五所幼兒園學童首辦

蘭陽分院於母親節舉辦地藏法會暨浴佛法會，大眾恭誦《地藏經》感念母恩。

浴佛體驗，讓佛法種子播撒在小朋友心田中；8日舉行浴佛法會，主法果舟法師期勉大眾遵循佛陀的智慧與慈悲，用功修持戒、定、慧，心安才能平安。

臺中寶雲寺、臺南分院、高雄紫雲寺及蘭陽分院，均於9日舉辦浴佛法會。寶雲寺同步進行「觀音祝福，媽媽幸福」活動，義工為長輩貼上代表觀音祝福的紙胸章，民眾也拿著祝福語，與Q版觀音像歡喜合照。臺南分院的浴佛法會，由果明法師主法，退居方丈果東法師到場關懷，勉勵大眾「隨緣消舊業，莫更造新殃」，學習佛陀成為福業、慧業「兩足尊」。

蘭陽分院由監院常法法師帶領大眾恭誦《地藏經》，感念母親及佛陀的恩德；法師指出「大孝則喻親於道」，提醒信眾知恩報恩，護持父母修學佛法，拜佛時也應抱持感恩父母和三寶的心。

2021年的佛誕日，大眾藉由香湯浴佛，憶念佛恩，也以佛法洗滌自心，祈願疫情早日消弭，世界和平安樂。

2021 法鼓山全臺分院道場浴佛節暨母親節活動一覽

地區	主辦單位	時間	活動名稱／內容
北部	臺北安和分院	5月1日	孝親浴佛感恩活動
	北投雲來寺	5月4日	浴佛法會
	桃園齋明寺	5月2日	戶外浴佛
	蘭陽分院	5月9日	浴佛法會
中部	臺中寶雲寺	5月9日	浴佛法會、「觀音祝福，媽媽幸福」
南部	臺南分院	5月9日	浴佛法會
	高雄紫雲寺	5月9日	浴佛法會
東部	臺東信行寺	5月4日	社區關懷、分送壽桃
		5月6至7日	幼兒園幼童體驗浴佛
		5月8日	浴佛法會

● 05.03～04　05.05～06

僧團培訓中階禪修師資
「與禪相遇2.0」提昇教學力

僧眾交流分享教學經驗，期能提昇未來帶領禪修的能力。

僧團於5月3至6日舉辦「與禪相遇2.0」課程，以僧眾為對象，培訓初級及中級1禪訓班師資，由禪堂監院常乘法師、僧大教務長常啟法師、常正法師、常襄法師共同授課。

課程分兩梯次於法鼓山園區第二大樓國際宴會廳展開，以中級1禪訓班課程架構為基礎，透過演練與研討，確切掌握禪修方法，並針對用功時所遇到的問題釋疑。第一天包括數數念佛、體驗身體的覺受、「昏沉、散亂、痛」；第二天為動禪、呼吸與我、幻覺與氣動、禪修的輔助條件等內容。

「帶領禪修時，須適時觀察禪眾的接受程度。」常襄法師分享，過去面對禪眾，多強調方法的運用，往往忽略禪眾當下的需要，尤其是參加短期禪修的禪眾，在方法對治上並不熟練，講師必須契理契機適度引導，才能有所幫助。常乘法師鼓勵僧眾每天規律打坐，切身體驗禪修的受用，教學時學員也能感受到同樣的信心。

常啟法師帶領僧眾重溫初級禪訓班內容，複習三時調三事的步驟與調息的細節，並進行分組交流；講解「呼吸事項與調心層次」時，說明《小止觀》中的呼吸四種現象「風喘氣息」，與《六妙門》中的數息、隨息和止的方法與身心配合，以達到身心安住。

課程最後，常啟法師鼓勵大眾，時時以聖嚴師父所提醒的「禪修者四個重要心行：大信心、大憤心、大願心、大慚愧心」自我檢視，持續用功，便能在禪修上不斷提昇。

● 05.09

「心靈環保家庭日」農禪寺舉行
浴心浴佛慶佛誕日暨母親節

慶祝浴佛節暨母親節，法鼓山於5月9日在北投農禪寺舉辦「心靈環保家庭日」，透過托水缽、浴佛、感恩奉茶、環保手作、生活禪等，引導大眾體驗禪修的安定與放鬆。落實防疫規範與實名制，活動於上、下午展開兩場，分別有

大手小手一起虔敬灌沐小太子像，也為世間獻上祝福。

近一千人參加。

開場邀請表演工作者趙自強、楊月娥、柯有倫示範法鼓八式動禪，帶領民眾體驗清楚與安定；在收攝身心後，臺北市長柯文哲、護法總會總會長張昌邦伉儷，與方丈和尚果暉法師一起給予大眾祝福，祈願世界平安，經由托水缽、為如來灌沐，體驗滌淨身心的清涼。

「感恩父母與佛陀，分別給予我們肉身生命及法身慧命！」方丈和尚表示，今生有佛法可聞、可修，應常懷感恩心、報恩心，落實聖嚴師父所說的「知恩報恩為先，利人便是利己」，在母親節與浴佛節雙喜之日，更要感謝全人類共同的母親——地球，透過實踐「四種環保」守護自心，將眾生視為親眷，過簡單生活，讓後代子孫能永續生活與發展。

柯文哲市長表示，面對全球疫情，應學習聖嚴師父提倡的「四它」，期盼疫情早日止息，也感謝媽媽們對家人的守護。

除了主舞台安排母親節組曲、銀髮飛揚千歲團、創意擊樂等演唱接力表演，民眾也闔家在各個體驗區，包括「手指輕鬆禪」用黏土手作小沙彌、「千歲菩薩咖啡禪」以手沖咖啡傳遞溫暖，感受寓教於樂的生活禪法，安定沉澱身心。

● 05.11～10.31

法鼓山配合中央防疫政策
10月底前暫停實體活動

因應新冠肺炎本土疫情，法鼓山配合政府防疫政策，杜絕群聚活動造成社區感染擴散的風險，公告體系相關單位暫停5月11日至6月8日前的實體活動、課程與共修；隨後因疫情轉趨嚴峻，進一步公告暫停所有實體活動至10月31日。

方丈和尚果暉法師籲請大眾：「全世界是防疫共同體，值此非常時期，每個人都必須善盡防護的責任，配合政府與公衛專家的指導，把防疫措施做到位，共同遏止病毒的傳

全球資訊網「安心專區」提供多元佛學資源，提供大眾居家避疫期間，學佛不放逸。

染。」更要以佛法做好心理的防護，用四安、四它、四感等法寶彼此護念，共度疫情。

延續2020年以「安定人心」為主軸的安心防疫服務，法鼓山全球資訊網設置的「安心專區」（https://care.ddm.org.tw）持續上傳多元安心資源，包括更多佛法開示數位影音內容、結合數位經書的線上法會、網路禪修、線上課程等，提供大眾居家避疫期間，依照個人生活節奏，安排動靜調和的定課，提昇心的免疫力。

● 05.14

常乘法師分享放鬆身心之道
祝福會考學子安定生智慧

體驗呼吸
常乘法師分享放鬆身心的方法，祝福考生以安定的心應試。

全國近二十萬名學子於5月15至16日進行會考，14日適逢智慧第一的文殊菩薩聖誕日，禪堂監院常乘法師於北投農禪寺開山農舍文殊殿錄影開示，分享放鬆身心的方法，祝福學子們保持清楚的判斷力，以安定的心應試。

鑑於國內新冠肺炎疫情增溫，常乘法師首先表示，「用心，是安全的動力；擔心，是多餘的折磨」，面對緊張、恐懼不安的環境，先要讓自己的身心安定，一般常會擔心、害怕遇到不想要的成果，其實就是煩惱心。而佛教最常用的方法就是念佛菩薩的聖號，學習輕鬆、持續地念佛或持咒，自然而然會和聖號、咒語的功德力相應，煩惱心就會轉成智慧安定的念頭。

法師強調，念佛時心會安定，觀察力也較敏銳，當清淨的心和智慧相應時，就是禪宗講的「定」和「慧」。常乘法師並示範坐姿放鬆的方法，希望考生、家長們保持平常心，凡事要用心不要擔心，把握當下、活在現在。

● 05.18

法鼓山推廣「安心日課表」
兼顧防疫與修行

5月18日，法鼓山全球資訊網安心專區推出「宅在家英雄日課表」，廣邀大眾在居家防疫期間，透過早晚恆常不斷的功課，清淨三業、安定身心，讓個人

內省自修的工夫，在日常生活中發酵延續，共同守護身心的平安。

日課表內容包括法鼓八式動禪、早晚課、經典共修、網路禪修、念佛禪等，不論是透過聲音、文字或影像，大眾除了跟著課表固定進修，也能依據修行法門自主排課，如在「線上活動」選單，點選進入線上法會，就有大悲早課、〈楞嚴咒〉早課、《佛說阿彌陀經》晚課、禮佛大懺悔文晚課等影片可供選擇；而法會共修也囊

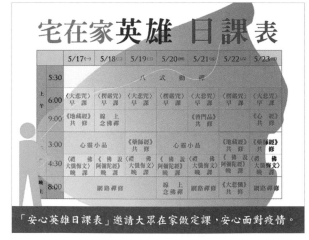

括《地藏經》共修、《普門品》共修、《藥師經》共修等等，讓修行時間有彈性，選擇更多元。

「安心英雄日課表」邀請大眾在家做定課，安心面對疫情。

僧團表示，面對疫疾的衝擊，一時間的慌張與驚恐是難免的，只要以平靜的心情，勇敢地接受已經發生的事實，集合大家的智慧，積極處理，便能同舟共濟，共度難關。

● 05.23

新莊福田班線上結業
三度停課復課　百餘位學員雲端圓滿課程

歷經三次開課、三度停止實體課程，2019年12月開班的新莊福田班，2021年又逢疫情三級警戒，最後一堂課暨結業式於5月23日圓滿，一百五十九位學員相聚雲端歡喜結業，歷時十八個月，創下聖嚴書院福田班同期上課時程最長紀錄。

雖然少了實體表演，但在護法總會服務處監院常應法師、班導師演本法師、信眾教育院演授法師祝福勉勵下，透過影片回顧、班級悅眾與內、外護義工線上交流分

新莊福田班歷時十八個月圓滿，班導師、悅眾、義工們一路陪伴。

享，更顯溫馨。演本法師鼓勵學員運用所學的觀念及方法，讓每個當下回到自心的清淨與安定，疫情期間可連結法鼓山官網「安心專區」，學習安心妙錦囊，或透過每日課誦，在家安心共修。

「一波三折中，終於完成結業式。」學員感恩班導師、同學及內外護義工的

奉獻成就，一起在學佛路上，互為同學伴侶。有結業生代表分享，佛法就像黑暗中的一盞燈，愈靠近接觸，就愈能照亮黑暗，過去因輕度憂鬱症而害怕接觸人群，無法踏出家門，現在能侃侃而談，都是因為信仰佛教才有了轉變。

常應法師以「結業是當義工的開始」勉勵學員，並養成做定課的習慣，既能練習定的工夫，更學到佛法知見，例如起煩惱時，用〈四弘誓願〉中的「煩惱無盡誓願斷」或是《心經》講「照見五蘊皆空」，幫助自己轉念，化解煩惱，就是福慧雙修的快樂學佛人。

● 06.01～30

安和分院藥師法門共修
同願連線力量大

信眾在家參與藥師法門線上共修，匯集眾人共願，產生更大的祝福。

6月1至30日，臺北安和分院舉辦《藥師經》線上祈福共修，匯聚大眾的念力、願力，為疫情消弭祈福；並於30日進行總迴向，有近五萬人次參加。

監院果旭法師表示，除了每日晚間8點至9點，跟隨《藥師經》、〈藥師咒〉的影片進行線上共修，亦可自訂時段來參與，或日念「南無消災延壽藥師佛」三千聲佛號安人安己。

30日的總迴向，果旭法師分享，小小的善願，匯集眾多因緣，成就眾人線上共修大願，與諸佛菩薩同願同行，讓境隨心轉，觀照自心也安定他人；而集結眾人之力的共修，能產生更大的力量、更多的祝福。

有退休護理人員對疫情期間第一線醫護的壓力特別有感，除了平日定課外，也參與藥師法門共修，祈求諸佛菩薩護佑防疫人員；也有義工分享，線上共修，跟隨法師誦經，莊嚴殊勝，感受到身心安定。

● 06.10

聖嚴師父有聲書上架
以音聲朗讀生命智慧

《法鼓全集》繼2020年全面校訂全新出版後，專業製作的有聲書接續發行，6月10日起在包括Google Podcasts、Apple Podcasts、Spotify、SoundOn、

聖嚴師父有聲書於播客平台上架。

KKBOX等十二播客（Podcast）平台上架。

不同於一般逐句念書或由AI（機器人）發聲，《法鼓全集》有聲書邀請媒體工作者劉忠繼、袁光麟擔任朗讀者，並由多位法鼓山資深義工陪同校對讀音，無聲的文字經由專業配音，充滿了有聲的表情。袁光麟表示，書中充滿智慧與慈悲，令人終身受用；劉忠繼則指出，能參與錄製聖嚴師父的有聲書是「一份殊榮」，不僅能夠貼近師父，更能深度學習禪法與佛法。

普化中心副都監、《法鼓全集》編輯小組召集人果毅法師表示，將聖嚴師父的智慧運用各種形式普遍推廣，成為全人類共享的隨身法寶，是法鼓山四眾弟子責無旁貸的使命。有閱聽者感恩可以透過耳朵來「看」師父的書，沉穩安定的朗讀聲配上輕音樂不僅紓壓，佛法的生活智慧也隨之流入心田。

第一階段的有聲書籍，是從聖嚴師父著作中，選出最受讀者歡迎的十一本生活類著作，包括《放下的幸福》、《工作好修行》、《智慧一○○》、《人行道》等書。

● 06.13

首場居家線上分享會
交流防疫新觀點

法鼓山首次以ZOOM的研討方式結合臉書直播，於6至8月舉辦八場「居家線上分享會」，邀請大眾線上聆聽與交流，在疫情期間，以新視野接受改變，迎向新生活。

第一場於6月13日展開，由方丈和尚果暉法師、文化中心副都監果賢法師、青年院演無法師，及護法總會總會長張昌邦、衛生福利部社會及家庭署委員張寶方等，交流防疫期間的「新觀點‧心生活」。

首場居家線上對談，大眾線上聆聽交流，體驗心生活。

方丈和尚首先帶領大眾合十稱念觀音菩薩聖號，同聲祈願全球不幸染疫病故者，都能往生佛國淨土、天國，感染者都能盡快恢復，人人平安健康。方丈和

尚表示，專注念菩薩聖號，感受菩薩就在心中，便是具體的安心方法；無論環境如何不安，心一定要安，身心安頓之後，家庭、事業也會平安。

果賢法師說明世間本就是無常變動，當「清楚外境改變而心不受影響，這就是心靈環保。」疫情期間，正好以禪法藉境鍊心，活在當下盡責守分，也藉此因緣反觀內在的恐懼，從而學習改變。張昌邦總會長指出，疫情讓生活提前邁入數位化，照顧好自己與家人，安心共度疫情。

生命教育經驗豐富的張寶方表示，在居家整理空間的斷捨離過程中，重新覺察到「我是誰？」，也重新認識自己、定位自己，思考如何幫助社會和他人。

呼應在疫情中學習做好「自助助他」的演無法師，則以球賽為例，當喊「暫停」時，是為了重新調整，面對新的狀態；要和自己長期相處，且需要禪修的調和，「調睡眠、調飲食、調身、調心、調呼吸」，都是在幫助清楚、放鬆，當觀察敏銳時，判斷就會更為清楚。

● 06.18起

21天自我禪修養成計畫
推廣天天「心呼吸」 凝聚安心力量

透過常遠法師的音聲引導感受呼吸，回到當下，覺知身體的緊與鬆，體驗呼吸的進出，享受呼吸的當下。

居家避疫期間，僧團以禪修心法為基礎，6月18日起推廣「21天自我禪修，『心呼吸』養成計畫」，鼓勵大眾善用隨時隨地都能體驗的「呼吸」，安定緊張、恐慌的情緒，包括宏碁集團創辦人施振榮伉儷以及資深媒體人陳月卿、楊月娥，表演工作者柯有倫等，皆積極響應體驗，齊心推廣這項有益心靈的公益行動，共同為臺灣凝聚安心的力量。

五分鐘的「心呼吸」禪法示範，由僧團都監常遠法師錄製解說。法師提醒，「心呼吸」的禪法要訣之中，最要緊的就是頭腦不要去思考任何事情，在練習的過程，保持自然呼吸，不要為了體驗呼吸而加重力道，平常怎麼呼吸就怎麼呼吸。常遠法師說明，只要花幾分鐘，練習把心收回來，將注意力從情緒抽離，清楚當下身體的感受，讓心不再沉溺於追悔過去、擔心未來。

「體驗呼吸，享受呼吸。只要還有呼吸，就有無限希望。」常遠法師表示，只要二十一天，每個人都能養成一個簡單的好習慣；鼓勵信眾體驗後也要廣為

分享，在無法見面的此刻，幫助彼此安定身心。

楊月娥線上體驗「心呼吸」後分享，疫情期間資訊混雜，容易心慌，透過「心呼吸」禪法把自己照顧好，就不會造成他人的負擔；陳月卿表示，在心呼吸間靜靜體會空氣由鼻孔緩緩通過鼻腔、進入體內，彷彿為全身細胞注入能量，身心無比舒暢，嘴角不自覺出現弧形，生起與萬物融合的喜悅。

● 06.20

第二場居家線上分享會
帶領大眾體驗心呼吸

法鼓山「居家線上分享會」，6月20日進行第二場，由僧團都監常遠法師、青年院演無法師、慈濟醫院能量醫學中心主任許瑞云、表演工作者柯有倫，分享「感受新體驗、心呼吸」，調解疫情三級警戒的心中焦慮、恐慌與不安，有近一千八百人參與。

「清楚當下身體的感受，讓心不再沉溺於追悔過去、擔心未來。」常遠法師

第二場居家線上分享會，法師及來賓於線上交流。

說明，透過不斷地練習呼吸，將能從困擾自己的情緒中抽離，回到安定平和的狀態；許瑞云醫師則示範以手勢搭在太陽穴、髮際、鎖骨，結合「心呼吸」，有助於調節自律神經，舒緩緊張與不安。

柯有倫表示，宅在家照顧女兒，起初難免焦慮，但在陪伴的過程中回歸規律作息，也運用時間與自己相處，覺察呼吸，讓心充電，鼓勵大眾練習心呼吸，做個自在人。

分享會中，演無法師穿插帶領聽眾練習放鬆身體與體驗呼吸，並分享運用五調：調睡眠、調飲食、調身、調心、調息，先照顧好自己，進而護念他人。

● 06.27

第三場居家線上分享會
探討禪意新方法

法鼓山「居家線上分享會」，6月27日進行第三場，由演本法師、臺北醫學大學教授張育嘉對談「居家新型態，禪意新方法」，分享把心安住在當下，同

第三場居家線上分享會，由演本法師（右上）、張育嘉教授（左下）分享以禪修在無常之中過好日常。

時做好自身的防疫工作，就能照顧好自己，進而護念他人，共有一千一百多人參加。

演本法師表示，疫情期間，以線上方式持續給予義工及信眾關懷，也透過爬樓梯來鍛鍊身體，鼓勵大眾多運動，對於穩定思緒有很大的益處。張育嘉教授強調，「面對無常的變化，得要先靜心」，把心靜下來，才能境不擾心；也分享了防疫期間，在教育第一線的改變及趣事。

針對「如何將無常視為平常」的提問，法師說明將心安住在每一個當下，以發願讓自己的心有向前的動力，對未來也會有希望。

會中並首播由僧團都監常遠法師錄製的閩南語版「心呼吸禪法」，細解呼吸靜心之法，引領大眾體會以呼吸安心的方法和益處。

● 07.01　07.06　07.09

僧團副住持果燦法師捨報
為法忘軀　僧眾典範

果燦法師捨報，方丈和尚果暉法師於追思祝福儀式上，感念果燦法師為法忘軀的精神。

僧團副住持果燦法師於7月1日晚間捨報，世壽七十九歲，戒臘三十一載。僧團於6日在法鼓山園區進行追思祝福，方丈和尚果暉法師代表僧俗四眾，感恩果燦法師為法忘軀、全心奉獻，是僧眾的典範，祝福法師到西方極樂世界繼續精進，迴向娑婆世界廣度眾生，成就無上佛道。

果燦法師於1986在北投農禪寺發願出家，1989年法鼓山創立，接任護法會輔導法師，跟隨聖嚴師父全臺關懷，於各地推展佛法講座、園遊會等大型活動，接引無數人親近法鼓山學佛護法。2007年接任農禪寺監院，承擔起寺院改建工程大任；2012年水月道場落成後，法師接任副住持，繼續到各地關懷信眾。果燦法師曾歡喜表示，能在聖嚴師父座下出家，有這方廣大的福田可種，能廣結善緣，實在太踏實、幸福了，願生生世世追隨師父護法、弘法。

追憶法師出家奉獻的一生行誼，文化中心製作「緬懷副住持果燦法師」紀念影片，於9日在法鼓山網路電視台上架播映，引起眾多迴響，曾受法師關懷過的信眾，感恩法師護念信眾的慈悲；未曾見過法師的信眾，也感念法師用心開創道場、度眾弘化的大願。

文化中心副都監果賢法師表示，於後輩僧眾而言，對果燦法師最大的供養，是從老法師身上領受到勤儉持家、隨和親切、積極行動和隨時提起、隨時放下的自在行誼；而果燦法師弘法護法的大無畏精神，更是四眾弟子永遠的精神榜樣。

● 07.11

第四場「居家線上分享會」
夜話直播談「防疫！防抑！」

法鼓山「居家線上分享會」，7月11日進行第四場，以「防疫！防抑！情緒也需要打疫苗」為主題，由青年院演無法師、演信法師、演謙法師、法鼓文理學院助理教授辜琮瑜聯合主持，輕鬆探討疫情期間如何讓心不隨境轉，並一起練習心呼吸禪法，放鬆壓抑心情。

「面對事情的心態不同，狀態也不同。」演謙法師指出，暑期悟寶親子

青年院法師們、辜琮瑜老師聯合主持分享會，為大眾在防疫期間的情緒打疫苗。

課程改為線上，雖無法實體面對面接觸，卻讓病童也得以在家共學；在僧大就讀期間灑掃廁所時，不同的義工各有打掃方式，自己一時無所適從，後來因轉念不抗拒，學會活在當下。

演無法師表示，今年僧眾各自就地結夏，獨處時間較多，敦促自己在「蠢蠢欲動」與「該做什麼」間找到規矩與節奏感，並提醒大眾觀察自心，面對警戒、解封、各種傳聞時所起的變化，從而做到心靈防疫，讓情緒不起伏。演信法師則回饋「做自己的監香」，享受從外境收攝回到內心的過程，心也變得愈來愈有力量。

辜琮瑜老師則分享，疫情帶來無常，卻也是新生活的起點，不妨運用所學過的佛法調伏心緒，重新思惟：「當獨自一人時，你在哪裡？」並學習自律，活得清楚明白。

搭配輕音樂的談話直播，四位主持人默契十足，隨機答問沒有腳本，輕鬆自在的交流，有近二千位網友留言，迴響熱烈。

● 07.17起

傳燈院開辦網路禪修課程
禪堂在我家　傳遞安定力量

鑑於新冠肺炎本土疫情持續嚴峻，傳燈院自7月17日起規畫禪修指引、初級禪訓班、半日禪、禪一等網路「入門禪修」與「基礎禪修」課程，引導大眾透過禪修放鬆身心。

課程主要針對兩類族群，一是學過禪修者，可選擇半日禪或禪一，只要有禪訓班結業資格，就能報名參加；第二類是尚未學過禪修方法的一般大眾，可報名禪修指引或初級禪訓班。課程開辦後，不僅國內學員積極參與，並有學員來自海外新加坡、馬來西亞、中國大陸、香港、澳門、北美、德國、澳洲等，加拿大學員也在當地時間凌晨兩點，準時與臺灣連線參加初級禪訓班。

每天運用一點時間練習與體驗禪修，能減少被外在環境影響的機會。

有參加線上禪一的學員分享，感謝禪一期間，家人提供了友善環境，在法師引導下，調整自己的心境，覺察身體每一個部位的感覺；也有海外的學員表示，初級禪訓班結業後，即逢新冠肺炎疫情全球爆發，網路禪修課程的推廣，讓遠距學員也能線上重溫禪修的輕鬆自在。

● 07.23起

「線上持咒」升級版
祝福願力無限廣大

因應新冠疫情蔓延全球，法鼓山於2020年推動居家線上持咒活動，引發大眾熱烈響應。7月23日起升級版「大悲咒Line起來2.0」，透過新介面與功能，期許祝福願力無限廣大。

升級版除了原有「我要持咒」、「邀請共修」、「個人上傳紀錄」功能，增加「雲端祈福」，邀請大眾共同將修行功德，迴向給因疫情不幸罹難的往生

者,以及為想要祝福的對象誠心祈願,讓心的距離更貼近;而誦念佛號與持咒只要累積一百零八遍以上,即能傳送虛擬淨瓶與御守。此外,並增設「考生祝福」項目,只要點選「傳送禮物」,就能將所持的大悲咒、佛號,迴向給要祝福的對象。

法鼓山表示,不論在何時何處,若遭逢任何恐懼、災難、危險、迷路、病變、煩惱業障,都能依靠持誦〈大悲咒〉消弭災疫、化解不安,鼓勵大眾傳遞佛法祝福,成為彼此溫暖且有力的陪伴。

「大悲咒Line起來2.0」,擴大功能選項,讓祝福願力無限廣大。

● 07.23

常啟法師談現代僧才教育
活出與眾生的生命連結

僧大教務長常啟法師於7月23日,應人基會、教育電台共同製作的《幸福密碼》廣播節目之邀,與聽眾分享僧大的辦學方針,是致力培養「現代僧人」,引導學僧透過團體生活、規律作息、佛學熏修來消融自我、融入大眾,活出與眾生的生命連結。

針對主持人蔡旻霓的提問「僧大與一般大學不同之處」,法師說明,讓佛法歷久彌新、與時俱進,有賴僧眾的住持與弘揚,因此僧才教育是「以菩薩道的利生事業,修持出離心的解脫道」,僧人並非在深山修行、不問世事,而是懷抱「放下自我、捨己為人」的利他心,次第學習威儀、自覺覺他,進而弘法利生。

法師表示,出家前擔任工程師,面對實驗與數據,總覺得缺少人的溫度,也在追逐成就中體會到「苦」,因為嚮往僧人在奉獻中的自得與喜悅,而走上出家之路。「畢業後才是真正修行的開始」,領執後,以佛陀度人的本懷進入人群,也保持自律與反省,將一切經歷轉成啟發出離心與菩提心的養分。

● 07.25

「居家線上分享會」第五場
防疫心生活　自律新觀點

法鼓山「居家線上分享會」,7月25日進行第五場,以「防疫心生活,自律新觀點」為主題,由護法總會服務處監院常應法師、三學研究院僧才培育院監

常應法師（上中）、常耀法師（上右）、悅眾施心媛（下）網路對談「防疫心生活，自律新觀點」。上左為主持人孫美文。

院常耀法師、資深悅眾施心媛對談，共同探討疫情中如何面對自己、實踐自我管理，迎向防疫新生活。

常耀法師在新加坡透過網路表示，在封城避疫期間找回規律作息和日程，不僅重新複習營養學與健身，也自修〈一〇八自在語〉泰文版，同時分享有位義工不倦抄寫《八大人覺經》長達五年，身心從緊繃轉為輕盈，鼓勵大眾見賢思齊，自我精進。

「定課是自律的基石。」常應法師分享二十年來持續以拜懺為定課，應對瞬息萬變的生活，也推動線上日課表、共修、人才培訓等來照顧護法悅眾；生命無常，鼓勵大眾善用有限生命成就無限奉獻。聽眾紛紛留言表達共鳴，表示要「揪團作定課」。

身為中小企業主的施心媛，分享疫情下的職場新樣貌，也在參與臺北安和分院藥師法門線上共修中，體驗到聖嚴師父所說「需要的不多，想要的太多」，學會好好照顧自己的心，不論有無疫情，心都是美好的。

● 07.25　08.15　09.19

「遇見心自己」網路關懷課程
引導反思觀照生命的立場

佛教「割肉餵鷹」的故事，引領學員從國王、老鷹與鴿子三種生命視角，重新省思觀照生命的立場。

7月25日、8月15日、9月19日，傳燈院舉辦「遇見心自己」網路關懷課程，以雲端會議形式展開，由演一法師、藝術心理治療師徐曉萍帶領，有近三十人參加。

其中，演一法師在8月15日的課程中，藉由佛教「割肉餵鷹」的故事，引領學員從國王、老鷹與鴿子三種生命視角，重新省思觀照生命的立場，循序貼近佛的心靈與智慧，從而對生活得到新啟示。法師說明，國王雖有護生信念，剛開始以價值天秤衡量信念與自我之間的得失；而後在老鷹一次次的要求與一刀刀的肉身削損中，才醒悟衡量的基礎仍在於「自我」，與其護生的「利他」信念相背，繼而捨掉天秤、不再衡量，縱身投入圓滿解脫之道。

9月19日，課程以三人一組輪流進行角色扮演，「進行者」講述自己來世五

個階段的設定；「提問者」依其設定隨時給予順境、逆境的無常，使其臨時因應；「觀察者」象徵智者與貴人，觀察兩者互動提供試煉或幫助。演一法師表示，生命本來渾融一體，但人以當下感知最多的身心為「我」，與他人、世界分別、對立；若能放下自我的執著，不以一世、一處之感知為價值基準，以更悠遠的視野凝視生命，體會物與我的交涉與流動，會發現物我彼此成就，並無你我。

● 08.01

「居家線上分享會」第六場
關懷在家　在家改變

　　法鼓山「居家線上分享會」，8月1日進行第六場，由關懷院監院常哲法師、護法總會副總會長蘇妦玲、資深悅眾莊淑秋對談「關懷在家，在家改變」，探討疫情期間的關懷之道。

　　「世界是多變的，要隨時接好這顆變化球。」常哲法師首先分享，配合政府防疫，大事關懷改為線上，且隨順因緣

常哲法師（上中）、蘇妦玲（上右）、莊淑秋（下左）分享線上關懷的經驗和體會，讓每份祝福充滿溫度。

發展出新的運作模式，在疫情期間延續不斷線的關懷；法師提醒，生死是無可避免的議題，愈早探討愈早得智慧，也愈能明白人生的意義與價值。

　　莊淑秋則回饋，線上大事關懷能超越時空藩籬，日前臺灣、美國連線舉辦追思祝福，參與人數是實體時的四倍多，運用網路關懷讓家屬深表感恩；蘇妦玲副總會長分享疫情期間，以英文版《自在神童》及〈一○八自在語〉與遠在美國的孩童結緣，並持續關懷病友、教養院，也於早晚課時，為受病苦者一一迴向祝福，更能體會聖嚴師父教導的「布施的人有福，行善的人快樂」。

● 08.01　09.15

社大開辦遠距課程說明會
豐富學習生活

　　為即將於9月展開的秋季班課程達成共識，法鼓山社大於8月1日舉辦「實體課程轉遠距教學授課說明線上會議」，共有五十多位講師及專職參加。

　　社大校長曾濟群首先說明，因應疫情，社大於5月後將未完成的春季班實體

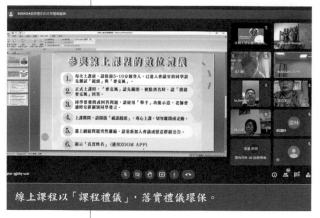

線上課程以「課程禮儀」，落實禮儀環保。

課程轉為線上，暑假期間也開設了十六門線上課程，報名學員近六百人次；鑑於遠距教學已是必然的時代趨勢，優質線上教學氛圍，不僅可增進學員彼此及與講師間的互動，並鼓勵有效、積極的學習。

接著，由專職針對線上課程軟體的優缺點、遠距課程使用工具，以及常見問題進行說明，講師也針對各軟體優、缺點提出回饋。

會議中，社大整合提出「線上課程禮儀」，包括提早五至十分鐘進入線上會議室、關閉麥克風、開啟視訊鏡頭、發言前先舉手等；上課前先帶領學員進行體驗心呼吸，課程結束前，講師和學員分享〈108自在語〉或心靈環保理念，豐富學習生活。

另一方面，秋季班開課前夕，社大並於9月5日舉辦線上培訓說明會，邀請各班資深學員擔任班級義工，交流分享關懷的方法；社大主任廖素月期許學員，將心靈環保與心六倫的理念帶入課程中，營造歡喜和敬的互動。

● 08.08

「居家線上分享會」第七場
轉化心念　感受生命燦爛

法鼓山「居家線上分享會」，8月8日進行第七場，邀請佛畫藝術創作者黃俞寧、花藝老師王淑青，與青年院監院演柱法師、對談「好好欣賞，生命這朵花」，分享轉化心念，感受生命的燦爛。

甫到青年院領執的演柱法師分享，擔任維那師時，總是專注在唱誦與法器執掌的細微錯誤，疫情期間只有早晚課，發現自己還是聚焦在小細節上，嘴裡唱著「煩惱無盡誓願斷」，心裡卻不斷起煩惱；改以欣賞角度看待，就能感受唱誦的安定氛圍與法器悠揚音聲；並舉繼程法師〈禪是一朵花〉的歌詞為例，指出花不只在盛開時美麗，含苞待放、凋落飄零，同樣充滿詩意。法師表示，生命的樣貌會隨因緣各自變化，何妨練習順著因緣，不帶成見地欣賞一切所遇。

擔任插花老師三十年的王淑青指出，對於線上授課，原本相當排斥，但學習運用「四它」，終能從害怕、摸索、不自在到歡喜接受；也以「利他」角度調整授課方式，放下要求完美的標準，改以「愛的鼓勵」欣賞學員們獨一無二的創作。

黃俞寧則分享在擔任義工和誦經過程中，體驗到「願願相續」的力量，發願要護持一百零八場禪七，至今已護持四十四場，也在和其他義工共事中，學習發長遠心；感恩聖嚴師父開示「發願、行願，讓生命有方向」，啟發自己在發願與創作中回歸清淨、找到力量。

● 08.08～29期間

中元報恩法會各地展開
線上共修　祝禱至誠心不變

農曆七月是佛教提倡孝道、祈求平安的吉祥月，自8月8至29日，法鼓山全臺分支道場接續舉辦報恩、超薦法會，因應新冠肺炎防疫政策，各項法會皆採線上共修方式進行，唯祝禱的至誠心不變。

除於法鼓山園區舉行的中元報恩三時繫念超度法會，北投農禪寺於8月15至21日，啟建梁皇寶懺法會，結合錄影、直播與現場法師同步精進，共

農禪寺的梁皇寶懺法會，結合錄影、直播與現場法師同步精進。

有逾二十萬人次參加。方丈和尚果暉法師在法會首日親臨現場，開示拜懺是為了自我反省、洗滌罪業，可以深刻觀照內心、淨化心靈，透過懺悔法門及佛法熏習提昇人品、人格、道德，同時亦是護念善根、增長福德的方式，鼓勵大眾發無上菩提心、行菩薩道，在法會期間要懇切地隨文入觀。

監院果毅法師也提醒，法會雖是錄影播出，但從「隨文入觀」的意義來看，法師的唱誦帶領是一個助緣，能不能進入自己的內心世界反省、觀照、省察，才是重點，勉勵大眾當自己的監香。擔任說法的蘭陽分院監院常法法師表示，透過慚愧懺悔，不斷破除我執、消融自我，便是提昇人的品質；不斷擴大慈悲對象、護念眾生，就能建設人間淨土；期勉眾人將無形道場化為有形，處處展現慈悲精神。

另一方面，各地分支道場多以地藏法門來孝親報恩共修，如桃園齋明寺、臺中寶雲寺於19至21日展開地藏法會，寺院管理副都監果理法師率同寶雲寺常住法師們，帶領逾一萬人次透過禮拜地藏懺、恭誦《地藏經》，祈願人人平安，法師說明地藏懺適合每個人修學，一步步淨化身口意三業，開啟自性三寶，不但可懺除罪障，更能熏習地藏菩薩的精神，從而自利利他。

臺北安和分院與高雄紫雲寺則於23至28日，舉行《地藏經》共修，並於29日分別舉辦地藏法會與地藏懺圓滿，期間有六萬多筆雲端祈福消災、超薦牌位資料，齊心發願將功德迴向歷代先亡、現世父母親友，祝禱全球疫情早日平息。

2021 全臺分支道場中元系列法會一覽

地區	主辦單位（地點）	時間	內容
北部	法鼓山園區	8月22日	中元報恩三時繫念超度法會
	北投農禪寺	8月15至21日	梁皇寶懺法會
	臺北安和分院	8月23至28日	中元報恩《地藏經》共修
		8月29日	中元報恩地藏法會
	桃園齋明寺	8月19至21日	中元報恩地藏法會
	基隆精舍	8月8至14日	中元報恩《地藏經》共修
中部	臺中寶雲寺	8月19至21日	中元報恩地藏法會
南部	高雄紫雲寺	8月23至28日	中元報恩《地藏經》共修
		8月29日	地藏法會暨地藏懺

● 08.11　08.22

法鼓山園區三時繫念法會
中元報恩　迴向世界平安

中元報恩三時繫念超度法會於園區大殿進行，透過直播帶領大眾共修，祝禱各地受災罹難者往生淨土，世界疫情早日消除。

8月22日適逢中元節，僧團於法鼓山園區舉行「中元報恩三時繫念超度法會」，由副住持果醒法師主法。法會前先播放聖嚴師父影音開示「三時繫念的功用」，說明三時繫念法會即是淨土法門，鼓勵透過念佛來為亡者祝禱，願他們聽聞佛法，往生西方淨土。

方丈和尚果暉法師於法會前開示，從新冠疫情發生以來，全球陷入極大的艱困時刻，世界各處水災、火災、地震、旱災與戰亂不斷，這是人類的共業，但可透過共行來為人類祝福，發大菩提心，念佛就如同做好內心的水土保持，是解決環境共業的根本之道。方丈和尚表示法會功德將迴向全球確診染疫者，希望都能得到好的治療，共同

支持醫護人員所需，也祝福所有人類都能幸福健康、快樂平安。

為配合防疫，壇場內由近五十位僧眾帶領修行，法會共三堂佛事，各場均有近四千人同步連線，齊心為在新冠疫情中往生者超薦，也為全球因天災、戰亂、人禍而受苦受難的民眾祈福。

法會中也分享各地網友的回饋，希望藉由法會啟動善的心念，若人人都能淨化心靈，世界就有和平，就是身在淨土。

「中元報恩三時繫念超度法會」舉辦前，弘化院於8月11日推動「心靈環保心疫苗」活動，籲請網友在臉書(https://www.facebook.com/ddmorg/)響應「一日三時，一週繫念，一起心淨化」，透過「一抹微笑、一餐蔬食、一句祝福、一念反省、一刻心安、一份感恩、一個好願」等七項簡易的小行動，沉澱身心，淨化身、口、意三業，利益自己和社會。

● 08.21

「居家線上分享會」第八場
不執著順境　不煩惱逆境

法鼓山「居家線上分享會」，8月21日舉辦第八場圓滿場次，由演一法師與慈基會會長柯瑤碧、悅眾李凱萍對談「現在，我們如何下一步？」，探討如何面對順境不執著、逆境不煩惱。

演一法師（上左二）、柯瑤碧（上右一）、李凱萍（上右二）分享在順逆境遇中，持續踏出下一步。

演一法師首先以傳燈院為例指出，實體課程雖因疫情停辦，線上禪修應運而生，鼓勵大眾學習對順境不執著、對逆境不煩惱，隨時活在當下；同時也以「自助而後人助，人助而後天助」，說明人與人之間善意的傳遞，將帶來心靈的關懷與支持。

柯瑤碧會長說明大關懷腳步並未因疫情而停歇，期間捐贈防疫物資與大悲水至醫療院所、五百台筆電至偏鄉學校，並提供線上課程，期能達到同步學習，縮短城鄉差距，而六百萬支細針具贈予衛福部，盼減少疫苗殘留量，早日圓滿大眾接種疫苗的願望。

法鼓山百年樹人獎助學金發起人李凱萍表示，教育對「提昇人的品質」至關重要，雖然無法面對面地關懷，但仍會將所有善心人士援助學童的心意傳遞出

去，讓善念流轉，為社會帶來正向成長的力量。

分享會最後，演一法師期許，少一點私心，多一點公德心；奉獻一己心力，為關懷他人付出，讓人間匯聚更多善緣福德。

● 08.30～09.03期間

聖嚴書院開學日
近五千學員線上相見歡

學員安住家中，線上學佛不退轉。

因應新冠肺炎疫情，信眾教育院聖嚴書院佛學班、禪學班，本學期首度以線上方式全程授課，8月30日至9月3日，海內、外各地區共三十九個班級陸續開學，有近五千位學員、關懷員透過視訊分享上課的喜悅。

為了使新、舊各班順利上線上課，信眾教育院從6月起便著手準備。因為是混齡上課，學員的3C設備、電腦程度，還有城鄉差距都是考驗，監院常用法師與負責課程的常遂法師率先學習線上會議平台ZOOM的操作，並製作使用手冊；同時也針對佛學班講師、各班關懷員、學員代表，辦理十五場軟體使用說明會、七場連線彩排測試，上課前一週並有總彩排。

新竹班關懷員表示，針對線上有學員跑錯會議室，或是多位學員帳號同名，提前發現通訊問題等，透過線上培訓後，都能即時協助學員改正、開關視訊與麥克風，以及認識「舉手發言」功能；農禪班學員分享，多數學員在短時間內學會快速連線，要感恩班級關懷員耐心指導。

常用法師說明，配合線上的作業方式，本學期放寬出勤標準，讓每位學員都能安心上課，同時能提昇數位學習經驗與技巧，也是一種成長與收穫。

● 09.05

安和分院「社會與生命關懷」講座
探討善終自己作主

臺北安和分院於9月5日舉辦「社會與生命關懷」網路講座，以「如何有尊嚴走完最後人生」為主題，由關懷院監院常哲法師，與三位長期致力於安寧緩和

醫療的陳秀丹、洪宗杰和陳慰信醫師，分享如何建立正向生死觀，以慈悲和智慧，尊嚴地告別，直播當日累計一萬七千次觀看次數。

致力推動「生命末期不要受苦」、催生病人自主權利法的陽明大學附設醫院胸腔內科主治醫師陳秀丹指出，生命有賞味期，最好能遵從身體的退場機制；

常哲法師（中）、洪宗杰醫師（左）、陳慰信醫師（右）於座談中，一起回覆線上網友的提問。

無止盡延伸的醫療，造成病人痛苦、家人心痛、醫療人員無奈、國家財政淒慘的「四輸」，是殘酷的仁慈；在生命的最後一哩路，放下自己是智慧，放下別人是慈悲，陳醫師以三十年的臨床經驗分享，適時放手才是真愛。

崇仁醫院院長洪宗杰引用佛法「如實觀察、如理思惟」，幫助聽眾了解安寧照顧團隊提供身、心、靈的照顧，希望減輕疼痛並讓病人擁有生命的尊嚴，病人有著不同的生命故事，安寧照顧解決的是心理上的不安，不是解決「死」，期許用善心善法，協助面對死亡，真誠活在當下。

常哲法師以「安身也要安心」為題，說明佛教強調「人身難得今已得」，身體是修行的道器，除了安身之外，更要有因果觀、業報觀，如「二入四行」的報怨行可讓生病的人坦然接受果報；《金剛經》的空觀、《六祖壇經》的「無住、無念、無相」，都是生病時能運用的心法，有助超越對身體、自我的執著。法師提醒，身體是修行的道器，生、老、病、死是必然的現象，學習因果觀、業報觀，透過觀照病苦，體會苦、空、無常、無我，從而超越對身體、自我的執著，心無罣礙地自在生活。

最後的座談會由為恭醫院安寧病房主任陳慰信主持，網友提問踴躍。洪宗杰院長以醫者與學佛者的身分鼓勵臨終者有正念、有方法，就不會恐懼；而生者要先簽署「安寧緩和醫療抉擇意願書」，以及「預立醫療決定書」，保障自己的善終權。常哲法師則強調無常觀，「所有的意外都不是意外」，至於將殯葬儀式、告別追思都當成莊嚴佛事，真正達到「生死兩相安」。

● 09.06

法鼓山舉辦剃度典禮
隨佛出家 啟動新僧命

法鼓山於9月6日在園區舉辦剃度典禮，由方丈和尚果暉法師擔任得戒和尚，退居方丈果東法師擔任教授阿闍黎，與四位執剃阿闍黎，為六位求度者落髮圓

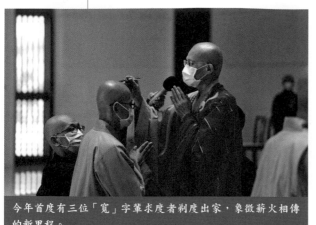

今年首度有三位「寬」字輩求度者剃度出家，象徵薪火相傳的新里程。

頂、授沙彌（尼）戒，同時並有七位僧大新生求受行同沙彌（尼）戒，為遵循防疫規範，現場有十一位剃度者家屬與二十四位法師觀禮，多數親友則透過現場直播觀禮祝福。

典禮中，方丈和尚表示，「出家是出三界、牢獄、生死之家。」當今世界正遭逢疾病、戰亂、天災等種種使人心動盪不安的考驗，特別需要佛教宗教師幫助大眾安頓身心、家庭與事業，並以聖嚴師父所說的：「佛教不缺出家人，但缺的是有悲願的出家人」，勸勉新戒法師們發菩提心，修菩薩行，珍惜出家的因緣福德。退居方丈以地藏菩薩「地獄不空，誓不成佛；眾生度盡，方證菩提」的精神期許求度者，心要如大地磐石般不動，又能適時給予眾生所需要的。

曾擔任社工師的新戒法師分享，曾有一段找尋生命出口的歲月，進入僧大後，在師長提點與師兄弟共住中，學會與自己相處，心也逐漸鬆綁；出家不僅能助自己解脫，更能幫助眾生離苦，期許自己學習聖嚴師父，做好出家人的本分與責任。

來自馬來西亞的新戒法師，則以視訊向異國另一端的親長辭親三拜，表示將利用父母給的身體，盡心盡力做每一件事，在奉獻過程中學習成長，協助更多需要幫助的人。

● 09.12

法鼓山首辦雲端皈依大典
學佛新鮮人　疫情中求受三皈五戒

法鼓山於9月12日首度舉辦網路「祈福皈依大典」，由方丈和尚果暉法師於園區線上授三皈依，共有七百三十位民眾成為三寶弟子，發願踏上利人利己學佛路。此次皈依者將擁有法鼓山首張電子皈依證，可就近到分支道場領取雙面佛牌等結緣禮。

儘管疫情多變，又有颱風襲臺，但雲端皈依典禮不受影響，來自臺灣、美國、德國、澳洲、中國大陸、香港、澳門及東南亞等十一個國家地區民眾，於午後上ZOOM會議平臺報到，透過螢幕可見到一家三代、親子檔、夫妻檔，其中澳門佛教青年會有多達二十一人報名。線上典禮讓以往無法現場參加的海外

民眾克服時差，在照護中心、醫院的長者，也在家人引導下行禮如儀，圓滿成為佛弟子的心願。

方丈和尚為大眾解說皈依儀軌，分為懺悔、發願、正授、迴向四部分，每個環節都是佛教徒必備的學佛條件；也詮解五戒的意義，勉勵眾人持戒，用佛法感化自己的身、口、意，這就是「提昇人的品質」；進而積極奉獻利他，護念他人與環境，即是「建設人間淨土」。

海內外共十一個國家地區民眾，正式註冊為三寶弟子。

方丈和尚鼓勵新皈依弟子，隨時隨處稱誦佛菩薩聖號來安定身心，進一步隨分隨力參與禪修、佛學等課程，或做義工服務奉獻，增長慈悲和智慧。

● 10.02～23期間

紫雲寺梵文《心經》講座
許洋主老師解析空性智慧

10月2至23日，高雄紫雲寺每週六舉辦網路佛學講座，邀請長年研究梵文的佛教研究者許洋主主講「梵文《心經》」，講說《心經》空性的智慧。

《心經》短短兩百六十字，是文字最為精簡、內容卻極豐富的大乘經典，素有「讀《心經》等於讀了六百多部《大般若經》」之說。許洋主老師指出，「般若」二字的梵文有「直接而全面地、徹底地認知之意」，經文「觀自在菩薩行深般若波羅蜜多時，照見五蘊皆空」，點出宇宙萬事萬物皆是因緣和合所生法，一切現象絕非自己生成，而是依賴諸多因緣相互影響與促成，正是佛法的積極觀。

許洋主老師表示，從個人的色受想行識、眼耳鼻舌身意，到宇宙間的色聲香味觸法、十二因緣、苦集滅道等，《心經》告訴世人，「空」不代表沒有，而是不斷有新的因緣，因此快速變化，即是「空」。有「因」就有「果」，與其原地踏步，怨天尤人，只要了解並接受「空」的觀念，自然能夠心無罣礙、無有恐怖，便有力量積極努力，投入當時

許洋主老師解析《心經》，引領大眾理解空性智慧。

需要的因緣，便能超越苦厄。

　　有早晚定課持誦《心經》的學員分享，許老師分析五蘊本無自性，因無自性故說空，一切都是「無常」，了解到世間的事物皆在不斷變化中，不執著，才能讓自己活得自在快樂。

● 10.05～06

心六倫種子扎根校園
於敏惠醫專宣講「性別平等」

心六倫宣講團於敏惠醫專宣講「性別平等」，提醒學子彼此尊重，學會拒絕與處理分手。

　　人基會心六倫宣講團種子教師於10月5至6日，應臺南市敏惠醫專之邀，為一年級住宿生宣講「校園倫理——性別平等」觀念，以「『愛』與『礙』之間」為題，分享以智慧和慈悲、放鬆靜心，以及「四要、四感、四它」等心靈環保理念，建立性別平等的倫理關係。

　　談戀愛時，彼此是「愛」或「礙」？雙方是陪「伴」還是牽「絆」？種子教師以生命故事、社會事件、刑法案例、劇情短片等，引導學子了解人際關係的建立與維護之道，說明以放鬆靜心、「四感——感恩、感謝、感化、感動」調柔內心，再以「四要——需要、想要、能要、該要」面對同性與異性間的互動關係，並以「四它——面對它、接受它、處理它、放下它」處理情感問題；也提醒學子，以智慧和慈悲面對、解決感情問題。

　　學生宿舍自治會幹部分享，認識心六倫理念後，學習到尊重、協助與禮讓，讓自己更快樂自在。校長葉至誠表示，心六倫系列演講，增進青少年性別平等觀念與五育均衡發展，深具教育意義和社會貢獻。

● 10.09～11

齋明寺舉辦網路佛三
果賢法師勉勵在逆境中建立心靈淨土

　　桃園齋明寺於10月9至11日，舉辦佛三，由文化中心副都監果賢法師主法，有近兩萬人次透過直播共修。

首日播放聖嚴師父影音開示，說明所有修行法門中，釋尊稱揚最多的是阿彌陀佛淨土法門，修淨土法門「信、願、行」缺一不可，當一心不亂地念佛、拜佛，讓六根緊緊繫在佛號中，才能達到念佛三昧。

每日為大眾說法的果賢法師指出，疫情影響，人心不安，佛弟子要在逆境中用方法，身與心時時合一、活在當下，

果賢法師期勉大眾時時念「阿彌陀佛」，建立內心的淨土。

建立自己內心的淨土，期勉大眾，念佛不僅口念，心也要專注，時時以「阿彌陀佛」四字作為連結至西方淨土的通關密語，方得體會阿彌陀佛為娑婆眾生所開的方便法門。

法師也分享曾因寺院周遭有鸚鵡吵雜，而起了煩惱，從中覺察到內心的不平穩，藉由這個體驗，提醒眾人要在任何環境下，照顧好自己的心，保持內心的平穩與安定，就是實踐聖嚴師父提倡的「心靈環保」。

● 10.09～11.06期間

快樂學佛人首辦線上課程
居家學佛共修新管道

10月9日至11月6日，信眾教育院每週六首度舉辦「快樂學佛人」線上課程，帶領大眾認識三寶，提供無法來道場的民眾，居家學佛共修新管道。

課程內容規畫有：認識三寶（皈依三寶的意義、如何做一個佛教徒——身篇、心靈處方籤——四它）、居家好修行（學佛行儀及練習、居家修行、心靈處方籤——四要）、認識法鼓山（走入法鼓山、禪修入門、禪修體驗）、心靈成長有方法（認識法會共修、心靈處方籤——四安）、踏上學佛之路（學佛的正確方向、法鼓山的佛學課程、皈依典禮）等，並介紹法鼓山豐富多元的佛學課程，鼓勵參加皈依典禮正式註冊成為佛弟子，透過線上視訊面對面，帶領輕鬆踏上學佛之路。

快樂學佛人線上課程，提供大眾居家學佛新選擇。

11月6日的結業式，共有兩百三十五

位學員參加。雖不能頒發實體證書，學員以心印心，在視訊前舉起雙手，用觀想方式歡喜領受結業證書；普化中心亦同時寄出電子郵件，將電子結業證書即時送到每位學員的信箱。

● 10.22

心六倫種子教師與高中生有約
引領學子認識自我

「心六倫宣講團」的種子教師引導高一學生，畫出屬於自己興趣和夢想的九宮格。

10月22日，人基會心六倫宣講團十八位種子教師，前往臺北市復興高中，帶領十八個高一班級進行「與高中生有約──尋夢計畫」活動，主題是「認識自我」，從自我認識開始，進而開發興趣與夢想。

七十分鐘的課程設計，首先是教師自我介紹，而後進入「認識自我」主題，引導學生以九宮格繪出「我的興趣」、「我想學習」、「我的夢想」及「我的座右銘」。每位教師各自發揮創意，如「三真一假」的自我介紹版本，或是播放兩段影片，一是電影《五月一號》片段，引導學子認識高中青春階段會發生的事；一是《剪紙阿貴》，了解所有興趣都能與夢想結合，進而發光發亮。

最後是心得分享及填寫問卷。有班級導師表示，課程生動活潑，引導學生認識自我，找到自己的人生目標。

課程原本以劇場方式呈現，為配合防疫政策，將大堂活動改由教師進入班級，與學生面對面交流。

● 10.23～24

齋明寺舉辦秋季報恩法會
逾萬人次線上共修

桃園齋明寺於10月23至24日舉辦網路秋季報恩法會，由僧大男眾副院長常寬法師主法，實體法會與線上共修同步進行，有近一萬一千人次參加。

方丈和尚果暉法師首日親臨現場，以《八大人覺經》中的「世間無常，國土危脆，四大苦空，五陰無我，生滅變異，虛偽無主，心是惡源，形為罪藪」開

示，全球天災可能因科技得到控制，但許多事故肇因仍有人為因素，大眾應從示現生滅的生命中有所學習。也呼籲從疫情中體會珍惜生命與大自然環境的重要，了解任何事物互為因果、尊重所有有情生命，藉由兩日誦經念佛的修行功德，迴向因疫情或事故往生的罹難者。

齋明寺秋季報恩法會，由常寬法師主法。

常寬法師首日帶領誦念《地藏經》，說明地藏法門是地藏菩薩為母親而發起願度眾生的本願，大孝與大願兼備，也以《心經》中的「無有恐怖」，勸勉大眾好與壞都只在心的方寸間；次日三時繫念法會時，全臺適逢強震，法師也以六變震動的觀點，引導大眾學習轉念，安心專注圓滿法會。

● 10.23～24

人基會「幸福體驗親子營」
寓教於樂　學習心六倫

10月23至24日，人基會於臺北德貴學苑舉辦「幸福體驗親子營」，透過戲劇表演、律動、手作等課程，十五對親子共學心六倫。

「幸福體驗親子營」寓教於樂，親子共學心靈環保。

首日活動，每組親子首先透過擁抱、轉圈、滾動，創作出小種子茁壯成大樹的過程。「環保小尖兵」單元，心聚團的戲劇演出及情境體驗，傳達減塑愛地球的理念，小朋友踴躍舉手回應，拯救被塑膠袋套住、被魚網纏住的布偶，並來回奔跑撿拾、分類四散的垃圾，恢復海洋的寧靜湛藍；也以果凍蠟、細沙、海藻，製作乾淨的海洋瓶，學習守護海洋的美好。

第二日，親子組成「冰山救援部隊」，認識北極熊生存與人類行為的關聯，親子站在白紙上，隨著紙張逐漸縮小模擬浮冰融化，從中感受北極熊的困境。

「幸福體驗親子營」以潛移默化方式，將聖嚴師父心靈環保的理念從小扎根，也增進親子互動交流，有參與的父親讚歎寓教於樂傳遞氣候暖化、減碳等嚴肅議題，表示明年也要和小孩再次參加。

● 10.30

法鼓青年「與法師有約」
常寬法師分享擁抱孤獨

　　法青會於10月30日，在臺北德貴學苑舉辦「與法師有約」，由僧大男眾副院長常寬法師主講「擁抱孤獨」，共有一百二十位來自臺灣、香港、中國大陸的青年連線聆聽。

　　常寬法師分享出家前於美國求學，因父親往生而悲慟至谷底時，在學校佛學社團聽聞聲聲佛號而得到安定的力量，感受到一股莫名的平靜，也不禁自問：「如果一個人可以如此心靜，在人群中也可以嗎？」於是前往購物中心中庭，嘗試不分辨聲音、只單獨地聽著，發現外在與內在的聲音其實都是自己的「心聲」。法師也曾在溪邊大石頭上靜心打坐，即使下雨而全身濕冷也不受影響。「當自己和環境合而為一時，是孤獨（alone）的，卻不孤單（longly）。」習得孤獨訣竅後，法師至今在任何情況下都能保持安定狀態。

　　常寬法師勉勵大眾，無論獨自搭地鐵、過馬路，在來來去去的人群中都能練習保持安定；如果感到恐懼，可以透過專注呼吸轉移注意力，當必須抉擇時，不妨享受和朋友在一起，但不做一樣的事。

　　有法青表示，孤獨並非不好的事，而是與自己相處的好時機，未來會多留意孤獨時光，期待有新的體驗發生。

● 11.01

《法鼓全集2020紀念版》數位版全新上線
優化版面、強化搜尋、個人化設定

　　「《法鼓全集》2020紀念版」數位版於11月1日起全新上線，全新數位版本提供更便捷的搜尋功能，更舒適的閱讀介面，對一般讀者、研究學者都是絕大助益。

　　新版本具有優化閱讀版面、強化搜尋功能、個人化設定等三大特色，版面左欄的書籍欄目一目了然，頁面根據書籍章節安排，更符合閱讀習慣，選書後開啟全螢幕功能，可當作電子書閱讀；搜尋功能可以透過範圍選定，提高檢索精準度，節省時間；並提供四種字典方便查找閱讀詞彙。使用者可自訂字體、大小、背景顏色、文字欄寬等，打造個人化專屬瀏覽頁面。

　　專案主持人法鼓文理學院圖書資訊館館長洪振洲表示，團隊成員以製作藏經的規格、態度製作新版本，搜尋引擎採用廣受歡迎的elasticsearch，擴充性

佳，目前預設的搜尋結果可依關鍵詞的權重排序，還有「後分類」等功能，能滿足讀者搜尋的需求。

從第一代網路版就參與製作的普化中心副都監果毅法師表示，聖嚴師父相關資料數位化，將會是持續努力的方向，除了《法鼓全集》外，未來計畫整合《聖嚴法師年譜》、著作年表等相關文獻，而眾所期待的手機版等不同形式載具的版本，也將是下一階段努力的目標。

《法鼓全集2020紀念版》數位版全新上線。

新版上線後，後台統計發現使用率急速飆升，顯示大眾對新版的關注，未來網站還會增加更多功能，完備《法鼓全集》數位人文功能，讓讀者或研究者更能深入了解聖嚴師父思想形成的脈絡與發展。

● 11.04

社大三芝戶外教室成立
舉辦玫瑰暨香草種植活動

11月4日，法鼓山社大於三芝戶外教室芳香園舉辦「耕您有約」活動，由校長曾濟群帶領師生、義工，一同種下玫瑰花、迷迭香、薰衣草等芳香植物。

曾校長表示，三芝戶外教室園區面積共有九點三公頃，是已故臺大醫院醫師楊雪舫遺孀陳巧女士，延續楊醫師服務三芝鄉里的遺願，選擇捐贈、護持法鼓山。經多方評估，僧團希望能運用社會大學石門戶外教室成功的經驗，將此處成立為戶外教室，實踐法鼓山自然環保的理念。

社大三芝戶外教室成立，舉辦「耕您有約」活動，師生、義工一同種植玫瑰等芳香植物。

參與活動的學員表示，親手種植玫瑰與香草，手上餘香不散，讓人滿懷歡喜，同時獲得滿滿幸福的芳香記憶。

三芝戶外教室將規畫自然生態導覽，並舉辦戶外禪修，除了提供大眾體驗自然、參與生態保育，並在森林芬多精中，體驗禪修的寧靜祥和。

● 11.05

社大悅眾成長營線上展開
學習無界限　遠距共成長

常遠法師於社大悅眾成長營中，線上分享「心呼吸」。

法鼓山社大於11月5日舉辦「2021悅眾成長營」，由校長曾濟群帶領，有近一百位課程老師、班級悅眾及校務義工參加。

僧團都監常遠法師連線關懷時，分享「心呼吸」，說明日常生活中，不必刻意積累時間進行打坐，運用零碎的時間也可放鬆身心，時時覺察自己，單純享受呼吸，輕鬆體驗禪法。

曾濟群校長說明，隨著科技的普及，社會學習不再局限於實體講授，遠距教學隨著網路活動而興盛，2021年社大秋季班即開設四十九門線上課程，期勉悅眾在推展課務中，學習奉獻自己、成長自己。

活動也安排古箏班學員線上演奏、咖啡班廖中賜老師講解沖泡咖啡小技巧、智慧型手機生活應用樂齡班老師沈游琳講解「視訊軟體Google Meet操作教學」，分享視訊軟體的操作技巧。

最後的「好願5倍券」活動，學員閱讀「108自在語」後，選出最相應的兩句填寫在「好願5倍券」上，彼此分享、祝福；曾濟群校長也提醒，以修正自己的身與心，提昇善念及人格，就會發現生活皆是禪。

● 11.07

淡水分會新據點啟用
接引北海岸民眾親近佛法

護法總會於11月7日舉辦淡水分會新據點啟用典禮，包括護法總會副都監常遠法師、總會長張昌邦、服務處監院常應法師、新北市淡水區長巫宗仁等出席觀禮，在地古箏音樂家潘彩雲、法青會青年義工也透過藝文表演，為護法心家獻上祝福。

典禮上，常遠法師勉勵眾人運用新據點回饋地區，以輕鬆多元的活動，接引更多年輕學子親近佛法、護持佛法；張昌邦總會長表示，新據點兼具地利人

和，是認識法鼓山理念、修學佛法的好場所。

常應法師帶領來賓、近百位信眾一同供燈發願，聆聽創辦人聖嚴師父的影音開示，勉勵大眾學習觀音菩薩、修持觀音法門，用智慧和慈悲處理問題，發揚「入如來室，披如來衣，坐如來座」的精神。

淡水分會中正路新據點啟用，增添學佛弘法的「心」家。

二十四年前，淡水分會於竹圍首設共修處，2004年搬至新民街現址，隨著信眾不斷增加，已不敷使用。召委楊承浩表示，兩年來地區信眾持誦〈大悲咒〉，祈願覓得新場地，如今滿願，眾人無限感恩。

為了感恩不同時期的屋主對淡水分會長期護持，常遠法師特別頒贈聖嚴師父墨寶，感謝屋主們的發心。無償提供新據點的屋主林俊男分享，從兒子、媳婦身上深刻感受到子女在法鼓山學佛後的人品提昇和心靈的幸福快樂，因此主動表達護持意願，希望佛法的好能夠普及大眾，讓更多人安心修學佛法。

● 11.11起

臺北大學閱讀心體驗
文化中心協助布展心靈成長書籍

文化中心應臺北大學之邀，於該校圖書館六樓布置完成與法鼓山相關的閱讀空間，於11月11日正式啟用，其中並展藏《法鼓全集2020紀念版》、聖嚴師父各種中英文著作版本，及法鼓文化出版的各類心靈成長書籍。

清淨、安定的閱讀空間，為臺北大學師生提供成長自我、提昇精神生命的法寶資糧。

「放鬆・心呼吸」、「放下・心自在」，圖書館圓柱上的藍天白雲，白牆上繪製讓人放鬆靜坐的插畫、聖嚴師父法語「山不轉路轉，路不轉人轉，人不轉心轉」，宛如讓人安心的智慧陪伴。

清淨、安定的閱讀空間，不僅為校園師生提供成長自我、提昇精神生命的法寶資糧，也引領讀者展開放鬆、自在的閱讀「心」體驗。

● 11.18

果賢法師分享禪法妙方
好好說話 安定己心人心

文化中心副都監果賢法師於11月18日,應臺大醫院新竹分院營養室、新竹市營養師公會之邀,前往分享「身心安定——好好說話」,共有九十多位營養師於現場及線上聆聽。

法師表示,俗話說「良言一句三冬暖,惡語傷人六月寒」,好好說話的重要性可見一斑,許多人常受情緒影響,惡語就不經意脫口說出,而避免被情緒帶著走,根本源頭就是「覺」,覺察自己的起心動念,可以透過眼耳鼻舌身意,分析自己在接收每樣事物後,身體的感受及情緒,「培養覺照力,練習了解自我、了解他人,才能做好溝通。」

在回答「如何處理緊繃的情緒」時,果賢法師指出,一定要找自己最好的朋友——呼吸;並以禪修方法說明,將注意力放在自己身上,減少因聽見對方語言而產生情緒,從而觀照自己身體最緊的地方,練習從頭放鬆到腳。法師當場引導眾人靜坐五分鐘,體驗安定下來後的身心感受,同時鼓勵眾人經常練習,常保放鬆和微笑,一定能夠身心自在。

● 11.18

人基會「2021心藍海策略」講座
葉丙成教授主講「用創新改變世界」

葉丙成教授分享,閱讀素養可以視為養成跨領域處理資訊的能力。

11月18日,人基會於臺北德貴學苑舉辦「心藍海策略」講座,邀請臺灣大學電機系教授葉丙成、心六倫宣講團講師李昌根分別主講「用創新改變世界」、「開發心的力量」,有近五十位各行各業高階主管、經理人參加。

葉丙成教授首先表示,根據英國牛津大學(University of Oxford)研究,百分之四十七的現有工作將於二十年內消失,當學歷不再是成功的保障時,孩子的自主學習力將是立足世界的關鍵因素,而自主力的根本便

是「閱讀素養」。

「閱讀素養也可視為跨領域處理資訊的能力。」葉丙成提醒，學習不只是重複寫評量，而是運用所學發展出面對真實生活的能力與態度；許多學童放棄學習是因為看不懂，一旦閱讀素養養成，自主學習就會啟動。葉丙成表示，與團隊開發PaGamO系統，設計結合遊戲的線上閱讀練習，目前已有兩百五十萬中小學生加入，同時與教育部、縣市政府及NGO合作，協助弱勢學生加入學習，也鼓勵企業支持，培育學生從「有知識」轉變成「有能力」的終生學習者。

講座後，具有二十多年禪修經驗的心六倫宣講團講師李昌根接續分享「開發心的力量」，帶領聽眾認識心的運作，鼓勵以「設定、鎖定、回來」的模式調心、覺察心、學習活在當下，提振工作效益。

有從香港來臺定居的新住民認同閱讀素養對未來世代的正向影響，而身心健康的鍛鍊更能相輔相成；也有高等教育工作者感謝葉丙成教授為教育現況提出核心觀點，也為弱勢孩童提供翻轉的機會。

● 11.20～27

法鼓山啟建「大悲心祈福法會」
領眾雲端共修四種法門

鑑於2021年新冠肺炎疫情蔓延，國際戰事、天災人禍頻傳，法鼓山一年一度的水陸法會改為「大悲心祈福法會」，於11月20至27日在園區啟建，全程線上舉辦，由僧團法師領眾共修《梁皇寶懺》、觀音法門、地藏法門、念誦《法華經》，每日透過雲端共修四種法門的信眾，約有近三萬人次。

「大悲心祈福法會」以三時繫念作為佛事圓滿，祈願因疫病及災難往生者，仰仗阿彌陀佛願力往生淨土，並將所有信眾精進共修的功德，迴向全世界。

其中，觀音法門每日恭誦《普門品》、持〈大悲咒〉、禮《大悲懺》。果傳法師說法時以聖嚴師父的勉勵期許大眾，應從「求觀音」的仰信，向上提昇為「念觀音」的精進、「學觀音」實踐，到融入眾生和娑婆苦難中，和光同塵「做觀音」。

地藏法門每日恭誦《地藏經》、禮《地藏寶懺》。常諦法師說法指出，地藏

法門以無盡大願著稱，含括因果、念佛與臨終法門，藉推揚因果業報，解除眾生現世的煩惱障、業障、報障，以稱名、念佛為正行，布施修福為助道。

《法華經》共修於法會期間圓滿念誦兩部。臺中寶雲寺監院果理法師說法表示，《法華經》為「經中之王」，是大乘佛法根本教典，善用譬喻、譯文優美流暢，經文包含師妙（讚佛智）、法妙（佛陀教法）、心法妙（弟子的學習成長），助成修行者起信，肯認煩惱一定能斷，佛道一定可成。

《梁皇寶懺》法會由常護法師主法，果興法師說法。果興法師說明，懺王《梁皇寶懺》原名為「慈悲道場懺法」，拜懺就是修菩薩行、修慈悲法門；大眾隨著儀文，一聲佛號一禮拜，明白今日所受果報，皆為無始以來所造業，發願至誠懺悔後，生起大悲心，代累劫父母、六親眷屬懺悔，是實踐慈悲救度的精神。

經過六日線上精進共修，圓滿佛事三時繫念法會於27日在法鼓山園區大殿舉行，方丈和尚果暉法師開示，誦持彌陀聖號與《阿彌陀經》，既是迴向給往生者得聞佛法、心開意解，依願往生淨土或天國，也是迴向給自己與他人，超度貪欲、瞋恚、愚癡的心，轉而少欲知足，能以慈悲對待人、以智慧處理事；祈願因新冠肺炎、各種災難往生的亡靈，仰仗阿彌陀佛慈悲願力往生淨土，也將法會共修的功德迴向全世界。

● 11.21～27

全臺分寺院、分會連線「大悲心祈福法會」
聞法拜懺同精進

高雄紫雲寺連線《梁皇寶懺》共修，大眾虔誠禮懺。

「大悲心祈福法會」啟建期間，全臺分寺院、護法分會於21至27日，選擇一種法門與總本山連線，舉行分處共修。其中，臺中寶雲寺、臺南分院、桃園齋明別苑參與《法華經》共修，桃園齋明寺、高雄紫雲寺、臺東信行寺、宜蘭分院，以及高雄三民、基隆、花蓮等精舍禮拜《梁皇寶懺》，雲來別苑修持觀音法門。

與《法華經》共修壇場連線的臺南分院，監香常法法師向大眾闡示，佛陀於《法華經》中直指修行在一乘法，老實修行、誠心發願，願心不散不退，有願就有力；齋明別苑副寺常林法師分享

誦經分為唱誦及念誦，前者配合梵音有音律之美，念誦則更容易集中精神，專注在經文上。

連線《梁皇寶懺》共修的基隆精舍，由副寺果樞法師監香，引領大眾靜語攝心，恭敬拜懺；退居方丈果東法師於法會第三日親臨關懷，以溫暖、幽默的語言，鼓勵民眾好好精進用功。未曾舉辦過《梁皇寶懺》法會的信行寺，監院常覺法師表示，歡喜透過此次殊勝因緣，讓居處偏遠、年

年屆八十八高齡的長者，全程參加信行寺七日的共修。

事已高的信眾也能就近參加。三民精舍的信眾，隨同直播畫面恭敬禮拜、誦經繞佛，期以「無緣大慈，同體大悲」的心念，祝願大眾無有怨仇、無有瞋恚、無有苦難、內樂遍滿。

有信眾分享，分院連線共修氛圍莊嚴，並有法師細心照護，帶領學習「用至誠心，如法供養」，有如臨現場的殊勝感，身心法喜充滿。

● 12.01～02

退居方丈出席「人間佛教發展線上研討會」
分享法鼓山在疫情中的數位弘化

法鼓山於12月1至2日，出席由中華人間佛教聯合總會、中國佛教協會聯合主辦的「人間佛教發展線上研討會」，由退居方丈果東法師代表參加，共有五百多位兩岸佛教界代表及學者參與。

研討會以「後疫情時代的弘法新趨勢」為主題，進行四場主題論壇：後疫情時代的佛教應何去何從、線上與線下的佛教弘法、佛教如何停課不停學、知己知彼——了解E世代的思考模式。退居方丈於主題

退居方丈（右一）與兩岸佛教界代表，探討疫情期間如何開展弘法新局。

發言中分享法鼓山在疫情期間，推展線上弘化的經驗、觀察與省思。

退居方丈表示，弘法須因應時代，善用工具在傳統中創新，才能接引不同需要的眾生學佛，防疫期間，法鼓山透過心靈環保學習網、網路電視台、線上共修、線上大事關懷等，落實對社會大眾的整體關懷。退居方丈指出，包括世代

和城鄉差距、學佛者自主學習能力、弘法者對學佛者信願行的凝聚、數位弘化人才的培養、面對面交流關懷的溫度等，皆是數位弘法待克服的問題，期盼眾人以佛法的慈悲及智慧，促進社會同心協力，創造光明與希望。

● 12.04～2022.01.08期間

傳燈院線上講座「一覺佛光照大千」
古帝亞茲講菩薩心行

12月4日至2022年1月8日，傳燈院於週六以「一覺佛光照大千──向內觀心」為主題，舉辦四場線上講座，邀請聖嚴師父西方法子吉伯·古帝亞茲（Gilbert Gutierrez）主講。除了ZOOM會議室，還有臺灣安和分院現場，以及YouTube直播，線上聽眾來自美國、加拿大、臺灣、東南亞與巴西，每場約有兩百人聆聽。

以「菩薩」的概念為核心，吉伯從歷史、教理切入說明「菩薩」精神對大乘行者的意義，透過介紹菩薩心行，體現大乘行者無我的典範，鼓勵大眾於日常生活中運用禪法，行菩薩道，自利利他。

吉伯指出，在原始佛教或南傳佛教，菩薩指的是悉達多出家後、成佛前的六年苦修期間，以及本生故事中，佛陀自稱為菩薩；到了大乘佛教，菩薩是已斷煩惱，於生死輪迴自在去來，於娑婆世界救度眾生的大士，如文殊、觀音、普賢、地藏菩薩，發願在人間救度眾生，希望眾生解脫，不再受苦。吉伯表示，菩薩雖然救度眾生，但知道「實無眾生可度」，菩薩了知實相而能不執著，而且無分別地度一切眾生，如地藏菩薩誓願度盡地獄眾生。

「行菩薩道最重要的就是發菩提心」，吉伯說明，在《維摩詰經》、《華嚴經》、《入菩薩行論》、《中論》等經典中，指出人人都有佛性，就是菩提心，以此勉勵聽眾「以心觀心」，多數人因執著外在的現象而困在煩惱裡，如果能向內觀照心，如《華嚴經》偈：「若人欲了知，三世一切佛，應觀法界性，一切唯心造」，大家都是「菩薩」，好好照顧自己的心，也會將所見到的人視為佛、菩薩，見人有難自然生起大悲心去助人，就是在人間修行的「菩薩行者」。

有聽眾回饋，吉伯講說的風格和傳統純粹講經、禪修方法不相同，且開放線上問

吉伯講解「菩薩」角色轉變與發菩提心的重要性。

答，對於建立正知見、釐清禪修方法很有助益；同時又以自身與聖嚴師父之間的互動、生活細行舉例，很能引起共鳴。

● 12.05

紫雲寺「兒童生活教育寫畫創作」頒獎典禮
推動「心靈環保」育苗

高雄紫雲寺於12月5日舉辦「兒童生活教育寫畫創作」頒獎典禮，來自臺中、嘉義、臺南、高雄及屏東的得獎學童、家長近兩百人參加，共同見證推動「心靈環保」的育苗成果。

繪畫組「賣蚵仔煎的老闆」、「與媽媽擺攤的樂趣」、「如何幫助弱勢困苦的人」等作品，以純真視角記錄感動的瞬間。書法

紫雲寺舉辦「兒童生活教育寫畫創作」頒獎典禮，眾人一起參與這場推動「心靈環保」的育苗成果。

組書寫聖嚴師父〈一○八自在語〉，將一筆一畫內化為良善品格，落實在日常生活與他人的互動中。作文組「天生我才必有用」、「締造善美世界」、「接受不完美的完美」等作品，字裡行間看出學童們對生命的深入省思，以及對美善價值的追求和熱情。

典禮中，高雄法青表演非洲鼓等節目，聖基會也提供新出版的「哇！悟卡」作為禮物。監院常參法師表示，2019年起紫雲寺承接寫畫創作活動的南臺灣徵件，獲得熱烈回響，所有得獎作品已電子化，放置於聖基會、紫雲寺網站。

● 12.05～26期間

安和分院「社會與生命關懷」系列講座
共學四善 生老病死都平安

12月5至26日，臺北安和分院於每週日舉辦「社會與生命關懷」系列講座，以「樂活善生，尊嚴善終」為主題，從「善生」切入，依序探討善終、善待與善處等生死習題，引領大眾共同學習生死智慧。除了分院現場，線上同步直播，線上點閱超過五萬人次。

5日首場「善生之道：心安平安」，由關懷院監院常哲法師、臺北市立聯合

常哲法師帶領大眾探討人為何怕死，及如何從貪生怕死到死生自在。

醫院復健科主任林峰正，分別主講「安身也要安心」、「從《地藏經》看生死」。常哲法師比喻生病就像身體中了第一支箭，如果不調心而怨天尤人，猶如中了第二箭，身心互為影響，形成惡性循環，所以心安才會有平安。林峰正醫師分享因讀誦《地藏經》而茹素，也從經文中了解因緣果報，更感受到何謂「生命共同體」，懂得謙卑面對有情眾生的體驗。

第二場由常哲法師與北市聯醫仁愛院區安寧醫護科主任呂敏吉，談「善終之道：生死兩相安」。法師強調信仰是個人修行對生命的體驗，生死是一體兩面，身體是臭皮囊，我們只有使用權，時間到了就要歸還。呂敏吉醫師指出安寧療護是從生到死的全人照顧，是科學、人文、藝術的結合，以科學方式讓人不要受苦，包括緩和醫療、安寧照護、喪親撫慰等，讓病人活得有品質，死得有尊嚴，親友走出傷痛。

19日的主題為「善待之道：照顧不費力，資源最給力」，遠東聯合診所身心科主治醫師吳佳璇以「預備、新手、資深照顧者」角度談「照顧者的身心調適」，強調千萬不要讓照顧者變成下一位病人，社會支持力量很重要，照顧者要懂得求助，讓自己有喘息機會。

臺北市立聯合醫院仁愛院區社工師林怡杏接力分享「善用資源不費力」，表示照顧者要衡量自己的負荷與生活是否均衡，善用社會資源，如長照2.0的居家、醫療照護及身心障礙照護等，還有與善終息息相關的預立醫療決定，即《病人權利自主法》與《安寧緩和醫療條例》。

第四場探討「善處之道：誰能捍衛我的尊嚴？」苗栗為恭紀念醫院安寧病房主任陳慰信提醒臨終準備永不嫌晚，預立醫療決定能確保善終，不讓愛我們的人為難，也是為他們留下珍貴的禮物。

法鼓文化編輯總監果賢法師主講「法的療癒：佛陀教我的十堂課」，分享聖嚴師父的「三不空」：因果、因緣、功德不空，要從累功積德、結善緣、培功德來面對生病與準備善終。

從善生到善終的四堂課，帶領大眾層層認識生命變化，學習面臨無常時，該如何面對、接受、處理與放下。

● 12.08

外交使節眷屬參訪農禪寺
體驗水月境教宗教之美

12月8日，由駐臺外交人員、眷屬組成的臺北市迎新會近四十位成員，在該會會長、外交部政務次長田中光夫人陳毅君帶領下，參訪北投農禪寺，並以托水缽環繞大殿體驗禪修。

監院果毅法師首先向眾人介紹寺院歷史，從師公東初老人興建農禪寺，到創辦人

在臺外交人士眷屬透過托水缽體驗禪修，感受漢傳佛教的禪文化。

聖嚴師父繼任後，帶領信眾修行、開辦佛法課程，十年前改建後，新的建築體現佛教「空」的意涵，成為臺北著名的景觀道場。

「透過建築表達『空中花，水中月』的概念，將聖嚴師父的理念傳遞給不同文化的人。」陳毅君會長分享，迎新會藉由文化與國際友人聯誼交流，協助初到的使節眷屬融入臺灣社會；農禪寺讓人感到非常寧靜，有助於心靈沉潛、思維清晰。

義大利駐臺代表紀大為（Davide Giglio）夫人安娜‧麗莎‧吉尼（Anna Lisa Ghini）表示，見到法師在寺院弘揚佛法、服務奉獻，非常感動；農禪寺建築與整個環境交融，能夠發人深省，透過簡介影片觀察到當地居民參加寺院活動，是一處優質的信仰凝聚地。

● 12.11

圓山分會歡喜迎新家
方丈和尚勉勵「圓」滿寶「山」

匯聚大同與士林地區信眾同心共願成立的護法總會圓山分會，原訂於8月29日灑淨啟用，因疫情嚴峻無法廣邀信眾參與，護法總會於12月11日在分會舉辦「方丈和尚關懷聯誼會」，方丈和尚果暉法師、僧團都監常遠法師、常定法師、護法總會副總會長蘇妧玲出席，共有一百六十多人參加。

方丈和尚頒贈感謝狀及親筆簽名的《止觀禪》，感恩歷任屋主及悅眾執事勤

方丈和尚感恩大同、士林地區悅眾對法鼓山的護持。

懇護持,並引聖嚴師父開示影片「入如來室,披如來衣,坐如來座」期勉大眾,人人都有座慈悲智慧的寶山,學習以「有」來成就他人,以「空」來消融煩惱,以「四它」來處理事,鼓勵發大菩提心,學菩薩萬行,共同「圓」滿這座寶「山」。

會中播放影片,回顧三十年來兩區信眾,從各自胼手胝足成立共修據點,歷經合併、迎接圓山分會的行願歷程,與會者感恩僧團及所有護法信眾無私奉獻;並安排法青以鍋碗瓢盆自製樂器,帶來「擊時行樂」演奏、演唱〈歡樂年華〉、〈廟會〉等歌曲。

分會座落於圓山捷運站旁,交通便利、資源匯集,已開辦念佛、禪坐共修、讀書會等,接引更多人學佛修行。

● 12.12〜2022.02.20

社大開辦香積人才培訓課程
轉動食輪　供佛供眾修福慧

12月12日至2022年2月20日,社大週日於法鼓山園區開辦「香積人才培訓班」,共六堂。方丈和尚果暉法師於首堂課到場關懷,共有二十多人參加。

方丈和尚開示「人生的意義與價值在奉獻與學習」,說明擔任香積服務,是供佛供眾、修福修慧的好方法,並分享曾在北投農禪寺擔任大寮典座,也是從零開始學習,邊做事、邊念佛,期許能像祖師大德一樣在奉獻中開悟。

方丈和尚期許香積學員,邊做事、邊念佛。

園區副都監果高法師鼓勵學員,香積既開發學習,也能成就護持道場的願心;百丈院監院果界法師期許,結合禪修心法,觸類旁通將同性質食材,做出不同變化,學習以食輪轉法輪。

「香積人才培訓班」講解與實作並重,第一堂課由香積悅眾帶領學員,以豆腐實做三道菜、豆干做了五道菜,介紹菜單的變化安排,也說明食材真髓及各種小撇步,做好身心安定、不浪費等原則;演因

法師則介紹大寮用具和佛門故事，讓學員印象深刻。

來自臺中的學員期許能精進料理知識，為大眾提供更好的服務；有熟悉越南料理的新住民也期盼透過課程，拓展學習領域。

● 12.18～19

心靈環保讀書會帶領人線上培訓
推廣共讀《法鼓全集》

普化中心於12月18至19日，舉辦網路「讀書會帶領人基礎培訓課程」，由副都監果毅法師、信眾教育院監院常用法師、資深讀書會帶領人方隆彰老師帶領，內容包括認識聖嚴師父著作、讀書會緣起與目標、帶領技巧、四層次解讀法與實際演練等，共有一百八十位學員參加。

果毅法師首先介紹如何有系統地閱讀《法鼓全集》，說明認識聖嚴師父的著作

方隆彰老師說明讀書會帶領人的角色是催化者、連結者、引發者。

與思想脈絡，是推動心靈環保讀書會的基本功；常用法師介紹心靈環保讀書會緣起與目標，提醒學員，讀書會是分享書中的法益與內涵，不是知識本身。

擁有豐富讀書會帶領經驗的方隆彰老師，藉妙喻說明讀書會與上課、聽演講的差異，後二者如「餵食」是被動接受，讀書會則像「覓食」主動找素材，加上開放的性質，不時會迸出火花，常有意外收穫；而帶領人要隨順氛圍流動，扮演催化、傾聽、陪伴，是身教者，而非教導者與問題解決者。

線上分組討論時，學員將所學到的靈活討論技巧、層次提問要領，在空中實務演練，方老師逐一進入討論室聆聽每組演練過程，驗收學習成果。有加拿大學員分享，課程講解讀書、提問與帶領等步驟，配以實例演練，十分受用。

● 12.30

信行寺「聖嚴書院佛學班」結業
學員分享成長與法喜

2018年9月開班的臺東信行寺「聖嚴書院佛學班」，原本三年課程，因逢新冠疫情警戒，兩度停課復課，於2021年12月30日圓滿最後一堂暨結業式，共有六十九位學員歡喜結業。

信行寺「聖嚴書院佛學班」學員，歡喜結業。

地形狹長的臺東，在地居民多以機車代步，佛學班同學亦不例外；開車同學會到府服務，載送銀髮長者上、下課，學佛的精進心，縮短了彼此和道路的距離。

「期待每週四的到來，佛學班是精神最大的動力來源，讓內心更堅持與平靜」、「希望能再開課，繼續修學佛法」、「要好好把握學佛的因緣，因為無常隨時可能到來」，學員的回饋分享，展現三年佛學課程帶來的成長與法喜。

監院常覺法師以《他的身影》影集中的「禮物篇」，作為送給同學們的結業和跨年祝福，期勉發大願心，以佛法，讓自己平安、健康、快樂，也為他人帶來平安、健康、快樂。

● 12.31～2022.01.02

農禪寺舉辦彌陀佛三暨八關戒齋
大眾繫念佛號 啟發願力

12月31日至2022年1月2日，北投農禪寺舉辦彌陀佛三暨八關戒齋，由果仁法師主法，帶領大眾以清淨心除舊佈新。

因應防疫，法會現場開放三百五十個座位，採實聯制依序入場，民眾領取號碼牌進入大殿及各殿堂共修；法會全程禁語，大眾一心繫念「阿彌陀佛」聖號，體驗身心的安定。

「念從心起、聲從口出、音從耳入。」果仁法師指導念佛方法，說明心中有佛號，妄念就少；妄念一少，煩惱自然少。法師期許大眾，當自己「心」的主人，情緒不能隨境轉，念佛、繞佛、止靜、拜佛、拜懺等功課都是攝心處。

農禪寺於歲末舉辦佛三，帶領大眾以清淨心除舊佈新。

佛三期間，有近一百四十位義工負責切揀菜、環保清潔或接待等外護工作，與常住法師們共同成就法會的圓滿。有義工分享，感恩有服務奉獻的機緣，也學會用禪修的方法，讓自己隨時歸零，每一刻都是新的開始。

貳【大關懷教育】

從生命初始到生命終了，
以「心靈環保」出發，
落實各階段、各層面的整體關懷，
安頓身心、圓滿人生，
實現法鼓山入世化世的菩薩願行。

護念彼此
慈悲智慧安人安己

2021年，臺灣於5月因應嚴峻的新冠肺炎疫情，將警戒提高為第三級；
面對疫情擴大、持續影響全球，方丈和尚果暉法師即時開示：
「全世界是防疫共同體，慈悲心是防疫最好的良藥。」
本年大關懷教育於社會各角落貫徹無緣大慈、同體大悲的佛法精神，
於急難救助、整體關懷、慈善公益、信眾關懷等面向積極行願，
籲請以慈悲心安人、智慧心安己，共同學習、彼此護念，
成就善的循環，平安自在共度疫情。

2021年，大關懷教育持續關注國內外疫情，落實「全世界是防疫共同體」理念，於國內，配合政府相關防疫措施，並捐助醫療院所、縣市政府、社福機構所需的防疫和民生物資；此外，也響應提高接種疫苗普及率政策，透過十方善信發心護持，搜尋、採購六百萬支一毫升細針具，捐贈衛福部配發給各地接種單位。

疫情指揮中心副指揮官陳宗彥於10月前來農禪寺，會見方丈和尚並致贈感謝狀，感恩法鼓山秉持善念與慈心，圓滿大眾接種疫苗的願望，也協助政府完成防疫超前部署的最後一哩路。

於海外，本年捐助緬甸仰光聖心禪寺（Myatmanaw Dhamma Yeiktha）防疫相關物質，包括口罩、防護衣、電子體溫計、血氧機、血壓計、額溫槍等，協助寺方守護當地僧俗免於染疫之苦。

另一方面，有鑑於警戒升級引發社會各界不安，慈基會即時啟動「安心補助」計畫，整合社會資源，由義工透過電話慰訪提供心靈支持，並協助辦理安心補助款，安度困境；而針對嚴峻疫情為醫護、警消、國軍化學兵、被隔離民眾帶來莫大壓力，更適時發揮宗教安定人心力量，致贈大悲水、平安觀音御守及平安包予相關單位及人員，以佛法心靈處方帶來安心的力量。

急難救助

疫情之外，2021年國內發生多起意外事故，如3月蘇花公路車禍、4月臺鐵太魯閣號列車出軌意外、10月高雄市城中城大樓火災事故及新北市虎豹潭溺水意外，法鼓山皆於第一時間啟動緊急救援機制，展開各項關懷工作。

其中，臺鐵太魯閣號列車行經花蓮清

水隧道發生出軌意外，造成四十九人死亡、兩百多人輕重傷，慈基會、關懷院及蘭陽分院、臺東信行寺、花蓮分會即刻動員前往事故現場、醫院、殯儀館，關懷傷者及罹難者家屬，並設置安心服務站。

各地分寺院也同步於清明報恩法會期間，為事故傷難者書立消災及超薦牌位；而於信行寺啟建的「三時繫念祈福超薦法會」，由僧團副住持果醒法師主法，透過大眾共修的力量，為傷亡者傳遞祝福，為社會注入平安與光明。

第一階段緊急救援告一段落後，第二階段慰訪關懷也接續展開；信行寺、花蓮分會並舉辦「創傷覺察與自療」等心理諮商服務講座，講授安心之道。

10月，造成四十六死四十一傷的高雄城中城大樓火災事故，方丈和尚率慈基會、紫雲寺團隊，親臨事故現場及殯儀館關懷罹難者家屬。法師和義工們依家屬意願陪同認領親人遺體，並協助為往生者誦念經文、佛號迴向。受難的住戶中，有慈基會長期慰訪的關懷家庭，或是信眾的親友；由熟悉的法師和義工連日陪伴，成為安心的支援。

除了現場關懷，並於罹難者靈堂舉辦超薦祈福佛事，由寺院管理副都監果器法師率同高雄、臺南僧團代表及高屏地區義工與法青，為傷亡者及家屬祝禱；紫雲寺也舉辦大悲懺、地藏等法會共修，透過網路連結大眾善心、善願，誠心誦念與功德迴向，給予罹難者與傷者安心的祝福。

整體關懷

法鼓山關懷社會大眾的主要方式，是心靈環保體驗與實踐的分享，服務對象，也廣及社會各個階層。2021年大關懷教育不受疫情所圍，持續透過多元方式，落實佛法對生命各階段、各層面的祝福。

兒少關懷上，1至5月，護法總會全臺各地分會與法青會協力合辦「悟寶兒童營」，帶領國小學童探索佛法心靈寶藏、認識法鼓山、心靈環保理念；同時也以「兒童日2.0」、「兒童浴佛與插花」等活動，讓親子透過遊戲，體驗佛法的美好。

對於偏鄉、原鄉及弱勢學童的教育關懷也不斷線，1月於新北市帶領幼稚園至國小學童學習處理情緒、培養團隊合作與專注力。8月起響應教育部停課不停學政策，除捐贈南投、彰化、嘉義偏鄉學童筆電、滑鼠及電腦包等遠距教學資源，同時也安排線上學習及數位動畫課程，培養數位學習能力，期許透過學習資源的改善，翻轉未來人生。

樂齡長者及弱勢族群關懷方面，地區義工不定期至養護之家、康復中心等社福安置機構，帶領美勞、團康遊戲與念佛、法鼓八式動禪等活動，如2月前往桃園育幼院及脊髓損傷潛能發展中心，致贈民生及防疫物資，期盼院童、傷友平安過好年。

6月起推動「安心補助」計畫，慈基會全臺義工除透過電話慰訪，並陸續捐

助陽光基金會桃竹中心、蘭智社會福利基金會、臺北市東區單親家庭服務中心、北海岸社福中心、北投社福中心、蘆洲社福中心等團體，採買民生物資，協助急難民眾度過難關。疫情趨緩的11月，祕書長常順法師應臺北市視障者家長協會之邀，前往帶領視障朋友及老師體驗禪修的安定與放鬆。

以推動生命教育、臨終關懷、佛化奠祭、環保自然葬為使命的關懷院，配合三級警戒，於5月取消實體助念及關懷，並隨即於網站上設置「新冠肺炎臨終關懷專區」，家屬可線上申請關懷用品、法師線上關懷，並依循網上誦念、儀軌引導，協助親友依願往生淨土，讓生死兩相安。

有關大事關懷課程的推廣，全年於大臺北六地區開辦「大事關懷解行課程」，透過地區參與及推動，分享正信佛法觀念，引導大眾認識生命的實相。

慈善公益

慈善公益上，包括由東初老人首辦冬令救濟、超過六十年的歲末關懷活動，本年因應防疫、避免群聚，多數地區分會由義工將關懷送到家，共計關懷了逾兩千戶的低收入、失業清寒、急難貧病等家戶。4月及9月起的端午、中秋關懷，慈基會結合社會資源，致贈社福機關、安養機構年節及防疫物資；並與臺北農產運銷公司合作，準備食物箱，宅配給一千一百多戶關懷戶，傳達各界的關懷。

「百年樹人獎助學金」於4至11月期間，在全臺各地舉辦第三十八、三十九期頒發，除實體頒發，本年採行線上頒發、親送、匯款等多元方式，共有兩千三百多人受益，鼓勵受助學生努力精進不懈，未來也能回饋社會。

而為舒緩身處抗疫第一線的護理人員壓力，法鼓山邀請漫畫家朱德庸執筆繪製，完成以護理人員為對象的安心動畫，於5月全國護理師公會全國聯合會中舉行致贈儀式後，透過全國各醫院公播系統播放，讓護理人員感受支持的力量。6月，與臺北市廣告代理商業同業公會共同製作「向防疫英雄致敬」公益廣告，在有線電視及MOD系統等新聞頻道播出，籲請大眾同心，用感恩、感謝、感化、感動為彼此鼓勵祝福，為社會帶來安全、安心的力量。

信眾關懷

2021年疫情緊繃，大關懷教育對信眾關懷更是不遺餘力，戮力以佛法領航，同行入世化世的菩薩願行。首先於1月將年度大事感恩分享會，調整為「邁向2021平安自在——歲末感恩祈福法會」，由方丈和尚引領全球信眾凝聚願力，共同為世界祈福。3月的悅眾禪修營，由服務處監院常應法師擔任總護，引領對禪法生起更深的信心與慧解。

本年另有三梯次「勸募會員返校日」、兩場「勸募鼓手研習營」，期勉位於第一線的護法種子，募款、募心、募僧、募人學佛，用佛法成長自我，提

丈和尚果暉法師地區巡迴關懷，臺南地區兩百多位老中青三代鼓手齊聚，展現三十多年來堅定護法的願力及熱忱。

起願心，以「利益眾生，廣結人緣」的菩薩道精神，推廣法鼓山的理念。9月，首度於線上舉辦勸募會員授證典禮，護法總會總會長張昌邦以聖嚴師父囑咐的「信心、熱心、恆心、願心」共勉，持續推動佛法教育及社會關懷。

「方丈和尚抵溫叨——地區巡迴關懷」年初兩場實體活動於基隆分會、臺南分院舉行後，因應疫情變化，10、11月透過網路於紫雲寺及彰化、員林分會展開，方丈和尚與地區信眾回顧護法歷程，共許學佛護法的好願。8月起透過五場視訊關懷，與近一千五百位各會團悅眾交流防疫期間學佛護法心得。

12月起，「退居方丈巡迴關懷座談會」也自新店、文山分會啟航，果東法師分別以「未來與希望」、「文山好緣亮」為題，分享運用佛法契機契理轉煩惱為菩提。

為深化也廣化義工關懷能力與內涵，慈基會開辦多場「創傷的認識與自我照顧」、「專職暨義工教育訓練課程」等教育訓練課程，理論與實務兼具的內容，除提昇專業知識與能力，也凝聚內部共識，同心同願發揮善的力量。

結語

方丈和尚在歲末感恩祈福法會中，期勉大眾，面對生活中的逆境，要「感恩」逆增上緣，「接受」當下現況，進一步「發願」自利利人，才能安頓好身心。疫情持續影響全球的2021年，法鼓山以「平安自在」為年度主題，大關懷教育打破弘法窠臼，透過雲端跨越時空障礙，落實整體關懷，帶領祈願諸佛菩薩願力加被，護念眾生遠離苦厄，時時平安，處處自在，傳達全球社會佛法的祝福。

● 01.03～05.02期間

護法總會、法青會共同舉辦「悟寶兒童營」
心靈環保理念向下扎根

悟寶兒童營為小朋友播下菩提種子。

1月3日至5月2日,護法總會與法青會於基隆精舍、新竹精舍、臺南分院、高雄紫雲寺、三民精舍、臺東信行寺,以及大信南、新店、新莊、雙和、松山與城中等分會,共二十四處地區,舉辦三十七場「悟寶兒童營」,藉由話劇、遊戲、唱誦等多元方式,帶領國小中、低年級學童認識法鼓山、心靈環保理念,培養知足、感恩的良好品格。

兒童營活動內容包括「靜心」的打坐、「與佛菩薩打招呼」的學佛行儀、「梵唄」的佛曲帶動唱、「心情罐子」系列的環保手作,藉由繪本話劇、團康遊戲等多元方式,潛移默化「心五四」的理念。其中的「心猴在哪裡」,學童在遊戲中練習「身在哪裡,心在哪裡」,將心念止於當下身體的感受與動作;也安排體驗呼吸、走路禪、托水缽,學習安定與放鬆。

「悟寶兒童營」活潑地為小朋友播下菩提種子,在放鬆盡情玩耍的同時,進行品格教育,學習「不以善小而不為」,培養慈悲同理心。

● 01.08～02.06期間

109年度歲末關懷全臺展開
合計關懷近兩千三百戶家庭

1月8日起,慈基會延續2020年12月4日起舉辦的109年度「法鼓山歲末關懷」系列活動,陸續於全臺各地分院、護法總會各處分會展開,至2021年2月6日圓滿。除致贈物資,並舉辦祈福法會、手作活動等,讓關懷戶感受年節溫馨,總計關懷近兩千三百戶。

1月9日在高雄紫雲寺舉行的歲末關懷,內容包括點燈祈福、「心靈彩環」手作,監院常參法師鼓勵關懷戶一同發願與祝福,期許用光亮溫暖人間,眾生離苦得樂,共有二百二十多戶關懷家庭參加。

24日於員林分會展開的關懷活動中,以〈我為你祝福〉佛曲帶動唱揭開序幕,義工帶領關懷戶一起舞動、暖和身體;接著進行藝文表演,也安排鋁線手作活動,帶領大眾在手作中體驗靜心。最後由法師帶領念佛,法師期勉大眾,生活中起煩惱時,隨時回到呼吸,或默念佛號,讓自己安心,定能迎向平安自在的一年。

紫雲寺舉辦歲末關懷,將溫暖與祝福送給關懷家庭。

本年因應防疫,並考量關懷戶多為長者、孩童與身心障礙者,多數地區分會皆由義工將關懷送到家,並進行慰訪,傳遞祝福。

109年度「法鼓山歲末關懷」活動一覽

區域	時間	活動地點	活動內容	關懷地區（對象）	關懷戶數
北部	2020年12月5日	臺北安和分院	祈福供燈法會、致贈禮金與物資	臺北市關懷戶	20
		北投雲來寺	致贈禮金與物資	臺北市關懷戶	13
		臺北中山精舍	致贈禮金與物資	臺北市關懷戶	28
		北投分會	致贈禮金與物資	臺北市關懷戶	22
		淡水分會	祈福法會、致贈禮金與物資	新北市關懷戶	15
		城中分會	祈福法會、致贈禮金與物資	臺北市關懷戶	20
		內湖分會	祈福法會、致贈禮金與物資	臺北市關懷戶	7
		文山分會	祈福法會、藝文表演、致贈禮金與物資	臺北市關懷戶	27
		海山分會	祈福法會、致贈禮金與物資	新北市關懷戶	38
		板橋分會	致贈禮金與物資	新北市關懷戶	12
		新莊分會	念佛共修、致贈禮金與物資	新北市關懷戶	20
		林口分會	致贈禮金與物資	新北市關懷戶	5
	2020年12月6日	重陽分會	祈福供燈、致贈禮金與物資	新北市關懷戶	18
		士林分會	致贈禮金與物資	臺北市關懷戶	14
		松山分會	祈福法會、致贈禮金與物資	臺北市關懷戶	6

		大同分會	祈福法會、致贈禮金與物資	臺北市關懷戶	27
北部	2020年12月12日	社子分會	致贈禮金與物資	臺北市關懷戶	18
		新店分會	祈福法會、致贈禮金與物資	新北市關懷戶	19
		桃園齋明寺	致贈禮金與物資	桃園市關懷戶	120
		三石分會	致贈禮金與物資	新北市關懷戶	37
		萬金分會	關懷送到家	新北市關懷戶	82
		基隆精舍	致贈禮金與物資	基隆市關懷戶	26
		雙和分會	致贈禮金與物資	新北市關懷戶	11
		中壢分會	致贈禮金與物資	桃園市關懷戶	67
	2020年12月13日	北投文化館	致贈禮金與物資	臺北市關懷戶	156
	2020年12月27日	新竹精舍	祈福法會、致贈禮金與物資	新竹市關懷戶	50
	2021年1月20日	蘭陽分院	致贈禮金與物資	宜蘭縣關懷戶	22
	2021年1月20至31日	苗栗分會	關懷送到家	苗栗縣關懷戶	30
	2021年1月26日	宜蘭分會	致贈禮金與物資	宜蘭市關懷戶	15
中部	2020年12月13日	南投德華寺	祈福法會、致贈禮金與物資	南投縣關懷戶	71
	2020年12月20日	東勢共修處	關懷送到家	南投縣關懷戶	45
		竹山共修處	關懷送到家	南投縣關懷戶	61
	2021年1月8日	臺中寶雲寺	關懷送到家	臺中市關懷戶	98
	2021年1月9日	虎尾共修處	致贈禮金與物資	雲林縣關懷戶	25
		朴子共修處	祈福法會、致贈禮金與物資	嘉義縣關懷戶	35
	2021年1月10日	嘉義分會	致贈禮金與物資	嘉義縣、市關懷戶	62
	2021年1月11至31日	彰化分會	關懷送到家	彰化縣、市關懷戶	18
	2021年1月11至22日	南投分會	關懷送到家	南投縣、市關懷戶	55
	2021年1月24日	豐原分會	致贈禮金與物資	臺中市豐原區關懷戶	30
		員林分會	祈福法會、致贈禮金與物資	彰化縣關懷戶	99
南部	2021年1月9日	臺南分院	鈔經、致贈禮金與物資	臺南市關懷戶	55
		高雄紫雲寺	祈福法會、致贈禮金與物資	高雄市關懷戶	212
	2021年1月25日至2月5日	潮州分會	關懷送到家	屏東縣關懷戶	36
	2021年1月25日至2月6日	屏東分會	關懷送到家	屏東市關懷戶	26
東部	2020年12月21日至2021年1月23日	臺東信行寺	關懷送到家	臺東縣、市關懷戶	400
	2021年1月17日	花蓮分會	關懷送到家	花蓮縣關懷戶	19
合計					2,292

● 01.16

法青會關懷偏鄉學童
以活動陪伴學習心靈環保

1月16日，法青會二十多位隊輔及義工於新北市三峽區成福國小展開關懷陪伴活動，帶領偏鄉二十多位幼稚園至國小高年級學童學習處理情緒、培養團隊合作與專注力，啟發善心。

法青隊輔首先教導學童製作防疫酒精，守護自己

法青隊輔帶領學童製作防疫酒精，守護自己和他人的健康。

和他人的健康；接著演出繪本話劇《暴跳牛的心情罐子》，引導學童在生活中遇到不如意事、心情不佳、脾氣煩躁時，先把心靜下來，沉澱不好的情緒。

下午，學童分組製作心情罐子，將繽紛、光明的彩粉亮片加入罐子裡，學習保存每天的好心情；也安排闖關活動，考驗彼此的合作精神，並培養專注能力。

有法青表示，關懷陪伴是一個善緣的啟動，照亮他人也點亮自己，讓小朋友的善心種子發芽，自己的慈悲心也在當中滋長；也有法青分享，參與話劇的演出中，學會從不同角度去省思，學習以平常心看待、寬容他人，更給自己反省與成長的契機。

● 01.17

歲末感恩祈福法會線上直播
邁向2021平安自在

護法總會於1月17日，在法鼓山園區舉辦歲末感恩分享會，配合政府防疫政策，將形式調整為「邁向2021平安自在——歲末感恩祈福法會」，由方丈和尚果暉法師帶領多位僧團法師，引領各地信眾，透過網路共修，凝聚願力，彼此祝福。

祈福法會由方丈和尚主法，帶領齊誦〈普門品〉、《心經》及〈觀音偈〉、觀音菩薩聖號，祈願諸佛菩薩願力加被，護念眾生遠離苦厄，時時平安，處處

方丈和尚帶領歲末感恩祈福法會，與線上護法信眾一起為世界祈福。

自在。法會圓滿後，方丈和尚感恩各地護法鼓手在響應法鼓山「提昇人的品質，建設人間淨土」的理念，共同學法、弘法、護法；也向在疫情中守護民眾健康的全球醫護人員表達謝意，並提醒大眾，防疫要從自身做起，才能護念彼此健康的生活。

方丈和尚也期勉大眾，面對生活中的逆境，要「感恩」逆增上緣，「接受」當下現況，進一步「發願」自利利人，才能安頓好身心。

● 01.23　04.18

「方丈和尚抵溫叨」基隆、臺南展開
延續聖嚴師父對地區的關懷

延續聖嚴師父對地區的關懷，護法總會自2019年起舉辦「方丈和尚抵溫叨——地區巡迴關懷」（「抵溫叨」為閩南語「在我家」之意）於全臺陸續展開，2021年首站於1月23在基隆分會舉辦，在合唱團〈法音滿行囊〉歌聲中，方丈和尚果暉法師、護法總會服務處監院常應法師、基隆精舍副寺果梅法師、副總會長陳修平等，與上百位護法鼓手歡喜相聚。

方丈和尚感恩地區信眾長年護持法鼓山園區，勉勵眾人，好好運用時間，隨時隨地度眾生、廣結人緣、行菩薩道，「奉獻社會即修福，自己修行即修慧」，一步步走向成佛之道。

4月18日於臺南分院進行的關懷活動中，方丈和尚與兩百多位鼓手觀看歷年朝山影片，多位資深悅眾分享「阮ㄟ

方丈和尚勉勵基隆鼓手隨時隨地度眾生、結人緣、行菩薩道。

故事」，回顧步步踏實、護法弘法的歷程。方丈和尚感恩鼓手們致力募人募心，也邀請眾人協助募僧，為住持佛法努力。

● 01.27　02.02

疫情期間關懷不間斷
物資致贈社福機構、部桃醫院

2月2日，慈基會專職及慰訪義工前往桃園懷德風箏緣地育幼院、脊髓損傷潛能發展中心，致贈民生及防疫物資，期盼院民、傷友度過平安好年。

上午前往風箏緣地育幼院，院長陳玉秀感謝法鼓山2020年贊助育幼院購置八人座接送車部分費用，並針對院童擬定獎助學金計畫，陪伴孩童平安成長；下午於脊髓損傷潛能發展中心，因應防疫需求，提供

慈基會將奶粉、穀麥片及有機蔬菜等物資致贈育幼院，期盼院童度過平安好年。

五桶四千公升的酒精、五百份醫療口罩，並針對傷友需求贈送防風外套。

另一方面，桃園齋明別苑也於1月27日致贈一百份春聯、大悲水、平安米及〈108自在語〉等予衛生福利部桃園醫院，在疫情中送上暖意。

● 02.01

航港局拜會慈基會
感恩法鼓山助外籍船員返鄉

交通部航港局北部航務中心於2月1日拜會慈基會，感謝2020年11至12月間，慈基會為外籍貨船海洋先鋒號、米達斯號外籍船員，所提供的急難人道救助。

2020年10月底，蒙古籍貨船「海洋先鋒號」失去動力在海上漂流，航務中心協助將船隻拖抵臺北港，船上糧食不濟；慈基會於11月探訪船員並致贈罐頭、乾糧；12月並捐助新冠肺炎病毒核酸檢測費用，協助四名緬甸籍船員順利搭機返國。

此外，也協助擱淺滯臺逾一年的貨船「米達斯號」，協助船上的緬甸、印尼籍船員完成核酸檢測後返鄉，體現無國界人道救助精神。

● 03.08～2022.08.03期間

「大事關懷解行課程」全臺展開
學習人生最後一堂課

大事關懷解行課程中，學員演練助念儀式。

3月8日至2022年8月3日，關懷院於護法總會文山、重陽、城中、新莊等六處分會，以及法鼓山園區，開辦「大事關懷解行課程」，學員透過解、行兩門學習，了解如何圓滿人生最後一堂功課。

解門課程為學員建立往生助念與佛化奠祭的正確認知，解釋佛教如何看待民間喪葬習俗，並介紹法鼓山慰問關懷的做法，鼓勵家屬一起誦經念佛迴向往生者。而簡約莊嚴的佛化奠祭，免除了喧鬧儀式及鋪張排場，使亡者在祥和中往生淨土，更重要的是安定關懷在世者，讓家屬在感恩中與往生者無憾告別。

行門課程則實地演練助念，由資深學員身穿海青示範誦念《阿彌陀經》及〈往生咒〉，練習為往生者開示，祈願佛力超薦，使往生者化解執著，放下萬緣。另一方面，並安排「助念法器教學」，由悅眾指導學員執掌助念法器的威儀，分組演練木魚、引磬及念佛唱誦的音調和速度。

有助念義工分享，經由上課更深刻體會，正確的佛法知見才能為往生者及家屬帶來安定的力量。

● 03.09

法緣會例會專題講座
退居方丈談女力崛起

法緣會於3月9日，在臺北安和分院舉辦例會，邀請資深媒體人陳月卿就「女力崛起‧自在隨緣」為主題，向退居方丈果東法師請法，共有一百九十多位會眾參加。

陳月卿首先提問，在女力時代，女眾應該展現怎樣的特質？退居方丈表示，佛性與佛法的慈悲、智慧是不分性別的，應以《維摩詰經》「智度菩薩母，方便以為父」之意涵以法相緣；並以「知足常樂，行善快樂，自得其樂，平安喜樂，清淨安樂，無諍和樂，離苦得樂，寂滅最樂」勉勵大眾，依此次第成長昇

華，就能安己也安他人。

針對「身兼各種角色的女力，如何運用佛法化煩惱為菩提？」的提問，退居方丈則以觀音菩薩「普門示現」為喻，善用「心五四」，分辨事情的緩急輕重，找到平衡點，便能恰到好處地扮演好各種角色；更要以「戒定慧」三學來增上，保持心平氣和，放下個人身段，「當人家的媽媽和婆婆，而不是變得婆婆媽媽」，來成就家和萬事興。陳月卿

退居方丈（右）以佛法妙喻，分享女性如何恰如其分扮演各種角色。

也回饋，在陪伴同修治療癌症的過程中，深刻體會佛法是改進自己、調伏自己的珍貴法寶。

● 03.12

慈基會林邊仁和社區關懷
長者揮灑樂齡色彩

慈基會3月12日於屏東縣林邊鄉仁和關懷協會活動中心舉辦長者關懷，內容包括觀看《大法鼓》、練習法鼓八式動禪、手作DIY等，陪伴四十三位長者。

慰訪義工首先帶領長者複習法鼓八式動禪，活絡筋骨；接著觀看聖嚴師父開示「寬恕的美德」影片，討論是否曾因為一句話，讓人起煩惱？一位長者分享，年輕時講話不注意，傷害到家人，後來才學到凡事三思而行，才能避免摩擦與爭端。

在DIY手作「時空膠囊」活動中，義工協助長者用厚紙片製作成球形的時空膠囊，將所許的願望，放入時空膠囊，再帶回家裡與家人分享，製作的過程雖有些手忙腳亂，但氣氛認真愉悅。

最後，每位長者在三片剪好的樹葉上，寫下三個名字。「假如還有來生，請問你最想再遇到誰？」有長者分享，感謝父母親的身教言教，自己受益很多；更感恩退休後有機會學習佛法，熏陶之下希望將來能踏上蓮花跟隨菩薩修行，再乘願來到人間。

慈基會關懷社區長者，規畫各種活動，享受樂齡生活。

● 03.13～20

護法總會悅眾禪修營
以禪法充電　弘護佛法更得力

全臺各地悅眾齊聚天南寺，以禪修充電，凝鍊道心。

3月13至20日，護法總會於三峽天南寺舉辦悅眾禪修營，由服務處監院常應法師擔任總護，帶領以禪修充電，凝鍊道心，共有八十多人參加。

僧團都監常遠法師關懷時，勉勵悅眾，時時回到「初發心」，用「心五四」讓自己安住，以三大教育落實心靈環保；也以諸佛菩薩在因地修行時就開始發願，期許眾人齊心發願，接引更多人來親近佛法的清涼。

常應法師引導悅眾體驗師父開示的「因緣有，自性空」，指出擔任悅眾是為與大眾廣結善緣，要先「出離」自己的煩惱心與攀緣心，更要發起菩提心，接續聖嚴師父建設人間淨土的悲願，彼此尊重關懷，淡化、消融自我；並以整體利益為考量，不在對錯中起對立，在行住坐臥中默照，從生死道進展至解脫道，再至菩薩道。

禪期中，悅眾們在禁語中收攝身心向內觀照，不論是坐禪、經行、瑜伽運動、用齋、出坡等，在每一個當下練習「身在哪裡，心在哪裡；清楚放鬆，全身放鬆」，享受呼吸，體驗生命。

大堂分享時，有悅眾表示，生活中處處是無常，願將佛法帶入生活中，早上發願改變習氣，晚上懺悔檢視自己，每一個當下都與佛法結合，以感恩心歡喜面對境界，以用功修行回饋聖嚴師父的諄諄教誨。

● 03.13～28期間

法青會、護法總會北區分會合辦「兒童日2.0」
陪伴孩童探索自性寶藏

迎接兒童節，法青會於3月13至28日，在基隆精舍、新竹精舍，以及護法總會北區重陽、板橋、內湖、松山等十一處分會舉辦「兒童日2.0」，由地區悅眾、法青帶領，在遊戲中體驗四種環保、認識禪修，共有逾兩百位學童及家長參加。

法青隊輔以戲劇兔奶奶「遺失的禮物」開場，接著帶領孩童去拜訪鹿爺爺，

並搭配遊戲同心協力穿越高低起伏的關卡，用紙捲幫鹿爺爺搭建起牆壁，也相互合作保護阿鵝的生命，最後鹿爺爺慷慨與小菩薩分享寶貴的珍珠禮物。在寓教於樂遊戲中傳達愛護生命的慈悲心、團隊精神，並巧妙帶入「吸氣、吐氣、放輕鬆」的禪修方法。

活動進行時也同步展開家長課程，家長們以抽圖卡說故事探究自己的內心。最後，大、小朋友坐下來靜心串佛珠，

透過活動體驗，法青隊輔們陪伴孩童學習團隊精神。

每串一個珠子念一聲「南無觀世音菩薩」，把佛菩薩的願力串成一圈，用最虔誠的心來祝福自己。

首次帶孩子參加的父親分享，藉著圖卡說出自己的故事，與家長們交流，就像重新認識自己，也為彼此點燈，受益良多。扮演兔奶奶的法青表示，擔任隊輔兩年多，愈來愈知道如何與小菩薩溝通，學會用孩子能理解的方式對話。

● 03.16～21期間

蘇花公路重大事故
法鼓山關懷陪伴

3月16日蘇花公路發生重大車禍意外，造成六人往生、三十餘人受傷。蘭陽分院監院常法法師於第一時間，帶領義工前往現場，以及羅東博愛、聖母、蘇澳榮總等各醫院陪伴家屬，並為往生者助念，祈願亡者往生淨土，傷者平安康復。

為安定家屬身心，法師與義工除在旁陪伴，並適時給予佛法引導。常法法師表示，當人們突然遭遇重大變故受到驚嚇，最需要的是協助平復情緒，因此關懷陪伴相當重要；另一方面，蘭陽分院也即時在社群啟動祈福，匯聚群力注入更多安心的力量。

21日，關懷院監院常哲法師並代表僧團，帶領義工前往罹難者靈堂誦念關懷，讓生死兩相安。

常哲法師代表僧團關懷蘇花公路重大事故罹難者親友。

● 03.23

「大事關懷交流茶會」首度舉辦
悅眾交流關懷實務與經驗

「大事關懷交流茶會」中，悅眾提出誦念關懷時常見的問題，並交流分享。

助念團3月23日於北投雲來別苑首度舉辦「大事關懷交流茶會」，有近三十位北部各區助念組組長，與護法總會副都監常遠法師、關懷院監院常哲法師、果峙法師、演寬法師等，交流大事關懷實務經驗。

常遠法師說明，1993年聖嚴師父成立助念團迄今，法鼓山的大事關懷幫助過很多徬徨無助的家庭，自己也是因長輩往生接受助念關懷而開始親近法鼓山、學佛；法師勉勵眾人，交流茶會是新的起點，透過集思廣益，讓關懷教育愈做愈完善。

「蓮友的人數愈多愈好嗎？」、「如何解決家屬擔憂？」、「助念輪值負荷量與調度」，觀看聖嚴師父開示影片後，各地區組長分別提出誦念關懷時常見的問題。常哲法師與果峙法師於回應時，引導從問題源頭梳理癥結，提醒謹守助念關懷、協助家屬身心安定的角色，遇到狀況須以智慧與包容心善巧安排，化解難處，並與家屬充分溝通，彼此同修福慧，真正落實禮儀環保。

有助念悅眾感恩交流會的因緣，不僅讓地區最前線的組長彼此溝通、經驗傳承，更能共同尋求解決方案，讓關懷更圓滿。

● 03.26～28　04.09～11　04.23～25

勸募會員返校日
體驗心靈環保教育

3月26日至4月25日，護法總會與法鼓文理學院共同舉辦三梯次的「勸募會員返校日」，安排勸募會員至校園參觀、共修，有近兩百五十位松山、中山、淡水、石牌、員林、彰化、豐原分會的會眾參加。

護法總會副都監常遠法師關懷時，表示勸募就是弘揚佛法，將在法鼓山學習的佛法分享給親友，讓對方得到佛法的甘露與清涼；鼓勵位於第一線的護法種子，除了募款、募心、募僧，更要募人學佛，接引來到心靈教育園地學習。

「返校」活動，除了導覽校園及校史館，也透過講堂、肢體舞蹈、遊戲交流等方式，認識生命教育、環境發展、社會企業與創新及社區再造四學程的教育精神，除了專業核心課程，更透過自我覺察反思、四大學程的跨領域選修及對話，深刻落實大學院、大普化、大關懷教育的理念；同時也是尋找本來面目、體解入流亡所、實踐大悲心起的歷程。

勸募會員返校日課程中，鼓手專心聆聽，凝聚推動心靈環保教育的願心。

每梯次第二晚，法師帶領大眾手捧心燈巡禮校園，在燈燈相傳中，緬懷聖嚴師父教澤；常定法師勉勵傳承佛法明燈，就是對師父最好的報恩與供養。

退居方丈果東法師於4月25日第三梯圓滿日到場關懷，期勉鼓手，以謙卑心提起承擔，在奉獻中放下得失，繼起聖嚴師父教育、弘法的悲願。

● 03.27～28

榮譽董事會舉辦禪悅營
學習以禪法落實於日常生活

榮譽董事會於3月27至28日，在三峽天南寺舉辦禪悅營，由演啟法師擔任總護，學員藉由豐富的課程，深入了解聖嚴師父建設人間淨土的理念，堅定修行與奉獻的願心。

禪悅營以基礎禪修課程為主，首先觀看聖嚴師父開示影片《禪修的概念、方法、心態與目的》，說明眼球、頭腦、小腹放鬆，是身心放鬆的要領；把心留在當下，不要隨著妄念跑，從奉獻服務中得到歡喜、得到快樂，就是禪的心態；而修行的目的是為了提昇人的品質，讓身心平安、少煩少惱，學到觀念、方法後，一定要經常練習。

除了坐禪的觀念和方法，總護法師也帶領各種動禪的學習，如走路禪、吃飯禪、出坡禪、戶外禪等課程，引領體會內省與沉澱的法喜；同時期勉學員，以安定的心念，共同護持團體的共修學習，熏習正向的思惟，將習

榮董會於天南寺舉辦禪悅營，重新溫習禪法。

得的觀念體現於日常行動上。

許多榮譽董事表示,有機會重新充電、熏習禪法,感動無以言喻,也感恩共修的因緣。

● 04.02～03

法鼓山關懷太魯閣號事故
配合政府相關單位啟動緊急救援

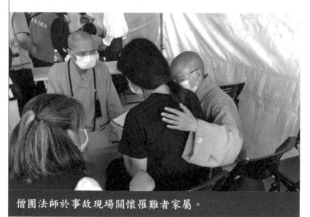
僧團法師於事故現場關懷罹難者家屬。

4月2日,臺鐵太魯閣408車次列車於花蓮發生翻覆事故,慈基會、蘭陽分院、臺東信行寺以及護法總會花蓮分會,配合政府及社工單位,於第一時間協助事故傷亡者家屬需求,由法師及義工前往醫院及殯儀館,提供助念關懷。

3日,慈基會祕書長常順法師、蘭陽分院監院常法法師等,帶領義工分別前往蘇澳榮民醫院、羅東博愛醫院,關懷傷亡者家屬,並帶領念佛,安定身心。

僧團也應邀於花蓮殯儀館「0402太魯閣408車次火車事故罹難者靈堂」,舉辦佛化奠祭,由方丈和尚果暉法師主法,帶領大眾誦讀《佛說阿彌陀經》、念佛,祝福罹難者往生西方淨土;並代表四眾弟子,感恩參與救難、醫護等人員,以及來自各地的宗教、社福及慈善團體,齊力配合政府的救援行動,共有一百多人參加。

● 04.04～17

慈基會於臺東設立安心服務站
持續陪伴太魯閣號事故傷亡者家屬

臺鐵太魯閣408車次列車於花蓮發生翻覆事故,4月4至17日,慈基會於臺東信行寺、臺東殯儀館設立安心服務站,由僧團法師及慰訪義工持續關懷傷亡者家屬。連綿不絕的佛號,為現場帶來安定,不少非佛教信仰的民眾也同聲念佛,而許多家屬更主動到服務站請大悲水與佛珠,請教如何念佛,讓心回歸平安。

祕書長常順法師、臺東信行寺監院常覺法師、常澂法師每日固定時段帶領臺東地區慰訪義工，於臺東殯儀館大廳誦念關懷，也前往傷者、罹難者家中慰訪並致贈慰問金。常璧法師與助念組義工，則前往罹難者靈堂誦念關懷開示。

慈基會於臺東設立安心服務站，每日安排法師、義工值班，持續關懷傷亡者家屬。

關懷院監院常哲法師也於6日，帶領五十三位義工前往花蓮殯儀館誦念祝福、關懷家屬；17日，法師帶領助念義工參與臺東、花蓮聯合公祭，祝願往生者往生善處。

● 04.09

信行寺啟建三時繫念法會
為太魯閣號傷亡者祈福超薦

僧團於4月9日，在臺東信行寺啟建三時繫念超薦祈福法會，由僧團副住持果醒法師主法，超薦2日臺灣鐵路太魯閣號408車次翻覆事故罹難者，包括臺東市長張國洲、臺灣鐵路臺東站長楊舜安，現場共有一百一十多人參加；法會全程透過網路直播，逾一千人次線上共修，共同為傷亡者祈福祝禱。

方丈和尚果暉法師於法會圓滿前到場關懷，表示太魯閣號事故中罹難、受傷的同胞，大多數是花東民眾的親友，傷亡者承擔起大家的共業，僧團特地在臺東舉辦法會，希望能超薦罹難者往生極樂世界，祝福受傷的民眾能平安度過難關。「示現無常相，更起大悲心。」方丈和尚進而分享，生命中會有無數次的旅程，社會大眾當感恩罹難者的示現，學習奉獻利他，共同以慈悲心待人、以智慧心安己，反省承擔，方能消弭未來災禍。

法會圓滿後，方丈和尚再度率同僧團法師前往臺東市殯儀館，帶領家屬誦念《心經》、阿彌陀佛聖號，勉勵眾人早日走出傷痛，迎向希望。

僧團於信行寺啟建三時繫念法會，為太魯閣號傷亡者祈福超薦。

發起同體大悲心

4月9日講於信行寺「三時繫念超薦祈福法會」

◎果暉法師

這次太魯閣號列車發生事故，往生和受傷的菩薩不少，令人感到非常悲痛、不捨。每當有災難事故發生，聖嚴師父都會告訴我們，這是大家所要共同承受的一種共業，由這些罹難和受傷的菩薩來承擔，所謂「救苦救難的是菩薩，受苦受難的是大菩薩」，他們現身說法，為我們示現無常相，讓我們更能夠起大悲心、大智慧心來利人利己。

在所有往生的菩薩中，許多位都相當年輕，有的還在讀大學，或是大學剛畢業，未來人生才剛要起步。希望我們活著的人都能夠發揮努力學習、奉獻利他的心，代替他們實現人生的理想和願望，希望全臺灣所有民眾也都能抱著這樣的心願，如此他們便可以安心和安息。

所有往生的菩薩是生命的老師，我們要祝福、迴向他們到西方極樂世界、花開見佛，向阿彌陀佛、觀世音菩薩、大勢至菩薩等諸佛菩薩繼續學習，不退轉之後，再回人間廣度眾生，成就無上菩提。

不管往生的菩薩年輕或年長，家屬們一定相當悲痛不捨，但我們要感恩他們示現這一生的因緣。對佛教而言，這一期生命只是修行菩薩道中，無數旅程的一站，最後一程才是成佛。往生的菩薩們雖然先到西方極樂世界，未來的旅程中，還會跟我們在無數諸佛座下相見，互為菩薩道的同學、善知識。

對於這次事故的發生，我們也要共同反省、共同懺悔、共同改進，不只是交通事故，很多災難每天都在各地發生，像去年持續至今的疫情，全世界依然很嚴重。臺灣從去年到今年的防疫成效，得到很多國家的讚歎，我們之所以做得很好，在於民間和公部門共同合作。交通安全也一樣，需要民眾和政府一起努力與合作，特別是花東地區的交通，不像西部那麼方便，我們更要同心協力一起努力，那麼，相信這次往生和受傷菩薩們的示現就沒有白費。

這次事故發生的非常突然，往生者的家屬不是短期間可恢復平常，法鼓山將設立安心服務站，關懷陪伴當地的菩薩和家屬，一起度過這段困難的時間，祝福大家都能平安自在。

阿彌陀佛。

● 04.10～05.22期間　10.09～11.07期間

百年樹人獎助學金全臺頒發
鼓勵學子努力求學回饋社會

4月10日至5月22日及10月9日至11月7日，慈基會於全臺分支道場及護法總會各地分會舉辦第三十八、三十九期「百年樹人獎助學金」頒發活動，嘉惠兩千三百多位學子。

蘭陽地區法師及義工陪伴學子到戶外學習，感受與時空連結的網絡。

除了頒發典禮，各地分院與分會均規畫體驗活動，將四種環保融入活動中，讓學子與家人留下寓教於樂的回憶。4月17日，宜蘭及羅東分會的聯合頒發典禮，與宜蘭大學休閒資源及產業發展中心合作，於壯圍鄉里山農村展開，為使學子認識鄉土、體驗心靈環保，特別安排多種關卡遊戲，例如辨別稻米種類、現採地瓜葉、體驗划竹筏，並走入保護水鳥棲地的友善農田，協助灑米糠、找尋水鳥蹤跡，體驗豐富生態。

同日，桃園區受助學子在齋明寺進行「堆疊幸福」、「翻出光明」等富法味的闖關遊戲；新莊分會前往大溪花海，領受生態之美；豐原分會除了帶領學子製作硅藻土杯墊，並導讀聖嚴師父的文章〈學習原諒與寬恕〉，期許在生活中落實傾聽與溝通；東勢共修處融合戶外禪及「鋁線禪繞」手作，引導學生體驗身心放鬆。

臺東地區學子們透過導覽，認識香草植物。

下半年的頒發活動，自10月9日起陸續舉辦，祕書長常順法師、會長柯瑤碧、副會長王瓊珠、陳照興等，分別前往各地關懷學子，全臺共計舉辦二十六場實體頒發、一場線上頒發、兩區親送、七區採匯款方式，受助學生一千一百一十三位。

其中,臺東地區的頒發活動於10月16、17日在聖母健康農莊及池上客家文化園區舉行。16日於農莊的活動,國小、國中組學子透過導覽認識香草植物,高中及大專組參訪高齡服務培訓中心,了解為當地長者提供的服務及資源;演梵法師頒發獎助學金時,勉勵學子隨時可以成為他人的貴人,舉手之勞服務別人,就是做好事。

17日於池上的活動,安排學子參觀黑潮書法學會的書法展,認識書法之美,也在客庄藝坊聆聽駐村藝術家解說作品的創作構思,體驗藝術饗宴;到場關懷的常澂法師勉勵同學肯定自己,勇敢接受未來的挑戰,並帶領誦念「慈心祝福」,願一切眾生平安快樂。

2021 百年樹人獎助學金頒發人次一覽

學別／期別	國小	國中	高中	大學（大專）	總計
第三十八期	288	254	298	350	1,190
第三十九期	248	222	302	341	1,113
合計	536	476	600	691	2,303
百分比（%）	23.27	20.66	26.05	30.02	100

● 04.10～05.29期間

護法總會舉辦「勸募鼓手研習營」
交流勸募和學佛經驗

勸募鼓手在研習營中,彼此交流勸募和學佛經驗,相互提攜成長。

4月10日至5月29日,護法總會於高雄紫雲寺、臺中寶雲寺、北投雲來寺、雲來別苑,共舉辦五場「勸募鼓手研習營」,主題是「分享的力量」,由服務處監院常應法師等帶領,共有七百多位鼓手參加。

僧團都監常遠法師關懷時,勉勵大眾,要讓正信的佛法能在人世間常住,必須靠十方或千或萬的護持會員點滴積累,才能使法鼓山組織與建設分分秒秒、月月年年為續佛慧命、利益眾生的志業運轉不息。

常應法師分享如何善用「四攝法」於勸募關懷。法師以〈普門品〉「應以何身得度者,即現何身而為說法」勉勵,身為生活佛法的實踐者與推動者,應以

定課及精進為資糧，先提昇自己再去感動他人，善用僧團、道場的資源，以佛法廣結善緣，平時要將布施、愛語、同事、利行這四法，帶入勸募關懷中，因為勸募的意義，是讓眾生有機會種福田、學佛、修行。

研習營並安排悅眾分享勸募的心路歷程。護法總會副總會長蘇妧玲主講「當我走過生命轉彎處」，分享指出自1985年追隨聖嚴師父，至今打過一百五十次禪七，勸募兩百六十六位會員，鼓勵勸募鼓手們發願與精進，帶著出離心、菩提心、感恩心去募人、募心、募款；也有鼓手分享從流轉於股市及百貨公司的生活中，覺察人生應有不同意義，尋覓後與法鼓山結下善因緣，從當義工、共修到精進禪修，感受到學佛讓自己成長，更堅定學佛、護法、弘法。

● 04.11　11.06　12.04

三場榮譽董事頒聘典禮
同傳學佛護法願心

榮譽董事會於4月11日、11月6日與12月4日，分別在北投農禪寺、高雄紫雲寺、北投雲來別苑，舉辦榮董頒聘典禮，由方丈和尚果暉法師為新任榮董頒發聘書，僧團都監常遠法師、榮董會長黃楚琪到場關懷，有近九百人參加。

有家族三代共同成就榮譽董事，護法願心令人感動。

活動中播放聖嚴師父《給後代子孫一個大希望》開示影片，師父勉勵大眾發大願心，給自己一個種福田的機會，以奉獻為榮譽，共同成就法鼓山的三大教育，喜捨布施，建設人間淨土，給後代一個大希望。

方丈和尚於農禪寺舉行的北區頒聘典禮中，開示「三界如火宅」，表示4月太魯閣號事故中，法鼓山四眾弟子第一時間趕往現場協助，也成立安心服務站，面對種種外相仍要回歸佛法，幫助人我身心穩定，心生種種法生，要時時開發慈悲與智慧，以「四安」成就更多利人利己的事。於紫雲寺的頒聘典禮中，也邀請眾人繼續發願，共同推動法鼓山三大教育，特別在不安的時代中，更需要佛法來淨化人心、淨化社會。

有榮董分享，福報的意義在於利益眾生，圓滿榮董不僅是一個責任，也是自己護法、學法、弘法的原動力和里程碑。

● 04.26～27

慈基會培訓義工
學習創傷預防與急性處理

慈基會開辦課程，培訓義工認識、覺察和預防創傷。

慈基會於4月26至27日，在臺北市中山安心服務站舉辦教育培訓講座，邀請諮商心理師林純如主講「創傷的認識與自我照顧」，有近四十位北區各分會召委、專職及慰訪組義工參加。

林純如指出，即使未曾親身經歷，經由聽聞別人的創傷，或看到重大災難新聞，也可能產生替代性創傷，並有同樣的創傷反應，尤其常發生在深富同理心的助人工作者身上。林純如提供「上戲」、「下戲」的方法，在關懷過程中，得以與對方同在，又能安然從戲裡走出來，不帶著別人的傷痛；「上戲」包括事前多蒐集資訊、創造安心儀式，以及現場集結時的精神講話；「下戲」則如「解凍333」藉由五感觀察把身體帶回當下，「平安999」用呼吸來放鬆自律神經系統，並經由「回歸中心」給自己一個擁抱和肯定。

講座中，林純如帶領學員覺察身心的緊繃狀態，「唯有先察覺，才可能釋放！」透過吹氣球表達壓力多寡，並貼在繪製於圖畫紙的人體上，經由小組討論分享壓力源，一起練習「下戲」三步驟。

林純如提醒，關懷他人前，先照顧好自己，不是自私的表現，是為了在菩薩道上，走得更長遠、更堅固。」並鼓勵大眾，養成「時時勤拂拭，莫使惹塵埃」的習慣，便能達到「本來無一物，何處惹塵埃」的歡喜自在。

● 05.17～25期間

法鼓山送物資到萬華
協助防疫、支援社福團體

新冠肺炎疫情在臺灣持續升溫，臺北市萬華區街友等弱勢個案，成為優先關懷對象，社工員急需各項防疫物資，慈基會於5月17至19日，緊急調送口罩兩千片供街友防疫，並致贈龍山老人服務中心獨居老人所需的白米、麵條、罐頭

食品等民生物資，協助共度難關。

25日，有感於萬華區「剝皮寮快篩站」第一線人員承受龐大心理壓力，慈基會也緊急展開關懷行動，致贈三千個防疫平安觀音御守及三十箱大悲水，期望緩解現場人員的情緒焦慮與擔憂，給予心靈安定的力量。

慈基會捐贈龍山老服中心所需的物資經費，協助獨居長輩平安度過疫情。

慈基會表示，疫情緊繃，更需要彼此的關懷、體諒與祝福，祈願在政府與全體人民共同努力防疫下，疫情早日平息，世間平安自在。

● 05.25

雲端祈福安心防疫
方丈和尚開示慈悲為藥

國內新冠肺炎疫情轉趨嚴峻，方丈和尚果暉法師特於5月25日錄影，傳達「全世界是防疫共同體，慈悲心是防疫最好的良藥」，以同理心關懷、體諒醫護人員的辛勞，以及配合政府防疫政策，就能遏止病毒的傳播。

方丈和尚也勸請大眾以慈悲心待人，也要以智慧心安己，「多用心，少擔心」，建議以運動，舒展身心，增強免疫力和抵抗力。佛教徒可以誦經、禮拜、念佛或禪修，將修行的功德迴向疫情早日消除；其他宗教信仰者也可用各自的修行方法來安心，有信仰為依靠，就有安全感。

國內新冠肺炎疫情轉趨嚴峻，方丈和尚錄影開示「慈悲心是最好的良藥」。

在「一動不如一靜」的非常時期，方丈和尚推薦法鼓山官網上的學習資源，也鼓勵以「宅在家英雄日課表」做定課，期盼大眾善用科技表達關懷，藉由述說、傾聽等，讓心不被外境干擾，也以慈悲心為世界的平安祈福。

慈悲有平安，智慧得自在

5月25日講於法鼓山園區方丈寮

◎果暉法師

當前臺灣的疫情擴散到社區感染，全國疫情警戒升高到第三級。在此非常時期，「一動不如一靜」，最好減少外出，安心在家，可以大大減少被感染的機會。

這段期間，每個人都非常關注疫情的發展，其實政府的消息都是透明公開的，只要遵守相關規定，做好防護，不需要有多餘的憂慮。誠如聖嚴師父所說的：「多用心，少擔心。」與其一直大量瀏覽各種訊息，增加不必要的精神負擔，不如花點時間做做室內或戶外運動，舒展身心，增加免疫力和抵抗力。

如果還是很擔心，佛教徒可以誦經、禮拜、念佛或禪修，把修行的功德迴向疫情早日消除。其他的宗教信仰者可以用各自的修行方法來安心，有信仰作為依靠，就有安全感。雖然社交活動需要盡量節制，但現在網路科技很發達，可以透過網路表達關懷，藉由述說、傾聽，減少心理上的不安和焦慮。法鼓山的網站上也有很多資源，像八式動禪、早晚課、網路禪修等，鼓勵大家配合個人或全家生活的節奏，規畫「宅在家英雄日課表」。

全世界是防疫共同體，所以要「以慈悲心待人，時時有平安」。慈悲心就是同理、關懷、體諒的心。這次疫情升溫，大家的生活、工作、求學、人際互動都受到影響，但和世界其他國家相比，臺灣已經好很多，我們要體諒醫護人員的辛苦、政府應變的難處，只要大家共同配合，就能遏止病毒的傳染，漸漸往好的方向發展。所以慈悲心是防疫最好的良藥。

更要「以智慧心安己，處處得自在」，配合政府和公衛專家的防疫指導，例如口罩戴好、勤洗手、配合實聯制，做好個人的防護。對疫情要關心但不必過度擔心，以平常心來面對，還是可以正常過生活。這就是一種智慧心。

聖嚴師父提出的「四它」，在這個時候非常有用：

面對它：任何事情發生，要認識清楚。

接受它：對於現在的狀況，接受它就不會焦慮。

處理它：在能力範圍與責任所在，盡心盡力做到；能力範圍以外的，以迴向、祝福就可以，不需要擔心。隨時隨地念念在當下，把該做的事情做好。

放下它：身心常放鬆，當身體感受到心理負擔或緊張的情緒時，就將它放鬆、放掉。

身體的防疫固然要緊，心理的防護更加重要，讓我們以慈悲心迴向疫情早日消除，染疫的人早日康復，祈願一切眾生平安健康。

阿彌陀佛。

● 05.26起

關懷院啟動「線上大事關懷」服務
持續圓滿生命最後一程

　　因應新冠肺炎疫情升溫，關懷院配合政府第三級防疫警戒政策，取消蓮友實體助念及關懷活動，並自5月26日起全面啟動「線上大事關懷」服務，將臨終助念、誦念關懷、佛化奠祭等相關音檔上傳，透過網路為往生者助念及關懷家屬，讓生死兩相安。

關懷院啟動線上大事關懷服務，為往生者圓滿生命最後一程。

　　線上關懷比照實體關懷，蓮友們經由群組布達、自主排班，在家隨同僧團法師的音檔帶領，帶動家屬誦經或念佛號；隨後播放法師開示祝福影片，地區則配合線上祈福、助念，祈願往生親友離苦得樂，蓮品高昇。關懷院監院常哲法師表示，雖然不能實體助念或誦經，但心的力量可以超越時空，助人的心更是一種正能量，透過虔誠的誦經迴向，定能幫助亡者往生淨土，也讓家屬安心。

　　有家屬回饋，父親因新冠肺炎往生而火化，但家屬仍在隔離中，依循線上念佛與誦經影音檔的引導，摯誠誦念迴向父親，將思念化為祝福，自己也得到心靈平安。

2021 關懷院「線上大事關懷」影音內容

主題項目	內容
聖嚴法師開示	一心念佛、人生最後的一件大事、往生佛國淨土條件
佛事儀軌	臨終助念、誦念《阿彌陀經》儀軌、《心經》追思祝福
經典課誦	〈普門品〉、《阿彌陀經》、《心經》念誦
生命教育	佛化奠祭──美好的送別、環保自然葬

● 05.28

安心動畫助護理人員抗疫
祈願守護帶來安定力量

　　期能為身處抗疫第一線的護理人員，帶來安心的力量，慈基會邀請漫畫家朱德庸執筆繪製，完成以護理人員為對象的安心動畫，並於5月28日護理師護士

常順法師（右三）捐贈護理人員安心動畫及安心御守，由高靖秋理事長（左三）代表接受。

公會全國聯合會中舉行致贈儀式，由該會理事長高靖秋代表接受。

慈基會祕書長常順法師說明，疫情嚴峻之際，護理人員冒著被感染的風險，執行照護工作，同時也要面對病人、家屬、甚至社會的另類壓力，希望透過動畫讓護理人員感受支持與療癒；法師指出，動畫內容傳遞禪修慈悲喜捨的法門，遇有情緒、危機，常常持誦，可得到安定的力量。

高靖秋理事長表示，感謝不同領域的團體以各種方式支援護理人員，影片中誦念的祝福語，是一股支持的力量，公會會透過各醫院的公播系統播放，安定社會集體的不安，帶來祥和的力量。

● 06.01起

法鼓山捐贈醫療防疫物資
協助全民安心防疫

因應新冠肺炎疫情持續發展，鑑於醫護、警察消防人員承受的壓力，6月1日起法鼓山致贈大悲水與平安觀音御守，予關懷防疫專責和平醫院、仁愛醫院、國泰醫院、臺大醫院和新北市立聯合醫院醫護，以及臺北市剝皮寮快篩站，期能緩解現場人員焦慮情緒，提供心靈安定的處方。

3日，慈基會與僧伽醫護基金會合作，由僧醫會董事長慧明法師統籌採購雙北地區醫院抗疫急需的醫療物資，包括：N95口罩、防護衣、隔離衣、面罩、手套、鞋套等，並協助新北市立聯合醫院設置消毒噴霧隧道，為出入人員提供防護。慧明法師表示，醫療無國界，菩薩愍眾生；感恩法鼓山發揮聞聲救苦的觀音精神，「哪裡有需要，就支援哪裡」，把資源運用在醫護人員最迫切的需求上。

羅東聖母醫院呂若瑟神父（後排右一）、馬漢光院長（後排左一）與醫護人員，感謝法鼓山捐贈的防疫物資。

針對快篩陽性民眾於檢疫旅館或檢疫所隔離觀察期間，必須每日量測、記錄體溫，以作為醫療單位下一步治療指標，由於近日物資採購不易，慈基會於11日捐贈雙北市衛生局電子體溫計七千餘支，盼及時照顧民眾所需；並捐贈一千四百個「平

安包」，關懷在安心檢疫所及防疫旅館的民眾。18日則致贈護目鏡等物資，關懷頻繁為疫情熱區消毒的臺北市萬華清潔隊大理分隊隊員。

● 06.01起

慈基會推動安心補助計畫
協助社福單位、關懷家庭面對疫情難關

新冠肺炎疫情持續延燒，三級防疫警戒延長，慈基會於6月1日起，啟動「安心補助」計畫，整合社會資源，協助受助家庭平安度過疫情間的困境。

因三級防疫警戒，慰訪義工無法進行家訪，改以電話慰訪關懷受助家庭情況，提供心靈支持，並協助辦理安心補助款。

另一方面，慈基會也多方聯繫了解，陸續捐助陽光基金會桃竹中心、蘭智社會福利基金會、臺北市東區單親家庭服務中心、北海岸社福中心、北投社福中心、蘆洲社福中心等社福單位採買民生物資，協助民眾度過難關。

● 06.05起

法鼓山「向防疫英雄致敬」公益廣告
感恩防疫人員無私奉獻

為感恩防疫人員於疫情嚴峻期間的無私奉獻，6月5日起，法鼓山與臺北市廣告代理商業同業公會合作的「向防疫英雄致敬」公益廣告，在全臺有線電視及MOD系統等新聞頻道播出。

一分鐘的短片從防疫人員為公忘私的角度切入，在疫情嚴峻之際，提醒社會大眾感恩在前線奉獻自我的英雄們，並為他們加油打氣。

努力守護我們的家人

法鼓山製作「向防疫英雄致敬」公益廣告，感恩防疫人員守護第一線。

影片旁白：「總有一天，疫情會過去。但我們對每一位防疫英雄的感謝，永遠都在。」法鼓山表示，醫護、軍警、消防、社工、清潔隊、保全、外送員、大眾運輸駕駛、里長、公務員等，許多人都在大眾居家防疫時，擔負起維持、恢復正常生活秩序的任務，奉獻自己，守護著民眾和家人，只要全民全心，用感恩、感謝、感化、感動為彼此鼓勵祝福，就能平安度過疫情難關。

● 06.07　06.08

護法總會視訊關懷全臺悅眾
方丈和尚開示正面解讀、逆向思考

方丈和尚勉勵悅眾以四它與四安來安頓身心。

　　防疫期間，為護念各地悅眾鼓手，護法總會於6月7日及8日舉辦線上關懷活動，由方丈和尚果暉法師、僧團都監常遠法師、服務處監院常應法師，以及護法總會總會長張昌邦、榮譽董事會會長黃楚琪等，透過視訊與四十二位各地轄召、召委，以及三十八位榮董會正副召集人連線交流，表達關懷。

　　「正面解讀、逆向思考，任何因緣都能成就智慧、慈悲、福德。」方丈和尚開示，疫情升溫人心惶惶，勉勵大家保持耐心，將疫情當作考驗，以聖嚴師父的「四安」與「四它」安頓身心，透過精進拜佛及誦持佛號，為自己與世界祈福。

　　各地召委分享交流防疫期間，透過線上讀書會、聖嚴師父法語、重溫「法鼓講堂」持續精進，並落實「宅在家英雄日課表」，以安定身心。有召委分享地區法青開發大富翁、格言法語挑戰等線上活動凝聚彼此；處於疫情熱區的板橋、城中、雙和區的召委，則籲請信眾多用心、少擔心，共持《藥師經》、《地藏經》與〈大悲咒〉，迴向疫情早日消弭。

　　於榮董會關懷視訊上，多位正、副召集人表示，因為疫情有更多時間自我精進，及實踐自利利人的行動，如桃園、中壢、新竹地區建立聯誼群組，不僅落實關懷，線上讀書會參與人數也蓬勃成長；也有地區發起「六個家庭送便當到醫院」，鼓勵更多悅眾加入送餐行列。會長黃楚琪勉勵大眾鍛鍊身心健康，並廣為關懷海內外信眾，在學佛與護持的路上互相提攜。

● 06.30

法鼓山整合全民防疫愛心
捐贈嘉義縣政府防疫帳篷

　　法鼓山於6月30日捐助嘉義縣政府防疫帳篷，提供阿里山鄉等全縣十八處衛生所及慢性病防治所運用，7月起即可為施打新冠肺炎疫苗的醫護和民眾遮陽避雨。由僧團都監常遠法師、慈基會祕書長常順法師代表捐贈。

嘉義縣長翁章梁表示，當此疫情嚴峻時刻，疫苗陸續到位，縣內設置多處大型疫苗接種站，感謝法鼓山捐贈帳篷，讓前線工作人員及民眾有遮陽擋雨的場所，不僅協助防疫工作順利推展，也提高疫苗施打進度，讓縣民獲得最大免疫保護力。

法鼓山捐助嘉義縣政府防疫帳篷，讓縣民施打疫苗時更安心。

常遠法師表示，共同學習面對疫情、接受無常的過程中，也深化大眾奉獻的心力，處處都能見聞救苦救難的身影，令人感動；僧團也將持續配合政府、醫療體系，以及慈善社福機構，協助提供關懷及教育所需，成就善的循環。

● 07.01～29期間

慈基會關注新冠肺炎疫情
持續捐助防疫及民生物資

慈基會持續關注國內新冠肺炎疫情，7月8日捐助財團法人老五老基金會防護隔離衣，提供第一線居服員陪同長者就醫時穿戴，協助安全防疫。

14日則前往桃園景仁殘障教養院，捐助製氧機與增稠劑等防疫及民生物資。院長陳菊貞表示，院內簡易醫療設備老舊，物資短缺，在疫情時刻，很擔心院生因心肺功能退化或癲癇發作時無法施救，感謝法鼓山適時解決燃眉之急。

而為感謝國軍於防疫期間的辛勞，29日祕書長常順法師前往桃園龍門營區，捐贈陸軍三三化學兵N95口罩及防護專用3M膠帶，由三三化學兵群指揮官龔龍峰上校代表受贈。龔龍峰上校感謝法鼓山對國軍的支持，強調全體官兵將秉持「我到、我見、我克服」的態度，勇敢站在抗疫最前線，守護國人安全。

另一方面，慈基會自1日起，也捐贈平安包、醫護包等，予苗栗縣、彰化縣、臺中市、臺北市等多家醫院第一線防疫、護理人員及居家檢疫、隔離民眾。

龔龍峰上校（右）贈送感謝狀予法鼓山，由常順法師（左）代表接受。

● 07.06～08.15期間

法鼓山捐贈緬甸防疫物資
分送道場、佛學院

緬甸聖心禪寺感謝法鼓山跨海捐贈面罩等防疫物資。

法鼓山持續關注新冠肺炎國內外疫情，除捐助國內醫療院所、縣市政府、社福機構所需的防疫和民生物資，同時也跨海援助緬甸，將多項防疫物資捐贈給仰光聖心禪寺（Myatmanaw Dhamma Yeiktha），協助僧伽及民眾防疫。

延續2008年馳援風災的因緣，首先於7月6日先在仰光採購防護面罩，16日再打包運送醫療口罩、防護衣、電子體溫計、血氧機、血壓計、額溫槍等物資至聖心禪寺。

7月底捐助緬甸的四十四箱防疫物資，原預計海運需一個月以上，在8月15日提前送達聖心禪寺。彼時雖是僧眾雨安居期間，聖心禪寺仍以最快速度將防疫物資分送給當地多處佛教道場、僧尼佛學院、防疫組織與社區。

緬甸因政變導致社會動盪、醫院停擺，人民又飽受疫情威脅。法鼓山捐助的醫療口罩、面罩、防護衣、電子體溫計、血氧機、血壓計、額溫槍等物資順利送達，盼發揮最大效益，守護僧俗免於染疫之苦。

● 07.08～12.28期間

榮譽董事會線上讀書會
雲端共讀《止觀禪》、《禪的理論與實踐》

7月8日至9月28日，榮譽董事會每週二或四舉辦線上讀書會，由悅眾帶領共讀方丈和尚果暉法師著作《止觀禪》，每場皆有逾百人參加，練習以禪法為指引，在喧囂的外境中，找到安頓生命之道。

「修習止觀讓我們能邁向定慧不二。」僧團都監常遠法師在首場讀書會中勉勵大眾，以發菩提心為根基，從體驗呼吸入門，以止安定心念，以觀覺照萬境，學習由「多、少、一、無」漸次達於心的統一，並透過聞思修的熏習，體

悟緣起性空的智慧，進而轉化身、口、意三業行為。

讀書會中，學員分享止觀於生活中的運用，有美國學員表示，「太看重自己」是痛苦的根源，要在懺悔、感恩中學習心安，「不把煩惱帶到睡眠」；也有加拿大學員因實修「觀痛」以及「轉念」撫平父喪悲痛，如今能陪伴哀傷的朋友。

榮譽董事會線上讀書會，雲端共讀《止觀禪》。

由於迴響熱烈，10月起每週二續辦《禪的理論與實踐》讀書會，依書中禪修主題，分享及討論禪在日常生活中的修行與運用。

● 07.14

法鼓山關懷原鄉幼苗
逾五百台筆電直送部落學校

法鼓山關懷原鄉幼苗，獲悉南投縣偏鄉仁愛、信義等部落學童，迫切需要遠距教學資源，於7月14日捐贈五百二十五台筆電，並於7月14日送抵三十所分屬極偏、特偏遠的國中小與原聲音樂學校；兼顧防疫，僧團婉謝捐助儀式，並關切當地網路設備，加贈學童所需的滑鼠、電腦包等配件。

僧團都監常遠法師感恩各界給予偏鄉教育的支援，法鼓山方能共同守護孩子的求學心願，雖然防疫時期無法相見，但都認同「翻轉唯有教育」的理念，也感謝原鄉孩子以純真、優美祥和的天籟，淨化世界與人心。

羅娜國小校長洪春滿表示，校方會教導孩童珍惜善用，讓電腦發揮最大的效益，也感謝社會各界以愛心解決難題，讓「停課不停學」成為整個部落共同成長的幸福回憶。

法鼓山捐助全新筆電給偏鄉部落學童，讓學習不斷線。

● 08.14～24期間

方丈和尚視訊關懷護法委員與會團
交流防疫期間學佛護法心得

方丈和尚（中）勉勵眾人身心放鬆，從小處著手，自安安人。

8月14至24日，護法總會舉辦五場關懷活動，方丈和尚果暉法師透過網路視訊，與全臺近一千五百位護法委員、教聯會、助念團、法青會與義工團悅眾交流，僧團副都監常遠法師及各會團輔導法師也參與連線關懷，分享防疫期間的學佛護法心得。

方丈和尚感恩眾人推動法鼓山理念，同時以「人生六度：長、寬、高、深、細、溫」為題開示。方丈和尚指出，「深度」代表大信心，透過定課可加深對佛法的信心；「寬度」是大精進，在盡心奉獻中，積極開發潛力；「長度」乃大願心，需要發長遠心恆持。「細度」即大智慧，從觀照自身及關懷他人中精益求精；「溫度」為大慈悲心，外在保持溫暖，內心保持清涼；「高度」是發起大菩提心，以佛陀為榜樣，勤修福德智慧，臻達圓滿。

首場關懷中，近千位委員分享防疫期間透過線上共修、讀書會、心呼吸安定身心，有悅眾成立家庭讀書會，共讀聖嚴師父著作及參加線上法會；臺南、潮州、城中等分會的共學活動，線上讀經及持咒人次大幅成長。護法總會總會長張昌邦讚歎悅眾在疫情中依然精進不懈。

17日於教聯會關懷場次，具護理專業的副會長丁淑惠，與來自臺灣、美國、英國、德國、新加坡等九十三位悅眾分享運用「心五四」面對防疫的壓力；助念團悅眾的雲端交流於18日展開，有悅眾感恩能透過網路安定家屬的身心，也有受關懷的家屬發心加入助念行列。19日，一百二十六位法青分享修慈心觀、成立藥師佛小學堂、自製播客節目熏習佛法、凝聚學佛願心；24日在義工團悅眾場次中，有護勤組悅眾表示，透過增加定課、與同修齊心拜大悲懺，更能以柔軟心對待人。

每場視訊關懷中，方丈和尚皆以安心六字訣：「輕、鬆、慢、細、小、分」，勉勵大眾身心放鬆，從小處著手，循序漸進以佛法自安安人。

● 08.09　08.16

法鼓山捐六百萬支接種針具
助益發揮疫苗最大效益

　　為減少疫苗殘劑，提高大眾接種普及率，法鼓山透過十方善信發心護持，採購六百萬支一毫升細針具，捐贈衛福部配發給各地疫苗接種單位使用，8月16日，天南寺監院常學法師代表僧團前往桃園物流中心，會同中央流行疫情指揮中心代表，共同驗收首批到貨的一百萬支細針具。

　　9日，生產針具的醫療產品公司日籍總經理樋口靖晃，拜會方丈和尚果暉法師並參訪法鼓山園區，包括大願橋、法華公園，並在方丈和尚引領下，在開山紀念館寫下祈願卡祈福，期望貨船平安出港，針具順利抵達。

　　居間接洽針具採購的護法總會總會長張昌邦、資深悅眾何美頤、連智富，對於能促成此捐助案都深感歡喜。連智富表示，捐贈細針具象徵僧俗四眾奉行聖嚴師父教導「做眾生的輸血管」的精神，其中有祈願和祝福，把愛心和善的力量導入每一個接種疫苗的人心，傳遞人間的希望與祝福。

法鼓山採購六百萬支一毫升細針具，捐贈衛福部配發給各地疫苗接種單位使用，發揮疫苗最大效益。

● 08.20　08.31

慈基會捐贈平板電腦
助彰化、嘉義弱勢學童線上學習

　　慈基會關懷弱勢學子的學習，8月20日，祕書長常順法師、護法總會副總會長陳治明與專職、在地義工，走訪彰化縣社頭鄉湳底社區、嘉義縣福池關懷協會、大埔鄉和平社區及嘉義市公益社教協會，捐助七十四台平板電腦。

　　於福池關懷協會，有社工表示，孩童家中沒有電腦，疫情期間只能使用家長的手機上課，若家中有多位子女，必須輪流使用；有了平板電腦，除了學校停課期間運用，於課後照顧據點也能使用，進行更多元的學習。

法鼓山捐助彰化、嘉義縣學童平板電腦，協助圓滿線上學習。

陳治明副總會長指出，偏鄉弱勢家庭的學童往往也處於資訊弱勢，培養孩子數位學習能力、閱讀素養，可以協助翻轉未來人生。

除了捐助平板電腦，慈基會也安排線上學習及數位動畫課程。31日，經由彰化、嘉義縣市政府和線上教育平台協助，與在地社區協會合作，對受贈平板電腦的學童們，於開學前夕連線進行系統教育訓練工作坊，介紹師生帳號的操作及經驗分享。

● 08.26～10.07期間

慈基會舉辦「專職暨義工教育訓練課程」
提昇慈善照護專業知識與能力

慈基會於8月26日至10月7日，週四在臺北雙連中山服務處舉辦五場教育訓練課程，以提昇專職及義工慈善照護專業知識與能力，每場皆有二十多人參加。

首場課程中，慈基會祕書長常順法師介紹慈基會組織與服務內容，期勉學員，抱持謙卑、尊重的態度，以感恩、報恩的心，提昇服務的內涵；邀請前桃園長庚醫院護理部主任黃慈心主講「長照政策相關法規及資源運用」，說明長照政策的理念及目的、長照2.0與社區整體照護、資源的種類與連結運用等。

9月2日邀請長庚養生文化村課長葉嘉嶽主講「助人技巧與歷程——尋找復原力」，講析助人關係與技巧、助人者的挑戰與困境等，也安排助人技巧練習；16日，耕莘醫院長期照護部副主任黃秋華在「長者溝通技巧與電話關懷問安過程」講座中，傳授與長者溝通的技巧、電話關懷問安與流程等，包括用字簡單具體、句子組織要簡短、給對方說話的機會，也要注意時間的安排；30日邀請中化銀髮培訓學院事業處處長張文蕙主講「居家慰訪與應對互動技巧」，講述居家慰訪的需求評估內容、資源轉介服務程序與原則、居家慰訪的應對互動技巧，提醒在慰訪過程中，細心觀察與體會案主非語言動作所傳遞的訊息。

最後一場教育訓練課程於10月7日舉行，邀請中華緊急救護教育推廣協會祕書長謝燿州主講「常見緊急傷病『神救援』」，介紹燒燙傷、嬰幼兒外傷、暴力等的緊急處置。

有學員表示，課程兼具理論與實務，有助於了解關懷救助的核心價值，提供適時、適切的關懷與服務；也有學員分享共同耕耘慈善福田，學會奉獻自己的力量。

● 09.04

護法總會勸募會員線上授證
兩百四十五人雲端發好願

護法總會於9月4日首度舉辦網路勸募會員授證典禮，方丈和尚果暉法師、僧團都監常遠法師、總會長張昌邦等，於北投雲來別苑主現場，透過視訊為兩百四十五位新進勸募會員授證，有近三百人線上觀禮。

大眾首先聆聽聖嚴師父的影音開示，了解「勸募」是向人分享法鼓山理念及調心方法，幫助彼此修福修

護法總會透過視訊舉辦勸募會員授證典禮。

慧，將福報存到無盡藏銀行，共同成就佛教弘化的事業。方丈和尚以「心六度」、「安心六字訣」、「三三二二念佛法門」，勉勵眾人將佛法落實於生活中，將煩惱消歸自心，進而發無上菩提心，廣度眾生。張昌邦總會長感謝新進鼓手勇於承擔，以師父囑咐的「信心、熱心、恆心、願心」共勉，持續推動佛法教育及社會關懷。

在莊嚴的觀音菩薩聖號中，眾人雙手合十祝福，螢幕上分批播放新勸募會員的照片，授證寶盒以動畫方式滑到照片旁，主現場的方丈和尚同步逐一祝福授證寶盒，並帶領大眾在佛前發願：時常提起初發心，持續傳播善的力量。

臺南地區新進勸募會員表示，會記取聖嚴師父所言：「布施是有心人的事，不是有錢人的事，勸募是幫助他人做功德，幫助他人結善緣，這是無盡藏功德」，期許自己像農夫播種，努力撒下善的種子，用服務與奉獻來澆灌福田，讓佛法能開枝展葉。

● 09.05

榮譽董事會感恩聯誼
雲端相會　全球榮董續法緣

榮譽董事會於9月5日舉辦全球榮董線上感恩聯誼會，五百七十三位來自臺灣、泰國、新加坡、香港、美國的榮董與方丈和尚果暉法師、都監常遠法師、榮董會會長黃楚琪及各區召集人歡喜共聚雲端。

方丈和尚感恩榮董護持，期勉運用「輕、鬆、慢、細、小、分」安心六字訣

全球榮譽董事於線上相會,願代代相續護法因緣。

放鬆身心,並像小菩薩學走路般,以恆心及毅力腳踏實地修行,慢工出細活,從小我、大我、到無我。黃楚琪會長感恩法鼓山在疫情期間規畫線上共修活動,榮董會也成立「學佛群疑」群組及「線上讀書會」,鼓勵眾人持續用功。

十五位召集人各自帶來祝福語,參加「佛法賓果」拼字連線遊戲,美國區召集人葉錦耀願以「四安」安己安人,以佛法智慧遍灑平安種子;新加坡召集人顏瑞華則引聖嚴師父法語「我和人和,心和口和,歡歡喜喜有幸福」,會員也留言熱烈參與互動,接續拼出「護法因緣」、「代代相傳」、「平安吉慶」的共願。

會中邀請導演柯一正、表演工作者柯有倫分享生命故事。柯一正回憶1996年擔任「中國大陸佛教聖蹟巡禮」攝影團隊,在九華山登上千級階梯取景時,面臨迷路和體力的考驗,循著聖嚴師父教導,隨步念阿彌陀佛聖號,體會「一步一步走,一定有路走。」日後歷經癌症、意外,多次與死亡擦身而過,也常想起師父的叮嚀,更能喜悅自在地生活。柯有倫則分享閱讀《雪中足跡》,從師父的堅忍精神獲得鼓舞力量,並以《金剛經》「應無所住而生其心」自勉,學習以佛法安定身心。

● 09.07

慈基會全臺中秋送暖
以食物箱傳遞關懷

中秋節前夕,慈基會匯集各界的善心,為全臺近一千一百戶關懷家庭準備食物箱,並宅配到家。9月7日,會長柯瑤碧、副會長陳照興、王瓊珠等一行前往臺北農產運銷公司,感謝對於秋節關懷的護持。北農董事長黃向羣、總經理翁震炘及全體員工共襄善舉,在食物箱增添兩顆柚子和素麵,並加入打包物資的行列。

柯瑤碧會長表示,新冠肺炎疫情讓許多家庭面臨失業、減薪等問題,生活更加困頓,感恩十方捐助響應中秋送暖,尤其北農提供用品採購、折扣,並主動協助包裝,讓有需要的家庭安度難關。黃向羣董事長感謝法鼓山聯繫各社福平

台，也分享8月底高雄市六龜區因豪雨成災，慈基會與北農合作，順利將食物箱運往六龜，支持民眾雨後重建家園。

慈基會與受關懷家庭結緣的食物箱中，包括北農經銷的優良食品、糧莘庇護農場的紅藜香鬆、自閉兒家庭關懷協會的星願米等。

慈基會會長柯瑤碧、副會長王瓊珠、陳照興（右排一至三）與臺北農產運銷公司董事長黃向羣（左一）等共同打包食物箱。

● 10.09～17期間

蘭陽分院舉辦家中寶佛化祝壽
祝福小組到府關懷

蘭陽分院舉辦「家中寶佛化祝壽」，因落實防疫政策，改採到府祝壽，於10月9至17日，由法師、義工組成「祝福小組」，將平安自在的關懷，親自送給六十七位壽星及眷屬，令長者倍感溫馨。

小組成員準備「阿彌陀佛桌遊卡」，以及象徵「寶柚平安、柿柿如意」的柚子和柿子、薑黃壽麵、手工壽桃、有機果乾麥片及《自在人生── 聖嚴法師108自在語》等祝福禮，關懷長者的生活起居及健康，並以簡易的遊戲帶動闔家同樂，帶來活力與歡樂。

在遊戲中念佛、練習專注及反應力，讓長者憶起親近佛法的因緣，有逾八十歲的長者表示，雖然身體機能退化，打坐、讀經有困難，但仍會持續一心念佛；也有長者分享，六十歲以後才學佛，由於不識字，都是聽錄音帶、對照經文，一遍遍讀誦，終能背誦《地藏經》。

監院常諦法師表示，由於疫情因緣，有機會「走入菩薩家」，感恩義工長年護持法鼓山的奉獻；也邀請大眾在疫情平穩後，前來道場親近長者義工，請教學佛修行的生命故事。

蘭陽分院法師、義工組成「祝福小組」，將平安自在的關懷，親送長者。

● 10.14～16

關懷高雄城中城大樓火災事故
法鼓山持續關懷受災戶

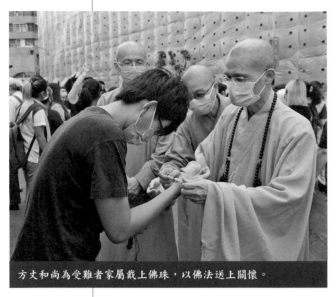
方丈和尚為受難者家屬戴上佛珠，以佛法送上關懷。

10月14日凌晨，高雄市鹽埕區城中城大樓發生火災事故，造成四十六死四十一傷，慈基會祕書長常順法師聞訊，隨即南下，會同紫雲寺監院常參法師、慰訪義工等，配合市府進行災後關懷。

15日，常順法師帶領關懷團隊前往市立殯儀館，與社會局社工人員協力關懷受難者及家屬；法師和義工們為往生者誦念經文、佛號迴向。常順法師並向高雄市長陳其邁表達受難家屬的處境，也關懷市長及同仁，希望儘速協助傷亡者及親友從創傷中復原。

方丈和尚果暉法師於16日前往事故現場及殯儀館，關懷罹難者家屬，逐一提供慰問金及佛珠，勸請以懇切的心念佛迴向，讓受苦受難的大菩薩放下心中罣礙，往生淨土善處；也感恩救難警消人員，以及守護家屬的社工與蓮友，以佛法安定大眾身心。

除了現場關懷，紫雲寺也於道場舉辦的大悲懺、地藏等法會共修中，籲請大眾透過網路連結彼此的善心、善願，誠心誦念與功德迴向，給予罹難者、傷者與家屬們安心祝福的力量。

● 10.17

城中城大樓火災事故後續關懷
超薦祈福佛事安定人心

為高雄市城中城大樓火災事故罹難者祝禱，10月17日，僧團於城中城火災法會靈堂舉辦超薦祈福佛事，由寺院管理副都監果器法師主法，率同高雄、臺南僧團代表，以及兩百多位高屏地區義工與法青，藉由共修心力，為傷亡者及家屬祝禱。

「由衷感謝這次共同參與救災行動的人，化作一股同舟共濟、患難與共的力量。」果器法師分享聖嚴師父的開示：已逝去的人，一定希望活著的親人能平

安在人間，這樣他們才能平安地轉生天國或極樂世界；為了讓亡者走得安心，生者應該努力保持健康與平安；要平復傷悲，可為亡者、往生者多念「阿彌陀佛」聖號，給予光明、清淨與安樂的祝福。

舉行超薦佛事之外，慈基會除了訪視長期慰訪的城中城關懷家庭，也持續與社會局合作，陪伴關懷受災民眾，並針對個案需求給予實質及精神上的協助。

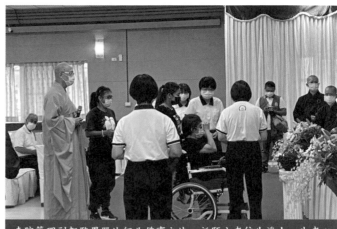

寺院管理副都監果器法師為佛事主法，祈願亡者往生淨土，生者心安平安。

● 10.17

方丈和尚地區巡迴關懷
高雄鼓手感恩再相聚

因新冠肺炎疫情延後的「方丈和尚抵溫叨」地區巡迴關懷活動，10月17日於高雄紫雲寺展開，監院常參法師、高雄南、北區八十八位勸募會員齊聚寺院，另外有四十四位會員透過雲端參加，方丈和尚果暉法師、護法總會副都監常遠法師、服務處監院常應法師、總會長張昌邦也同步連線與會；服務處演本法師特地南下到場關懷。

張昌邦總會長鼓勵信眾把握向方丈和尚請法的好機會，期勉疫情趨緩後，繼續回到分會精進用功。歷任召委接力從民國八十一年高雄辦事處成立說起，回顧二十九年「有承擔就有成長，邊做邊學」的沿革、搬遷、舉辦活動等發展歷程，多張歷史照片投影在螢幕上，大眾點滴奉獻的精神令人敬佩。

方丈和尚讚歎眾人的發心投入，援引聖嚴師父所言：「學佛就是學著佛的行為、存心、慈悲」，鼓勵悅眾隨著年歲增長，訓練自己健康老化，以慈悲心待人，以智慧心安己，以念佛、拜佛、經行維持清淨

「方丈和尚抵溫叨」地區巡迴關懷在紫雲寺展開，並透過視訊連線雲端。

與體能，並參加長青課程及擔任義工，「活到老學到老，並像蜜蜂採蜜，利己利他，愈老愈寶，老當益壯。」

● 10.20

疫情指揮中心感謝法鼓山捐贈針具
做全民防疫的後盾

陳宗彥副指揮官（右二）前往農禪寺會見方丈和尚（右三），致贈感謝狀。居間協助相關事宜的悅眾何美頤（左二）、連智富（左三）也到場陪同。

10月20日，中央流行疫情指揮中心副指揮官陳宗彥，與內政部及衛福部代表，參訪北投農禪寺，會見方丈和尚果暉法師，致贈法鼓山協助疫苗接種作業感謝狀，感恩法鼓山於8月中捐贈六百萬支一毫升細針具，供衛福部配發給各地疫苗接種單位使用，提高疫苗接種普及率。

陳宗彥表示，感謝法鼓山秉持聖嚴師父的精神，默默地付出；注射疫苗小劑量一毫升細針具最方便，也最難取得。儘管沒有鎂光燈，也沒有頭條報導，法鼓山僧團秉持慈心與善念，為了國人的防疫，在全世界搜尋、採購，捐贈足量的注射針筒，才完成超前部署的最後一哩路。

「疫苗彌足珍貴，希望藉由此次捐贈，提高疫苗覆蓋率。」方丈和尚強調，法鼓山會持續配合政府，守護國人健康與生命安全。方丈和尚也回贈聖嚴師父「平安自在」墨寶、禪修指引系列書籍，祝福防疫團隊持續以自在安定的身心，守護全民平安健康。

● 11.13

「方丈和尚抵溫叨」中臺灣展開
彰化、員林鼓手同發菩薩誓願

護法總會舉辦「方丈和尚抵溫叨」活動，11月13日於彰化與員林分會展開，方丈和尚果暉法師、護法總會副都監常遠法師、服務處監院常應法師、總會長張昌邦、寺院管理副都監暨寶雲寺監院果理法師、果雲法師連線關懷，共有九十多人參加。

活動由員林分會合唱團預錄的音檔揮手打拍子，高唱方丈和尚填詞的〈我要發菩薩悲願〉揭開序幕；接著，兩個分會各以影片回顧二十餘年來的發展軌跡，歷經多年租賃、搬遷，如今終有會址用地，眾人皆非常歡喜。有資深悅眾分享，今日不僅想起美好的回憶，也憶起初發心，期勉帶著感恩的心傳承，更加精進、奉獻自己。

彰化、員林兩地的護法鼓手舉著自製標語牌，歡迎方丈和尚於線上關懷。

方丈和尚讚歎悅眾用心耕耘讓分會成長茁壯，表示「職務無高低，責任有輕重」，鼓勵大眾以利人來利己，以成就他人來成長自己；並引《華嚴經》「大悲為油，大願為炷」，說明每個人都有佛性，勉勵眾人點亮菩提心燈，效法佛陀修習福德圓滿，成就無上智慧佛道，為世界點亮無限無量的光明。

● 11.16

慈基會帶領視障者體驗禪修
感受身心放鬆 開啟心光明

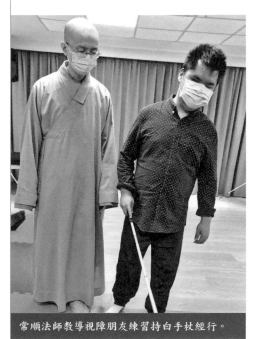

常順法師教導視障朋友練習持白手杖經行。

慈基會祕書長常順法師於11月16日，應臺北市視障者家長協會之邀，於該會設於萬華區的「視障生活重建中心暨社區工坊」，帶領十餘位視障朋友及老師，體驗禪修。

常順法師引導學習放鬆、坐禪、立禪及持白手杖經行等基本禪修方法。一位視障學員表示，過程中體驗到愈專注就愈容易放鬆，行禪時愈專注，效果愈好，本來覺得四肢冰冷，後來開始溫熱起來，感覺很舒服，也不疲憊了。另外也有視多障學員分享，由於視線模糊，行走時不容易直行，方向總會歪掉而碰到路邊雜物，但行禪時練習放慢腳步，

一步一步踏實地走，感覺心裡比較安定，走起路來也比較安全。

中心主任陳世芸說明，視障者家長協會很早就與法鼓山結緣，同仁都很喜歡聖嚴師父的著作，製作點字版更讓視障者同獲法益；也觀察到，視多障學員平時很難專注完成一堂課，卻能順利圓滿三小時的靜心課程，可見禪修確實有所助益。

● 11.28

中區法行會會員大會
悅眾分享疫情啟發

中區法行會舉辦網路會員大會，方丈和尚（左上）分享疫情的啟發。

中區法行會於11月28日舉辦網路會員大會，包括方丈和尚果暉法師、寺院管理副都監果理法師、護法總會副總會長陳治明、法行會會長王崇忠、中區法行會首任會長彭作奎、現任會長卓伯源等，共有三十多人參加。

方丈和尚開示自度度人的人生心六度：「長度、寬度、高度、深度、細度、溫度」，並藉由「高度」代表大願心、大菩提心，鼓勵眾人常發願，精進修行。卓伯源會長說明疫情帶來「人心惟危、國土危脆」、「陰陽相生、禍福相倚」、「千年暗室，一燈即明」等三個啟發，表示隨時隨處面臨災害考驗，所幸有佛法，讓人類可以安然自在。

會中，眾人聆聽聖嚴師父2006年7月於社會菁英禪修營共修會的影片開示。師父提醒，法鼓山園區禪堂「選佛場」，就是要把心中的佛選出來；並以緬甸玉石為例，有經驗的老師傅父一看石頭，就知道裡面是否有玉石，依循師父的教法不斷精進用功，讓煩惱漸漸減少，便能選出自己心中的佛。

有來自企業界的會員表示，疫情伊始，擔憂與廠商的交易，以及遠在美國的子女，後來每日禮佛念佛、誦《金剛經》，上網點閱聖嚴師父開示影片，讓自己有信心及依靠，不因疫情而擾亂生活步調：身處疫情第一線的胸腔科醫師也分享，在醫院的高壓環境中，還好有佛法的熏習，才能安住當下，建議眾人用佛法修身修心，提昇適應力及免疫力。

● 11.28～12.12期間

文化館、德華寺歲末關懷
為寒冬送暖

延續師公東初老人自1956年以來，每年舉辦「冬令救濟」的關懷，慈基會於11月28日至12月12日，在北投文化館展開「歲末關懷」，提供奶粉、衛生紙、洗髮精、襪子、圍巾等民生必需品，關懷北投地區近八百戶弱勢家庭，慈基會祕書長常順法師、關懷院常衍法師也分別到場關懷。

文化館展開歲末關懷，常順法師致贈結緣品給關懷戶，傳達法鼓山的祝福。

因應防疫政策，為避免群聚，文化館分六梯次於停車場搭帳棚發放關懷物資。11月28日首梯，常順法師於現場致贈禮金與念珠予關懷戶，並帶領念誦「慈心祝福」，迴向世界安樂。

埔里德華寺於12月12日，由副寺常庵法師帶領義工關懷六十三戶家庭，十餘年來與法鼓山共同關懷當地民眾的臺中「西北扶輪社」社員也共同參與，法師特別頒發感謝狀予扶輪社代表。

活動中播放《聖嚴法師的頑皮童年——新年的新衣》動畫，法師以聖嚴師父自小出身貧困，出家後留學日本，住在夏天西曬、冬天沒暖氣、沒有浴室的「金剛道場」，但師父絲毫不以為苦；後來到了美國，即使流浪街頭，從不感到徬徨與無奈的生命歷程。勉勵眾人，面對挫折，要奮力向上，效法師父平實深厚的智慧，在困頓中走出光明的大道。

● 12.04

關懷院舉辦「大事關懷講座」
蔡兆勳醫師分享安寧療護

關懷院於12月4日在雲來寺舉辦「大事關懷講座」，邀請臺灣安寧緩和醫學學會理事長蔡兆勳以「好走！」為題，與現場及線上共四百一十位助念組、助念團及生命園區義工交流，分享如何增強對臨終者及家屬的陪伴與關懷，讓生

關懷院「大事關懷講座」，邀請蔡兆勳醫師分享好走「心」觀念。

死兩相安。

講座中，蔡兆勳醫師透過真實個案，介紹緩和醫療的「緩六步」與積極準備往生的「五良方」，協助末期病人善終並安定家屬哀傷；說明儘管生命衰微，心靈卻是成長、超越懼怕，找到生命意義與價值。

強調以「同理與接納」為根基，透過良好的溝通、態度，與病人及家屬建立信任關係，鼓勵以打招呼、傾聽、微笑與溫暖的手，用愛來彌補醫療的極限，讓末期病人終享平安與尊嚴。

監院常哲法師感謝蔡醫師以「醫師身」普門示現慈悲救苦，善說同理與陪伴的智慧法要，勉勵大眾以「真誠傾聽、溫暖關懷、耐心陪伴」來實踐所學，並以用心、願心、堅固的心陪伴臨終者及家屬走過心靈幽谷。

有助念團義工表示，走過疾病煎熬及親人往生悲痛，深刻體會生病者的低潮和照顧者的壓力，感恩在擔任義工的過程中療癒自己，並化悲傷為助人的力量。

● 12.05

榮董會舉辦全球悅眾會議
實體及線上雙線交流

榮譽董事會於12月5日在北投農禪寺舉辦全球悅眾聯席會議，採實體與線上雙線進行，方丈和尚果暉法師、僧團都監常遠法師到場關懷，共有九十三人參加。

榮譽董事會會長黃楚琪回顧2021年會務概況，也說明於後疫情時代，榮董會進行「數位時代」、「組織發展」、「教育關懷」三大方向事務，以「廣結善緣、廣種福田、廣邀榮董」為目標，期許悅眾「三廣」齊下，持續接引下一代和大眾親近佛法。

會中，海外地區，包括美國東初禪寺、洛杉磯道場、舊金山道場、西雅圖分會，以及加拿大溫哥華道場、香港道場、新加坡護法會等地召集人，也於線上分享疫情期間的道場建設與各項弘化活動。

臺灣地區榮董悅眾，於農禪寺發願秉持初心，護持法鼓山。

　　方丈和尚感恩悅眾用心關懷信眾、推廣法務，勉勵大眾向佛陀學習，少煩惱、多智慧，以四無量心發大悲願，以利他成就自己。

● 12.11　12.25

退居方丈巡迴關懷座談會
分享佛法智慧

　　護法總會舉辦「退居方丈巡迴關懷座談會」，12月11日及25日，分別於新店分會、文山分會舉辦，果東法師以「未來與希望」、「文山好緣亮」為主題，回應聽眾請法，妙語如珠中蘊含佛法智慧，共有三百八十多人參加。

　　首場於新店分會展開的座談會，護法總會服務處監院常應法師到場關懷。聽眾提問熱烈：退居方丈的人生經歷？如何引導往生者家屬？如何讓人感受到溫暖？如何促進團隊和合？關懷經驗豐富的退居方丈表示，一切所遇均是修福修慧的助道資糧，勉勵大眾「以因緣觀面對生死，以還願與感恩心欣然接

退居方丈果東法師（中）勉勵新店地區信眾：「凝聚向心力，展現生命力。有願就有力，彼此共勉力。」

受、泰然處理、安然放下」，學習把握當下及展望未來。並提醒從煩惱念轉清淨心僅在一念之間，鼓勵與人相處時，以同理心、包容心放下自我中心，「煩惱走了，智慧就就來。」

25日於文山分會，退居方丈分享出家因緣、擔任執事的經歷、隨侍聖嚴師父的點滴與學習、接任方丈時立下感恩學習續佛慧命的宏願，以及退居而不退休，依循佛法學習奉獻的職志，勉勵大眾放下得失心，以謙卑心認識「緣起，承擔，轉化，眾緣和合」，找到人生的目的，圓滿生命價值。

● 12.12～2022.05.15期間

護法總會線上學習講座開辦
大眾開啟「菩提心智慧」

首場「菩提心智慧」線上講座，法師帶領眾人走進釋迦牟尼佛的生命故事。

12月12日至2022年5月15日，護法總會每月週日舉辦「菩提心智慧線上學習講座」，共六場。講座主題結合法鼓山2022年度主題「大菩提心」，首場由常恩法師主講「向佛學習『菩提』」，課程於ZOOM線上學習平台，及護法總會YouTube頻道同步直播，有近五百五十人聆聽。

常恩法師表示，疫情讓大眾被迫居家避疫，梁朝僧祐法師罹病時匯集經傳編輯了佛傳《釋迦譜》，加上《過去現在因果經》、《普曜經》及《方廣大莊嚴經》等本緣部經典，詳述了悉達多太子的出生成長、感受生死無常而出家求道、歷經苦行、降魔、成道、轉法輪、建立僧團，以及弘化的歷程，法師對照經典原文，圖文並茂地串連起佛陀行跡地圖，帶領學員遇見真實的佛陀。

互動時間，聽眾踴躍提問：什麼是菩提？如何入門閱讀經典？對佛陀哪階段的故事印象最深等問題，法師引用《大方廣佛華嚴經》指出，每個人皆具如來智慧德相，但因妄想執著而迷惑，鼓勵大眾向佛陀學習，同時善用CBETA（中華電子佛典）與《法鼓全集》精進用功，讓世界有更多佛陀的智慧、慈悲與溫暖。

參 【大學院教育】

涵養智慧養分的學習殿堂，
以研究、教學、弘法、服務為標的，
培養專業的佛學人才，
開啟國際學術交流大門，
朝向世界佛教教育園區的願景邁進。

學習新常態
雲端連結啟發新思惟

2021年，臺灣新冠疫情轉趨嚴峻，
在隔離、保持社交距離的全球性防疫政策下，
大學院教育持續透過與實體同步的網路直播、視訊科技，
舉辦或參與各項線上講座、國際學術會議、遠距課程、活動與推廣，
善用網路互動科技，打造多元豐富的雲端學習「新常態」，
跨領域加強連結與探索，不僅回應當代趨勢與脈動，
也擴大交流廣度與深度，持續推動人心淨化與世界淨化。

　　5月，全臺新冠疫情三級警戒，以2020年防疫經驗為殷鑑，大學院教育各項教學、學術研討、國際會議、校園活動等即時因應，透過數位科技於雲端展開，新型態線上學習交流成為時代趨勢，也是學習與弘化的新管道。

　　另外，以培育漢傳佛教宗教師為宗旨的法鼓山僧伽大學，本年邁入創校二十週年，為接引年輕世代勇於做出不一樣的生命選擇，於網路發表影片《僧命旅程》、《走向十方》，由法師、學僧現身說法，分享因僧伽教育而覺醒生命的價值、省思人生的方向，開啟寬闊的生命視野。

法鼓文理學院

　　法鼓文理學院首先於5月改採「遠距教學」，學生居家線上學習，校園全面加強清消，並提高防疫規範層級；「佛經與漢語詞彙」課程結束後轉型「佛典語言讀書會」，凝聚更多師生與各界人士參與。5月學士班「畢業呈現」及6月的畢業典禮，均改採線上發表、舉辦，共有十位來自臺灣、香港、馬來西亞、泰國及越南的畢業生，歡喜迎向人生新階段。暑假期間，人文社會學群學會以三場非學術性網路短講，激發學生認識自己，找出熱情，以行動關注身邊的人事物。

　　國際交流方面，3月，佛教學系主任鄧偉仁線上出席新加坡「梵巴傳統增上三學國際研討會」，分享聖嚴師父提倡的「心靈環保」，能對治全球化時代人心貪婪所導致的人類生存困境；惠敏法師則受邀於馬來西亞「科學昌明與佛法弘揚」網路座談中，對談科學發展理論與佛法觀念。

　　10月，惠敏法師應邀於輔仁大學「歐

亞連結——歐亞文化交流」大師講座主講「佛教在歐亞大陸的傳譯」,以佛陀本生故事「捨身飼虎」傳譯亞洲各地的意義,勉勵學子培養利他精神的敘事能力,將專業知能實踐於社會,跳脫單一國家、媒介的視野框架,打破「文化心牆」,促進地域和平。

佛教學系師生於5月初由校長惠敏法師帶領,前往宜蘭佛光大學佛教學院,參加「第五屆佛法盃」體育競賽與藝文交流,在不同環境中開展視野,成長自我,互勉「一起為佛陀做事」而努力。

在學術研討上,心靈環保研究中心7月舉辦網路「2021臺灣里山倡議北區及跨區議題與策略盤點工作坊」;10月佛教學系主辦「對話與交流——佛教禪修研究工作坊」,則以實體與線上同步探討佛教禪修的多重意義與面臨的當代挑戰。

本年專題講座主題涵蓋跨領域、跨學科,包括不丹導演巴沃邱寧多傑、達賴喇嘛尊者華語翻譯蔣揚仁欽、慈濟基金會副執行長何日生、國立歷史博物館館長廖新田、紐約市立大學布魯克林學院現代語言文學系教授張嘉如、日本岐阜聖德學園大學教授暨臨濟宗妙心寺派福聚寺住持河野文光等,講者不吝分享學思與研究,為師生帶來宏觀視野與新思惟。

與普化中心合作的三場「終身學習菩薩行」工作坊,3、12月在臺北安和分院、臺中寶雲寺實體舉行,10月以網路展開。師生透過四種環保的心靈對話,

疫情期間引領聽眾探索「悲智和敬」的安心之道,接引更多人成為佛教人才,活用佛法成為安定社會的力量。

此外,文理學院出版的《法鼓佛學學報》,本年獲國家圖書館「110年臺灣最具影響力學術資源」評選為「期刊即時傳播獎」第三名,表彰其於五年內被引用次數名列前茅。

中華佛學研究所

致力推動漢傳佛教研究與學術出版的中華佛學研究所,2021年漢傳佛教英文碩博士生獎助學金,共獎助兩位博士生與一位碩士生,持續提攜青年學者,提昇漢傳佛教研究量能。

2月,中華電子佛典協會(CBETA)舉辦「2021電子佛典線上交流會」,向社會大眾介紹二十餘年來從光碟、DVD,進化到「CBETA線上閱讀系統」(CBETA Online)的升級與成長。4月的線上「數位典藏年度成果發表會」,則分享《法鼓全集2020年紀念版》網站等專案的最新進展,展現深耕數位人文的豐碩成果。

本年,佛研所協辦多場學術研討會及論壇,包括:第八屆漢傳佛教與聖嚴思想國際學術研討會、「對話與交流——佛教禪修研究工作坊」、第七屆近現代漢傳佛教論壇。9月與中央研究院東亞文化意象主題計畫、臺大佛學研究中心所等合辦的「獨坐大雄峰——禪宗思想與寺院文化」線上研習營,帶動國內外大專院校佛教、人文、社會相關系所之

碩、博士班研究生參與研習。

此外,佛研所與文理學院共同舉辦三場「數位唯識:當代的唯識研究與文本解讀工作坊」,邀請唯識學者文理學院副校長蔡伯郎、政治大學名譽教授林鎮國、文理學院特聘教授陳榮灼,分享研究經驗與應用成果,引領學子認識哲學思辨的深度與數位應用的廣度。

學術出版方面,出版「漢傳佛教譯叢——新亞洲佛教史」系列之《民眾佛教的扎根——日本III》;定期出刊的《中華佛學學報》(JCBS),4月再度榮獲國家圖書館頒發「110年臺灣學術資源影響力」期刊長期傳播獎:哲學/宗教研究門期刊第四名。

法鼓山僧伽大學

以培育漢傳佛教宗教師為宗旨的僧大,迎接創校二十週年,於3月舉辦招生說明會,除現場四十多位考生,也有馬來西亞、越南及中國大陸、香港、澳門的考生透過視訊軟體,同步認識僧大教育理念,了解校園生活與應考重點。4月的「現代唐三藏養成計畫」特展於園區展開,介紹出家修行樣貌與僧大教育特色,也規畫三條「僧大MRT」參訪路線,帶領不同的參訪對象進一步認識僧大與出家生活。

另外,原定1月開營的第十八屆生命自覺營,因應疫情再度取消舉辦,面對無常的功課,營主任禪修中心副都監果醒法師期勉學僧及學員:運用佛法「以心轉境」,便是走在生命自覺的道路

上。為接引青年學員,3至5月於全臺舉辦六場「自覺工作坊」,帶領學員探索生命的幸福密碼。12月舉辦佛學講座,邀請紹印精舍住持清德法師主講「初期大乘的菩薩道」,從印度佛教史發展脈絡貫串主題,摘要解說印順長老的著作精華。

一年一度展現學僧學習成果的「講經交流」與「禪修專題呈現」中,學僧各自發揮創意,分享結合經典與修行的生命體驗,女眾副院長果光法師以「交流就是『回互』」,勉勵師生將祖師大德的法義分享給大眾,就能形成正向能量的傳遞。

疫情嚴峻的7月,僧大為六位畢業學僧舉行別開生面的畢業典禮,全體僧眾於早齋後在第二齋堂共同參與,儘管未邀請親友至現場觀禮,卻有僧團法師的祝福,勉勵歡喜奉獻新僧命,發願荷擔如來家業。

學僧刊物《法鼓文苑》第十一期專題「善財童子出任務——尋找防疫善知識」的封面及插圖,參加英國插畫協會舉辦的「世界插畫獎」(World Illustration Awards, WIA),於6月獲入圍肯定,展現學僧多元的創作力。

聖嚴教育基金會

著眼於國際間推展漢傳佛教研究與聖嚴師父思想的聖基會,於2月,與法國國立東方語言與文明學院(Institut national des langues et civilisations orientales, Inalco)聯合設立「國立東方

第七屆近現代漢傳佛教論壇，學者探索宗教實踐及經驗表達。

實踐工作坊」，邀請政治大學哲學系教授李維倫主講「禪修過程中的經驗變異狀態：一個現象學的探究」，學者與法師就心理學、宗教哲學與佛教禪修的跨領域交流，進行深度對話。

年底舉辦「第七屆近現代漢傳佛教論壇」，以「近現代漢傳佛教的宗教經驗及其表達」為主題，兩場圓桌論壇則聚焦於「實踐、書寫與解脫」，六場論文扣緊實踐主軸——僧人修行經驗與宗教歷程之書寫、修行調身養身法、明清禪門工夫論等，廣邀佛學、哲學、心理學、文學、醫學等不同領域學者，在同一平台展開不同視框的研討。

語言與文明學院——聖嚴近現代漢傳佛教教授講座」（簡稱「東語——聖嚴講座」），為全球第一個近現代漢傳佛教教授講座，以多學科佛教中心為平台，資助近現代漢傳佛教教學與科研活動，有助提昇漢傳佛教研究的國際能見度，進一步培養研究人才，象徵「近現代」的漢傳佛教研究，邁進當代西方學術體系的核心。

因疫情延遲一年的「第八屆漢傳佛教與聖嚴思想國際學術研討會」，6月底首度以網路視訊直播展開，匯集全球八十八位專家學者，發表五十篇論文，並有一場專題演講、兩場《本來面目》專場討論，共有六千八百多人次線上參與。疫情改變實體會議形式，但藉由線上交流，全球各地人士跨越時空，齊聚雲端同步參與發表及聆聽，與研討會主題「境智一如」恰恰相應。

於9月展開的「聖嚴思想體系建構與

結論

2021年，大學院教育在各單位契機調整、靈活應變下，持續培育僧才、佛教人才，推動佛教研究、學術研討交流與出版，疫情也凸顯高等教育中全球合作與永續發展的重要性。

面對驟變時代，更應回歸教育原點，謙卑面對所有生命，學習彼此在生存上的協調與平衡，並掌握世界趨勢脈動，以融合心靈環保的博雅精神及佛教如實知見、善法五戒，回應時代的需求，持續推動人心與世界的淨化，為社會帶來良性循環。

● 01.04

文理學院「心靈環保與當代教育」講座
果毅法師主講大普化教育理念

果毅法師指出學院、普化教育相互運用，助益於佛法的推廣與普及。

1月4日，法鼓文理學院心靈環保研究中心主辦的「心靈環保與當代教育」系列講座最終場次，由普化中心副都監果毅法師主講「心靈環保大普化教育之理念與演示」，有近一百位師生參加。

果毅法師從執事經歷分享自己與普化教育的因緣，並以法鼓山園區的命名緣起，引領聽眾從大學院、大普化及大關懷教育三面向，認識聖嚴師父對大普化教育的規畫與期許。

講座中，法師說明，大普化課程強調解行並重、內容多元、系統次第等三大特色，普化中心成立後，將地區性課程回到中心級單位做全面推廣，如2010年福田班、2011年禪學班、2012年快樂學佛人、長青班等，只要地區分會有需求，也會協助提供整套教案規畫。

「大學院教育所學的內容與普化教育串接運用，顯得格外重要。」法師勉勵學子，探索學術研究方向時，可納入普化教育推廣的素材，思考如何將大學院教育所學的內容，與普化教育串接運用，能助益佛法的推廣與普及。

● 01.13

文理學院推廣教育中心舉辦講座
不丹導演巴沃邱寧多傑主講

法鼓文理學院推廣教育中心於1月13日在臺北德貴學苑舉辦講座，邀請不丹導演巴沃邱寧多傑（Pawo Choyning Dorji）主講「鏡頭下的浮光與佛光」，以上千張照片，分享重走玄奘取經之路的感動。

巴沃邱寧多傑參考《大唐西域記》和諸多傳記，從西安出發、渡過黃河，穿越天山經吉爾吉斯到喀布爾（今阿富汗），在巴米揚看到被炸毀的大佛殘跡，想像七世紀時，玄奘進入山谷看到大佛，就像一座燈塔聳立，佛面貼有金箔而閃閃發亮。

到了印度，巴沃跟隨玄奘腳步，首先抵達佛陀升天說法和返回人間的僧伽施，並走訪佛陀出生的藍毘尼、成長的迦毘羅衛、證道的菩提伽耶、初轉法輪的鹿野苑和入滅的拘尸那羅等地，體會玄奘西行求法的弘願。

推廣教育中心主任楊坤修表示，透過導演的鏡頭，讓大眾了解旅程的艱辛，更感念玄奘大師求法的願心與恩澤。

● 01.30

生命自覺營因應疫情停辦
學僧練習以心轉境

因應新冠肺炎疫情轉趨嚴重，為維護相關人員健康，僧大取消舉辦第十八屆生命自覺營，並於原定開營的1月30日舉行拜願祈福法會，營主任禪修中心副都監果醒法師錄製影片期勉學僧員，運用佛法「以心轉境」，便是走在生命自覺的道路上。

於拜願祈福法會上，總護常乘法師說明，2020年第十七屆生命自覺營因疫情而取消，2021年雖再度面對無常，但只要開始走第一

第十八屆生命自覺營因新冠肺炎疫情而停辦，於開營日舉辦拜願祈福法會。

步，每走一步就是一步的成功，勉勵學僧自省而自覺。

擔任女眾副總護的演文法師表示，因緣變化無法預測，準備的過程就是一場發現自我和自覺的行旅，無論結果如何都會有收穫；演保法師也分享，雖然錯過護持學員修學佛法的因緣，只要莫忘初發心、堅固道心，未來一定會在菩提道上相遇。

● 02.01

聖基會於法國首設「東語──聖嚴講座」
從社會科學視角推動聖嚴思想研究

為推廣聖嚴師父思想研究，聖基會與法國國立東方語言與文明學院（Institut national des langues et civilisations orientales, Inalco）於2月1日，聯合設立「國立東方語言與文明學院──聖嚴近現代漢傳佛教教授講座」（簡稱「東語──聖嚴講座」），為全球第一個近現代漢傳佛教教授講座，首屆講座教授由法國多學科佛教研究中心（Centre d'Études Interdisciplinaires sur le Bouddhisme, CEIB）主任汲喆擔任。

「東語──聖嚴講座」的設立，將以多學科佛教中心為主要平台，資助近現代漢傳佛教教學與科研活動，有助於增加漢傳佛教研究的國際能見度，進一步

培養相關領域的研究人才，也象徵「近現代」的漢傳佛教研究，邁進當代西方學術體系的核心。

於1669年創校的東方語言與文明學院是歐洲漢學重地，與漢傳佛教研究的淵源深遠，也是全球最著名的非西方文化高等教育與科研機構之一，目前，該校在學士階段設有「中國佛教」課程，研究生階段設有「中國佛教與現代性」研討班。

此一講座的設立，與聖基會在美國哥倫比亞大學（Columbia University）、佛羅里達州立大學（Florida State University）及法鼓文理學院所設立的講座遙相呼應，形成跨歐美亞三洲、主題貫穿古今、兼顧人文學與社會科學的漢傳佛教國際學術研究發表機制。

● 02.08 02.12～16期間

文理學院「DILA 新春展示」
介紹心靈環保的博雅之道

「DILA 新春展示」接引大眾認識博雅教育理念。

2月12至16日，法鼓文理學院於園區舉辦「DILA新春展示」，展出學校簡介摺頁、大學院教育四十週年專刊、酷卡、校刊等，接引民眾認識以「心靈環保」為辦學主軸的博雅教育理念。

除了靜態展覽，12日（初一），佛教學系主任鄧偉仁並於第一大樓，以吉他伴奏，用巴利語禮讚佛陀唱誦，為歡樂的年節氣氛增添幾許法味。

春節前夕，文理學院學生會、書畫社於2月8日邀集二十位法師、學生及畢業校友等，應新北市金山區區公所、金山警察局之邀，前往書寫春聯致贈北海岸鄉親，法師們現場揮毫作畫，表達新春祝福，也感恩鄉親的照顧與關懷。

● 02.26

「2021電子佛典線上交流會」園區展開
CBETA 線上閱讀再升級

中華電子佛典協會（Chinese Buddhist Electronic Text Association, CBETA）於2月26日在法鼓山園區舉辦「2021電子佛典線上交流會」，由法鼓文理學院校長、CBETA主任委員惠敏法師，以及文理學院圖書資訊館館長洪振洲，透

過網路介紹「CBETA線上閱讀系統」的升級與成長。

中華電子佛典協會舉行交流會，分享線上閱讀系統的升級與成長。

交流會上，惠敏法師回顧協會成立二十餘年來，系統載體從光碟、DVD一路進化到現在的CBETA Online；藏經典籍內容已超過二億一千五百餘萬字，未來將持續擴充資料內容，例如寫本、石刻本資料、現代佛學研究彙編、梵巴漢藏佛典資料連結，以及個人化研究平台的發展。

洪振洲館長表示，新搜尋功能是改版的重點，包括搜尋詞彙、異體字替代、同義詞擴充、顯示關鍵字前後文、搜尋後分類資訊等五大功能搜尋系統，閱藏程式介面改良及提昇人性化功能，操作將更便利。

透過視訊會議軟體，線上多位學者也分享使用CBETA的經驗心得，並感謝協會長年的努力，讓系統品質更臻完備。

● 03.01起

僧大創校二十週年系列影片
分享學僧蛻變成長的歷程

慶祝創校二十週年，僧大3月1日起，透過網路發行系列影片《僧命旅程》、《走向十方》，邀集學僧、於各體系領執的法師們現身說法，分享僧大教育內涵，也讓各界了解學僧的學習鍛鍊，探索更深廣的生命。

影片中，多位學僧分享校園生活點滴，在隨眾起板、上殿、過堂、出坡等作息中，學習放下自我，容納善法。每日早晚坐香、每學期兩次禪七

僧大製作《走向十方》影片，與大眾分享學僧的蛻變與成長。

的禪修訓練，培養精進心，持續在自我覺察中，消融自我，面對外境不迎不拒，作自己的主人。

每學期的暑假實習、禪堂實習，幫助長養慈悲心與菩提心，更能體會聖嚴師父所說：「關懷別人、成長自己，這是提昇人品的最高法門。」講經交流與畢業製作的學習，培養學僧與時俱進的弘講能力，也是因應時代，傳遞契入社會所需的佛法。

教務長常啟法師表示，僧大猶如僧才的培養皿，提供學僧所需的陽光、空氣和水等滋養，教育是土壤，讓種下初發心種子的行者，茁壯成長。

培養具大悲願心的宗教師

◎果暉法師

法鼓山僧伽大學是聖嚴師父完成建僧悲願的里程碑，至今已創校二十週年。以人的壽命來講，二十年正好是從出生、青少年到成年的成熟階段，是一生當中最具有熱情與活力的時期，所以僧伽大學充滿了希望。

僧大目前有佛學系、禪學系，重視身、口、意三儀的教育，經過二十年的經營，課程、師資都非常完整，宗教師的養成教育融入僧團生活中，寒、暑假皆會至各分支道場學習實務的弘化和服務。僧大的校訓「悲智和敬」，在戒、定、慧三學課程中，很重視做為宗教師的宗教情操培養，包括早晚課、作務、禪修等行門實踐。僧大的另一個優勢是與法鼓文理學院緊鄰，課程、師資資源可以互相支援，是培養漢傳佛教宗教師的搖籃。

時序進入二十一世紀第三個十年，人類世界仍相當動盪不安，不僅疫情對全球的衝擊，還有地區性的動亂，最嚴重的是整個地球環境持續暖化、惡化，人類的生存、生活乃至生命安全皆面臨嚴峻挑戰。種種危機都根源於人心的貪婪、對環境的破壞，彼此間的不信任，而最深刻的是人心內在的不安。

因此，當今整個世界非常需要安定人心的力量，需要人人大悲心起、互助合作來克服各種的苦難與挑戰。僧大為法鼓山僧團培養的宗教師，多年來在全球各地奉獻服務，安定人心、提昇人品，希望火焰化紅蓮而在人間建設淨土。

聖嚴師父勉勵我們，具有大悲願心的宗教師，正是二十一世紀全人類所需要的，因為這樣的宗教師能夠將佛法的慈悲、智慧普及化、年輕化、國際化，為全世界人類奉獻和服務。所以，僧大未來有機會，也有挑戰。機會就是整個世界非常需要安定人心的力量，這需要更多具有大悲願心的宗教師來弘法利生。相反地，也有危機，全世界有不少問題是因為宗教引起的。

聖嚴師父在聯合國大會提出宗教和諧、宗教對話與宗教和平，主張各宗教要互相包容認同，宗教才可能為全世界人類和平發揮作用，否則宗教之間互相不和，會造成愈來愈多人與宗教疏離。像天主教就很重視宗教對話，義大利「普世博愛」運動組織，就主動積極與各宗教對話。

早期，僧團曾派僧眾到不同傳承的佛教團體學習，未來希望也能到基督教、天主教、伊斯蘭教觀摩學習，跨宗教交流的人才非常重要。既然佛教這麼好，佛法這麼好，漢傳佛教要與各宗教積極交流，因此希望僧大開設宗教交流、宗教對話的課程，規畫學僧做長短期的跨宗教交流、學習，乃至生活體驗課程。

特別報導

漢傳佛教宗教師的沃土
僧伽大學創校二十週年

2001 年秋，法鼓山僧伽大學在聖嚴師父揭櫫的「悲智和敬」校訓中創校，是實現太虛大師「建僧」悲願的重要進程。作為法鼓山大學院教育核心的一環，僧伽大學創校二十年來，已培育出兩百多位畢結業學僧進入僧團領執，投入弘法利生的行列。「聖、果、常、演、寬」五個世代傳續，象徵著佛法慧命代代相傳。

僧大成立後，法鼓山的僧伽教育從以往的師徒制走向學院制，回顧二十年來的辦學歷程，從四年制全方位學習的佛學系、僧才養成班（2011 年停止招生），到增設六年制禪學系，皆透過完備的修學體制、簡樸的禪修生活與環境，培養實修實證、悲智具足，發揚法鼓宗風的弘法人才。

隨著社會變遷，且歷經新冠肺炎（COVID-19）疫情帶來的衝擊，僧大除了延續以往的學院教育，在創校二十週年之際，特別藉由網路分享僧大教育的內涵，3 月起發行系列影片《僧命旅程》、《走向十方》，邀集僧大學僧、於法鼓山各體系領執的法師們現身說法，透過影片讓各界看見年輕世代在僧大的學習鍛鍊，探索更深廣的生命意義。

影片中，學僧分享校園生活點滴，在隨眾起板、上殿、過堂、出坡等作息中，學習放下自我，容納善法。每日早晚坐香、每學期兩次禪七的禪修訓練，培養精進心，持續在自我覺察中，消融自我，面對外境不迎不拒，作自己的主人。

每學期的暑假實習、禪堂實習，引領長養慈悲心與菩提心，更能體會聖嚴師父所說：「關懷別人、成長自己，這是提昇人品的最高法門。」另一方面，講經交流與畢業製作的學習，都是因應時代，傳遞契入社會所需的佛法，培養學僧與時俱進的弘講能力。

法鼓山僧大是培養漢傳佛教宗教師的沃土，學僧們在此成長蛻變，學習在僧團中安住身心，學習自我承擔，更學習承擔眾生。隨著時代推進，也將繼續孕育一代又一代有悲願心的出家人，出離自我，走向十方。

僧大致力培育有悲願心的出家人，出離自我，走向十方。

● 03.05～06

新加坡「梵巴傳統增上三學國際研討會」
鄧偉仁老師連線分享心靈環保

3月5至6日，法鼓文理學院佛教學系主任鄧偉仁受邀出席新加坡藏傳佛教中心以網路視訊舉辦的「梵巴傳統增上三學國際研討會」（Pali-Sanskrit International Buddhist Conference 2021），與中國大陸中國佛教會會長淨耀法師、中央西藏研究大學副校長昂旺桑天格西，以及馬來西亞、印尼等三十八位專家學者，就「戒」、「定」、「慧」三個主題進行對談。

達賴喇嘛開場致詞表示，當代訊息流通快速，使佛教教義能傳播到世界各國，此時佛教徒更需藉由佛教各傳承之間的共同基礎「戒、定、慧」三學的研討與宣揚，作為穩定人心，闡揚善良、慈悲與愛的價值。

鄧偉仁老師於閉幕式發表演說，表示全球化時代，資本主義及民族意識形態盛行，種種災難使人類感受到生存的不安與困境，這都是因為人心的貪婪所致，聖嚴師父推動的「心靈環保」，以慈悲與智慧為核心，讓人類能獲得普遍和平，共建人間淨土的願景。

● 03.06～05.02期間

「自覺工作坊」北中南展開
生命自覺開啟心生活

青年學員透過情緒管理練習，學習深層地傾聽自我內在的聲音。

僧大於3月6日至5月2日，於桃園齋明別苑、臺中寶雲寺與高雄紫雲寺，共舉辦六場「自覺工作坊」，以「自覺·心生活——生命的幸福密碼」為主軸，每場皆有二十多位青年學員參加。

首場於齋明別苑展開，由僧大學務長常格法師、常培法師帶領。常格法師首先播放兩段影片，影片中主角不輕忽自身所扮演的角色，注入善的力量當下付出，引導學員思考「遇到難以面對的困境時，要如何盡善緣，來改變生命？」。法師鼓勵學員，雖然是學佛新手，但有上課的因緣，加上日後持續用功熏習，日久生命必能產生質變。

情緒管理練習課程，邀請認知行為諮商師陳茉莉授課。陳老師說明心理學重

視的是每個階段面對「情緒」的過程，鼓勵學員說出內在想法，並進一步以「心輪轉盤」的練習，運用「四它」，引導更深層地傾聽自我內在的聲音，讓每個人都能成為自己的治療師。

有任職幼教業的學員表示，以往常煩惱自己在團體中力量太小，無法發揮作用，法師善巧以足球影片讓自己了解「補位」也是重要的團隊精神；也有擔任客服工作的學員分享，經常遇到情緒高漲的客戶，以往總是迴避內在的情緒，從辨識情緒課程中，學習到重新正視內心的知覺。

● 03.09

惠敏法師應馬來西亞發展基金會邀請
線上對談科學與佛法

3月9日，法鼓文理學院校長惠敏法師受邀於馬來西亞發展基金會舉辦「科學昌明與佛法弘揚」網路座談中，與馬來西亞拉曼大學（Universiti Tunku Abdul Rahman, UTAR）校長尤芳達對談科學發展的理論與佛法的觀念。

惠敏法師梳理過去在西方世界，基督宗教與科學的衝突，有心人士試圖以科學與宗教的對話來化解。法師指出，科學發明

惠敏法師（右上）與尤芳達博士（下）線上對談科學與佛法。左上為主持人砂拉越州聯委會主席鄭文成。

的目的是希望人類能夠得到幸福，而佛教「三法印、三三昧、三智果」的體悟，與三種道——解脫道、菩薩道及涅槃道的對應，可以袪除內在的痛苦，身心得到安樂。

尤芳達博士從演化論說明，人類社會從原始社會進化到智能社會，科技帶來便利卻解決不了人心與生死的問題。佛法與科學相輔相成，若能將佛法體驗與科學結合，運用在生活上，即可擴展人類對於生命的有限感知。

● 03.14

文理學院主辦「終身學習菩薩行」工作坊
探索「悲智和敬」的安心之道

法鼓文理學院於3月14日，在臺北安和分院舉辦「終身學習菩薩行」工作坊，由人文社會學群長陳定銘率同碩士學程、佛教學系多位師長，透過四種環

工作坊學員分組討論如何透過學習，提昇心靈品質與轉化生命。

保的心靈對話，引領探索「悲智和敬」的安心之道，共有八十多人參加。

開幕式由陳定銘學群長主持，帶出與四種環保緊密對話的「生命教育」、「社會企業與創新」碩士學位學程。隨後，大願校史館主任辜琮瑜以「三生有幸、四境安樂」，貫串出生命教育的主題——透過內修，覺察生命、安頓身心。佛教學系系主任鄧偉仁以自身西行求學、探索佛學精微義理的歷程，鼓勵學員透過不斷學習及生命實踐，走出一條呼應現代人所需的智慧之路。

下午，心靈環保中心主任黃信勳、社會企業與創新學程主任葉玲玲、陳定銘學群長，以及中華佛研所所長果鏡法師，從人為的全球氣候變遷，到大腦的結構與功能、心靈環保管理學，談到趙州公案「喫茶去」。

最後，由生命教育學程主任楊蓓引領大眾思考，如何從自身內外安定，延伸到人我、他者、自然萬物間的深刻關懷與相互安心，進而積極開展出新的互信關係，以及整體互助的永續經營模式。

● 03.14

僧大招生說明會
勉有志青年發悲願心　走向十方

方丈和尚果暉法師於招生說明會上分享漢傳佛教宗教師的使命。

3月14日，僧大舉辦招生說明會，兩位副院長常寬法師、果光法師，以及教務長常啟法師、學務長常澹法師等出席，現場除有四十多位考生參加，並有馬來西亞、越南及中國大陸、香港、澳門的考生透過視訊軟體，同步認識僧大教育理念，了解校園生活與應考重點。

方丈和尚果暉法師到場關懷時，勉勵考生，僧伽大學是培養有大悲願的宗教師，「由生轉熟」、「由熟轉生」是培養過程所要經歷的，提醒考生帶著

「真、純、正」的初發心報考，必能超越種種困難。

常寬法師以本年招生海報主題「出離自我，走向十方」，說明出家的意義：眾生所在無邊際，需要有悲願心的宗教師「走向十方」廣度眾生；而「出離自我」寓意出離煩惱，幫助自己也幫助眾生；果光法師則指出，出家生活是修行與奉獻，隨著僧團賦予的任務去弘化，在奉獻中成就自我，也就是聖嚴師父以身示現的「盡形壽、獻生命」。

僧大學僧也分享應考心態與方法，建議從考古題入手，熟讀聖嚴師父禪修與基礎佛法著作，並提醒備考過程也是在熏習佛法，要提起願心與信心取代猜題的得失心。

有來自苗栗的考生表示，曾有過瀕死經驗，從此對生命起了疑問，聽了法師分享僧團生活，更確定自己的志向。

● 03.17

法鼓文理學院舉辦講座
蔣揚仁欽談佛法修持

法鼓文理學院舉辦專題講座，邀請曾任達賴喇嘛華語翻譯的蔣揚仁欽主講「半甲子的修行心得──〈三寶偈〉的重點摘要」，以八項對空性的提問對應自撰的〈三寶偈〉，分享學佛的解脫之道，有近五十位師生參加。

長年隨侍達賴喇嘛的蔣揚仁欽，整合自身觀修方法，參考宗喀巴大師的《三主要道》，寫下〈三寶偈〉。講座中，蔣揚仁欽從中觀應成派的觀點來解釋空性，以桌子為例，摸得到、

蔣揚仁欽於法鼓文理學院談佛法修持。

看得到，這是客觀上真實的存在，然應成派認為，不但勝義諦是無，世俗諦亦是無，即使是現前看到的桌子也是空的，桌子並不存在，只是眾緣的和合，因此諸法的究竟性質是空無自性，凡夫因無明執著實有，都是由「我」分別而生。所以煩惱的根本是愛我執，要解脫必須依空正見，是無明的對治力。

蔣揚仁欽表示，菩提心是自然任運地生發「為利一切眾生，包括仇敵，我要完善自己，故要成就無上菩提」，生起菩提心的兩大因是：無上菩提之信或智、自然任運地「不忍眾生，包括仇敵，受二障干擾」的大悲心。期勉大眾，有菩提心的大悲心能化悲憫眾生為力量，為了幫助眾生遠離種種苦難而更積極行六度萬行。

● 04.03起

僧大創校二十週年特展
展出「現代唐三藏養成計畫」

僧大二十年特展，法師向大眾介紹「現代唐三藏」的養成過程。

創校二十週年的法鼓山僧伽大學，4月3日起於法鼓山園區第三大樓圓廳展出「現代唐三藏養成計畫」，將出家修行生活樣貌與僧大教育特色，濃縮在三台收納式的移動展車中，分享僧大的創建因緣和理念，以及學僧養成的生命歷程。

三台展車主題設計的元素，源於各期的學僧刊物《法鼓文苑》，而學生歷年的創作與學習成長、在僧大的養成過程，也是這次展覽的基本素材。展覽包括：生轉熟、熟轉生的「繽紛行者」區，闡釋現代化僧教育的「出家教育」區，以及結合出版品、影片、從行者到受戒出家概說的「多媒體車」。

除了三台創意展車，僧大針對一般大眾、體系單位、自覺營學員等三類對象規畫了「僧大MRT」三條參訪路線：隨心線、法喜線、自覺線，透過特展的接引，進一步認識僧大與出家生活。

● 04.08

法鼓文理學院十四週年校慶
校長惠敏法師勉勵師生自利利他

法鼓文理學院於4月8日舉辦創校十四週年校慶典禮，方丈和尚果暉法師、中華佛學研究所榮譽所長李志夫、法鼓山社會大學校長曾濟群、榮譽董事會會長黃楚琪等到場祝福。

典禮上，方丈和尚首先帶領全校師生持誦「阿彌陀佛」聖號，為日前臺鐵太魯閣號事故中的傷亡者及家屬祝福迴向。方丈和尚也以中華佛學研究所所訓「實用為先，利他為重」，期勉師生將在校所學知識，運用在奉獻利他的志業上。

甫過清明時節，校長惠敏法師提到緬懷祖先的意義，在於「德行」而非「血

緣」，唯有道德典範的存續，才能讓家族、團體、社會乃至人類永續發展；並提醒校慶正是思考學校核心價值「心靈環保」、「人間淨土」能否永續發展的時機，鼓勵眾人善用覺察力、保持身、口、意的清淨，並以世界為舞台，自利利他成就淨土。

法鼓文理學院十四週年校慶，師生、校友齊聚，共願永續「心靈環保」、「人間淨土」的核心價值。

典禮圓滿後，全校師生共同巡禮校區五條新建完工的「禪林步道群」，在天光雲影、溪聲水色中，領受禪悅境教，並集思廣益為步道命名。

● 04.13

法鼓文理學院「善經濟」講座
何日生講授以利他共善人間

4月13日，法鼓文理學院舉辦專題講座，邀請慈濟基金會副執行長何日生主講「善經濟」，近三十位師生到場聆聽。

何日生帶領師生從蘇美文明、古希臘哲學、猶太智慧、基督教、伊斯蘭教、儒家哲學到佛教教義，分享古今中外各文明經濟體系中的善與利他思想及實踐，認為「善」與「利他」是推動經濟背後的文化思想。

例如西方哲學家柏拉圖認為「至善」是最高真理，而中文「善」字，是「一人一口羊」，傳達善是人人都生活在共享共榮社會中的意涵。在佛教教義中，佛陀在《阿含經》中以「四具足」回答經商者欲得現法安樂應具備的智慧；於財富分配，提出「一分自食用、二分營生業，於一分藏密，以擬於貧乏」的四分法，並以「六非道」言明取財之道。

於現代社會，何日生舉例如巴塔哥尼亞、大愛感恩科技等社會企業，或是印尼金光集團、馬來西亞偉特科技、臺灣宏碁電腦等，體現「以信念為核心」、「以價值為領導」、「以利他為系統」、「與地球共生息」等善企業思維，以善的動機與方法致力於善經濟，有助於成就一個「身、心、境」富足和合的共善人間。

人文社會學群學群長陳定銘表示，善經濟與「社會企業與創新學程」推動的不謀而合，正是時代所需，鼓勵大眾實現「利他」的善經濟。

● 04.17～18

僧大講經交流
學僧以生命體驗來說法

學僧在講經交流中切磋法義，學習用不同表達方式讓大眾親近佛法。

為提昇學僧弘講能力，僧大於4月17至18日，舉辦「第十三屆講經交流會」，副院長常寬法師、果光法師及多位指導師長到場關懷，共有二十位學僧分享學習成果；多位曾參加自覺營的學員也返校觀摩，重溫解行並重的出家生活。

果光法師以石頭希遷禪師《參同契》中的「回互」思想勉勵全體師生，交流就是一種「回互」，將祖師大德的法義，透過生命的體驗分享大眾，就形成正向能量的傳遞。說法者掌握禪修要領，專注分享，聽者用心聆聽，不僅讓自身法喜充滿，更能利益大眾。

交流中，二十位學僧各自發揮創意，以穩健台風與精彩論述，具體展現結合經典與修行的生命體驗。弘講內容涵蓋禪修、淨土、觀音、菩薩戒、《阿含經》、《楞嚴經》、《圓覺經》、心靈環保等主題。

例如來自印尼的殊諦法師，講述以「前後遇見佛」命題的因緣，並引用《阿含經》及聖者的故事，強調見法如見佛，不論身處什麼時代，能得人身，聽聞佛法、親近善士，如理思惟，法隨法行，即便不能生值佛世，仍有得度因緣。

俄羅斯籍的演誓法師全程以中文講經，提出因果律對自己生命的影響，探索佛陀最核心的教法。

演保法師以〈從「碳足跡」談「心靈環保」〉為題，透過影片指出，當前的自然環境非旱即澇，只要一個人破壞了大自然，其他人都會受影響，唯有扭轉觀念及實踐禪修方法，才能走出全球自然環境破壞的困境；寬惠菩薩透過自製繪本，引領大眾隨善財童子參沙洲上玩沙的自在主童子，從中體會持戒自在、遊戲人間的法喜。

聽講的學僧除了勤作筆記，也踴躍提問，給予講者回饋。常寬法師肯定弘講主題的新意，勉勵學僧轉化名相，以貼近社會大眾的語言，接引大眾更了解經典內涵。

● 04.26

大學院佛學期刊獲獎
《中華佛學學報》、《法鼓佛學學報》受學界肯定

國家圖書館舉辦110年「臺灣最具影響力學術資源」評選，法鼓文理學院發行的《法鼓佛學學報》榮獲「期刊即時傳播獎」（五年統計所刊載之文獻被引用情形）第三名、中華佛學研究所發行的《中華佛學學報》（*Journal Chung-Hwa Institute of Buddhist Studies, JCBS*），榮獲「最具影響力人社期刊：哲學宗教研究學門」第四名。4月26日由國圖館長曾淑賢頒發獎狀，文理學院校長惠敏法師、佛研所所長果鏡法師代表受獎。

《中華佛學學報》、《法鼓佛學學報》發行多年，深受學界肯定。

該評比係依據國圖建置之「臺灣博碩士論文知識加值系統」、「臺灣人文及社會科學引文索引系統」（Taiwan Citation Index Humanities and. Social Sciences, TCI-HSS，簡稱TCI資料庫）及「臺灣期刊論文索引系統」等資料庫，運用系統之大數據分析各項學術資源影響力。

《法鼓佛學學報》是以佛學為專業的半年刊學報，前身為《中華佛學學報》，創刊於1987年，自2007年更名發行，迄今已收錄近百篇佛學學術論文，也不定期以主題專刊方式結集。《中華佛學學報》的前身是《華岡佛學學報》（*Hwakang Buddhist*，於1968年創刊，出版八期後，於1987年正式更名為《中華佛學學報》。自第二十一期起，定位以英文出刊，為一份國際性的漢傳佛教期刊，至今已發行三十二期。

● 04.29

「法鼓數典專案」2021春季成果發表會
科技與佛法的知識饗宴

4月29日，法鼓文理學院舉辦線上「數位典藏年度成果發表會」，主題是「連結與探索」，圖書資訊館館長洪振洲、佛學資訊組助理教授王昱鈞等，從佛典資料庫建立與公開共享、運用人工智慧來辨別佛典文字、《法鼓全集》網站改版、法的療癒主題式資料庫，以及中古佛教寫本資料庫編碼，發表專案最

法鼓文理學院數位典藏小組以「連結與探索」為題,發表佛學專題資料庫產出成果。

新進展。

洪振洲館長說明目前數典小組的各佛學專題資料庫仍是各自獨立作業,缺少跨專案甚至跨組織的連結;日後主要工作是資料庫的連結,以建構佛學知識系統。「漢籍佛典進階文字處理」由王昱鈞老師示範漢籍佛典文字的分詞,透過「人工智慧」(Artificial Intelligence, AI)工具,採用BIES的標籤,標注每一個的詞性,目前人工標記語料超過四百六十萬字。

各專案助理也分別介紹《法鼓全集》網站改版、法的療癒主題式資料庫,以及中古佛教寫本資料庫編碼。其中,開發中的「《法鼓全集》2020紀念版網站」新版操作介面可使用全螢幕閱讀,顯示時以一篇完整的文章為單位,且容許含標點符號字串的搜尋,網站更整合《聖嚴法師年譜》及著作清單,將聖嚴師父的全集與年譜完整連結。

洪振洲館長鼓勵使用者廣發提問,在不斷發現、解決問題中,讓佛典數位化知識網早日成形。

● 05.04

佛教青年佛法盃歡喜交流
開展視野切磋觀摩

法鼓文理學院佛教學系八十位師生,5月4日在校長惠敏法師帶領下,參加由佛光佛教學院於宜蘭校區舉辦的「第五屆佛法盃」體育競賽與藝文交流,兩校學子歡喜交流,在不同環境中開展視野,相互切磋觀摩,增進對彼此的認識,進而珍惜學習資源,成長自我。

佛光佛教學院院長萬金川勉勵學子「一起為佛陀做事」而努力,惠敏法師也在致詞時回顧佛學教育的殊勝因緣,早年聖嚴師父、星雲法師及創立華梵大學的曉雲法師,最初都在中國文化大學致力於佛教學術與藝術研究,隨後各自創辦佛教大學,為臺灣的佛教高等教育開啟新局。

上午進行籃球與羽球友誼賽,學子們展現在靜態的研究、修行之外,也有動如脫兔的一面;下午則展開系列藝文與學術饗宴,首先由佛光大學學生表演改編自《本生經》的舞台劇「須大拏太子」,認真逗趣的演出,笑聲與掌聲不斷;文理學院學生則表演箏樂、〈純真覺醒〉舞蹈、趣味辯經與巴利語「慈心

頌」唱誦。

除了藝文交流，並有佛學知識金頭腦競賽、兩校佛教學系系主任闞正宗與鄧偉仁共同主講「臺灣佛學教育的回顧與展望」講座。闞正宗老師回顧自日治時代以來，臺灣現代佛學教育的發展與興衰，提醒學子珍惜當下的學習環境；鄧偉仁老師則啟發學子反思現代佛學教育的特殊性與限制，而面對社會局勢的變遷，應認真思考佛學教育未來的發展。

為使學子開展視野，相互切磋觀摩，第五屆「佛法盃」體育競賽與藝文交流在佛光大學校園展開。

● 05.20～27期間

法鼓文理學院學士班畢業呈現
四年學習成果多元開展

法鼓文理學院於5月20日、26至27日舉行「109學年度學士班畢業呈現」線上發表會，佛教學系十一位學士班學生，各依專長及志趣，展現四年學習成果。線上亦有十一位指導教師及會審教師與數十位師生參與。

不同於一般學術論文發表，畢業呈現發表主題涵蓋多元面向，解門有華嚴思想研究、觀音信仰、文法手冊、漢巴佛典文獻比較、佛教儀軌等；行門則有海外交換研修見聞、正念飲食、以佛典故事編寫兒童營隊教案等。

其中，德軒法師發表「巴利語與漢譯文獻中的波羅蜜思想——以《行藏》與《六度集》為主」，解析波羅蜜與本生經典的關係，更進一步從巴、漢經典中的波羅蜜精神進行比較；林靖緁從「佛教之睡夢修法」論題，比對《瑜伽師地論》覺寤瑜伽，與藏傳佛教《那洛六法》夢瑜伽修持法的異同；張立欣從量化研究方法進行樣本的分析，探究現代人「正念飲食」的重要性。

傳持法師分享2019年前往德國漢堡大學（Universität Hamburg）亞非學院（Asien-Afrika-Institut）印度西藏學系之海外研修心得，表示在課程中，除了大量的佛典語言養成，文本閱讀與文本考證（Textual Criticism），特別是校勘本的編輯更是該系研修重點。校長惠敏

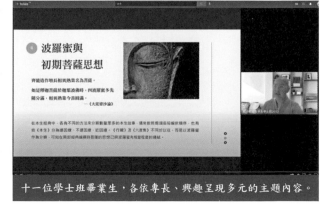

十一位學士班畢業生，各依專長、興趣呈現多元的主題內容。

法師勉勵傳持法師，對於學習過的知識、學問、技能，要持續地自我提昇，將學習融入生活，才能產生長遠效果。

全程擔任論文會審的佛教學系主任鄧偉仁講評說明，學士班畢業呈現有兩種形式，一是論文寫作，另一是實務成果報告，本屆同學多以論文寫作呈現。提醒同學書寫過程要練習提出問題意識、運用文獻進行論述，甚至與現有的研究成果對話，是培養表達與書寫邏輯很好的練習。

● 05.23

僧大禪修專題呈現
演修法師分享聖嚴師父的禪學思想

僧大於5月23日舉辦「109學年度禪修專題呈現」，由學僧演修法師分享「聖嚴師父禪學著作中的問答集」，副院長常寬法師、果光法師擔任講評。

演修法師從聖嚴師父的八本禪修著作中，選錄十七則禪法與生活相關的問答，概要介紹師父的禪學思想，以及禪修法益對現代人的重要性；也分享自己在研究、寫作的過程中，內省到擔心與得失心，再以禪法轉換觀念，回到當下，讓心更踏實。

僧大舉辦「禪修專題呈現」，由演修法師分享聖嚴師父的禪學思想。

擔任指導老師的常寬法師表示，感恩有因緣指導畢業製作，再次從聖嚴師父的著作中，重溫師父的教誨；果光法師期勉學僧在寫作過程中要記錄和指導老師的互動、個人的感觸和啟發，這個反思過程，就是學習最大的收穫。

● 06.01

僧大《法鼓文苑》入圍WIA插畫獎
「善財童子出任務」封面插圖獲肯定

由英國插畫協會（The Association of Illustrators）所舉辦的「世界插畫獎」（World Illustration Awards, WIA），6月1日公布入圍名單，僧大學僧刊物《法鼓文苑》專題「善財童子出任務——尋找防疫善知識」，由總策畫常燈法師與插畫家曹一竹合作的封面及插圖，獲入圍肯定。

「善財童子出任務」描述來到二十一世紀的善財童子，尋訪疫情主角「小

冠」菩薩、果子狸，找出人類與自然安心和諧、互利共生的轉機。活潑生動的畫風，三位主角互表心聲，並非病毒刻意報復、囚禁人類，而是人類引以為傲的文明進展，為自然界及物種帶來諸多傷害。

常燈法師表示，小冠對人類來說是病毒，但是在動物的世界中，它只是微生物，疫病擴大感染的因緣猶如因陀羅網般錯綜複雜，應屏除指責對立，正視問題所在；曹一竹說明，封面的善財童子跪坐合十，正象徵我們應以謙卑與感恩的心，重新向大自然學習。

《法鼓文苑》專題「善財童子出任務——尋找防疫善知識」封面插圖，入圍 WIA 插畫獎。

● 06.11

文理學院線上畢業典禮
啟航建淨土　傳承菩薩行

法鼓文理學院透過遠端視訊，於6月11日舉辦線上學士班畢業典禮，十位來自臺、港、馬來西亞、泰國及越南的畢業生，完成四年大學部修業，伴隨〈三寶歌〉、〈菩薩行〉的旋律，在線上六十多位師生親友觀禮下，搭菩薩衣及受證，邁入人生新旅程。

方丈和尚果暉法師透過錄影，祝福勉勵畢業生，並引用聖嚴師父法語「人生的目的就是為了學習、成長；而成長的目的則是為了奉獻」，期勉畢業生把握時間精進學習，無論繼續進修或從事各領域工作，將在校所學實踐在生活中，一生將受益無窮。

校長惠敏法師表示，新冠肺炎疫情影響既有的生活型態，凸顯高等教育中，全球合作永續發展的重要性，此刻人類必須以謙卑的心面對所有生命，勉勵畢業生將世界趨勢融入生涯規畫，以在校學習的「博雅」精神及「善法五戒」，為社會帶來良性循環。

來自越南的法潤法師，代表畢業生感謝聖嚴師父、僧團及授業老師的教導，分享剛到臺灣時，完全聽不懂中文，四年後能代表致詞，歡喜看到自己的成長；也在充實自我的同時，學習利益更多人。

惠敏法師期勉畢業生，以「博雅」精神及「善法五戒」，為社會帶來良性循環。

● 06.29～30

「第八屆漢傳佛教與聖嚴思想國際學術研討會」線上召開
五十篇論文深入漢傳佛教及聖嚴師父思想

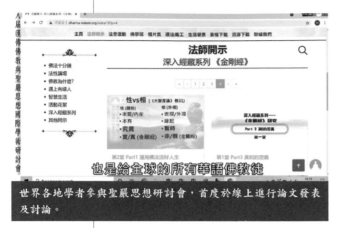

世界各地學者參與聖嚴思想研討會，首度於線上進行論文發表及討論。

聖基會於6月29至30日，舉辦「第八屆漢傳佛教與聖嚴思想國際學術研討會」，因應防疫政策，首次於該會官方臉書及YouTube進行線上視訊直播。共有來自歐洲、美國、日本、香港、中國大陸及臺灣，九十一位專家學者與會，發表五十篇論文，還包括一場專題演講及兩場《本來面目》專場，共有六千八百多人次線上參與。

「佛學研究重在能自利利他，透過研討會的形式，也是推廣佛法的一種方便。」方丈和尚果暉法師於開幕致詞時表示，疫情讓實體會議改變形式，但藉由線上交流，同樣能跨越時空，如主題「境智一如」，全球各地人士能同步參與發表及聆聽，也是一種方便。

本屆的主題為「境智一如——聖嚴思想與漢傳佛教的身心安樂與天地時空」，發表的論文，除了學者個人的研究外，還包含專家小組的Panel成果發表，內容包括聖嚴思想的實踐、禪修思想史等。

專題演講由美國哥倫比亞大學（Columbia University）榮譽退休教授于君方主講「漢傳佛教的創新性：再論禪淨雙修」，鳥瞰中國佛教整體歷史發展、義理辯證明末「一心」的理論，前溯《大乘起信論》的「一心開二門」，進而論證《起信論》作為中國佛教開創的基礎。

于教授回應提問時指出，與其將漢傳佛教視為印度佛教的轉化或中國的本土化，不如視為在中國的創作或是建構，並從Buddhisms複數的佛教來理解。宋以後的漢傳佛教，有很多新發展與印度佛教無關，如淨土、華嚴、天台都是中國的創造，甚至觀音、地藏信仰的人間性，也是漢傳佛教的特點。

除了論文發表，30日還安排「如何再相信——《本來面目》」文化社會、心靈成長兩場專場討論，從文化與心靈層面探討聖嚴師父紀實電影《本來面目》傳達的意涵與價值，透過「聖嚴師父」一生的經歷，繼而確認並再相信自己所堅持的信仰與目標。擔任專場引言人的聖基會董事楊蓓表示，透過《本來面目》為媒介，讓文化界、心理學界和佛教學界交流，此形式的跨界互動，日後可成為研討會的發展方向。

建構與實踐聖嚴思想

第八屆「漢傳佛教與聖嚴思想國際學術研討會」

「漢傳佛教與聖嚴思想國際學術研討會」於 2021 年邁入第八屆，因應新冠疫情全球蔓延，首次以網路視訊直播方式展開，跨越有形時空隔閡，共有九十一位國際專家學者齊聚雲端，包括論文發表、專題演講及《本來面目》專場，兩日議程共累計六千八百餘人次線上參與，開展多元的對話空間。

研討會以「境智一如 —— 聖嚴思想與漢傳佛教的身心安樂與天地時空」為主題，開幕式後的專題演講，由美國哥倫比亞大學榮譽退休教授于君方以「漢傳佛教的創新：再論禪淨雙修」為題，講述從不同面向體會漢傳佛教的創造力，以及當中蘊藏的理念及方法，同時從明朝雲棲袾宏大師所提倡禪淨兼修的理論，解構其中的源起與內涵。

聖嚴思想跨領域開展

本屆論文主題與聖嚴思想相關的有十六篇，如「心靈環保『學』」、聖嚴師父的禪修史觀、念佛禪法、對師父華嚴與如來藏思想的現代詮釋與教學等。

其中，成功大學經濟系教授許永河提出「心靈環保國富論」，生產者以「心靈環保」的覺醒態度，承擔社會企業責任，與消費者形成良性循環，促進企業永續經營及經濟持續發展，也是建設人間淨土的實踐；東海大學國際經營與貿易學系副教授謝俊魁，以「滾雪球抽樣法」取得兩千零三十七筆有效網路問卷，發現「心五四」確實能提昇利他傾向，且與實踐頻率成正比。

法鼓文理學院佛教學系兼任助理教授果光法師發表〈研發「溝通與修行」課程之自我覺察〉，體用融合佛教修行與心理學，並從參與者的訪談中萃取出「自我覺察」的六項關鍵元素：孤獨、安定、距離、明覺、敏銳、好奇，進一步回應教案設計如何融入及運作此六項元素，發揮自我轉化的力量；政治大學哲學系教授李維倫藉訪談在禪修過程中，有過經驗變異狀態的修行者，透過現象學的描述分析，揭露禪修過程中的意識經驗變化。

禪學思想樣貌再發現

「禪學思想史」專場共發表六篇論文，聚焦於唐宋至晚明清初的禪法變遷。日本東京大學東洋文化研究所教授柳幹康發表〈唐末五代的禪宗變遷〉，指出唐末五代是中國社會及禪宗變革的時機，說明馬祖道一和石頭希遷兩人在思想、禪法上的不同，並比較雪峰義存跟趙州從諗的禪法在當時禪宗所扮演的角色。

「第八屆漢傳佛教與聖嚴思想國際學術研討會」首度以視訊會議舉行，開展漢傳佛教現代性。

中央研究院中國文哲所研究員廖肇亨則提出〈宋代禪學思想樣態的再省思〉，將宋代禪學發展的四大主題以及禪師思想——大慧宗杲看話頭、宏智正覺默照禪、惠洪覺範文字禪、念佛禪，安放在禪宗文化脈絡中，檢視宋代禪宗思想演變與社會文化脈絡的關係。

對於元代以後轉向禪淨雙修的發展，中山大學中文系助理教授吳孟謙以〈元代禪淨合一思想探析〉說明，〈禪淨四料簡〉文本的出現，致使禪淨關係開始成為禪師們認真對待的議題，指出禪宗能與各種思想進行對話與滲透，在關注禪門內部傳承和論爭，更應注意思想、宗派之間的交涉，才能如聖嚴師父在《禪門驪珠集》自序中說：「見出禪法的無盡大用。」

東亞佛教跨文化區域的傳布脈動

「東亞佛教的傳播」主題中，中央研究院中國文哲所博士後研究員郭珮君發表〈東亞文化交流中的漢傳佛教信仰表現：以日本平安時代的如法經為線索〉，考察唐代兩部關於《法華經》的感應錄，當時奉行抄寫《法華經》的清淨性與精進行道，尚未形成信仰，但當如法經傳入日本後，漸漸在宗寺形成被信仰的對象，由此例證考察日本天台宗成立後，不斷強調自身宗派承繼自唐代，進而論證漢傳佛教對日本佛教史建構的影響。

政治大學哲學系名譽教授林鎮國發表〈戒定與江戶時代《唯識二十論》的講論熱潮〉，提出日本現代唯識學研究系譜的「唯識正義」之爭，不只受到西方學者對唯識梵本研究的影響，也可上溯至江戶時代的日本傳承。

日本青山學院大學國際政治經濟學院教授陳繼東探討江戶時期在淨土宗與真宗的宗學之爭下，淨土宗僧人統譽圓宣撰寫的《挫僻打磨編》，對真宗創始人親鸞的《教行信證》進行的全面批判，並比較圓宣與清末楊文會對淨土真宗批判的異同；指出宗學之爭主要是教義之爭，關乎各宗的自我認同與生存，宗學之爭對佛教在亞洲的開展具有普遍意義。

《本來面目》為社會注入心靈活水

除了論文發表，研討會並以聖嚴師父紀實電影《本來面目》為媒介，舉辦兩場專場，讓文化、心理和佛教界人士交流，以跨領域的互動，深入探究師父的教法與當代實踐。其中，文化社會專場由媒體工作者陳浩主持，資深編輯林皎宏、滾石音樂董事長段鍾沂、CNEX傳播創辦人蔣顯斌與導演張釗維，分享觀影前後的心得與覺察。

　　心靈成長專場由臺灣榮格心理學會王浩威會長主持，慈濟大學人類發展與心理學系助理教授彭榮邦、輔仁大學心理系教授丁興祥、臨床心理師鄭文郁、中國大陸四川大學講師尹立等，就其自身經驗與心理科學角度，分享本片對社會的影響，以及在疫情期間，如何從心理層面觀照自己、返回自心，提出專業的解析與建議。

　　2021 年，全球新冠肺炎疫情依舊嚴峻未歇，聖基會藉由雲端持續舉辦學術研討會，除是繼起聖嚴師父的弘法願心，也期望在大眾最需要佛法的當下，透過學者們研究聖嚴思想與漢傳佛教的成果，為當前社會注入安定的源頭活水。

2021 第八屆漢傳佛教與聖嚴思想國際學術研討會議程

6 月 29 日

地點	論文主題暨專題演講／發表人／論壇	主持人／回應人
	開幕式：方丈和尚果暉法師致詞、聖基會董事長蔡清彥致詞	
	【專題演講】 漢傳佛教的創新性：再論禪淨雙修 主講人：于君方（美國哥倫比亞大學榮譽退休教授）	主持人：林鎮國（政治大學哲學系名譽教授）
	【聖嚴思想體系建構與實踐】 1.經濟富足與心靈安樂：「心靈環保」、廠商經濟行為與永續發展 發表人：許永河（成功大學經濟學系教授） 2.心五四能否提升經濟行為的利他傾向？ 發表人：謝俊魁（東海大學國際經營與貿易學系 副教授） 綜合討論	主持人：釋果光（法鼓文理學院佛教學系兼任助理教授） 回應人： 1.釋果光（法鼓文理學院佛教學系兼任助理教授） 2.陳定銘（法鼓文理學院人文社會學群學群長）
A廳	【聖嚴思想體系建構與實踐】 1.研發「溝通與修行」課程之自我覺察 發表人：釋果光（法鼓文理學院佛教學系兼任助理教授） 2.禪修過程中的經驗變異狀態：一個現象學的探究 發表人：李維倫（政治大學哲學系教授） 綜合討論	主持人：楊蓓（法鼓文理學院人文社會學群特聘副教授） 回應人： 1.林以正（本土心理研究基金會顧問） 2.彭榮邦（慈濟大學人類發展與心理學系助理教授）
	【論文發表】 1.聖嚴法師天台教學之研究：以《天台心鑰──教觀綱宗貫註》為主 發表人：辜琮瑜（法鼓文理學院生命教育碩士學位學程助理教授） 2.動員佛教徒進行社會主義生產：毛時期九華山的寺院經濟研究（1949–1976） 發表人：歐陽楠（比利時根特大學佛學研究中心博士後研究員） 綜合討論	主持人：越建東（中山大學哲學研究所教授） 回應人： 1.越建東（中山大學哲學研究所教授） 2.池祥麟（臺北大學商學院院長）
B廳	【禪學思想史】 1.禪宗在東亞：人脈網絡與相互觀看的歷程 發表人：劉家幸（成功大學全校不分系學士學位學程助理教授） 2.元代禪淨合一：思想探析 發表人：吳孟謙（中山大學中國文學系助理教授） 綜合討論	主持人：周玟觀（中興大學中國文學系副教授） 回應人： 1.郭珮君（中央研究院中國文哲研究所博士後研究員） 2.周玟觀（中興大學中國文學系副教授）

B廳	【禪學思想史】 1.諸說並立：早期禪宗的發展樣貌 發表人：曾堯民（法鼓文理學院佛教學系助理教授） 2.唐末五代的禪宗變遷 發表人：柳幹康（日本東京大學東洋文化研究所准教授） 綜合討論	主持人：廖肇亨（中央研究院中國文哲研究所 研究員） 回應人： 1.宣方（中國人民大學佛教與宗教學理論研究 所副教授） 2.嚴瑋泓（東海大學哲學系副教授）
	【禪學思想史】 1.宋代禪學思想樣態的再省思 發表人：廖肇亨（中央研究院中國文哲研究所研究員） 2.非自然敘事學視閾下的禪宗公案研究 發表人：巫阿苗（香港浸會大學宗教哲學系博士生） 綜合討論	主持人：郭朝順（佛光大學佛教學系教授） 回應人： 1.徐聖心（臺灣大學中國文學系教授） 2.郭朝順（佛光大學佛教學系教授）
C廳	【禪學思想史】 1.晚明清初禪宗思想史：臨濟宗文字禪論辯之聚焦、轉化與 論述開展 發表人：張雅雯（中華佛學研究所博士後研究員） 2.火中出紅蓮：圜悟克勤禪師之入世禪法 發表人：吳芬錦（政治大學宗教研究所博士後研究員） 綜合討論	主持人：陳玉女（成功大學歷史系教授） 回應人： 1.吳芬錦（政治大學宗教研究所博士後 研究員） 2.張雅雯（中華佛學研究所博士後研究員）
	【論文發表】 1.臺灣五股寶纈禪寺的佛教圖像初探 發表人：黃韻如（臺灣佛教圖像研究中心助理研究員） 2.宗教社會空間中的世俗化建構：以房山石經唐刻《大般若 經》的刊鐫為中心 發表人：管仲樂（中國大陸華南師範大學歷史文化學院 博士後研究員） 綜合討論	主持人：蕭麗華（佛光大學人文學院院長） 回應人： 1.陳清香（中國文化大學史學系兼任教授） 2.釋演本（法鼓山僧團法師）
	【論文發表】 1.聖嚴法師對《楞嚴經》的立場與解讀 發表人：陳陶（法鼓文理學院佛教學系博士生） 2.建設人間淨土：聖嚴法師復興漢傳禪佛教的現代化特徵 發表人：劉怡寧（中央研究院社會學研究所博士後研究員） 綜合討論	主持人：劉家幸（成功大學不分系學士學位學 程助理教授） 回應人： 1.李治華（華梵大學佛教藝術學系助理教授） 2.林佩瑩（輔仁大學宗教學系助理教授）
D廳	【論文發表】 1.二十一世紀香港的《金剛經》：以兩粵語講座系列作個案 比較 發表人：李慧心（香港公開大學教育及語文學院院長） 2.聖嚴法師與馬丁布伯：淨土與對話哲學的相遇 發表人：修尼‧馬格利斯（Hune Margulies）（馬丁布伯對 話生態學院創辦人） 綜合討論	主持人：鄧偉仁（法鼓文理學院佛教學系 主任） 回應人： 1.釋果幸（法鼓文理學院佛教學系助理教授） 2.鍾可力（Corey Lee Bell）（中華佛學研究所 博士後研究員）
E廳	【論文發表】 1.探索《佛母寶德藏般若波羅蜜經》的前二章和《文殊師利 所說摩訶般若波羅蜜經》的互文性關係 發表人：張巨岩（美國德克薩斯大學聖安東尼奧分校傳播學 系教授） 2.重訪「執拗低音」：日本鎌倉新佛教中心史觀之近代性與 普世化轉向 發表人：釋道禮（臺灣大學歷史學系博士生） 綜合討論	主持人：涂艷秋（政治大學中國文學系教授） 回應人： 1.嚴瑋泓（東海大學哲學系副教授） 2.林佩瑩（輔仁大學宗教學系助理教授）

| E廳 | 【論文發表】
1.慧苑及其傳承對《華嚴經》的重視
發表人：平燕紅（日本國際佛教學大學院大學博士）
2.從會通的旨趣到人間佛教的先聲：略論聖嚴法師對宗密《華嚴原人論》的解讀
發表人：釋德安
　　　　（中國大陸蘇州大學宗教研究所博士後研究員）
綜合討論 | 主持人：陳劍鍠（香港中文大學人間佛教研究中心主任）
回應人：
1.蔡金昌（中華佛學研究所助理研究員）
2.蔡金昌（中華佛學研究所助理研究員） |

6 月 30 日

地點	論文主題暨專題演講／發表人／專場	主持人／回應人／與談人
A廳	【「如何再相信」：《本來面目》文化社會專場】 引言人：楊蓓（法鼓文理學院人文社會學群特聘副教授） 綜合討論	主持人：陳浩（媒體顧問） 與談人： 1.林皎宏（作家） 2.段鍾沂（滾石國際音樂公司董事長） 3.張釗維（《本來面目》導演） 4.蔣顯斌（視納華仁文化傳播公司董事長）
	【「如何再相信」：《本來面目》心靈成長專場 I】 引言人：楊蓓（法鼓文理學院人文社會學群特聘副教授） 綜合討論	主持人：王浩威（華人心理治療研究發展基金會執行長） 與談人： 1.丁興祥（輔仁大學心理學系兼任教授） 2.尹立（中國陸四川大學道教與宗教文化研究所講師） 3.彭榮邦（慈濟大學人類發展與心理學系助理教授） 4.鄭文郁（臨床心理師）
	【「如何再相信」：《本來面目》心靈成長專場 II】 引言人：楊蓓（法鼓文理學院人文社會學群特聘副教授） 綜合討論	主持人：王浩威（華人心理治療研究發展基金會執行長） 與談人： 1.丁興祥（輔仁大學心理學系兼任教授） 2.尹立（中國大陸四川大學道教與宗教文化研究所講師） 3.彭榮邦（慈濟大學人類發展與心理學系助理教授） 4.鄭文郁（臨床心理師）
B廳	【東亞佛教的傳播】 1.論大寶守脫（1804–1884）《教觀綱宗釋義會本講述》 發表人：簡凱廷（成功大學中國文學系助理教授） 2.十世紀東亞佛教王權與禮儀空間：以日本平安朝的京都仁和寺與醍醐寺為中心 發表人：李志鴻（臺灣大學歷史學系博士後研究員） 3.東亞文化交流中的漢傳佛教信仰表現：以日本平安時代的如法經為線索 發表人：郭珮君（中央研究院中國文哲研究所博士後研究員） 綜合討論	主持人：甘懷真（臺灣大學歷史學系教授） 回應人： 1.王芳（佛光山人間佛教研究院副研究員） 2.林韻柔（逢甲大學中國文學系副教授） 3.林韻柔（逢甲大學中國文學系副教授）

B廳	【江戶佛教的思想與學問】 1.戒定（1750-1805）與江戶時代《唯識二十論》的講論熱潮 發表人：林鎮國（政治大學哲學系名譽教授） 2.江戶佛教宗學論爭的一個斷面：《挫僻打磨編》的成立及其影響 發表人：陳繼東（日本青山學院大學國際政治經濟學院教授） 綜合討論	主持人：陳玉女（成功大學文學院院長） 回應人： 1.郭朝順（佛光大學佛教學系教授） 2.孫亞柏（波蘭亞捷隆大學比較文明研究中心助理教授）
	【江戶佛教的思想與學問】 1.在日本重新發現印度實在論：以基辨的《勝宗十句義論釋》為中心 發表人：何歡歡（中國大陸浙江大學哲學系教授） 2.老樹新花牆外香：山家山外論爭在日本近世的發展：以鳳潭《十不二門指要鈔詳解選翼》為中心 發表人：王芳（佛光山人間佛教研究院副研究員） 綜合討論	主持人：林鎮國（政治大學哲學系名譽教授） 回應人： 1.林鎮國（政治大學哲學系名譽教授） 2.簡凱廷（成功大學中國文學系助理教授）
C廳	【華韻流芳：天台教觀、治病、儀式與空間】 1.智顗與聖嚴觀心法門於禪病之對治 發表人：郭秀年（佛陀教育基金會教師） 2.天台一心三觀與佛身觀運用之異解：以知禮與仁岳之觀點為主 發表人：釋宏育（華梵大學佛教學系助理教授） 3.「形而下」之聖域創造與觀音禪行：法鼓山三座觀音造像之考察 發表人：楊秀娩（法鼓文理學院佛教學系博士候選人） 綜合討論	主持人：郭秀年（佛陀教育基金會講師） 回應人： 1.釋宏育（華梵大學佛教學系助理教授） 2.郭秀年（佛陀教育基金會講師） 3.林美容（中央研究院民族學研究所兼任研究員）
	【承先啟後的禪宗思想】 1.聖嚴法師的禪修史觀與教學 發表人：李玉珍（政治大學宗教研究所教授） 2.聖嚴法師的念佛禪法：參究念佛的演變 發表人：釋果鏡（中華佛學研究所所長） 綜合討論	主持人：辜琮瑜（法鼓文理學院生命教育碩士學位學程助理教授） 回應人： 1.越建東（中山大學哲學研究所教授） 2.曾堯民（法鼓文理學院佛教學系助理教授）
	【承先啟後的禪宗思想】 1.聖嚴法師心靈環保「學」之意義與開展 發表人：辜琮瑜（法鼓文理學院生命教育碩士學位學程助理教授） 2.聖嚴法師「人性論」之研究及啟示 發表人：紀俊吉（中興大學中國文學系博士生） 綜合討論	主持人：越建東（中山大學哲學研究所教授） 回應人： 1.釋果光（法鼓文理學院佛教學系兼任助理教授） 2.翁開誠（輔仁大學心理學系兼任副教授）
D廳	【禪需要文字嗎？審視經教禪籍對於禪修與開悟之關聯】 1.從仁山寂震〈參禪第一步要訣〉論三峰派之禪鍛與文字 發表人：張雅雯（中華佛學研究所博士後研究員） 2.從「虛空粉碎」論聖嚴禪法與泰國森林傳統的「開悟經驗」 發表人：釋覺心（法鼓文理學院佛教學系博士生） 3.飲水由波：紫柏真可的禪教觀與兩種歷史解釋進路的方法論難題 發表人：林悟石（法鼓文理學院佛教學系博士生） 綜合討論	主持人：釋果幸（法鼓文理學院佛教學系助理教授） 回應人： 1.釋果幸（法鼓文理學院佛教學系助理教授） 2.林悟石（法鼓文理學院佛教學系博士生） 3.釋覺心（法鼓文理學院佛教學系博士生）

D廳	【六─七世紀的佛教經院哲學：從印度到中國】 1.如何將清辨的遮詮理論應用在其著作中？以《大乘掌珍論》為例 發表人：林芳民（政治大學哲學系博士生） 2.邏輯與唯識：護法《成唯識寶生論》對因明之使用 發表人：胡志強（輔仁大學宗教學系助理教授） 綜合討論	主持人： 林恕安（臺灣大學哲學系博士後研究員） 回應人： 1.林恕安（臺灣大學哲學系博士後研究員） 2.林恕安（臺灣大學哲學系博士後研究員）
	【六─七世紀的佛教經院哲學：從印度到中國】 1.圓測唯識學具有「本覺思想」的嫌疑？來自於《仁王經疏》的線索 發表人：楊得煜（台灣大學哲學系博士後研究員） 2.脈絡化與再脈絡化：聖嚴法師於華嚴與如來藏思想之現代詮釋與教學 發表人：鄧偉仁（法鼓文理學院佛教學系主任） 綜合討論	主持人：林恕安（臺灣大學哲學系博士後研究員） 回應人： 1.胡志強（輔仁大學宗教學系助理教授） 2.郭朝順（佛光大學佛教學系教授）
E廳	【論文發表】 1.從宗教到倫理：以和辻哲郎的道元研究為中心 發表人：朱坤容（中國大陸廣州中山大學歷史學系副教授） 2.論明代天台宗僧人幽溪傳燈對止觀思想的運用和發揮 發表人：崔韓穎（中國大陸南京農業大學講師） 3.中國古代編年體佛教通史敘事中的時間與空間建構 發表人：郭琳（美國西北大學中國文化研究中心講師） 綜合討論	主持人：釋果鏡（中華佛學研究所所長） 回應人： 1.何燕生（中國大陸武漢大學國際禪文化研究中心主任） 2.曾堯民（法鼓文理學院佛教學系助理教授） 3.陳玉女（成功大學文學院院長）
	【論文發表】 1.佛教律典中調達謀殺佛陀相關記錄的對比研究 發表人：鍾昊沁（香港大學博士生） 2.從寫經、梵磚到墓葬：論大理密教的起源與發展 發表人：尹恒（中國大陸雲南大學文學院博士候選人） 綜合討論	主持人：宣方（中國大陸人民大學佛教與宗教學理論研究所副教授） 回應人： 1.涂艷秋（政治大學中國文學系教授） 2.吳國聖（清華大學歷史研究所助理教授）
	綜合座談	主持人：廖肇亨（中央研究院中國文哲研究所研究員） 座談人員： 1.越建東（中山大學哲學研究所教授） 2.郭朝順（佛光大學佛教學系教授） 3.郭珮君（中央研究院中國文哲研究所博士後研究員） 4.楊蓓（法鼓文理學院人文社會學群特聘副教授） 5.釋果幸（法鼓文理學院佛教學系助理教授）
閉幕式致詞：楊蓓（法鼓文理學院人文社會學群特聘副教授）		

● 07.03

僧大舉辦畢業典禮
方丈和尚以「平安自在」共勉

僧大於法鼓山園區第二齋堂舉辦畢業典禮，由方丈和尚果暉法師（右）為畢業學僧頒發畢業證書。

僧大於7月3日早齋後，在法鼓山園區第二齋堂舉辦畢業典禮。〈結齋偈〉後，全體僧眾共同為六位畢業學僧祝福，因應新冠肺炎疫情嚴峻，校方並未邀請親友至現場觀禮，但有僧團法師的祝福，更顯典禮簡單隆重。

「進入僧團後是新的學習，以謙虛的心與大眾一同修福修慧，做一天和尚撞一天鐘，在佛法中，成長悲智、增長道業。」院長果暉法師代表全體師長頒授證書，並以年度主題「平安自在」共勉：慈悲心待人，時時有平安，智慧心安己，處處得自在；如果身心無法平安自在，可以倒過來反省，自己哪方面不足，如何用佛法來提昇。

「在齋堂舉辦畢業典禮，是非常特別的畢業禮物。」有畢業僧表示，這學期擔任行堂組長，每次走到這個位置，眼裡只有保溫餐車及飯菜量；今日走到齋堂前方，看到台下坐滿了經常護念、照顧自己的戒長法師和同學，心中滿是感恩與感動，在這個如來家中學習、成長，是非常有福報的。

本年僧大特別製作畢業祝福卡片，由在校生書寫卡片，感恩畢業生在僧大期間的陪伴，期勉未來領執生涯福慧圓滿。

● 07.21

心靈環保研究中心工作坊線上舉行
探討疫情下的因應策略

法鼓文理學院心靈環保研究中心於7月21日，舉辦網路「2021臺灣里山倡議北區及跨區議題與策略盤點工作坊」，在林務局、新竹與羅東林管處以及北區在地經營成員的參與中，探討各倡議單位在新冠肺炎疫情下的困境與重生。

心靈環保研究中心主任黃信勳首先說明，工作坊目的是為了了解成員在疫情影響下的經營變通之道，並分享調適策略的借鏡與支持。於「疫情下的經營之道」討論中，桃園新屋愛鄉協會運用海洋廢棄物為素材開發線上DIY課程、線

上導覽解說；新竹南埔社區發展協會透過網路行銷、開發農產加工品及冷凍宅配等多樣化銷售模式，降低疫情衝擊；石門阿里磅生態農場、苗栗縣樂活通霄休閒農業發展協會則表示，疫情期間遊客減少，讓環境得以休養生息，也推動對環境衝擊較低的生態導覽行程。

議題討論上，人禾環境倫理發展基金會希望藉由補貼政策，鼓勵農民轉作較具抵抗天災能力的稻米品種；新竹南埔社區發展協會與苗栗通霄樂活休閒農業區則提出「由生態產生生計」的概念，盤點在地人文與自然資源，發展地方特色遊程，並藉由保育行動及培訓課程的參與，提昇居民的環境意識及對地方的認同，進而建立地方永續經營模式。

● 08.06 08.16 09.03

法鼓文理學院線上短講
增進師生互動與情誼

8月6日至9月3日，法鼓文理學院人文社會學群學會舉辦三場非學術性的網路短講活動， 6日進行首場，由生命教育碩士學位學程助理教授辜琮瑜主講「心心相印的魔法」，分享對自己與他人的祝福。

辜老師介紹六種魔法，分別為：點心、鍊心、暖心、鬆心、關心、安心，並請同學為自己選一顆相應的心，再選一顆心送給他人；也引導手繪牌卡、分享牌卡，有對自己的期許，也有對他人的祝福。

8月16日「滋養生命活力的魔法」短講中，生命教育碩士學位學程助理教授郭文正從英國廣場街頭藝人談起，強調要找出熱情，才能滋潤自己與其他人，也鼓勵成為發光體，做最精采的自己。

第三場短講，社區再造碩士學位學程助理教授李婷潔以「藏在米食裡的魔法」為題，介紹臺灣米食文化，說明農產品在地化、身土不二的鄉村發展和城市發展同等重要；並分享對傳統米食的喜好，如米苔目、爆米香、紅龜粿等，期許能成為魔法師，以行動支持臺灣米食文化的延續與發展。

● 08.18

文理學院師生參與 SDGs 線上桌遊
體認個人行為價值對永續發展的重要性

法鼓文理學院師生、職員與僧團法師共三十人，於8月18日參加由朝邦文教基金會主辦的「Our World我們的世界」SDGs線上桌遊，透過遊戲進行經濟、

文理學院師生參與SDGs線上桌遊，了解個人價值觀及行為對永續發展的影響力。

推廣以及消費活動，認識聯合國永續發展目標，了解個人價值觀及行為對永續發展的影響力。

在引導師講解規則後，參與者二人一組，分別擔任交易員與大使，抽取小組目標卡後，選擇執行分配到的專案，或在地球村中與其他小組交易金錢、時間或原則等資產。每一次的行動都會改變世界的經濟、環境與社會樣貌。經過第一階段遊戲，2025年已有小組達成目標，賺取一定數量的金錢或累積足夠的時間，然而世界雖然經濟發達，環境卻出現許多問題，社會則面臨重大危機。

參與者透過中場對話，彼此溝通後進入第二階段，有小組不再汲汲於賺取金錢或累積時間，而是設法改變世界的環境或社會指標，到了遊戲終止的2030年，世界經濟蓬勃發展，環境有了顯著改善，但社會已進入失序狀態。

有學員表示，從遊戲中學習到對地球的智慧與慈悲，體認到每一種交換都有增益與損失，希望從自己開始對世界盡一份力量。

● 08.21

文理學院協辦國際論壇
「社會處方」促進社區與心理健康

由中華民國社區營造學會、中華民國醫師公會全國聯合會等單位共同主辦，法鼓文理學院協辦的「社會處方在新冠肺炎的角色」（The International Forum of Social Prescribing in COVID-19 Pandemic）線上國際論壇，8月21日於臺北展開，邀請來自日本、韓國等專家學者與會，交流如何透過「社會處方」（Social Prescription）的實踐，在疫情中促進社區與心理的健康。

校長惠敏法師在歡迎詞中分享，文理學院辦學的核心價值是學習從心調和生命、社區、社會與環境，與論壇的主題相符，而「博雅教育5X5倡議」可作為推展社會處方的參考。公共諮商集團公司提出「下一代社會處方」，主張讓民眾在促進個人健康與福祉上扮演更積極的角色，與「博雅教育5X5倡議」有共通之處。

「社會處方」緣起於英國，是將有社會、情感需求的人，連結社區的非醫療資源，如藝術、閱讀、教育、運動或是大自然、健康生活、資訊提供、社會企業活動、時間銀行等十類，推動全人照護。

● 09.01～02

110學年度教師與行政主管共識營
推動特色研究　師生共同成長

9月1至2日，法鼓文理學院於園區舉辦「110學年度教師與行政主管共識營」，內容包括法鼓山的三大教育、校長治校理念及教學面、國際面、學生輔導報告與討論，以及校園永續規畫等，共有四十多人參加。

共識營首先觀看聖嚴師父「大普化、大關懷」的大學教育理念影片；接著，校長惠敏法師以「從『工型博雅人才培養』到『博雅教育5X5倡議』」為題，進行演講，揭示未來教育應在時間、知識、安全、健康、生死面向上進行學習管理。

共識營中，學校主管、教師組成的專責規畫小組，針對教學、研究、國際化、學生輔導、校園永續等面向，提出相關規畫報告。

其中，研究小組聚焦於深化教師研究成長、鼓勵學生研究發表、推動跨域整合特色研究、推展佛學特色研究及校務研究為策略內涵，提昇師生研究量能；校園永續小組以「營造友善校園」為原則，強調環境之永續與減法設計，營造自然與人文環境和諧的教育場所。

法鼓文理學院舉辦教師與行政主管共識營，凝聚學校發展共識。

最後的討論，各學系針對不同學科的發展與特性，互動熱烈，也提出具體的實施策略與行動方案，期盼學校在未來的高等教育中，更能凸顯佛教大學的辦學特色。

● 09.07

聖基會舉辦「聖嚴思想體系建構與實踐工作坊」
從現象學解析禪修樣態轉換

9月7日，聖基會舉辦「聖嚴思想體系建構與實踐工作坊」，邀請政治大學哲學系教授李維倫主講「禪修過程中的經驗變異狀態：一個現象學的探究」，共有四十位學者與法師，就心理學、宗教哲學與佛教禪修的跨領域交流，進行對話。

李維倫教授首先舉出聖嚴師父對默照禪法的種種經驗描述，接著透過現象心理學的研究方法，提出「意識三重構作」（語意、圖像、體感）的理論操作指

李維倫教授透過現象學描述分析，揭露禪修過程的意識經驗變化。

出，意識現象不是內在現象，而是作為存在的現象。以禪境經驗探討意識轉化的現象為例，在話語意識脫去下的變異經驗，反思引導判斷意識是能與身體經驗產生距離，在此狀態下，出現變異的身體經驗，也就是在禪境經驗中，身體不再是時空世界中的身體，也不再受物理性質所限制，進而印證禪境經驗的意識轉化現象。

禪修所進入的境地是一個原初經驗，還是超越經驗？東華大學諮商與臨床心理學系助理教授翁士恆回應，若從臨床心理學來探討人我關係轉換時，必須追溯至倫理關係形成的重設，當回到最原始的經驗找到基礎，重新發展自己的經驗，將會形成新的人生詮釋的意義。

法鼓文理學院佛學系系主任鄧偉仁表示，佛教認識事物的真實樣貌，並不是透過語言概念的建構，而是要認識事物的「緣起性」、「無常性」，或「空性」，去掉語言或概念的認識，不等同於「解脫」或是「慧」；雖然建構基礎不同，但現象學對佛教禪修經驗的跨領域研究，有助於提供交流激盪的新視野。

● 09.10～12

佛研所、聖基會合辦線上研習營
探索禪宗思想發展與東亞寺院文化

中華佛研所、聖基會、中研院及臺大佛學研究中心於9月10至12日，共同舉辦「獨坐大雄峰——禪宗思想與寺院文化」線上研習營，邀請十餘位海內外學者，透過兩場專題演講、十三場講習，深入「禪」在學術多元研究及視野中的豐富樣貌，有近八十位佛學青年學子參加。

研習營的兩場演講，包括日本駒澤大學總合教育研究部教授小川隆將中國禪宗的特徵分為系譜、清規、問答三部分，提出「想像的共同體」（Imagined Communities）之系譜意識，初祖菩提達摩的後代禪僧認為自己開悟與祖師具有相同的價值與內涵，禪宗即是以初祖的意識共用開始；「清規」表徵禪宗獨特的集體修行生活；而從唐代到宋代則經歷「問答」到「公案」的「典範轉移」過程。

中國大陸四川大學中文系教授周裕鍇則以符號學，探究宋僧「庵堂道號」的

出現和流行，指出是唐宋文化轉型的產物之一，而這一現象也東傳日本，在五山禪林文化得到繼承和發揚。

十三場講習中，關注人文地理學中宗教的神聖空間場域，中正大學歷史學系副教授林韻柔考察中國第一座佛教聖山五台山信仰在中、日的傳播與移植，以及日後發展出的「五台山圖」、「微型五台山」、「別立五台山」，進而探討五台山信仰在日本的發展，與政教變遷有密集關係，同時涉及日本與中國在政治、文化與佛教交流的變遷過程。臺大中文系助理教授簡凱廷舉出運用寺志數位資源，以及藏外文獻如文人文集、碑刻等，研究晚明五台山書寫，分享新材料的運用與新方法的引入。

最後的研討分享，林韻柔副教授表示，自己「從『大好山』到『獨坐大雄峰』，十年磨一劍」，十一年前博士後研究階段參加佛研所舉辦的「大好山」暑期研習營，之後歷經三屆「漢傳佛教青年學者論壇」，到本次研習營，正是法鼓山與諸多師長長期以來致力於佛教研究慧命延續所點燃的無盡燈，期盼青年學子發心接續此燈，使佛教研究延續不盡。

國內外學者及年輕學子在研習營中，展開跨域交流與對話。

09.28

法鼓校友會舉辦線上論壇
三位畢業校友發表論文

為鼓勵校友畢業後，持續從事佛學研究，法鼓學校校友會於法鼓山園區舉辦第六屆校友論文發表論壇，首度採用網路直播，由三位校友發表論文，並由文理學院校長惠敏法師、中華佛研所所長果鏡法師、陳清香老師三位師長回應評論，四十位師生於線上交流佛法學思。

曾於中華佛學研究所求學，目前就讀美國西來大學（University of the West）博士班的修優法師發表〈藕益大師念佛法門的現代意義〉；現為佛光大學佛教學系博士班的蘇原裕以〈試論道教斗姆與佛教摩利支天支因緣〉為論題；正就讀法鼓文理學院佛教學系博士班的陳陶則發表〈聖嚴法師的如來藏觀點——以陳英善〈聖嚴思想與如來藏說〉一文為基礎〉，三篇論文面向多元豐富。

惠敏法師表示，新冠肺炎疫情影響下，舉辦線上活動逐漸成為趨勢，校友會善用網路平台，持續主辦論文發表論壇，提供互相切磋交流分享的機會，值得推廣。

● 10.14

惠敏法師出席輔大「大師講座」
分享佛教在歐亞的傳譯

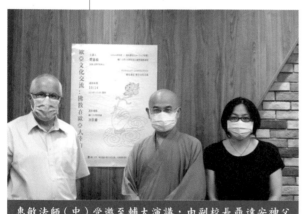

惠敏法師（中）受邀至輔大演講，由副校長聶達安神父（左）擔任主持人，右為計畫主持人劉雅芬老師。

法鼓文理學院校長惠敏法師應輔仁大學之邀，於10月14日該校在文學院主辦的「歐亞連結——歐亞文化交流」（Eurasian Connection——Eurasian Cultural Exchange）大師講座中，主講「佛教在歐亞大陸的傳譯」，由輔大使命副校長聶達安（Leszek Niewdana）神父擔任主持人，講座有一百二十人選修，以半數分流同步展開實體與線上活動。

法師從公元前四千五百年至五百年之間，印歐民族宗教文化之婆羅門教、佛教的起源與開展談起，以大衛·安東尼（Anthony, D. W.）的著作《馬、車輪和語言：歐亞草原的騎馬者如何形塑古代文明與現代世界》（*The Horse, the Wheel, and Language: How Bronze-Age Riders from the Eurasian Steppes Shaped the Modern World*），介紹處於歐亞大陸的核心地帶「草原騎馬者文明」，發明了由馬匹拉動的有輪車與馬戰車，將「草原海洋」從原先無人地帶轉變為四通八達的交通要道，四處移居、建立聚落，最終在歐亞大陸形成繁榮的貿易和文化交流網絡，從而開創充滿活力的變革時代。

講座中，法師介紹佛陀本生故事「捨身飼虎」傳譯亞洲各地的意義。故事講述佛陀前生曾是薩埵太子，與兄長出遊，見到餓虎，發起慈悲心，以自己肉體餵食飢餓母虎與七隻虎子之事蹟，出現於《菩薩投身飴餓虎起塔因緣經》、《金光明經·捨身品》等諸多佛典以及壁畫中。

法師勉勵學子，培養利他精神的敘事力，進而將專業知能實踐於社會，達到知識與社會的雙向互動，也跳脫單一國家、單一媒介的視野框架，思考「歐亞」歷史、文學、文化的生成與交流問題，打破「文化心牆」，增進互相了解，促進地域和平。

● 10.16～17

文理學院主辦佛教禪修工作坊
跨領域對話與交流

　　法鼓文理學院主辦，中華佛研所、聖基會聖嚴漢傳佛教研究中心合辦「對話與交流：佛教禪修研究工作坊」，於10月16至17日在臺北德貴學苑舉行，二十八位學者及研究生在禪修文獻與佛教傳統、禪修與現代社會、禪修與宗教經驗三個領域，共發表十六篇論文及三場討論，探討佛教禪修的多重意義與面臨的當代挑戰。

文理學院主辦「對話與交流：佛教禪修研究工作坊」，探討禪修的多重意義與面臨的當代挑戰。

　　於「禪修文獻與佛教傳統」場次，文理學院副教授莊國彬探討公元二至四世紀印度哲人帕坦伽利（Patañjali）編纂的《瑜伽經》（Yoga Sūtra）註釋書與佛教思想的比較，指出《瑜伽經》偈頌中的專業術語「心」（citta）、「戒」（śīla）、「三昧」（samādhi）和「智」（jñāna），明顯受佛教思想影響；見弘法師談中觀與八世紀蓮花戒（Kamalaśīla）著作《修習次第》的禪修，闡釋修行從初地到圓滿佛地的十二個階梯，說明修行止觀體系，也採用《解深密經》四種所緣概念「無分別影像」、「有分別影像」、「事邊際」、「所作成辦」與止觀結合。

　　「佛教禪修與現代社會」場次中，美國紐約市立大學布魯克林學院（CUNY Brooklyn College）現代語言與文學系教授張嘉如，分享北美黃檗宗三代法脈迄今的傳承與禪修方法；文理學院助理教授溫宗堃介紹緬甸馬哈希禪師重要著作《修觀手冊》，指出以觀察腹部的升降為基礎，並依據《念住經》，以正念正知覺知自己的身心現象，最後終必達成苦的止息。

　　「佛教禪修與宗教經驗」場次中，輔仁大學宗教系教授蔡怡佳從修行心理學，解析佛教徒與基督徒在「祈願」或「祈禱」的過程，是在修行生活當中開啟自我轉化，是從個體存有深處湧現之內在生命的開展（inner flourishing）；中央研究院社會研究所博士後研究劉怡寧自社會學視角出發，探索全球化的佛教禪修現象，並以法國社會學家米歇爾‧傅柯（Michel Foucault）為例說明，經歷實際禪修體驗後，對其終極關懷的啟發。

　　中山大學哲學所教授越建東於議題討論時提出，當代諸多世俗化、現代化議題，是立基於西方架構的思惟模式，佛學研究應省思如何從佛教角度設定新議題，以回應現代社會。

● 10.31

「終身學習菩薩行」網路工作坊
引導大眾踏入修學殿堂

法鼓文理學院舉辦網路「終身學習菩薩行」工作坊，鼓勵大眾精進向學，踏入修學的殿堂。

　　法鼓文理學院於10月31日首度舉辦網路「終身學習菩薩行」工作坊，由二十一位師生分享辦學方針、學習歷程與生命故事，共有八十位海內、外民眾參加。

　　活動由大願校史館館長辜琮瑜、生命教育學程副教授楊蓓、社會企業與創新學程教授葉玲玲與助理教授黃信勳、心靈環保研究中心助理教授果光法師等多位師長，進行「三生有幸、四生安樂」、「安心之道」等講座與對談。

　　「菩薩道最重要的兩句話，就是『不為自身求安樂，但願眾生得離苦』。」辜琮瑜老師引用創辦人聖嚴師父的期許，說明透過校園學習，提昇生存、生活、生命品質，共同創造心學習、心生活、心經濟、心生態，學習奉獻利他、消融自我的方法，找到終身學習的地圖。

　　果光法師從一位好友面臨生死交關的歷程中，分享生命教育所啟發的人生功課與學習，提醒大眾，珍惜每一刻，活在當下。人文社會學群長陳定銘則從校園環境、學校師資、課程模組、理論與實務結合等等面向，介紹文理學院的辦學內涵。

　　最後的Q＆A單元，有來自馬來西亞的青年提問，社會企業與創新在國際上扮演的角色，果光法師回覆，在全球經濟發展過程中，製造出環境、生態、社區等問題，透過結合企業以多元角度、心靈環保視野來解決社會問題，強調企業不能只以營利為目的，還要能為友善地球、永續發展做出更大貢獻。

● 11.05　11.19　12.03

中華佛研所主辦數位唯識工作坊
三位學者分享研究成果

　　11月5日至12月3日，中華佛研所、法鼓文理學院數位典藏組共同舉辦三場網路「數位唯識工作坊：當代的唯識研究與文本解讀」，邀請唯識學者分享研究成果。

　　首場工作坊由文理學院副校長蔡伯郎講授「唯識數位資料庫之應用：以唯識文本之對勘與詮釋問題之研究為例」，介紹並操作示範「唯識典籍數位資料庫（Vijñapti-Mātratā Text Database）」多個資料庫成果，藉長尾雅人〈《成唯識論》造論之意趣〉一文，運用數位文本比對《成唯識論》造論緣由，與安慧《唯識三十論疏》梵文本的差別及代表的意義；接著示範梵文本與漢譯本對讀的「得度」工具，比對菩提流支、真諦和玄奘譯本之差異，包括對「頌」的認定，以及窺基在《唯識二十論述記》中對真諦譯本的批判，不僅省去機械化整理作業，使用者能更方便閱讀、理解《成唯識論》的文意。

　　11月19日邀請政治大學哲學系名譽教授林鎮國主講「管窺晚近英美唯識哲學的詮釋路徑：從『唯心論』到『基礎論』的爭論」，說明從江戶唯識學熱潮，上溯日本法相傳統「一性皆成」與「五性各別」的長期論爭；而現代英美唯識學研究與唯心論詮釋系譜，則從1920年代英國唯心論哲學家起，就無法全然擺脫唯心論，因此，「屏除唯心論」成了當代英美哲學的潛台詞；二十世紀末，歐陸學者開始以現象學與詮釋學來研究佛教哲學，但忽略了佛教主要的關懷在於從生死流轉中獲得證悟解脫，唯識學討論「一切唯識所現」主要的論證來自阿賴耶識與三性論，此二理論既非傳統意義下的形上學，也非僅是知識論，旨在揭露生死流轉（生活世界）構成的「詮釋現象學」或「解脫詮釋學」。

　　第三場由法鼓文理學院特聘教授陳榮灼主講「唯識義主體性的解釋：德希達（Derrida）vs.上田義文」，比對法國解構主義哲學家雅各‧德希達（Jacques Derrida）與日本唯識研究專家上田義文對「主體性」的看法，兩者皆是透過如何（How）、優先於什麼（What）的進路來看主體性——能識的主體在唯識中是阿賴耶識，而德希達提出的是一種存在的轉向，是一種具體的主體性；差異之處是德希達比較強調主體（Subject）彼此間的關係，而上田則較強調唯識義所講的主體（Subject）和客體（Object）的關係，因此更容易說明量論開出的必要性，特別是強調「後得智」的觀點，至於德希達，反較像中觀學派，走向反識主義。

　　有佛教學系碩士班學生表示，三場講座從解析文本解讀、佛教意識哲學、唯識義主體性等三大面向解析唯識學，對文本的解讀，助益甚大。

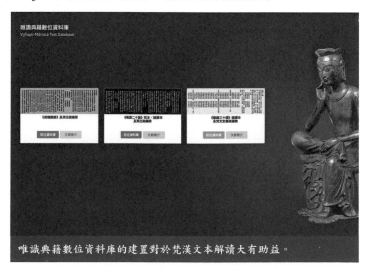

唯識典籍數位資料庫的建置對於梵漢文本解讀大有助益。

● 11.10

文理學院「DILA 法鼓講座」
廖新田館長從臺灣美術史說故事

廖新田指出，文化推動必須從藝術生活化及教育體制著手。

法鼓文理學院於11月10日舉辦「DILA法鼓講座」，邀請國立歷史博物館館長廖新田演講，主題是「為什麼臺灣美術史很重要？」，剖析臺灣美術的發展與困頓，共有四十多位師生參加。

以「浮萍」與扎根土地的「大樹」圖像開場，廖新田指出，因全球化的趨勢，大眾無意識地追隨主流，卻忽視自身文化歷史價值，導致臺灣藝術史被嚴重邊緣化，臺灣美術的困頓，如同結構性的忽略／歧視下的「隱形天花板」，在強勢的西洋美術教育體系下被刻意矮化。

廖新田強調，從南島文化、大航海、民俗藝術、現代美術、文化鄉土運動、民主化、全球化過程中，臺灣其實有豐厚的人文藝術底蘊，只是長期被忽略，文化推動必須從「藝普」（藝術生活化）及教育體制著手。因此史博館在2020年出版第一部專屬於臺灣美術史的辭典《臺灣美術史辭典1.0》，收錄已故的重要美術人物和團體、機構、事件等兩百則辭目，是匯聚臺灣美術史研究的平台，企盼喚起更多人關注臺灣美術。

● 11.24

法鼓文理學院專題講座
張嘉如教授談生態人間淨土

法鼓文理學院於11月24日舉辦專題講座，邀請紐約市立大學布魯克林學院（Brooklyn College of the City University of New York）現代語言文學系教授張嘉如主講「人類世下人類文明的終結與解放」，跨學科探索批判理論、生態批評與佛教研究之間的連結。

張嘉如表示，「人類世」指的是地球已進入全新的地質年代，在地層挖掘過程中發現許多非自然力量產生的物質，包含人造的放射性同位素、塑膠、鋁製品、殺蟲劑和水泥等污染物，顯示人類活動已對地球帶來影響；同時也是學界在探討人類與地球環境交互作用時的核心概念。

「人類世」也是人類模仿「同一性」（identity）的全面完成，張嘉如說，「同一性」意指人類自覺地遵守一種統一化的形式邏輯來安排未來，最終將導致自身的毀滅。例如用電動車取代汽油車、用環保袋取代一次性塑料袋，事實卻是製造一台電動車和高耗能電池會產生大量二氧化碳排放，而且只有行駛六萬公里後才能開始節省碳排放，這對環境或經濟結構並沒有助益，僅是綠色消費給予「拯救地球」的幻覺。

張嘉如談生態人間淨土，思考人類如何死亡，以及重新適應新秩序。

針對近代有許多藝術家、知識分子呼籲「解放／救地球」，試圖重建「後人類世」的生態烏托邦或淨土，張嘉如認為，「人類世」是一個跨學科事件，當人類開始反思氣候變遷的意涵，思考「人類如何死亡」，以及如何重新適應新秩序的命題，才是更入世地面對未來苦難和磨練之道，讓人類朝往生態人間淨土的方向。

● 12.01

文理學院舉辦「國際交流講座」
河野文光主講理解身心與生命的「動作法」

12月1日，法鼓文理學院舉辦「國際交流講座」，邀請日本岐阜聖德學園大學教授暨臨濟宗妙心寺派福聚寺住持河野文光主講「借助臨床動作法的實踐理解『身體』『心靈』與『生命』」，實體與線上同步展開，有近一百位師生參加。

「動作法（心理康復訓練）在日本是一種獨特的物理治療方式。」河野文光自1974年起，以腦性麻痺兒童的治療為開端，從事腦、肢體殘疾臨床動作法研究，後續也參與自閉症、唐氏症、肌肉萎縮症與二分脊椎兒等殘疾兒童的治療。講座中，河野文光說明，當援助者給予被援助的腦麻兒一個課題──「舉起手來」，腦麻兒會有意圖想舉起手，透過努力後實現舉手動作，這就構成動

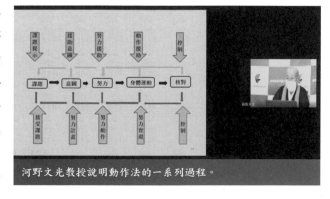

河野文光教授說明動作法的一系列過程。

作法的訓練。過程中，雙方要能互相理解，一是身體活動的實現、另一是通過主觀意願和語言表達，在不斷的行動和反饋中去實現，臨床上，動作療法對被援助者的身心狀態，有著明顯改善。

河野文光表示，人類是一個生命體，為了維持生命，需要有動作的「意圖」，透過「努力」去達成「動作」這個目標，因此，「意圖、努力、動作」構成我們的身心。透過動作法，也理解到所謂的「生命」，就是將身體及心靈融為一體，當身心同時完成工作（活在當下），生命才有價值。

● 12.11

僧大舉辦佛學講座
清德法師探析初期大乘菩薩道精要

僧大於12月11日舉辦佛學專題講座，邀請中華佛學研究所校友、紹印精舍住持清德法師主講「初期大乘的菩薩道」，從印度佛教史發展脈絡貫串主題，摘要解說印順長老的著作精華。

清德法師首先指出經典反映時代，基於漢傳經典收錄的完整性，印順長老透過經

清德法師勉勵學僧，唯有下工夫自我充實，以聞思修開發般若智慧，才能增強利他的力量。

典排序，梳理印度佛教史的來龍去脈；而思想的演進亦由歷史演變一窺端倪，可見了解歷史的重要性。接著以七個子題講述：印度佛教的開展、聲聞行與菩薩行的差異、部派分化引起信解的歧異、初期大乘佛法的內涵、後期大乘佛法的由來、印度佛教流變概觀與初期大乘菩薩道的修學。

法師以印順長老著作中「聖典的由來」圖示，揭示原始佛教到大乘三系、密教，乃至婆羅門教思想入侵，致佛教於印度衰亡的變遷過程，再說明聲聞行與菩薩行雖有許多不同，然均不離佛法總綱：四諦與緣起。

法師分享，印順長老《金剛經講記》中提到的「二道五菩提」，正是大乘的修行次第，提醒學僧，行大乘「人菩薩行」者應隨分隨力利他，唯有以聞思修開發般若智慧，才能增強利他的力量。

有學僧感恩清德法師以圖表搭配口說清晰講授，並再次體會歷史的重要性；也有學僧表示，對法師授課行儀及大乘修行次第印象深刻。

● 12.17～18

聖基會主辦「第七屆近現代漢傳佛教論壇」
探索宗教實踐及經驗表述

12月17至18日，聖基會於集思臺大會議中心主辦「第七屆近現代漢傳佛教論壇」，以「近現代漢傳佛教的宗教經驗及其表達」為主題，二十五位學者及教界代表參與六場論文發表、兩場圓桌論壇，內容涵蓋漢傳佛教修行的實踐、經驗表述，禪門宗師的敘事書寫與解讀等。

方丈和尚果暉法師於開幕式表示，論壇主題關涉禪修的人間性，禪宗是生活化的佛教，有著非常濃厚的人間性，不論從學術研究面向來探討，或是寺院道場的實踐推廣，對民眾都很有助益與影響力。

首場圓桌論壇，玄奘大學宗教與文化學系副教授性廣法師藉經證論述，從解脫道到菩薩道，佛法重心不離從修證實踐中，達到信仰境界的圓成；尤其大乘思想中修行的定義，不能窄化為僅有「修禪坐觀」，而是積極投入人間，以眾生苦為所緣發菩提心，將禪定和社會實踐結合在一起。中華佛研所所長果鏡法師發表「聖嚴法師禪淨教學的實踐」，提出聖嚴師父因應當代淨土行者需求所做的教學轉化。

中國人民大學佛教與宗教學理論研究所副教授宣方於第二場圓桌論壇中，提出傳統宗門的工夫論與境界論能否納入學術場域中討論，說明工夫論中涉及文字般若的部分，至少在原理上可從教理層面來檢核，而學術研究能否契入宗門工夫論的關鍵，必須找到適切的方法來理解其語用和語境。

綜合討論時，慈濟大學人類發展與心理學系教授彭榮邦表示，此次論壇試圖從跨領域連結，如從現象學來詮釋與理解宗教經驗，圈內人（insider）須不斷嘗試掌握當代語彙，使當代能理解禪者的自說行實經驗，方能開展出未來可能的研究路徑。

性廣法師分享，研究若只專注於熟悉的領域，很多觀念會固化，唯有從遠處來看研究及修行目標，才看得清晰。

學者、教界人士在「近現代漢傳佛教論壇」中，就漢傳佛教修行的實踐、經驗表述等展開對話。

● 12.25

「終身學習菩薩行工作坊」寶雲寺舉行
引導共學菩薩道

常寬法師於「終身學習菩薩行工作坊」中，分享聖嚴師父的行思與教育。

12月25日，法鼓文理學院於臺中寶雲寺舉辦「終身學習菩薩行工作坊」，由僧大副院長常寬法師、文理學院教師群展開主題講座、對談及工作坊，引導學員共學菩薩道，共有八十多人參加。

兩場主題講座，首先是常寬法師分享「聖嚴行思與教育」，法師從聖嚴師父就讀靜安佛學院時所發表的第一篇文章說起，當時葦舫法師勉勵青年僧，要努力將佛學研究透徹，方能擔負起傳承的責任。常寬法師說明，復興佛教在於僧教育的改良，能將佛法普及，便可創造人間淨土、促進世界和平。

大願校史館主任辜琮瑜則以「三生有幸、四境安樂」為題，指出三生有幸是指「生存、生活、生命」環環相扣，四境安樂是依於心靈環保四學程，共同創造心學習（生命教育）、心生活（社區再造）、心經濟（社會企業）、心生態（環境發展）；安心之道有門可入，即是尋找自己的本來面目，從內修的覺察到安頓、抉擇需要與想要，外化至個體到群體。

「安心之道與QA」，由人文社會學群學群長陳定銘及社會企業與創新碩士學位學程主任葉玲玲、助理教授黃信勳與談。陳定銘學群長分享以「四它」面對疫後，保持自己的清淨心，便可享受活在當下的幸福；葉玲玲主任說明多為他人著想，能增長慈悲心，不計較利害得失，能開發智慧心；黃信勳老師指出，奉行自然倫理，少欲知足、簡單生活，讓身心安頓在境教的場域中。

最後，學員從五十二張不同的「心」字卡中，抽出自己的「心」，包括：傳心、聽心、童心、寬心、達心等，透過彼此互動與分享，從他人的生命故事，反觀自己的體驗。辜琮瑜老師提醒，探索生命價值是一輩子的功課，鼓勵大眾，文理學院入學沒有年齡限制，混齡學習更可開啟不同世代的對話，在生命的長河中，找到自己的學習脈絡，以及安身、安心之道。

肆【國際弘化】

為落實對全世界、全人類的整體關懷，

透過多元、包容、宏觀的弘化活動，

經由禪修推廣、國際會議、宗教交流……

消融世間的藩籬及人我的對立與衝突，

成就普世淨化、心靈重建的鉅大工程。

安住佛法
化「疫」常為日常

2021年，新冠疫情持續全球蔓延，
相對臺灣從5月進入三級警戒，北美各道場自疫情方始，
因應當地防疫政策即已陸續暫停實體活動，
在這場世紀疫病中，國際弘化持續在利益全人類的初衷下，
步步踏實於全球弘傳漢傳禪佛教，推廣心靈環保理念，
跨地域之別，實踐弘法利生無國界，
讓世界平安，處處光明。

方丈和尚果暉法師於1月北美西岸三處道場聯合舉辦的線上歲末關懷分享會中，首先肯定各道場為安定人心所做的努力，包括為中國大陸與北美醫療機構捐贈醫療資源。方丈和尚指出，疫苗的開發、醫療的進步只是治標，人心的轉化才是根本。2021年法鼓山全球弘化的腳步，持續以佛法智慧為指引，透過國際交流、弘揚漢傳佛教、信眾教育關懷、國際救援等面向，引領大眾將「疫」常轉化為日常，將心安住在佛法上，以穩健踏實的修行生活，發揮自安安人的力量。

國際交流　從「心」找力量

長久以來，眾所關注的氣候變遷、生態危機、宗教和種族衝突等問題，仍有待全人類凝聚出解決的共識及行動，法鼓山身為地球村的一份子，秉承創辦人

聖嚴師父倡導「心靈環保」的理念，本年於國際交流上，持續提出從觀念的導正、人心的淨化入手，方是扭轉局面的根本關鍵。

6月，加拿大溫哥華道場監院常悟法師於當地西三一大學（Trinity Western University）舉辦的跨宗教研討會中，與基督教、錫克教、原住民的代表們，對談因不同宗教信仰導致的問題，期盼社會對蒙受傷痛者予以陪伴，引導從信仰中重新找到心的力量。

第八屆「世界宗教議會」（The Parliament of the World's Religions）於10月召開，法鼓山代表常濟法師及法鼓文理學院佛教學系主任鄧偉仁於東南亞區域會議中，向各國學者及專家分享「心靈環保」，呼籲一切改變必須從「心」開始，唯有體認地球上所有的生命都是一整體，彼此尊重、傾聽及善

待，才能減緩地球遭受破壞。

此外，常濟法師11月應新加坡南洋理工大學（Nanyang Technological University）之邀，於該校發行的國際期刊《RSIS評論》（*RSIS Commentary*）中，發表「宗教團體與氣候變遷——四個一致性的方法」（Religious Communities and Climate Change: Four Ways to Coherence）一文，籲請國際社會以「四它」的觀念與方法，共同化解人類面臨的考驗與危機。

弘揚漢傳佛教　多元並陳

因應所在地的疫情變化及防疫政策，本年全球各道場隨順因緣，彈性調整弘化方式，由於網路不受時空限制的特質，方便有效接引線上參與者，逐漸發展出實體和線上並行的趨勢。

新春期間，北美各道場及亞洲馬來西亞及香港道場，因應社交禁令、居家防疫政策，分別舉辦線上祈福法會，共同祈願疫病早日平息。洛杉磯道場並規畫線上走春，提供「得來速」（Drive Through）平安福袋，信眾於停車場領取祝福禮，不僅兼顧防疫，同時感受實體關懷的法喜。此外，4月清明法會、5月浴佛法會、農曆7月教孝月報恩法會等，透過線上展開，提供大眾祈福孝親的機會。

8月香港道場「平安自在藥師週」、9月東初禪寺「中元報恩佛五暨三時繫念法會」，以實體法會與網路共修同步，在配合防疫規範下，部分信眾回到道場參加法會，多數信眾則於家中透過直播參與，弘化場域也隨著網路所達之處，無遠弗屆地擴大。

各道場結合彼此資源，合力於線上推動活動，也是疫情下發展出的另一項弘化趨勢。年初北美啟動「居家避疫令」，西岸三處道場即互相支援，輪流發布「法鼓山北美西岸三地聯合電子報」，將西岸、東岸及臺灣總本山的活動廣布周知。同時包括法鼓傳燈日、「中華禪法鼓宗」佛學講座、「2021暑期佛法講座」系列等，或由東初禪寺、洛杉磯、舊金山、溫哥華四處道場合辦，或由其中三處、二處道場合辦，各道場相互支援，成就多元的線上活動，發揮了一加一大於二的力量。

另一方面，有鑑於大眾居家防疫亟需安定身心的方法，美國象岡道場於3月舉辦居家網路精進禪修，由住持果元法師主七，以「止觀禪」為法門，引導禪眾練習培養覺照力，進而能在現實生活中平靜面對、處理當下種種狀況；每日開示均透過錄音重播，讓世界不同時區的禪眾，皆獲法益。

7月，加拿大溫哥華道場監院常悟法師應邀帶領瑞士伯恩禪修中心（Bern Chan）舉辦的年度禪七，線上實體並行，共有瑞士、德國、奧地利、芬蘭、比利時、英國、加拿大等地禪眾參加；禪七前，法師特別分享「出家人日常生活中的正念禪修」，釐清與「正念減壓」之間的異同，讓東西方人士了解漢傳佛教「修行即生活，生活即修行」的

特質，並以「利益眾生」為依歸的出家生活。

本年，與青年學子、一般大眾分享「心靈環保」的腳步也持續前行。其中，於馬來西亞，常藻法師為當地全國大專佛青生活營講授「心靈環保」，也受邀參與全國大專佛青思想工作營，於線上座談「佛學會與學佛系統之間的關係」；並應佛教社團邀請，分別以「疫心迴向」、「疫情下的生命告別」為題，透過關懷和教育，傳遞佛教的生命觀，以期達到生死兩相安。

香港道場7月以「平安自在」為主題參加「2021香港國際書展」，邀請心理學家、精神科醫師，與常禮法師對談「您可以選擇不恐懼」，鼓勵大眾抱持平常心，培養慈悲心，減少對自己的執著，心中的壓力和恐懼便不易累積。

聖嚴師父重要著作《菩薩戒指要》（*Essentials of the Bodhisattva Precepts*）英譯本於本年5月，在亞馬遜網路書店（amazon.com）上架，不僅接引全球英語系讀者了解菩薩戒的內涵，也對漢傳佛教在西方社會的弘傳發揮助益。

護法關懷 雲端修學不斷線

2021年，各地道場的各項弘法、關懷活動，多將平日的實體共修調整至線上，透過直播、視訊會議等方式，讓修行不斷線；同時於線上開辦培訓課程，透過教育關懷義工及信眾，引領持續共修共學，成長自己也利益他人。

如香港道場於1月起，推行「修行日常」網路共修，週一至週五由常住法師透過影片，帶領信眾在家中禪修、念佛、持咒、聽經典導讀等，也收集參與信眾的心得和回饋，由法師於線上開示回應解答，引導善用網路持續精進用功，一同安己、安人、安樂眾生。

東初禪寺則於9月起連續三週，舉辦「提放‧自在」佛法關懷系列講座，由方丈和尚分享「如何用止觀禪安身心家業」、僧團都監常遠法師分享「如何覺察身心」、關懷院監院常哲法師分享「如何幫助臨終者放下身心」，提點信眾無論處於任何環境，隨時都要運用佛法，包括：保持正知正念、練習「身在哪裡，心在哪裡；清楚放鬆，全身放鬆」、體驗呼吸、學習做定課，以及透過觀無常、無我、空的練習，建立積極的生死觀。

馬來西亞道場也於9至11月期間，舉辦「讓心靠近」、「提起‧放下‧看生死」工作坊等課程，由常法法師、專業講師帶領學員練習覺察自我身心，從而能同理他人的感受和需求；常藻法師則為學員說明法鼓山大事關懷的觀念與做法，期許以佛教生命觀面對生離死別，圓滿生命價值。新加坡護法會於11月舉辦「溫故知新」線上聯誼，常炬法師鼓勵與會義工「學做觀音」，為未來關懷大眾做好準備。

在讀書會的推廣上，1月，北美西岸三處道場聯合舉辦「心靈環保讀書會帶領人基礎培訓」，邀請講師方隆彰跨海為七十位學員視訊授課；10月，逾百位

於美國象岡道場進行「中元報恩佛五暨三時繫念法會」由十一位法師帶領悅眾代表，與大眾一同修行，並將功德迴向全世界。

新加坡、馬來西亞、泰國、香港、澳洲等地學員，連線參加東南亞「心靈環保讀書會共學活動暨帶領人基礎培訓」課程，從中學習帶領讀書會的技巧，建立正確的佛法觀念與思惟，同時發心深入家庭和社區，成為「心靈環保」的推動者，讓更多人認同法鼓山理念，獲得佛法利益。

國際援助　無地域藩籬

本年於國際援助方面，由於緬甸因政變導致社會動盪、醫院停擺，人民飽受疫情威脅，7月起，法鼓山持續捐助醫療口罩、面罩、防護衣、電子體溫計、血氧機、血壓計、額溫槍等防疫物資，順利送達仰光聖心禪寺（Myatmanaw Dhamma Yeiktha）後，寺方隨即迅速分送給當地多處佛教道場、僧尼佛學院、防疫組織與社區協助防疫。12月，集結眾人愛心的第二批防疫物資送抵，透過聖心禪寺及愛緬基金會（Chit Myit Tar Foundation）發送，期盼發揮最大效益，守護僧俗免於染疫之苦。

12月，豪大雨造成馬來西亞全國八州大水災，各地頻傳民眾受困、家園受損訊息，馬來西亞道場秉持關懷社會精神，除第一階段捐助善款、協助度過不得溫飽的燃眉之急；在得知彭亨州多個偏遠村落的嚴重災情狀況，啟動第二階段的家園重建計畫，捐助三千套寢具，解決當地的迫切需求。

結語

聖嚴師父曾言：「修行不在外在形式，而在於我們的心能否在平常生活中安定、明朗、踏實。」2021年，國際弘化在疫情尚未止息、環境瞬息萬變之中，開展多元弘法樣貌，引導大眾將往昔參與道場共修的實體行動，轉變成在雲端道場中同步共修共學；現實環境無法「面對面」，虛空之中卻因佛法而「心連心」。大眾在自家道場自任監香，將修行融入新的日常，踏實地安住身心，持續走在安己安人的菩薩道上。

● 01.01～30

象岡道場「冬安居」
熏修充電　持續為法精進

1月1至30日，僧團於美國象岡道場舉辦「冬安居」，東初禪寺、象岡道場的常住法師們，藉由打坐、拜佛、拜懺、經行，凝聚道情。

因應新冠肺炎疫情，避免群聚，本年「冬安居」採取半閉關的方式，禪堂內沒有監香、沒有小參，僧眾自任監香，全心投入方法，調和身心，向上一著。

禪期中，法師們密集體驗禪修，攝心專注；念念反省自己，重新思考出家的意義、心態與重心，把握難得因緣，熏修充電，持續為法精進辦道。

● 01.04起

香港道場「修行日常」共修
引領大眾網路精進用功

1月4日至12月30日，香港道場每週一至週五舉辦「修行日常」網路共修，每節一小時十五分，由監院常展法師，以及常禮法師、演清法師、演建法師帶領大眾持續精進用功，一同安己、安人、安樂眾生。

「修行日常」內容，週一至週五每日主題分別是：念佛、禪瑜伽、經教導讀《小止觀》、禪坐、〈大悲咒〉共修等。4月6日開始的「夏‧修行日常」，調整於週二至週六進行，每項共修內容包括行門和解門、練習方法和佛法開示。其中，佛法開示以人間佛教為主題，加入在家功課，分享如何將佛法落實在生活中。此外，也收集參與信眾的心得和回饋，由法師於線上開示時，進行回應和解答。

實體活動停辦期間，香港道場期盼透過網路共修，為大眾帶來平安自在，讓修行定課成為生活的日常。

● 01.08～02.05期間

舊金山道場舉辦線上系列課程
李明曄主講「樂在學習，活出自己」

1月8日至2月5日，美國舊金山道場每週五舉辦「樂在學習，活出自己」線上系列課程，由舊金山州立大學（San Francisco State University）教授李明曄主講，分享學習理論在日常生活中的應用，包括多元智能的認識、如何有效地學

習、增進記憶的方法、批判性思考等，每堂課有近六十位學員連線參與學習。

李明曄表示，成人變化的過程有多面向，包括身體、思考認知、自我精神等領域的改變，同時受到環境、遺傳的交互影響，並引用心理學家愛利克·艾瑞克森

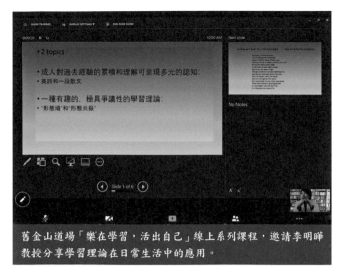

舊金山道場「樂在學習，活出自己」線上系列課程，邀請李明曄教授分享學習理論在日常生活中的應用。

（Erik H. Erikson）的研究理論，將人生分為八個階段，每個階段中，如果沒有把當時的問題處理好，後來的階段便會出現同樣問題。李明曄以「4S」模型：情況（situation）、自我（self）、支持（support）、策略（strategies），說明如何能順利、正向地幫助自己改變。

2月5日最後一堂課，邀請花藝老師王淑青、戲劇表演學教授祝仲華、音樂老師許亦蓮，就各自專長領域，反思成人發展的過程。王淑青老師以兩根竹子為例，一根挨了一刀成為竹竿，另一根經千刀萬剮而成為簫笛，說明不同淬煉和際遇會造成不同結果，人生的學習亦是。祝仲華教授以兩首英文詩，說明過去經驗的累積和理解，應該以接收到的訊息和經歷為支柱，以正向觀念追求青天與陽光；也以「學習共振理論」鼓勵學員，不論學習速度快或慢，都須累積經驗，種下一顆好種子。

許亦蓮老師則以〈小星星〉、〈水月頌〉的三部曲式，如《指月錄》記載「老僧三十年前未參禪時，見山是山，見水是水……而今得箇休歇處，依前見山祇是山，見水祇是水。」指出青原禪師經歷三層境界的轉變，第一層雖與第三層的山水一樣，但第三層是經長久修行而得，勉勵大眾，學習過程不同，因緣也不同，隨順因緣，自有所得。

● 01.17

北美線上歲末關懷分享會
海外信眾網路共修凝聚願力

美國洛杉磯、舊金山，以及加拿大溫哥華道場於1月17日，聯合舉辦線上「邁向2021平安自在——歲末關懷分享會」，方丈和尚果暉法師於法鼓山園區

溫哥華、舊金山、洛杉磯道場於美西時間十七日晚間七點，聯合舉行線上歲末關懷分享會，方丈和尚與三地道場十位法師、三百多位海外信眾線上共聚，彼此祝福。

透過視訊，與三地道場十位法師、三百多位海外信眾於線上共聚。

分享會中，方丈和尚首先肯定北美道場在疫情中為安定人心所做的努力，包括為中國大陸與北美醫療機構捐贈緊缺醫療資源；期勉大眾，諸行無常，危機也蘊含著轉機，新冠病毒不是人類歷史上第一次疫情，也不會是最後一次，醫療的進步、疫苗的開發都只是治標，唯有人心的轉化才是根本。

三地道場常住法師也分別為大眾祝福。溫哥華道場監院常悟法師指出，因應疫情變化，道場的法師們以開放的心態一路觀察、學習，不斷嘗試各種線上弘化方式，並整合三地弘化資源，希望更為妥貼地照顧大眾安頓身心、學佛修行的需求；祈請大眾跟隨創辦人聖嚴師父的足跡，練習放下個人的感受與情緒，轉而關懷他人與社會，隨緣盡分地把溫暖與安定傳播出去。

「春有百花秋有月，夏有涼風冬有雪，若無閑事掛心頭，便是人間好時節。」舊金山道場監院常惺法師表示，只要時時提起佛法觀念，來感恩一切順逆境界，並練習禪修與念佛法門，就一定能平安自在地度過2021年。洛杉磯道場監院常悅法師期望人人找到相應的修行法門踏實練習，並以三種語言祝福大眾「時時平安、處處自在」。

有網路上參與的信眾留言表示，這場跨越時空的歲末關懷分享會，在當前人心不安的現實世界中，更顯得彌足珍貴。

● 01.23～24

北美讀書會帶領人培訓課程
推廣共學　分享與學習

美國洛杉磯、舊金山及加拿大溫哥華三處道場於1月23至24日，聯合舉辦「心靈環保讀書會帶領人基礎培訓」課程，邀請資深讀書會帶領人方隆彰授課，共有七十位學員藉由視訊，進行完整、有系統的學習。

普化中心副都監果毅法師上網關懷學員，表示學習是自主、自願、自動、自發，也是讀書會對參與者的要求；演授法師講授「聖嚴師父眼中的心靈環保讀書會」，說明師父期許讀書會成員都能內化所知所學，隨時隨地應用在日常生

活中，分享給他人。

兩日的課程，包括帶領人的角色與功能、與成員的關係、四層次的提問設計、四善心法等。方隆彰老師將佛法、禪修的精要融匯貫通，提點學員：這個時代不缺乏看法，需要的是把心打開聆聽；不需要無所不知、無所不能，不需要提供

討論的前提

* 可以說話

* OPEN ENDED

* 能說（有話說，有機會說）
　會說（有能力說）
　敢說（勇氣，安全）
　想說（有意願）

讀書會培訓課中，方隆彰老師分享帶領人應具備的胸襟和特質，提問和討論的要點。

答案；帶領人要活在當下，允許自己被改變；也強調，讀書會不是說書會、聽書會，而是所有參與者一起貢獻的一種學習與成長，所有成員既是學習者，又是貢獻者。

課程也安排學員分組討論，以短文進行演練，熟悉帶領人的技巧與心法，也提昇學員帶領讀書會的信心。

● 02.11～26期間

海外道場新春系列活動
祈願疫情平息世界安定

2月11至26日農曆新春期間，法鼓山海外分支道場分別舉辦新春系列活動，邀請大眾在疫情嚴峻的不安中，獲得法喜的清涼。

於北美，美國東初禪寺於12日（初一）舉辦網路新春講座，由象岡道場住持果元法師主講「鼠去牛來」，期勉大眾「汰舊換新」，反思過去的身、口、意三業，並效法諸佛菩薩的慈悲願力，為社會、團體貢獻。講座圓滿後，並展開連續五日的藥師祈福法會，由果元法師等帶領持誦《藥師經》、〈藥師咒〉及藥師如來聖號，祈求全球疫情平息。五天的法會，共有五百五十多人次參加。

東初禪寺暨象岡道場為祈求全球疫情平息，舉行網路藥師祈福法會。

洛杉磯道場、舊金山道場則於12日舉行網路新春觀音法會、普佛法會。為傳遞年節溫暖，洛杉

磯道場特規畫線上走春趣，信眾可透過網路點光明燈、求心靈處方籤、送電子賀卡與祈願；並開放停車場，提供以「得來速」（Drive Through）領取平安福袋，內容包括春聯、平安米及口罩等，讓大眾感受滿滿的平安祝福。

加拿大溫哥華道場舉辦網路新春普佛、藥師法會，由監院常悟法師主法，法師以十牛圖頌的修行過程，勉勵珍惜人生經驗，以解脫道為基礎，進而以清淨心成就菩薩道的圓滿。

亞洲的馬來西亞及香港道場，也因應社交禁令、居家防疫政策，分別舉辦網路除夕拜懺，及新春祈福、觀音等法會，共同祈願疫病早日平息。

2021 海外分支道場新春主要活動一覽

區域	地點	日期	活動名稱／內容
北美	美國東初禪寺	2月12日	網路新春佛法講座
		2月12至14日	網路新春《藥師經》共修
		2月15至16日	網路新春藥師法會
	美國洛杉磯道場	2月12至14日	網路新春觀音法會
		2月12日	得來速（Drive Through）平安福袋發送
		2月12至26日	線上走春
	美國舊金山道場	2月12日	網路新春普佛法會
	加拿大溫哥華道場	2月12日	網路新春普佛法會
		2月13日	網路新春藥師法會
亞洲	馬來西亞道場	2月11日	網路除夕拜懺法會
		2月12日	網路新春觀音法會
	香港道場	2月12日	網路新春祈福法會
		2月14日	網路新春觀音法會

● 02.20

溫哥華道場舉辦網路佛法講座
查可分享慈悲心的培養

加拿大溫哥華道場於2月20日舉辦網路佛法講座，邀請聖嚴師父西方法子、現居克羅埃西亞的查可·安德列塞維克（Žarko Andričević）主講「如何培養對自己和他人的慈悲心」（How to Cultivate Compassion for Oneself and Others），除了北美東、西兩岸民眾，並有新加坡聽眾上網參與。

「在大乘佛教中，慈悲心很重要。」查可說明大乘佛教的目的，是度眾生得解脫，菩薩行所發的菩提心，就是廣大的慈悲心。查可表示，知道別人的痛

苦，並不是要自己和他人一樣痛苦，而是知道苦是什麼，還有苦從何而來；慈悲心不只是看到別人的痛苦，而是同理對方真正的感受，當自我愈少，愈能察覺到對方的苦。

溫哥華道場舉辦網路佛法講座，邀請查可·安德列塞維克分享慈悲心的培養。

講座中，查可詳實說明三種慈悲：生緣慈、法緣慈、無緣慈。「生緣慈」只對身邊的親朋好友，「法緣慈」是對一般眾生，「無緣慈」則是同體大悲、無有分別。

對於「如何培養慈悲心？」的提問，查可表示，主要是不斷地練習放下自我，當能去除自身障礙，便能轉煩惱為慈悲喜捨，並具體地從自己開始，然後逐漸擴大，涵蓋到無量無邊的眾生。

● 02.20～21

北美舉辦法鼓傳燈日系列活動
年譜分享、講座、電影座談感念師恩

緬懷聖嚴師父圓寂十二週年，美國洛杉磯、舊金山及加拿大溫哥華道場，於2月20至21日聯合舉辦三場網路「法鼓傳燈日」系列活動，包括分享會、講座，及《本來面目》紀實電影座談會，共有近千人次參加。

第一場分享會以「心門解鎖·宅疫自安」為題，由《聖嚴法師年譜》編著者林其賢、法鼓文化編輯總監果賢法師與談，共有兩百多位全球各地信眾視訊參與。林其賢表示，聖嚴師父一生不斷地突破、學習，展現悲心願行，教導弟子無論身處何種環境，都要不斷努力精進；果賢法師分享，師父是哪裡需要他，他便去哪裡，哪個

果賢法師、林其賢老師於高雄紫雲寺現場，視訊分享聖嚴師父的願行典範。

地方的因緣成熟了，他就去哪裡，「只要有法鼓山理念的地方，即是法鼓山；實踐師父的願，即是和師父在一起。」

第二場「聖嚴法師的禪學思想」講座，由禪修中心副都監果醒法師、禪堂板首果興法師主講，全程同步英文口譯。果醒法師說明聖嚴師父的思想明示「只有方向，無一定的做法」，是以「開發自己的智慧，也成就他人的智慧」為指標，隨順因緣，沒有一定要怎麼做，或不要怎麼做；以慈悲原則而行，眾生需要什麼，就給予所需要的佛法關懷。果興法師則介紹師父在美國帶領禪修的因緣、僧團三學研修院的成立起源、師父學習禪修的過程和方法。

第三場電影座談會由影片監製楊蓓、導演張釗維與談，認識聖嚴師父找尋生命意義與信念的人間行履。

系列活動從不同的主題和角度，四眾弟子感念師恩，也更堅定學佛、護法、弘法的願心。

● 03.20～27

象岡道場舉辦網路精進禪修
居家七日禪　動靜兼修

3月20至27日，美國象岡道場舉辦網路精進禪修，由住持果元法師主七，並邀請三位聖嚴師父西方法子查可・安德列塞維克、吉伯・古帝亞茲（Gilbert Gutierrez）、賽門・查爾德（Simon Child），以及加拿大溫哥華道場監院常悟法師、常濟法師共同帶領。

本次精進禪修名為「Stillness in Motion」，也就是止觀禪（歷緣對境修）。透過循序漸進的帶領，學員在打坐中不斷練習身體的放鬆和心的專注，並培養清清楚楚的覺照，進而在現實生活的環境下，也能平靜適當地面對並處理當下的事情，而不會有所慌張或焦慮。

每日的禪修作息，除了例行的三個禪坐時段，另有一段老師們的指導、分組討論與分享。為因應來自世界各地不同時區的禪眾，每日開示也會錄音重播，藉由課程與禪修指引安定人心與社會，將漢傳禪法的利益分享給更多人。

美國象岡道場舉辦網路精進禪修，提供居家防疫期間安定身心的指引。

● 04.04 04.11

海外清明共修報親恩
迴向全球疫情平息

全球新冠肺炎疫情尚未止歇，海外道場遵照各國政府的防疫規範，於4月4至11日舉辦實體或線上法會，信眾凝聚共修善願，迴向全球疫情早日平息。

於北美，美國東初禪寺4月4日於象岡道場舉辦清明報恩網路三時繫念法會，由象岡道場住持果元法師主法，法會透過YouTube Live網路共修，計有兩百三十多人共同成就慎終追遠、冥陽兩利的佛事。象岡道場監院常源法師開示，三

東初禪寺暨象岡道場舉辦「清明報恩三時繫念法會」，由主法果元法師帶領信眾線上共修。

時繫念是淨土宗念佛法門，著重「唯心淨土」——自心成就，眾生即成就，因此在薰習佛法的同時，也應集聚眾善為世界祝禱，並以「圓滿是另外一個開始」，勉勵大眾將佛法帶回生活中實踐。

同日，西岸的溫哥華、舊金山道場也舉辦網路清明報恩地藏法會、淨土懺法會。舊金山道場監院常惺法師在淨土懺網路法會上，講解天國、佛國、唯心、人間等四種淨土，並開示以人間淨土為修行重點，鼓勵大眾要做到福慧兩足尊，在人間勤修三福行及一心念佛，累積往生淨土的資糧。

亞洲的馬來西亞道場於4日舉辦網路清明報恩地藏法會，由常施法師帶領，有近一百八十人參加；泰國護法會則於11日舉行地藏法會，由常空法師主法，護法信眾擔任悅眾，眾人凝聚願心圓滿法會。

● 04.18

馬來西亞道場舉辦出坡禪
義工共同擦亮如來家

經歷了兩次因應新冠疫情的「行動管制令」（Malaysia Movement Control Order），馬來西亞道場於4月18日展開大掃除，五十五位義工菩薩回到如來家，一起出坡種福田。

出坡前，常寂法師分享《法鼓全集・書序II》的內容，勉勵大眾把握奉獻的機緣，多用智慧和慈悲來珍惜生命，不為自己增加苦惱，不為他人製造麻煩；

馬來西亞道場舉辦出坡禪，義工一起擦亮如來家。

多為自己爭取利他奉獻的機會，多為他人提供離苦得樂的幫助；也帶領法鼓八式動禪調和身心、靜坐收攝身心，提醒大家出坡時放鬆身心，清楚感受身體的動作，心中繫念佛號。

出坡後的各組分享，有義工表示，清掃時一打開櫃子，看到裡面的莊嚴佛像，內心非常感動；也有義工分享，清洗大殿經文字壁時，心中默念佛號，身心非常安定。法師也帶領大眾以感恩心和報恩心，將出坡培福的功德迴向一切眾生離苦得樂，早日成佛。

● 05.01

溫哥華道場舉辦網路英文佛學講座
李世娟講「楞嚴智慧——觀六根塵境」

加拿大溫哥華道場於5月1日舉辦網路英文佛學講座，邀請聖嚴師父西方弟子李世娟（Rebecca Li）主講「楞嚴智慧——觀六根塵境」（Wisdom from the Shurangama in Daily Life: Contemplating Our Daily Life），全球八十多位來自不同時區的聽眾，透過視訊會議平台、臉書直播一同參與。

依據聖嚴師父英文著作《直到成佛》（*Until We Reach Buddhahood*）中的詮釋，李世娟首先對「真實」一詞的涵義提出釐清，說明一般人認為六根所覺受到的世界，是由一個實在的「我」去感知，這種認知阻礙了體證世間的真實相；《楞嚴經》中佛陀善巧教導阿難尊者看破這些，讓眾生意識到六根覺受的虛妄。她以眼根為例，所見的物質是由光線、視覺器官、大腦神經和空間等各種因緣和合而成，少了任何一個條件便無法成像。

講座中，李世娟對修行者易有的誤解分類：一類是認為苦行是很好的修行方式，壓抑六根的功能；一類是對六根覺受有既定的認知，和他人互動時，經常把自己對外境的感受強加給對方卻不自知，「這其實是自我中心的表現，也是對『空性』的理解不夠通透所導致。」

李世娟教授透過視訊平台，為全球聽眾解析「真實」的虛妄性。

以聖嚴師父的身教為例,李世娟說明修行者該有的正知見,鼓勵眾人在日常生活中以師父所謂「能有,很好;沒有,也沒關係」為依歸,便能轉苦為樂、得心自在。

● 05.01～22期間

美國西岸道場舉辦網路佛學講座
果興法師講「中華禪法鼓宗」

5月1至22日,美國洛杉磯道場、舊金山道場每週六舉辦網路佛學講座,由禪堂板首果興法師主講「中華禪法鼓宗——生命蛻變,承先啟後」,講述聖嚴師父在時代的洪流中,自度度人的生命歷程。講座以中文進行,提供英文同步口譯,每堂有逾一百五十人參加。

果興法師以多本聖嚴師父著作,介紹聖嚴師父一生的行履。《歸程》、《禪門第一課》敘述師父三十 前的波折人生及出家的堅定信念;《雪中足跡》和

果興法師講「中華禪法鼓宗」,期勉大眾開發自性寶山。

《法鼓全集》禪修類書籍,了解師父的禪修體驗,以及實踐佛法的生命歷程。

講座上,法師也詳述菩薩戒的內涵與意義,以及中華禪法鼓宗的法脈與源流。說明聖嚴師父分析整合南傳、藏傳及韓國、日本、越南的禪佛教,於傳統禪法中開展而出,結合話頭、默照、呼吸、禮拜、經行、念佛等輔助方法,開展出次第化的漸修法門,強調包容性、普及性、高度適應性、消融性,賦予佛教積極住世、化世的精神。

果興法師期勉大眾,以聖嚴師父的悲願「我今生做不完的事,願在未來的無量生中繼續推動,我個人無法完成的事,勸請大家來共同推動。」為己願,以禪法開發自性的寶山,發願自度度人。

● 05.02～30期間

全球分支道場慶佛誕
線上感念生命的雙重恩典

5月2至30日,法鼓山海外分支道場接續舉辦網路浴佛活動,以法相會,憶念佛恩與親恩。

東初禪寺舉行線上「初心浴佛」活動，監院常華法師（左前）勉勵大眾善用難得的人身，努力修行。

美國東初禪寺於2日舉辦「初心浴佛」法會，監院常華法師以《法華經》中「諸佛世尊唯以一大事因緣故，出現於世」，說明佛陀出現於世，為眾生揭示「苦、空、無常、無我」的事實，勉勵大眾善用人身努力修行，證得清淨法身，運用與佛無別的「真心」救度眾生。

22日，北美舊金山、洛杉磯道場及加拿大溫哥華道場，聯合舉辦線上浴佛法會，共有兩百餘戶家庭同步參與。現場由溫哥華道場監院常悟法師擔任主法，並代表在浴佛台前浴佛；方丈和尚果暉法師透過網路關懷開示，藉浴佛因緣清淨自心，祈願大眾與佛的莊嚴功德相應。

亞洲地區，馬來西亞道場及新加坡護法會，也分別於26日、當地佛誕日「衛塞節」舉行浴佛法會，馬來西亞道場因疫情仍嚴峻，有近三百四十名信眾線上參與，共同緬懷佛陀出世的功德，也為受疫情所苦的馬來西亞和全世界祝福迴向。常寂法師勉勵大眾跟隨佛陀的教法，自利利人，達到究竟圓滿。

新加坡護法會的浴佛活動，配合政府防疫措施，控制人流，從上午九時開始，分五個時段進行，大眾藉著浴佛因緣，感念佛恩，滌除內心塵垢；護法會也以聖嚴師父《人間世》一書、佛珠手串等，與眾結緣，分享法喜。

29至30日，香港道場除於九龍會址舉辦「約咗佛陀去慶生」，內容包括浴佛法會、禪瑜伽頌缽體驗；並在饒宗頤文化館舉行浴佛祈願、《本來面目》影片欣賞、佛系燈謎，以及包括製作沙畫、念珠、御守祝福包、盆栽等禪藝創作活動，接引大眾親近善法。

● 05.05

《菩薩戒指要》英譯本 Amazon.com 上架
嘉惠全球英語系讀者

5月5日起，聖嚴師父著作《菩薩戒指要》英譯版 *Essentials of the Bodhisattva Precepts* 在亞馬遜網路書店（amazon.com）上架，是第十五本上架的師父著作英譯書，嘉惠全球英語系讀者了解菩薩戒的內涵。

《菩薩戒指要》是聖嚴師父關於戒律重要的代表著作，也是受菩薩戒者必讀的書籍，「三聚淨戒是菩薩戒的特色，也是菩薩戒的總綱，涵蓋了大乘佛法的精神。」師父1991年於美國東初禪寺首度舉辦在家菩薩戒，希望佛教徒不要害怕受戒，持戒如果只重精神，可能落於空談；如果只重戒相條文，可能流於教條主義，唯有菩薩戒的精神與內容並重，才能充分發揮佛法化世的功能。

北美寺院管理副都監常悟法師表示，英譯版《菩薩戒指要》上架後，更能接引西方讀者了解菩薩戒的內涵，助益於漢傳佛法的弘揚。

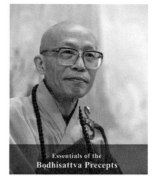

《菩薩戒指要》英譯本在Amazon.com上架，分享英語系讀者。

● 05.08

舊金山道場網路佛學講座
西方法子查可談成佛之道

美國舊金山道場於5月8日佛誕節舉辦網路英文佛學講座，邀請聖嚴師父西方法子查可・安德烈塞維克，透過視訊主講「修行與開悟之道」（The Way of Practice and Enlightenment），以英文與中文即時口譯進行，全球各地共一百八十人參與。

查可首先講述佛陀成道的故事，覺悟前的佛陀是釋迦族的悉達多太子，因為對眾生的痛苦感同身受，發願找出解決之道，經過多年修行，最後覺悟「眾生皆有佛性」，人人都有成佛的潛能。所謂開悟，是覺悟到心性的真正本質，不再受錯誤認知的限制、扭曲而造業、繼續生老病死的輪迴。

查可指出，若覺察個人修行不夠精進，或者修行成了照章行事，建議從佛陀、聖嚴師父或歷代祖師大德的故事中汲取靈感，創造因緣條件幫助自己修行；從訂定較小的目標開始，每天禪坐十五分鐘乃至更長的時間，從練習到逐漸深化、從深化而產生改變、再從改變而建立信心。

查克勉勵大眾，慶祝佛誕是為了由前人的生命故事中得到啟發，滋養修行。精進不懈，就是開悟的修行態度。

查可勉勵大眾，精進的修行就是開悟之道。

● 05.19

香港道場舉辦皈依典禮
常展法師期許新皈依弟子認真修行

香港道場舉辦祈福皈依典禮，由常展法師授三皈依。

香港道場於5月19日，在九龍會址舉辦皈依典禮，由監院常展法師授三皈依，配合當地的防疫政策，儀式於上、下午各舉行一場，有近一百四十人參加。

皈依典禮上，常展法師除了開示三皈五戒的意義和內容，並說明最究竟的皈依，是皈依自性三寶，也就是覺性、正法、清淨，期許新皈依弟子受五戒後，不僅「諸惡莫作」，更要「眾善奉行」，透過學佛一步步放下自我中心，用佛法認真修行、提昇自己，使自己更平安、健康、快樂，還要學觀音、做觀音，成為照亮眾生的菩薩。

有帶著六歲女兒一起皈依的年輕父母分享，建立佛化家庭後，期許在學佛的道路上，同行互愛，不忘初心。

● 05.22

方丈和尚視訊關懷北美信眾
鼓勵大眾以平常心安度疫情

自2020年開始配合主管機關防疫政策，北美地區各道場已持續暫停實體活動近一年半，方丈和尚果暉法師於5月22日透過網路，與西岸溫哥華、舊金山、洛杉磯道場進行視訊關懷三地法師與信眾。

方丈和尚首先分享個人利用疫情期間，規畫重新研讀聖嚴師父著作，期勉大眾以平常心過日子，對疫情訊息的關注要適度，不要過度；不論疫情持續時間的長短，仍然要修行、仍然要弘揚佛法，儘管環境瞬息萬變，不變的是「心」能夠安定，並安住在佛法上。

舊金山道場監院常惺法師回饋線上活動的轉變過程，提醒大眾從「被迫改變，接受改變，到享受改變」；洛杉磯道場監院常悅法師感恩所有的因緣，體驗到「危機就是轉機」，讓線上活動迅速成長；溫哥華道場監院常悟法師則提

出，即使未來疫情減緩，道場逐步開放後，應思考實體與線上活動持續雙軌進行，弘法多元並陳。

多位悅眾也分享配合道場、法師對信眾的關懷與陪伴，疫情期間生活工作雖然受到影響，但也體驗到當下就是最好的，並鼓勵臺灣民眾，一定能夠安然度過難關。

方丈和尚期勉眾人，疫情帶給人們共同省思，唯有彼此尊重，互相了解，才能促進全世界的和平與人類的幸福。

05.26

馬來西亞道場線上分享會
回顧爭取衛塞節為公假的歷程

5月26日，馬來西亞道場舉辦線上分享會，回顧當地佛教團體爭取衛塞節（佛誕日）成為公共假期的歷史過程，有近六十位悅眾參加。

馬來西亞當地自1946年開始，不同傳承的佛教團體團結一致，於1988年成功爭取享有衛塞節公假的福利。悅眾們對於在戰亂、資源缺乏的年代，背景各異的佛教徒仍不遺餘力護教弘

回顧衛塞節成為公共假期的歷史，護法悅眾發願繼承護佛精神。

法，除了讚歎參與者的悲願心，對衛塞節假期更多了一份感恩心，也盼望現代佛弟子效法前人，以寬廣的胸懷「存異求同、通力合作」。

監院常藻法師表示，現代生活資源豐富，多數人對例行的公共假期都以為理所當然，但衛塞節公假是前人的願心與努力所成就；勉勵悅眾以開闊的視野和心胸，從長遠的角度去思考有利於佛教和眾生的事，持續朝目標奉獻。

06.14

常悟法師線上跨宗教對談
致力接引新世代親近佛法

加拿大溫哥華道場監院常悟法師於6月14日，應當地卑詩省蘭利市的基督教西三一大學（Trinity Western University）之邀，出席校方舉辦的博士班專題跨宗教研討會，與基督教、錫克教、原住民等三位代表座談，共有二十一位師生

參與線上研討。

協助女性更生人重返社會的加拿大原住民代表威瑪（Velma L. Albert）首先發言指出，日前在甘露市（Kamloops）的一處原住民兒童寄宿學校舊址，挖掘出二百一十五具兒童大體事件，這是存在已久，多數人不願面對的傷痛；篤信天主教的威瑪，不認為是教義出現問題，而是學校當局、相關人員所犯下的錯誤，如何療癒種族的傷痛，並重新從信仰中找到希望和力量，是當前最大的課題。

錫克教在加拿大的新興支派代表維寧（Sukhvinder Kaur Vinning）表示，所屬的宗教成立於一百多年前，由於殖民主義對其教徒長久迫害，盼能經由積極的參與社會，改變大眾的認知。

「網路弘法修行，讓遠端甚至其他國度洲際的人，有了學習佛法的機會。」常悟法師表示，新冠疫情改變宗教的弘法方式，如何讓大眾持續有效地學習，以及弘法內容及方式能更順應時代與之對話，並接引新世代來接觸佛法，是佛教團體目前和未來努力的方向。

線上學生提問，「面對身障人士，各宗教的態度為何？」法師回應，身障者的內心是痛苦的，甚至會經歷不平等的待遇，陪伴、接受、諒解非常重要，而照顧者也在學習培養自身耐心和安忍力。常悟法師指出，除了身體殘缺，心理的不健全、精神的欠缺，是更深一層的殘障，也更需要從各自的信仰中學習成長。

● 07.03～24期間

新加坡護法會舉辦佛學講座
線上修練《四十二章經》

7月3至24日，新加坡護法會每週六舉辦線上佛學講座，由常耀法師主講「人生覺招──《四十二章經》」，有近五十人參加。

法師說明，《四十二章經》是重要的佛教經典，也是第一部翻譯為中文的佛經，四十二段語錄共計兩千三百多字，篇幅短小卻字字珠璣，簡要說明早期佛教的基本教義，包括佛教基本修道的綱領，說明出家、在家應精進離欲，由修布施、持戒、禪定而生智慧，即可得證四沙門果；全經扼要地傳達修行生活的心要，不談空洞理論，而著重於實際的踐履，對於落實修行有莫大助益。

有學員分享，法師以經典招式為喻，帶領大眾學習「光明覺招」，以佛法觀點提點生活上運用心要，期許自己面對種種煩惱、困難，拆招解招，練就身心修行好工夫，活出自在人生。

常悟法師帶領瑞士網路禪七
演講並主持皈依、感恩禮祖

北美寺院管理副都監暨溫哥華道場監院常悟法師於7月10至16日，應瑞士伯恩禪修中心（Bern Chan）之邀，帶領該中心舉辦的年度禪七。禪七以實體與線上複合方式進行，二十四位禪眾分別來自瑞士、列支敦士登、德國、奧地利、芬蘭、比利時、英國、加拿大等八個國家，

常悟法師受邀帶領瑞士網路禪七。

參與禪眾有些囿於時差、或者兼顧工作，雖未能全程參與，仍展現出對修行的投入與渴望。

禪期間，法師時刻提醒，每一炷香、每一口呼吸，都以初發心來歡喜做。帶領法鼓八式動禪時，講解放鬆不僅是身體上，更要放下對自己的檢視查看、自我批判、喃喃自語、求勝求好的比較心，面對種種覺受、妄念、現象，不反應、不涉入、不干預，成就自己不動的心、清朗的覺照；也引〈信心銘〉「至道無難，唯嫌揀擇」，說明抓、拒的心正是修行障礙，「但莫憎愛，洞然明白」，沒有憎愛之心，必會體驗到實無可抓、可拒。

講解默照禪時，常悟法師以宏智正覺禪師〈坐禪箴〉「不觸事而知，不對緣而照」，說明所緣、所觸的境，其實是虛幻不實的；能知、能照的我（心）也非實有；所感受、體驗的境界，是因緣的運作，無須執著。這些都是可以在禪修中證得的親身體驗。

圓滿日上午進行三皈五戒及感恩禮祖，一位線上參與的天主教徒分享，雖然練習瑜伽多年，也修習日本禪法，卻從未想要成為佛教徒，但在當下卻自然地皈依了三寶，感到非常踏實。

除了帶領線上禪七，常悟法師並於9日以「出家人日常生活中的正念禪修」為題進行演講，釐清正念減壓（Mindfulness-Based Stress Reduction, MBSR）的修行與佛教禪修的異同，同時分享出家人「修行即生活，生活即修行」，解脫煩惱、利益眾生為依歸，清晰呈現出家生活的樣貌。

● 07.10～21期間

洛杉磯道場仲夏心靈饗宴
果鏡法師分享茶文化與茶公案

果鏡法師透過泡茶、喝茶，引領大眾認識唐代的茶文化與茶公案。

7月10至21日，美國洛杉磯道場舉辦網路佛法講座，由中華佛學研究所所長果鏡法師主講「唐代茶文化與茶公案」，有近四百多位美國、加拿大、臺灣信眾參加，課程並同步英文口譯，讓西方眾聞法無礙。

四堂講座的主題分別是「禪在日常生活中」、「茶聖陸羽的茶經與禪僧皎然的茶道」、「趙州從諗喫茶禪文化」、「茶源頭與六類茶」。「茶有道，禪無門」，果鏡法師分享，禪宗所說的「禪」，是指在生活中一種安定、灑脫與活潑的生活智慧。茶與禪又如何相融？法師以泡茶心法「將心放在每個動作上，身心合一，身體在做什麼，心就在做什麼」說明，心行一致，將注意力放在動作覺察上，泡茶就不再只是慣性動作，而是茶與禪的結合。

法師透過課程帶領學員深入唐代茶文化、茶與公案之間的關係，以及從茶師禪話一窺古代茶會盛況。規畫課程的洛杉磯道場監院常悅法師表示，果鏡法師將禪的精神融入泡茶、喝茶過程中，並善巧加入禪宗公案，深入認識茶文化的內涵。

● 07.14～20

香港道場參加國際書展
以書香傳送平安自在

7月14至20日，香港道場參加於香港會議展覽中心舉行的「2021香港國際書展」，以「平安自在」為主題，鼓勵大眾面對無常的大環境，仍不忘抱持平常心，藉由佛法的慈悲與智慧，祈願疫情早日平息，會場也以聖嚴師父的智慧隨身書，與讀者結緣。

18日並舉辦講座，以「您可以選擇不恐懼」為題，由常禮法師與心理學家袁家慧、精神科醫生梁琳明對談，分享如何以「四它」面對及舒緩恐懼的身心

狀況。

三位與談人就近年香港社會現象與疫情的考驗，點出恐懼的產生，多半源自個人的執著，因此必須學會正視外在的各種無常，然後謹記不過分放大、不加諸其他心理因素，才能進一步「處理」恐懼。首先

香港道場參加2021香港國際書展，與大眾分享平安自在的閱讀與祝福。

便是專注於可以改變的，不要執著於無法掌握的，比如心念「阿彌陀佛」，就是個簡單的方法，過程中能夠內省並轉念，除了減輕自我中心，並能朝自利利他前行。

常禮法師提醒，懂得處理問題，壓力、恐懼就不會累積，同時練習培養慈悲心，更能看到他人的需要，減少對自己的執著。

● 07.15

緬懷佛典翻譯家湯馬斯‧克利里
常悟法師代表誦念英譯《華嚴經》

北美寺院管理副都監常悟法師於7月15日，應美國香巴拉出版社（Shambhala Publications）社長尼可‧奧迪修斯（Nikko Odiseos）之邀，代表法鼓山僧團錄製誦念英譯《華嚴經》的影片，緬懷國際著名佛典翻譯家湯馬斯‧克利里（Thomas Cleary），向這位二十世紀最多產的亞洲經典譯者致敬。

湯馬斯是當代最重要的佛典翻譯家，於6月20日辭世，享年七十二歲，一生翻譯近八十部佛教重要經典，代表譯作是一千六百多頁的《華嚴經》（*The Flower Ornament Scripture*），擁有哈佛大學東亞語言與文明學系博士學位，及加州大學柏克萊分校的法學博士學位，學識淵博，譯作題材多元，其譯本又進一步被翻譯成二十多種語言。方丈和尚果暉法師表示，湯馬斯翻譯不輟，自發地對漢傳佛教做出了貢獻。

湯馬斯的佛教譯作跨越不同宗派，包括禪宗、天台宗、上座部佛教、密宗、華嚴宗和法相宗等，出版的第一部作品是禪宗語錄《碧巖錄》（*Blue Cliff Record*），最新譯作為宋代臨濟宗大慧宗杲禪師的《正法眼藏》，將於2022年由香巴拉出版社出版。

● 07.24～08.04期間

舊金山道場《維摩詰經》講座
常啟法師分享在家居士修行

舊金山道場舉辦網路《維摩詰經》講座,由常啟法師主講在家居士的修行。

7月24日至8月4日,美國舊金山道場每週三、週六舉辦網路佛法講座,由僧大教務長常啟法師線上主講四堂「《維摩詰經》旨略——紅塵不迷亦不離」,課程安排英文同步口譯,有近三百五十人參加。

法師首先介紹《維摩詰經》僅存的三種漢譯本,接著以導讀方式講解經典內容,闡述經中所提的大乘佛教思想:淨土思想、不二法門及菩薩道。法師說明,法鼓山倡導心靈環保、建設人間淨土的理念即出自該經經文:「若菩薩欲得淨土,當淨其心,隨其心淨則佛土淨。」

講座中,常啟法師就各品敘述維摩詰居士與諸位菩薩、聲聞羅漢的問答,共論佛法,宣揚大乘佛理,特別集中在不二法門,否定一切聖俗、善惡、是非、清濁等對立,將兩種事物視作不二,才是真正菩薩道;而菩薩所行必須「不盡有為,不住無為」。

道場監院常惺法師於課後勉勵學員,《維摩詰經》與在家居士修行密切相關,修行是在生活中發現佛道所在,現實生活也就是真如佛性的顯現。

● 07.30　09.11

常藻法師應邀參與馬來西亞大專活動
介紹心靈環保與正信佛教

馬來西亞道場監院常藻法師受邀於7月30日,在當地太平佛教會舉辦的網路「第三十六屆全國大專佛青生活營」中,講授「心靈環保」,有近兩百三十人參加。

法師以四它、因緣觀、進退的智慧等內容,分享了如何照顧個人的心、如何從奉獻中成長,乃至認識人生的意義,也引導學員建立及實踐自利利他的人生觀。法師提醒,煩惱自內心而來,不要害怕煩惱心,懂得觀照煩惱心,更能了解自我及掌握佛法。

9月11日,常藻法師受邀於馬來西亞「第十五屆全國大專佛青思想工作營」

中，參與「佛學會與學佛系統之間的關係」網路座談。法師分享，在佛法上的修學有所體驗後，才能帶領佛學會穩步前進；學佛為主，辦活動為次；在承擔的過程中，就是實踐佛法與成長最好的機會。

常藻法師期勉學員，抱持親近善知識、聽聞正法、如理作意及法隨法行的心態來學佛，學佛路上就能走得穩健踏實。

常藻法師受邀於馬來西亞全國大專佛青思想工作營，參與「佛學會與學佛系統之間的關係」網路座談。

● 08.07～18期間

「漢傳佛教之話頭禪法」講座
果光法師講析話頭禪法

加拿大溫哥華道場於8月7至18日，每週三、週六舉辦網路佛法講座，由僧大副院長果光法師主講「撞倒須彌山——漢傳佛教之話頭禪法」，共四堂，每堂有兩百多位來自北美、歐洲及臺灣的學員參加。

法師以禪宗史上四位提倡話頭禪的禪師：大慧宗杲、高峰原妙、憨山德清及虛雲老和尚的生命故事與禪法切入，講析話頭禪法自宋代以降，歷經元、明、清到民國初年的發展與演變面貌，「祖師們生命中的高峰期和劫難期，是人生兩個極端，卻也是禪法得力之時，更是話頭禪發揚光大的契機。」

課程中，果光法師介紹話頭禪的原理及方法運用，強調參話頭首要有堅固信心，且要相信眾生皆有佛性、相信方法能夠帶領見到本自清淨的佛性；同時引用虛雲老和尚的教學：「只要生死心切，咬定一句話頭，不分行住坐臥，一天到晚把『誰』字照顧得如澄潭秋月一樣的，明明諦諦的，不落昏沉，不落掉舉，則何愁佛階無期呢？」鼓勵大眾綿綿密密使用方法，日後必能有受用及成就。

每堂課後皆開放二十分鐘提問，東、西方學員踴躍請法。透過一問一答，學員對話頭禪有更進一步的認識。

果光法師藉由禪師們的修行經歷，講析話頭禪法。

● 08.08～14

香港道場舉辦藥師週
共學如來願行

香港道場舉辦「平安自在藥師週」，信眾回到道場跟隨法師精進共修。

8月8至14日，香港道場舉辦「平安自在藥師週」，實體法會與網路共修同步進行，由監院常展法師帶領，籲請大眾以至誠心誦念《藥師經》，並將誦經、持咒的功德迴向，仰仗藥師如來的慈悲願力，祝願世間疫情早日止息，天災人禍不臨。

藥師週前，道場並規畫前行功課「梵唄誦經的要領」，由常展法師講解唱誦的原理和方法，分享梵唄如何與佛法知見、修行觀念結合。法會期間，並安排僧團果慨法師每天進行影音開示，帶領逐步深入修行心法，闡釋藥師如來本願功德、音聲法門訣竅、聞法的層次，以及修行終極目標等，提醒大眾：「當我們的覺知因修行而被喚醒，也要用自己的生命，喚醒其他生命。」

14日法會圓滿日，常展法師期勉眾人，體會藥師如來為救度一切有情，發下十二宏願的廣大心量，檢視自己的初心是否與佛的願心相應，也要在觀念、行為及人際互動上，逐步改變習氣，不斷修正自己，才能真正得益。

● 08.10　09.19

馬來西亞道場舉辦網路禪一
禪修讓心更安定

馬來西亞道場首辦網路禪一，由常藻法師（左上一）擔任總護。

馬來西亞道場於8月10日首度舉辦網路禪一，由監院常藻法師擔任總護，有近四十位義工參加。

常藻法師開示指出，讓苦止息的方法就是培養心的新習慣——回到當下，全然與單純地感受和接受當下的身心狀況，不牽掛過去或擔心未來；外在環境變化過多過快，能做的是探索自心的寶藏，把個人的安定帶到家庭乃至整個社會，當抱持著想要給予他人安

定的心態來學習，就會更精進。

有別於實體禪修，學員們於家中規畫出獨立空間，與線上其他學員跨越空間距離，同步共修。有學員表示，線上共修雖然是開著電腦，看著ZOOM會議室，但仍有法師及同參道友，一如身在禪堂，莊嚴攝受，身心體驗到安定和放鬆；也有學員感恩義工的用心護持，在不被干擾的空間隨著法師引導，專心打坐，非常安心。

由於迴響熱烈，道場於9月19日舉辦首場開放民眾參與的線上禪一，由常施法師擔任總護，四十二位學員在虛擬禪堂中，透過靜態的禪坐，動態的法鼓八式動禪、拜佛及瑜伽運動，體會禪悅與法喜。

● 08.14～09.05期間

北美四道場舉辦中元法會
教孝月共修懺悔報恩

教孝月期間，北美四道場分別以不同形式的法會，接引重視農曆七月普度傳統的華人信眾。加拿大溫哥華道場首先於8月14日舉辦網路中元報恩地藏法會，監院常悟法師說明，對父母最大的報恩，就是用父母給予的色身，做對社會及眾生有利的事。

美國洛杉磯、舊金山道場於21至22日聯合直播慈悲三昧水懺法會。法會由常惺法師主法，兩地道場六

三時繫念法會將精進共修的功德迴向十方法界。

位法師共同帶領，共逾三百位信眾線上參與。常惺法師開示拜懺的三項功能，一是求平安、求吉祥，二是去除障緣、得正知見和良好禪定工夫，三是深化自己的菩提心及提起對眾生的悲心；勉勵大眾增進正念、正精進、正定，開發智慧，在菩薩道上踏實前進。

美國東初禪寺則於9月1至5日，在象岡道場以實體與網路同步舉行佛五暨三時繫念法會，由十二位北美常住法師們聯合帶領。佛五期間，由女眾法師帶領，默念或高聲念佛、繞佛、拜佛，男眾法師帶領拜懺及跑大迴向；早晚並觀看聖嚴師父的開示影音，介紹念佛法門的根源、方法、種類與特色，期勉大眾起信、發願、精進行。

5日佛五圓滿,接續進行三時繫念法會,由象岡道場住持果元法師主法,法師隨文開示,願眾生與會聽聞佛法,心開意解種下往生淨土的善根因緣,並將精進共修的功德迴向十方法界。

● 08.15　09.04

常藻法師線上談生死
分享疫情下的告別

法鼓山馬來西亞道場監院常藻法師應馬佛青吉打州聯委會及馬佛青森美蘭州聯委會之邀,分別於8月15日及9月24日以「疫心迴向」、「疫情下的生命告別」兩大主題,分享生命的價值與規畫、法會的正確觀念等內容,透過關懷和教育的功能,達到生死兩相安。

法師將生命譬喻為一條無止盡的長河,當中分成好幾個段落,每一個段落扮演不同的角色和承擔不同的任務,所以不能以生命的長短來決定好壞,而是要「以有限的生命,做最大的奉獻」。法師強調,奉獻不是一定要做大事,一個微笑、一份祝福也會讓生命發揮價值。藉由家屬安定的力量、聲聲不絕的念佛聲,可以引導往生者的心識往生淨土。

常藻法師說明,法會的精神意涵是「與法相會,如法修行」,結合防疫因緣與雲端科技,線上法會的功能等同實體法會,勉勵大眾以念佛、持咒、誦經、拜佛、禪修、拜懺等定課來自利利他。

● 09.12

東初禪寺「提放‧自在」特別講座
常遠法師線上弘講「如何覺察身心」

常遠法師(左上一)鼓勵大眾,每天「心呼吸」三分鐘,好好守護自己的心。

美國東初禪寺於9月12至26日,週日舉辦網路佛法講座,主題是「提放‧自在」,共三場。12日首場由僧團都監常遠法師主講「如何覺察身心」,提點日常生活中的佛法運用,落實消融自我煩惱,關懷他人需要,有近三百一十人參加。

透過短片,常遠法師首先分享心情如何從擔憂、討厭,瞬間轉為寬慰、欣喜,表示多數人常因身分、工作、生活、健康等諸多因

素，讓情緒感受種種不自在，法師引佛陀偈語「心隨境轉皆是苦，心能轉境才是樂，世人皆被俗事煩，難得逃脫此束縛」期勉，學習接受緣起緣滅，勿以過去傷害自己。

常遠法師以默照禪法的要領：「心裡清楚知道，但不受外境影響。」鼓勵大眾在日常生活中每天「心呼吸」三分鐘，練習放鬆身心、體驗呼吸，覺察自己心念的狀態，保持正知、正念，才能好好守護自己的心。

● 09.19

東初禪寺「提放‧自在」特別講座
方丈和尚線上弘講止觀禪

美國東初禪寺「提放‧自在」網路系列講座，9月19日由方丈和尚果暉法師主講，講題是「如何用止觀禪安身心家業」，共有兩百八十多人參加。

方丈和尚從「觀身不淨、觀受是苦、觀心無常、觀法無我」切入止觀禪的修習，指出日常生活中身心合一的重要性，表示勤加練習禪修

方丈和尚分享運用止觀安定身心。

「身在哪裡，心在哪裡；清楚放鬆，全身放鬆」十六字心法，即能達到放鬆和集中的平衡，將心的品質提昇；而為能及時覺察身心，即時回到當下，也傳授「三三二二」的十稱念佛法，引領大眾從中領略觀照。

方丈和尚以「放鬆、歸零、放下」提勉眾人，一是隨時隨地「放鬆」身心，無論遇到什麼緊急的事情，都要先放鬆；再者是每天能將身心「歸零」，學習做定課，每天都是從心（新）出發；最後則是萬緣「放下」，一念不生，如《金剛經》所說「凡所有相，皆是虛妄，若見諸相非相，則見如來」。。

● 09.25　10.09

馬來西亞道場義工關懷培訓
安己安人　讓心靠近

馬來西亞道場於9月25日、10月9日，舉辦「讓心靠近」網路義工關懷培訓課程，由常法法師及資深心理諮商師陳茉莉授課，共有一百三十三人參加。

馬來西亞道場義工關懷培訓課程，學員學習自安後方能安人。

第一堂課，常法法師以「安己」才能「安人」為主軸，帶領學員覺察自己的身心狀態，從而推己及人，才能同理他人的感受和需求。法師也分享參與中國大陸四川汶川地震的救災經驗，表示災難的示現，可以看見生命的脆弱與世間的實相，而從生命中經歷的八苦，更能體會到生命的實相；面對問題，法師則引用聖嚴師父面對它、接受它、處理它、放下它，從正視問題、轉化為行動來處理，最後以隨緣盡份、盡份隨緣的態度，把處理完的事情放下。陳茉莉老師則帶領小組討論，以十五道問題，探討自己的心結，並運用「擔心決定樹」，引導走出焦慮不安。

10月9日「陪伴的力量」課程中，常法法師以身語意分析三個層次的力量，意業最大，其次為肢體接觸的安慰，最後才是語言；先以慰問語打開話題，再用讚歎語讓處於負面情緒的當事者，看見和肯定自己的優點特長，最後學觀音菩薩慈悲說話，引導轉念離煩惱。陪伴者需要透過由內散發的安定力量，才能讓對方接受關懷。陳茉莉老師則提醒，關懷他人時，要能分辨自己與對方的問題和界限，量力而為。

有學員分享，課程內容豐富實用，逆境的示現，更了解到安定的重要性，先安定自己，才能安定他人。

● 09.26

東初禪寺「提放・自在」特別講座
常哲法師線上弘講「幫助臨終者放下身心」

美國東初禪寺「提放・自在」網路系列講座，9月26日由關懷院監院常哲法師主講「如何幫助臨終者放下身心」，分享如何運用佛法陪伴臨終者，有近兩百九十人參加。

法師引用《八大人覺經》中「世間無常，國土危脆」、「生死熾然，苦惱無量」指出，人的生死有三種層次：剎那的生死、一期的生死、三世的生死，這期生命的結束是必然，在必然來臨之前，其實也時刻剎那地在面對生死。四大

色身剎那生滅，心也是不斷在生、住、異、滅變化，這就是無常；練習體驗無常，體會每個當下都在生死臨終之中，便能放下身心、放下執著，好好面對死亡。

常哲法師指出，對於臨終者的身心靈整體關懷，以靈性關懷最為重要，有宗教的信仰和發願才是最重要的皈依處。以佛法來說，就是念佛和發願，相信阿彌陀佛的慈悲願

常哲法師提醒，以佛法的無常、無我、空等觀念來理解病苦，善生與善終，乃互為因果。

力，而能解脫輪迴、往生淨土，有了這樣的方向和信念，抱持著不怕死、不等死、也不求死，但隨時準備死亡的心態，精進修行念佛，縱使病苦，或是遭逢無常，也能以平常心面對，而不感到恐懼害怕。法師期勉大眾透過觀無常、無我、空的練習，建立積極的臨終觀，活好、病好、走好。

● 10.02～03

東南亞讀書會帶領人線上培訓
共讀聖嚴師父書中法寶

普化中心於10月2至3日，首度舉辦網路東南亞心靈環保讀書會共學活動帶領人基礎培訓課程，內容包括聖嚴師父的思想與寫作、讀書會心要、有效讀書四層次解讀法等，由副都監果毅法師、信眾教育院監院常用法師、資深讀書會帶領人方隆彰帶領，共有一百一十多位新加坡、馬來西亞、泰國、香港、澳洲學員參加。

首日課程，果毅法師解說與導覽聖嚴師父的著作與思想，並以師父寫作的目的提醒學員，過如實的佛弟子生活，在讀書會中傳遞給更多有緣人；常用法師則透過師父著作《法鼓晨音》，帶領學員認識心靈環保讀書會，說明讀書會的功能是讓更多人認同法鼓山理念，獲得佛法利益。

方隆彰老師在課程中，對帶領人

泰國讀書會成員參與線上共學，體證「讀懂一句、受用一生」的喜樂。

應有的引導智慧與技巧，及如何對參與者全身心的照顧，展開細膩指導。說明在共學的過程中，每一位參與者都是老師；稱職的帶領人是催化者、傾聽者、陪伴者、身教者，非指導者或解惑者的角色，並使每位參與者皆能在無壓力且安全開放環境下，做經驗發表與心得回饋，藉由共學過程，落實自願、自主及自助、自律的好修養。

於「四層次提問法」單元，方隆彰老師引導學員從「知道、感到、想到、悟到」，循序探索自我對材料的感受、聯結、反思及重整，進而產生新的正向學習。

有泰國學員分享，透過課程建立了帶領人的正確觀念與思維，在工作及其他活動帶領上也非常適用，幫助自己更順利地與員工溝通。

● 10.17～19

DDMBA 出席世界宗教會議
常濟法師分享以心靈環保扭轉全球危機

10月17至19日，美國法鼓山佛教協會（Dharma Drum Mountain Buddhist Association, DDMBA）受邀參與「世界宗教議會」（The Parliament of the World's Religions）以網路視訊舉辦的第八屆會議，由常濟法師、法鼓文理學院佛教學系主任鄧偉仁代表參加東南亞區域會議。

東南亞區域會議共有四個場次，第一場主題為「透過共同的目標來強化對氣候及生物多樣性的努力」，擔任主講人之一的常濟法師指出，東南亞是氣候變遷的受害高危險區，野生物種消失、棲息地受破壞、二氧化碳快速增加已是迫切危機。「僅僅關注自然環境、物質資源及生態的平衡是遠遠不足的。」常濟法師分享創辦人聖嚴師父曾提出的觀點，分享法鼓山倡導「心靈環保」即是要扭轉現有局面，而關鍵在於觀念的改變。

鄧偉仁老師在第三場次「慈悲行動」中，發言闡述佛教的倫理觀、娑婆世界的堪忍概念等，對於目前各種天災人禍及衝突現象，可發揮積極的作用。鄧老師分享聖嚴師父2002年於聯合國演說「心靈環

常濟法師（左一）受邀參與第八屆「世界宗教議會」，於視訊會議上分享「心靈環保」的觀念。

保」，以及法鼓山推動三大教育來奉獻社會、關懷人間的具體作為。

「世界宗教議會」本屆會議主題「向世界打開心房：慈悲行動」（Opening our Hearts to the World: Compassion in Action），透過全球各區數百場跨宗教的討論交流，共同為更和平、可持續的世界來集思廣益。

● 10.31　11.04

馬來西亞道場線上工作坊
認識大關懷教育理念.

馬來西亞道場於10月31日、11月4日舉辦兩場「提起・放下・看生死」線上工作坊，由監院常藻法師帶領一百五十四位學員，共同探索生死，認識法鼓山大事關懷的觀念與實作。

「提起・放下・看生死」工作坊，帶領學員探索生死大事。

工作坊涵蓋「洞悉無常，提起希望」、「生死大事，圓滿放下」、「生命有限，願力無限」三面向，內容包括：聖嚴師父影音開示、短片分享、小組討論、法師解惑及回饋，引導學員建立「諸行無常」的佛教生命觀，進而以珍惜人生的積極態度，圓滿生命價值，也學習如何面對與家人的生離死別。

小組討論時，學員分享各自的生命故事。活動圓滿前，常藻法師叮嚀學員抱著護念眾生、利益他人的心態修行，以無私的願力奉獻和成長自我，持之以恆必能開拓寬闊的心量，坦然面對世間無常，超越生老病死。

● 11.04

新加坡護法會舉辦聯誼活動
知客義工溫故知新學做觀音

新加坡護法會於11月4日舉辦網路「溫故知新」聯誼活動，輔導法師常炬法師鼓勵眾人「學做觀音」，共有二十多位知客義工參加。

常炬法師以法鼓山園區的三尊觀音菩薩為範，期勉義工們成為護法會的來迎觀音、祈願觀音、開山觀音，打開大門傾聽大眾心聲、給予溫馨關懷；也分享

對方可能需要的訊息，提供更進一步的協助；進而接引參與道場課程或共修，開啟無盡的佛法寶山。

活動中，透過分組答題，認識知客的「開門七件事」，包括莊嚴的儀容、合宜的關懷和接引等，為道場重回正常運作，做好暖身準備。

新加坡護法會知客義工分享疫情期間生活的改變和體驗。

● 11.21～27

海外連線「大悲心祈福法會」
線上共修串連無量悲心

「大悲心祈福法會」啟建期間，海外的美國東初禪寺、洛杉磯道場、普賢講堂、新澤西州分會，因時差因素，由弘化院提供法會錄影，於11月22日至28日間連線共修；亞洲香港道場、新加坡分會則與臺灣同步精進。

其中，東初禪寺連線共修《梁皇寶懺》和「三時繫念法會」，因應疫情，以網路視訊為主要方式，實體壇場除義工護持外，僅開放少數壇位；並由果廣法師每日於新澤西分會，同步連線開示，從原始佛教的《阿含經》，結合拜懺內容，解說因緣、業障以及因果等重要佛法知見。

法師以鹽巴為喻，指出面對以前所造惡業，如果不修行，就好比直接給了一碗鹽巴吃，必然是苦受，但若能如法拜懺、發願、累積智慧和福德，雖然還是避免不了果報，但是因為修行，鹽巴不斷的被注入的功德水稀釋，果報現前時，苦受就不那麼強烈，也就是「重報輕受」。「菩薩畏因，眾生畏果。」法師期勉大眾，努力精進修行。

香港道場分兩個殿堂同步精進，大殿禮《梁皇寶懺》、禪堂共修地

東初禪寺以網路視訊共修，現場僅開放少數壇位。

藏法門。有全程參加的上班族表示，從拜懺中了解業障是自己行為造成的，連病痛也是沒好好照顧身體的結果，共修時每當稍有懈怠，看到比自己年長的道友如此精進，就又能提起心力。

參與東初禪寺現場共修的悅眾分享，透過法師開示以及掌握拜懺的方法，既清楚經中的義理，身體也非常輕鬆，希望學習以慚愧心來修行和改變業力，並將深入經教的義理與禪修相輔相成。

● 12.04

溫哥華道場舉辦英文講座
聖嚴師父西方弟子常聞談禪法溝通

加拿大溫哥華道場於12月4日舉辦網路英文講座，邀請聖嚴師父西方弟子常聞（David Listen）主講「你心我心——傾聽和溝通」（Connecting Heart to Heart: Deep Listening and Communication），由心理諮商碩士背景和實際臨床經驗出發，分享如何透過禪修增進人與人之間的關係，共有六十多位來自北美不同時區的人參加。

常聞以「了解自我」為起點，說明穩定清楚的心，能讓我們對身體的覺受、對人事物的感覺及心念，產生覺照力；只有清明的心，才可體會到沒有永恆不變的事物，也才能體悟到我和其他一切都是一個整體，從而實證佛法的無我智慧，從煩惱中解脫。而正語、正命、正業等「八正道」，是佛弟子和社會互動的正確方法和途徑。

針對如何做好溝通，常聞提醒，須以放下自我中心為前提，否則就是在彼此間樹立一道牆。如果對方尚未準備做交流，自己就先急著訴說想法，反而讓對方關起心門；又如我們總認為對方可以聽進自己的話，結果卻適得其反，造成對方的壓力和對立。

「默，是心不受干擾和影響；照，是心清楚知道身心內外的各種狀況。」常聞表示，運用默照禪法，不僅可深化溝通和傾

溫哥華道場邀請嚴師父西方弟子常聞談禪法溝通。

聽的能力；練習默照禪，也讓我們真正聽到對方的心聲，知道對方當下的感受，從而恰如其分地回應，這個過程就是練習無我的智慧。

● 12.11

北美三道場歲末聯合暖關懷
方丈和尚分享安頓身心關懷世界

方丈和尚（左上一）於北美西岸「歲末暖關懷」線上活動中，分享如何安頓身心、關懷世界。

美國洛杉磯、舊金山，以及加拿大溫哥華道場於12月11日，聯合舉辦「歲末暖關懷」活動，包括美國西雅圖、加拿大多倫多兩分會同步與會，共有二百八十多位信眾齊聚線上，聆聽方丈和尚果暉法師祝福、參加祈福法會，以及道場各自進行的關懷活動，法師與信眾合力串連歲末團聚的喜悅與祝福。

「法鼓山2022年度主題為『大菩提心』，鼓勵大家學習菩薩萬行，付出愛與關懷溫暖人間。」方丈和尚提到，疫情期間個人見面機會減少，成長機會反而增加，因居家時間增長，可參與各種線上活動；方丈和尚分享每日拜佛、念觀音菩薩聖號、打坐，以修習定課來調身調心，說明「心靈環保」是法鼓山用來關心世界的最重要法寶，期勉大眾面對天災人禍，運用佛法萬靈丹，以慈悲智慧相待。

在各自關懷時段，舊金山道場義工們歡迎新任監院常襄法師、常興法師，也與前監院常惺法師道別，三位法師期勉眾人細水長流耕耘福田，未來隨著道場逐步開放，各項課程活動陸續展開，更要解行並重。

洛杉磯道場剪輯影片，回顧2021年的活動，大殿整建工程在工程小組、護法信眾發心護持下，即使因疫情之故，人力與建築材料調度不易，仍逐步完成；新加入「萬行菩薩」行列的義工們，則歡喜分享走進道場的學習、體驗和收穫。

溫哥華道場信眾，分享疫情期間如何運用佛法安定自己、幫助他人；監院常悟法師勉勵大眾將當前種種變局，視為學佛修行之機，多做利他之事，煩惱便會減少，就是走在修行的道路上。

大事記

1月 JANUARY

01.01

◆ 《人生》雜誌第449期出刊，本期專題「心靈防疫在雲端」。

◆ 《法鼓》雜誌第373期出刊。

◆ 法鼓文化出版新書：《平安自在 —— 慈悲心待人，時時有平安；智慧心安己，處處得自在。》（人間淨土系列，聖嚴法師著，法鼓文化編輯部選編）、《平安自在 —— 慈悲心待人，時時有平安；智慧心安己，處處得自在。（簡體版）》（人間淨土系列，聖嚴法師著，法鼓文化編輯部選編）、《絕妙說法 —— 法華經講要》（現代經典系列，聖嚴法師著（改版））、《心經集註》（智慧海系列，靈源老和尚著）。

◆ 《金山有情》季刊第75期出刊。

◆ 《法鼓文理學院校刊》第26期出刊。

◆ 《護法季刊》復刊第25期出刊。

◆ 1至2日，臺北安和分院舉辦線上《法華經》共修，共有三千多人次參加。

◆ 1至3日，三峽天南寺舉辦精進禪二，由監院常學法師擔任總護，有近八十人參加。

◆ 迎接元旦新年，臺中寶雲寺邀請大眾做早課，有五百多位民眾以持誦〈楞嚴咒〉，迎接自心第一道曙光。

◆ 1至3日，禪堂舉辦助理監香培訓課程，由演捨法師帶領，有近六十人參加。

◆ 1月1日至12月31日，人基會與教育廣播電台合作製播《幸福密碼》節目，邀請各界人士及專家學者，分享生命故事及人生經歷，分季由《點燈》節目製作人張光斗、人基會顧問張麗君、劇團導演蔡旻霓、資深媒體工作者石怡潔擔任主持人，節目於每週五上午十時至十一時在該台各地頻道播出。

◆ 1至30日，僧團於美國象岡道場舉辦「冬安居」，東初禪寺、象岡道場的常住法師，藉由打坐、拜佛、拜懺、經行，凝聚道情。

01.02

◆ 2至3日，臺中寶雲寺舉辦念佛禪二，由禪堂監院常乘法師擔任總護，帶領在淨念相繼的念佛聲中，安定自心，祈願淨土遍一切處，世界各地平安自在，共有兩百二十多人參加。

◆ 美國舊金山舉辦網路禪一，由常興法師擔任總護，有近四十人參加。

01.03

◆ 1月3日至2月7日，傳燈院每週日於臺北德貴學苑舉辦「遇見心自己」系列課程，共六堂，由演一法師、藝術心理治療師徐曉萍帶領學員，經由認識情緒、藝術心理探索、打坐、吃飯禪、戶外禪等，將「自我觀察的工具」帶著走，時時覺察起心動念，共有二十多人參加。

◆ 1月3日至5月2日，護法總會與法青會於基隆精舍、新竹精舍、臺南分院、高雄紫雲寺、三民精舍、臺東信行寺，以及新店、新莊、雙和、松山與城中等分會，共二十四處地區，舉辦三十七場「悟寶兒童營」，藉由話劇、遊戲、唱誦等多元方式，帶領國小中、低年級學童探索佛法的心靈寶藏。

◆ 加拿大溫哥華道場舉辦網路英文禪一，邀請聖嚴師父西方弟子常聞（David Listen）擔任總護，共有五十多人參加。

01.04

◆ 法鼓文理學院為新生開辦的「心靈環保與當代教育」系列講座必修課程，4日舉行109年學年度最終場次，由普化中心副都監果毅法師主講「心靈環保大普化教育之理念與演示」，有近一百位師生參加。

◆ 1月4日起，香港道場每週一至週五舉辦「春　修行之日常」網路共修，包括念佛、拜懺、禪坐、經教研讀等，由監院常展法師、常禮法師、演清法師、演建法師等，帶領大眾持續精進用功，一同安己、安人、安樂眾生。

01.05

◆ 法行會於臺北國賓飯店舉辦例會，由文化中心副都監果賢法師主講「平安自在與《法鼓全集》」，有近一百九十人參加。

01.06

◆ 1月6日至4月20日，法青會週二或三於臺北德貴學苑舉辦「菩薩系列」講座，共四場。6日進行首場，由常燈法師主講「快閃馬戲團 —— 觀音菩薩」，分享照顧失智父親的歷程，共有五十多人參加。

01.07

◆ 完整收錄聖嚴師父中文著作的《法鼓全集》2020紀念版出版後，僧團陸續贈閱海內外各大圖書館、大學院校、佛學院等，期使將師父的智慧寶藏，分享給各地讀者。7日於臺大醫院金山分院舉辦贈書儀式，方丈果暉法師代表贈與《法鼓全集》，由院長張志豪代表接受。

01.08

◆ 8至10日，北投農禪寺舉辦精進禪二，由常報法師擔任總護，共有一百一十多人參加。

◆ 慈基會延續2020年12月起舉辦的「法鼓山歲末關懷」系列活動，至2021年2月6日期間，陸續於全臺各地分院、護法總會各分會展開，因應防疫並考量關懷戶多為長者、孩童與行動不便者，調整由地區分會來辦理，總計四十七場，共關懷兩千一百多戶。

◆ 1月8日至2月5日，美國舊金山道場每週五舉辦網路「樂在學習，活出自己」系列課程，邀請舊金山州立大學（San Francisco State University）教授李明曄主講，分享學習理論在日常生活中的應用，包括多元智能的認識、如何有效地學習、增進記憶的方法、批判性思考等，每堂課有近六十位學員連線參與學習。

01.09

◆ 9至16日，禪堂舉辦初階禪七，由演捨法師擔任總護，共有八十多人參加。
◆ 護法總會雙和分會「做自己人生的GPS」系列課程，於法鼓山園區舉行結業參學之旅，學員們期許彼此，從利他當中成就大眾、成長自己，也找到自己生涯價值的GPS。

01.10

◆ 弘化院舉辦「圍布義工培訓」課程，邀請圍布老師廖美櫻、曾國山帶領，演柔法師並分享「殿堂莊嚴——圍布緣由及功能」，增進學員對圍布的了解，有近二十人參加。
◆ 桃園齋明別苑舉辦「心光講堂」講座，邀請資深媒體工作者陳月卿主講「從心開始——每天清除心靈癌細胞」，分享飲食與修行對身心健康的重要性，共有兩百一十多人參加。
◆ 1月10日至12月12日，人基會週日於臺北中山精舍或德貴學苑舉辦「家長陪伴成長」系列課程，共九場，由專家學者主講，引導家長安住身心，讓親子關係緊密。10日於中山精舍進行首場，邀請心理師許麗月以「翻轉代代相傳的親子互動模式」為題，帶領四十多位家長與孩童，共同拉近新世代的親子關係。
◆ 榮譽董事會於臺北內湖大溝溪生態治水園區舉辦戶外禪，由僧團都監常遠法師、青年院監院常炬法師擔任總護，有近八十人參加。

01.12

◆ 法青會「菩薩系列」講座，12日由常正法師主講「微微禪修・很療癒」，分享禪修心法，有近六十人參加。

01.13

◆ 13至27日，普化中心每週三晚上於北投農禪寺舉辦「法鼓講堂」佛學課程，由《法鼓全集》編輯小組召集人果毅法師從編輯、閱讀面向，引領讀者深入重新編校的《法鼓全集》2020紀念版，因應新冠肺炎疫情影響，課程不開放現場聽講，同時於「法鼓山心靈環保學習網」線上直播，提供全球學員上網聆聽。
◆ 法鼓文理學院推廣教育中心於臺北德貴學苑舉辦講座，邀請不丹導演巴沃邱寧多傑（Pawo Choyning Dorji）主講「鏡頭下的浮光與佛光」，分享重走玄奘取經之路的感動。

01.15

◆ 1月15日至12月17日，教聯會週五於北投雲來別苑舉辦「網路讀書會」，全年共九場，由演本法師講授《華嚴經‧入法界品》、《修行要義》，並帶領教師學員共讀聖嚴師父著作，有近三十人參加。

01.16

◆ 蘭陽分院舉辦梵唄培訓課程，由常先法師帶領，分享執掌木魚、地鐘與花鼓的心態與技巧，有近五十位學員參加。

◆ 傳燈院於北投雲來寺舉辦Fun鬆一日禪，由常澹法師擔任總護，有近七十人參加。

◆ 法青會於新北市三峽區成福國小展開關懷陪伴活動，由二十位隊輔及義工，帶領二十多位幼稚園至國小高年級學童製作防疫用酒精、學習處理情緒、培養團隊合作與專注力，啟發善心。

01.17

◆ 17至24日，禪堂舉辦中階禪七，由常諗法師擔任總護，共有八十多人參加。

◆ 配合政府防疫政策，護法總會一年一度為感恩、凝聚信眾向心力的歲末分享會，將形式調整為「邁向2021平安自在 ── 歲末感恩祈福法會」，17日於法鼓山園區進行網路直播，方丈和尚果暉法師帶領僧團法師，引領大眾透過線上共修，凝聚願力，為世界祈福。

◆ 美國洛杉磯、舊金山，以及加拿大溫哥華道場聯合舉辦網路「邁向2021平安自在 ── 歲末關懷分享會」，方丈和尚果暉法師於法鼓山園區透過視訊，與三地道場十位法師、三百多位海外信眾於線上共聚，彼此祝福。

01.19

◆ 方丈和尚果暉法師於北投雲來寺大殿，對僧團法師、全體專職精神講話，主題是「珍惜生命」，全臺各分院道場同步視訊連線聆聽開示，有近三百人參加。

01.20

◆ 20至25日，青年院於法鼓文理學院舉辦冬季青年卓越禪修營，由演信法師擔任總護，以禪修為主軸，並安排文理學院生命教育學程助理教授辜琮瑜帶領工作坊，共有六十多人參加。

01.21

◆ 法鼓山社大應財團法人金包里慈護宮關懷據點邀請，舉辦「樂齡心課程‧社區關懷系列 ── 2021感恩有里系列彩繪紅包」活動，由曹淑女老師帶領，引導參與的長者，在農曆新春將至之際，以彩繪紅包迎接新年。

01.23

◆ 延續聖嚴師父對地區的關懷，護法總會自2019年起舉辦「方丈和尚抵溫叨 ── 地區巡迴關懷」（「抵溫叨」為閩南語「在我家」之意），2021年首站於1月23在基隆分會展開，方丈和尚果暉法師、護法總會服務處監院常應法師、基隆精舍副寺果樞法師、副總會長陳修平等，與一百多位護法鼓手歡喜相聚。

◆ 23至24日，美國洛杉磯、舊金山，以及加拿大溫哥華等三處道場聯合舉辦「心靈環保讀書會帶領人基礎培訓」課程，邀請資深讀書會帶領人方隆彰授課，內容包括帶領人的角色與功能、與成員的關係、四層次的提問設計、四善心法等，共有七十位學員藉由視訊，進行完整、有系統的學習。

01.24

◆ 法鼓山社大於新莊校區舉辦「110年度感恩有里」活動，包括旅遊速寫、創意時尚刺繡、瓷器織品彩繪、水墨畫等班級成果展，也安排體驗課程，引導小朋友獨立完成彩繪，透過寓教於樂的方式，讓心靈環保向下扎根，有近一百位鄉親參加。

01.25

◆ 因應新冠疫情升溫趨勢，法鼓山配合政府防疫政策，減低群聚感染的風險，公告暫停2月10日前實體活動與共修課程，農曆新春期間取消所有實體大型法會，各分寺院仍開放參訪、禮佛，配合消毒、戴口罩等措施，也籲請大眾透過網路直播方式，參與線上祈福共修，祝願疫情早日平息。

01.26

◆ 配合政府防疫政策，僧團首度取消一年一度的僧團圍爐，26日於園區大殿的早課圓滿後，方丈和尚果暉法師透過視訊連線，為海內外僧團法師開示勉勵；當日晚課後，方丈和尚於大殿點上滿願燈，隨後帶領總本山僧眾於開山紀念館祖堂辭歲禮祖。

01.27

◆ 桃園齋明別苑致贈一百份春聯、大悲水、平安米及聖嚴師父〈108自在語〉予衛生福利部立桃園醫院，在疫情中送上暖意。

01.30

◆ 蘭陽分院於仁山植物園舉辦戶外禪，由常璧法師擔任總護，有近四十人參加。

◆ 因應新冠肺炎疫情轉趨嚴重，為維護相關人員健康，僧大取消舉辦第十八屆生命自覺營，並於原定開營日30日舉行拜願祈福法會，營主任禪修中心副都監果醒法師特別錄製影片，期勉學員運用佛法「以心轉境」，便是走在生命自覺的道路上。

◆ 30至31日，美國舊金山道場舉辦網路禪二，由常興法師擔任總護，有近四十人參加。

 **FEBRUARY**

02.01

◆ 《人生》雜誌第450期出刊，本期專題「平安自在《觀無量壽經》」。

◆ 《法鼓》雜誌第374期出刊。

◆ 法鼓文化出版新書：《承先啟後的中華禪法鼓宗》（人間淨土系列，聖嚴法師著）、
《彌勒佛50問》（學佛Q&A系列，法鼓文化編輯部編著）、《六字大明咒》（平安鈔
經本系列）。

◆ 迎接2021平安自在年，2月1日起，法鼓山園區、北投農禪寺、桃園齋明別苑、臺北德
貴學苑，以甫出版的「《法鼓全集》2020紀念版」為新春展覽主軸，推出主題特展，
邀請民眾闔家走春看展，為新的一年「牛」轉乾坤，增添飽滿的智慧。

◆ 交通部航港局北部航務中心拜會慈基會，感謝2020年11至12月間，慈基會為外籍貨船
海洋先鋒號、米達斯號外籍船員，所提供的急難人道救助，協助船員平安返鄉。

◆ 為推廣聖嚴師父思想研究，聖基會與法國國立東方語言與文明學院（Institut national
des langues et civilisations orientales, Inalco）聯合設立「國立東方語言與文明學院 —— 聖
嚴近現代漢傳佛教教授講座」（簡稱「東語 —— 聖嚴講座」），首屆講座教授由法國
多學科佛教研究中心（Centre d'Études Interdisciplinaires sur le Bouddhisme, CEIB）主任
汲喆擔任。

◆ 因應新冠疫情影響，2021年除夕撞鐘改採網路直播，並自2月1日展開線上「#108 for
All．為世界祈福」影音分享暖身活動，共有來自海內外一百三十多位百工百業的代
表響應，跨越國籍、種族、宗教，包括臺灣聽障節目主持人陳濂僑、香港表演工作
者劉德華、日本藥師寺住持寬邦、美國拉可達族原住民提卡辛．幽靈馬（Tiokasin
Ghosthorse）、烏干達酋長大馬勒．鮑雅（Chief Tamale Bwoya）等，凝聚聲聲祝福，
盼願世間平安。

02.02

◆ 慈基會專職及慰訪義工，前往桃園懷德風箏緣地育幼院、脊髓損傷潛能發展中心，關
懷並陪伴院民、傷友們，同時致贈民生及防疫物資。

02.07

◆ 臺南分院舉辦網路佛學講座，由僧大男眾副院長常寬法師主講「隨師筆跡 —— 巧遇墨
寶中的心法」，分享聖嚴師父透過墨寶書藝，傳承法脈、弘法利生、創新佛學、大願
興學，以及落實社會關懷的情懷。

◆ 7至28日，美國東初禪寺週日舉辦網路佛學講座，由常勳法師主講《大乘佛說稻稈
經》，有近兩百七十人次參加。

◆ 7至28日，美國東初禪寺週日舉辦網路英文佛學講座，邀請聖嚴師父西方法子吉伯‧古帝亞茲（Gilbert Gutierrez）主講「《金剛經》的反思」（Reflecting the *Diamond Sutra*），有近三百七十人次參加。

◆ 加拿大溫哥華道場舉辦網路禪一，由監院常悟法師擔任總護，共有三十多人參加。

02.11

◆ 法鼓山於園區舉辦除夕撞鐘，配合政府防疫政策，十五年來首度不開放現場參與，由僧團法師代表拜鐘祈福，全程網路直播，除了法鼓山官網，並有網路新聞台、YouTube、Facebook等平台同步，籲請全球大眾於線上，一起聽聞鐘聲、共修、祈願，解除疫情與危機。

◆ 馬來西亞道場舉辦網路除夕拜懺法會，由常寂法師帶領，有近一百七十人參加。

02.12

◆ 12至16日，法鼓山園區舉辦新春系列活動，除以「平安自在」牛版畫、DIY手作牛與大眾結緣，每日下午並安排「快閃音樂」，由法青、來自德國的十二歲小提琴手LoLo合奏，迎接親子和樂春遊。

◆ 12至14日，北投農禪寺舉辦新春系列活動，設計「十牛圖」活動傳單，描繪修行者馴服心牛的成長歷程，並以戶外快閃，不定時、不定點發送古早米香餅，以及用紅包袋裝著象徵智慧和法財的《心經》鈔經紙，為一年初始，獻上充滿法喜的祝福。

◆ 12至14日，北投中華文化館舉辦網路新春千佛懺法會，邀請大眾透過線上共修，迎接新春法喜。

◆ 12至13日，臺北安和分院舉辦網路新春普佛法會，邀請大眾透過線上共修，迎接新春法喜。

◆ 蘭陽分院舉辦網路新春祈福法會，邀請大眾透過線上共修，迎接新春法喜；12至14日，並有新春系列活動，以義工手繪的大白牛圖、搖搖牛、「草垺」等裝置藝術迎接大眾，還能在主題牛轉輪盤轉出「新年心功課」，或跟隨新春特展「十牛圖」尋找自心、聆聽聖嚴師父與牛的故事。

◆ 桃園齋明寺舉辦網路新春普佛法會，由監院果弘法師帶領，邀請大眾透過線上共修，迎接新春法喜。

◆ 桃園齋明別苑舉辦網路新春普佛法會，由副寺常林法師帶領，邀請大眾透過線上共修，迎接新春法喜。

◆ 臺中寶雲寺舉辦網路新春普佛法會，由常智法師主法，邀請大眾透過線上共修，迎接新春法喜。

◆ 南投德華寺舉辦網路新春普佛法會，由副寺常庵法師帶領，邀請大眾透過線上共修，迎接新春法喜。

◆ 臺南分院舉辦網路新春普佛法會，由果明法師主法，邀請大眾透過線上共修，迎接新春法喜。

◆ 12至14日，高雄紫雲寺舉辦網路新春千佛懺法會，由青年院監院常炬法師主法，邀請大眾透過線上共修，迎接新春法喜。

◆ 臺東信行寺舉辦網路新春普佛法會，由僧大男眾副院長常寬法師主法，邀請大眾透過線上共修，迎接新春法喜。

◆ 12至15日，法鼓文理學院於園區舉辦「DILA新春展示」，展出學校簡介摺頁、大學院教育四十週年專刊、酷卡、校刊等，引導大眾認識以「心靈環保」為辦學主軸的博雅教育理念。

◆ 美國東初禪寺舉辦網路新春佛法講座，由象岡道場住持果元法師主講「鼠去牛來」，期勉大眾反思身、口、意三業，並效法菩薩的慈悲願力，為社會、團體貢獻，有近一百二十人參加。

◆ 12至14日，美國東初禪寺舉辦網路新春《藥師經》共修，由象岡道場住持果元法師等帶領，持誦《藥師經》、〈藥師咒〉及藥師如來聖號，祈求全球疫情平息，共有三百五十多人次參加。

◆ 2月12日至4月4日，美國象岡道場舉辦網路藥師咒精進共修，由監院常源法師帶領，每日有近一百人參加。

◆ 美國洛杉磯道場舉辦網路新春觀音法會，由監院常悅法師主法，共有一百二十多人參加；12至16日，另有線上走春活動，以豐富有趣的內容，讓居家防疫的信眾，即使不出門，仍然感受溫馨的年節祝福。

◆ 美國舊金山道場舉辦網路新春普佛法會，由監院常惺法師主法，祝福大家「時時抱持希望，步步活在當下」，共有六十多人參加。

◆ 加拿大溫哥華道場舉辦網路新春普佛法會，由監院常悟法師主法，法師以「十牛圖」的修行過程，勉勵大眾珍惜這人生經驗，以解脫道為基礎，才能進而以清淨心成就菩薩道的圓滿。

◆ 馬來西亞道場舉辦網路新春觀音法會，由常施法師帶領，共有一百三十多人參加。

◆ 香港道場舉辦網路新春祈福法會，邀請大眾透過線上共修，迎接新春法喜。

02.13

◆ 桃園齋明寺舉辦網路新春大悲懺法會，邀請大眾透過線上共修，迎接新春法喜。

◆ 臺中寶雲寺舉辦網路新春大悲懺法會，由常智法師主法，邀請大眾透過線上共修，迎接新春法喜。

◆ 臺東信行寺舉辦網路新春觀音法會，由僧大男眾副院長常寬法師主法，邀請大眾透過線上共修，迎接新春法喜。

◆ 13至14日，美國舊金山道場舉辦網路新春祈福法會，共四場，由常興法師主法，共有一百七十多人次參加。

◆ 加拿大溫哥華道場舉辦網路新春藥師法會，由監院常悟法師主法，邀請大眾透過線上共修，迎接新春法喜。

02.14

◆ 臺北安和分院舉辦網路新春大悲懺法會，邀請大眾透過線上共修，迎接新春法喜。

◆ 桃園齋明寺舉辦網路新春慈悲三昧水懺法會，邀請大眾透過線上共修，迎接新春法喜。

◆ 臺中寶雲寺舉辦網路新春慈悲三昧水懺法會,由常智法師主法,邀請大眾透過線上共修,迎接新春法喜。

◆ 南投德華寺舉辦網路新春大悲懺法會,由副寺常庵法師帶領,邀請大眾透過線上共修,迎接新春法喜。

◆ 臺南分院舉辦網路新春大悲懺法會,由果明法師主法,邀請大眾透過線上共修,迎接新春法喜。

◆ 臺東信行寺舉辦網路新春大悲懺法會,由僧大男眾副院長常寬法師主法,邀請大眾透過線上共修,迎接新春法喜。

◆ 香港道場舉辦網路新春觀音法會,邀請大眾透過線上共修,迎接新春法喜。

02.15

◆ 高雄三民精舍舉辦網路新春普佛法會,邀請大眾透過線上共修,迎接新春法喜。

◆ 15至16日,美國東初禪寺舉辦網路新春藥師法會,由象岡道場住持果元法師等帶領,有近兩百一十人次參加。

02.20

◆ 聖嚴師父圓寂十二週年,僧團於法鼓山園區舉辦網路「法鼓傳燈日暨傳燈法會」,並進行線上直播,全球四眾弟子於法會中點亮菩提心燈,感念師恩教澤,並齊心發願繼承師願,共創人間淨土。

◆ 緬懷聖嚴師父圓寂十二週年,20至21日,美國洛杉磯、舊金山,以及加拿大溫哥華道場聯合舉辦三場網路「法鼓傳燈日」系列活動,包括《聖嚴法師年譜》分享會、「聖嚴法師的禪學思想」講座,及《本來面目》紀實電影座談會,從不同的主題和角度,與海內外四眾弟子一起感念師恩,堅定學佛、護法、弘法的願心。

◆ 加拿大溫哥華道場舉辦網路佛法講座,邀請聖嚴師父西方法子、現居克羅埃西亞的查可・安德列塞維克(Žarko Andričević)主講「如何培養對自己和他人的慈悲心」(How to Cultivate Compassion for Oneself and Others),除了北美東、西兩岸民眾,並有新加坡聽眾上網參與。

02.25

◆ 法青會於臺北德貴學苑舉辦首屆「說書交流會」,介紹聖嚴師父著作,並搭配五分鐘現場Q&A,邀請政治大學斯拉夫語系教授劉心華、臺北大學企管系助理教授彭奕農、臺北大學主任教官朱漢屏,以及演無法師、演謙法師等擔任講評人,共有十位法青參加。

02.26

◆ 中華電子佛典協會(Chinese Buddhist Electronic Text Association, CBETA)於法鼓山園區舉辦「2021電子佛典線上交流會」,由法鼓文理學院校長、CBETA主任委員惠敏法

師，總幹事吳寶源、文理學院圖書資訊館館長洪振洲，透過視訊，介紹「CBETA線上閱讀系統」的升級與成長，與近五十位關注電子佛典發展的學界與教界人士、近六十位大眾，共同了解閱讀系統的升級與成長。

02.27

◆ 美國舊金山道場舉辦網路禪一，由常興法師擔任總護，有近三十人參加。
◆ 馬來西亞道場舉辦網路燃燈供佛法會，由常寂法師帶領，共有一百五十多人參加。

02.28

◆ 2月28日至6月20日，美國洛杉磯道場每週日舉辦「小小菩薩　探索佛世界」網路英文課程，藉由說故事、遊戲互動，認識佛菩薩的生平與行儀，由悅眾帶領，有近二十位學童參加。

3月 MARCH

03.01

◆ 《人生》雜誌第451期出刊，本期專題「調身調心，以法為樂」。
◆ 《法鼓》雜誌第375期出刊。
◆ 法鼓文化出版新書：《平安的人間（大字版）》（家中寶系列，聖嚴法師著）、《法緣・書緣》（琉璃文學系列，單德興著）、《八大人覺經》（丹青妙法書法鈔經本系列）。
◆ 3月1日起，僧大慶祝創校二十週年，透過網路發行系列影片《僧命旅程》、《走向十方》，邀集學僧、於各體系領執的法師們現身說法，分享僧大教育內涵，也讓各界了解學僧們的學習鍛鍊，探索更深廣的生命。

03.02

◆ 3月2日至5月4日，北投農禪寺週二舉辦「禪悅的人生」系列課程，主題是「生活要快樂」，由護法總會副總會長許仁壽帶領研讀聖嚴師父著作《真正的快樂》、《佛法綱要》等書，進而認識與學習佛法、體驗佛法在生活上的運用，讓生活更快樂，生命更有意義，有近兩百位五十歲以上學員參加。
◆ 法青會「菩薩系列」講座，2日由演柱法師主講「觀音菩薩的禮物」，分享《大悲懺》的由來與內容，有近五十人參加。

03.03

◆ 3至24日，普化中心每週三晚上於北投農禪寺舉辦「法鼓講堂」佛學課程，由法鼓文理學院佛教學系主任鄧偉仁主講「《吉祥經》── 最上吉祥」，述說三十八種吉祥，因應新冠肺炎疫情影響，課程不開放現場聽講，同時於「法鼓山心靈環保學習網」網路直播，提供全球學員上網聆聽。

◆ 3月3日至4月21日，美國洛杉磯道場每週三舉辦網路佛教藝術講座，邀請美國加州JAC藝術講座講師高菁黛主講「追尋佛陀的足跡」，透過史蹟遺址、出土造像，以及經典與文獻，認識佛陀的一生，有近一百人參加。

03.04

◆ 4至7日、11至14日，法鼓山於園區舉辦「第二十五屆在家菩薩戒」，共兩梯次，由方丈和尚果暉法師、首座和尚惠敏法師、副住持果醒法師擔任菩薩法師，包括男眾一百一十二位、女眾四百六十四位，共有五百七十六人受戒。

◆ 3月4日至5月20日，臺北安和分院週四舉辦「禪悅的人生」系列課程，主題是「生活要快樂」，由護法總會副總會長許仁壽帶領研讀聖嚴師父著作《真正的快樂》、《佛法綱要》等書，進而認識與學習佛法、體驗佛法在生活上的運用，讓生活更快樂，生命更有意義，共有一百三十多位五十歲以上學員參加。

◆ 3月4日至5月6日、9月16日至12月30日，臺南分院週四開辦兒童心美學班，由教聯會師資帶領，透過繪本故事、品格教育、律動讀經的多元學習，帶領學童探索世界，認識心靈環保，有近三十位學童及家長參加。

◆ 法行會於臺北國賓飯店舉辦例會，由常隨法師主講《金剛經》，有近兩百人參加。

◆ 3月4日至5月27日、8月5日至11月11日，馬來西亞道場週四舉辦線上佛學課程，由常住法師主講《學佛五講》，有近一百四十人參加。

03.05

◆ 5至7日，三峽天南寺舉辦精進禪二，由演正法師擔任總護，有近七十人參加。

◆ 5至7日，傳燈院於北投雲來別苑舉辦精進禪二，由演揚法師擔任總護，共有八十多人參加。

◆ 5至6日，法鼓文理學院佛教學系主任鄧偉仁受邀出席新加坡藏傳佛教中心以網路視訊舉辦的「梵巴傳統增上三學國際研討會」（Pali-Sanskrit International Buddhist Conference 2021），與中國大陸中國佛教會會長淨耀法師、中央西藏研究大學副校長昂旺桑天格西，以及馬來西亞、印尼等三十八位專家學者，就「戒、定、慧」三個主題進行對談。

◆ 5至7日，加拿大溫哥華道場舉辦網路英文禪三，邀請聖嚴師父西方法子查可·安德列塞維克擔任總護，有近兩百人次參加。

03.06

◆ 3月6日至5月2日，僧大週六或日分別於桃園齋明別苑、臺中寶雲寺、高雄紫雲寺，共舉辦六場「自覺工作坊」，主題是「自覺・心生活」，引導將佛法核心融入生活，在修行的道路上「自覺覺他」，每場皆有二十多人參加。

◆ 人基會於臺北德貴學苑舉辦香草老師共備成長課程，邀請臺灣大學農藝研究所名譽教授劉麗飛主講「向植物學習 —— 春花秋葉知多少」，從植物葉片的特性、樣貌、種類等面向，認識植物世界的奧妙，有近四十位香草老師參加。

03.07

◆ 3月7日至5月2日，臺北安和分院隔週週日開辦「童趣班」，由教聯會師資帶領，透過趣味活動、兒童瑜伽、創意手作、綠色園藝等課程，培養學童的專注力及良好的情緒管理，共有四十多位國小學童參加。

◆ 臺東信行寺舉辦禪一，由常蓮法師擔任總護，有近四十人參加。

◆ 社大首度舉辦網路講師共識營，校長曾濟群以「斜槓世代的學習思維，社大學習多樣化」為主題，分享社大的教學理念，共有三十多位教師參加。

◆ 教聯會於臺北德貴學苑舉辦禪一，由演本法師擔任總護，共有三十人參加。

◆ 7至28日，美國東初禪寺週日舉辦網路佛學講座，由常浩法師主講《華嚴經・入法界品》，有近三百五十人次參加。

◆ 3月7日至4月25日，美國東初禪寺週日舉辦網路英文佛學講座，由監院常華法師主講「小止觀介紹」（The Introduction of "The Essentials for Practicing Calming-and-Insight and Dhyana Meditation"），有近三百五十人次參加。

◆ 7至28日，美國舊金山道場每週日舉辦網路佛學講座，由禪修中心副都監果醒法師主講「聖嚴法師的禪學思想」，內容涵括聖嚴師父的禪學思想，並融合法師多年帶領禪修及對禪法的體悟，詮釋禪法體驗的背後教理基礎，有近一百七十人參加。

03.08

◆ 3月8日至5月10日，臺北安和分院每週一舉辦佛學講座，邀請心理諮商專家鄭石岩主講《華嚴經》，有近一百六十人參加。

◆ 3月8日至5月10日，臺北安和分院每週一舉辦佛學講座，由聖嚴書院佛學課程講師胡健財主講「佛教入門」，有近六十人參加。

◆ 3月8日至5月10日，臺北中山精舍每週一或五舉辦佛學講座，由李治華主講《楞嚴經》，有近一百一十人參加。

◆ 3月8日至2022年3月14日，關懷院週一於新莊分會舉辦大事關懷課程，共十二堂，以慰問關懷、佛化奠祭為主題，由助念團悅眾帶領，有近六十人參加。

◆ 3月8日至5月10日，法青會每週一於臺北德貴學苑舉辦初階梵唄培訓課程，由演信法師帶領，有近二十位青年學員參加。

03.09

◆ 9至30日，桃園齋明別苑每週二舉辦佛學講座，由文化中心副都監果賢法師主講「華嚴與人生」，法師以5W1H介紹《華嚴經》，也以新冠肺炎疫情為例，說明華嚴世界重重無盡的緣起觀念，引導大眾體驗華嚴思想，進而改變看待事物的觀念，有近一百八十人參加。

◆ 法鼓文理學院校長惠敏法師受邀於馬來西亞發展基金會舉辦的「科學昌明與佛法弘揚」網路座談中，與馬來西亞拉曼大學（Universiti Tunku Abdul Rahman, UTAR）校長尤芳達對談科學發展的理論與佛法的觀念。

◆ 法緣會於臺北安和分院舉辦例會，邀請資深媒體人陳月卿就「女力崛起·自在隨緣」為主題，向退居方丈果東法師請法，有近兩百位會眾參加。

◆ 3月9日至4月27日、11月2日至12月22日，法青會週二於臺北德貴學苑舉辦「身心SPA」，每梯次八堂課，由演實法師帶領，內容包括瑜伽伸展、禪坐體驗、遊戲動中禪等，每梯次有近三十人參加。

03.10

◆ 3月10日至5月5日，臺北安和分院每週三舉辦佛學講座，由法鼓文理學院生命教育碩士學位學程助理教授辜琮瑜主講「佛法的知見與修行」，有近八十人參加。

◆ 法鼓文理學院舉辦專題講座，邀請教育部保護校園智慧財產權跨部會諮詢小組委員曾勝珍主講「數位教材製作與網路平台的使用規範」，有近五十位師生參加。

03.12

◆ 3月12日至5月7日，臺北安和分院隔週週五舉辦「生命關懷共學共修」課程，由悅眾帶領，內容包括共讀聖嚴師父著作、觀看《大法鼓》、生命關懷說明與示範、個案分享等，有近四百人次參加。

◆ 慈基會於屏東縣林邊仁和社區舉辦長者關懷，內容包括觀看《大法鼓》、練習法鼓八式動禪、手作DIY等，陪伴四十三位長者。

03.13

◆ 北投農禪寺舉辦戶外禪，由常遂法師擔任總護，共有一百三十多人參加。

◆ 臺北安和分院舉辦專題講座，邀請有鹿文化社長許悔之、文化中心副都監果賢法師分享「平安自在的人生」，以及作家王浩一、常隨法師分享「銀力樂活的人生」，有近四百人參加。

◆ 青年院於臺北德貴學苑舉辦禪一，由演無法師擔任總護，共有二十多人參加。

◆ 13至20日，護法總會於三峽天南寺舉辦悅眾禪修營，由服務處監院常應法師擔任總護，帶領以禪修充電，凝鍊道心，共有八十多人參加。

◆ 文山分會舉辦專題講座，由僧伽大學男眾副院長常寬法師主講「從文山到法鼓山——平安自在的修行旅程」，分享出家與修行的經歷，有近兩百人參加。

◆ 迎接兒童節，13至28日，法青會於基隆精舍、新竹精舍，以及護法總會重陽、板橋、內湖、松山等十一處分會舉辦「兒童日2.0」，由地區悅眾、法青帶領，在遊戲中體驗四種環保、認識禪修，共有逾兩百位孩童及家長參加。

03.14

◆ 法鼓山於北投雲來別苑舉辦社會菁英禪修營共修會，由演啟法師擔任總護，有近八十人參加。

◆ 3月14日至5月8日，北投農禪寺週六或日舉辦「後四十的人生必修課」課程，共三場。14日進行首場，主題是「聽見不一樣的聲音」，由常用法師帶領工作坊，就不同的生命議題省思與分享，學習認識自己也接納他人，有近五十人參加。

◆ 臺中寶雲寺於寶雲別苑舉辦戶外禪，由果雲法師擔任總護，有近六十人參加。

◆ 3月14日、4月11日及5月30日，臺南分院舉辦佛學講座，由禪修中心副都監果醒法師主講「《六祖壇經》的智慧心法」，分享「本來無一物」，不惹塵埃、心中無罣礙，生活即是道場，就能平安又自在，有近五百人次參加。

◆ 法鼓文理學院於臺北安和分院舉辦「終身學習菩薩行」工作坊，由人文社會學群長陳定銘率同多位碩士學程、佛教學系師長，透過四種環保的心靈對話，引領探索「悲智和敬」的安心之道，共有八十多人參加。

◆ 僧大於園區舉辦招生說明會，由副院長常寬法師、果光法師、教務長常啟法師、學務長常澹法師等多位師長介紹辦學精神、課程規畫及生活照護，在校學長也分享出家初發心、應考經驗等，方丈和尚果暉法師到場關懷，並以「由生轉熟，由熟轉生」，期許學子在生活中，將戒定慧轉為常住心中的善根，共有四十多位有意投考青年參加。

◆ 人基會「家長陪伴成長」系列課程，14日於臺北德貴學苑邀請臨床心理師陳怡婷講授「從建立安全的依附關係到發展孩子同理心智」，講說父母了解安全依附關係對兒童發展自主獨立能力的重要，共有二十多人參加。

03.15

◆ 3月15日至12月20日，關懷院週一於文山分會舉辦大事關懷課程，共八堂，以臨終關懷、往生助念為主題，由助念團悅眾帶領，共有五十多人參加。

03.16

◆ 蘇花公路發生重大車禍意外，造成六人往生、三十餘人受傷。蘭陽分院監院常法法師帶領慰訪義工前往現場，以及羅東博愛、聖母，以及蘇澳榮總等各醫院，為往生者助念、陪伴家屬；21日，關懷院監院常哲法師並帶領義工前往罹難者靈堂誦念關懷。

03.17

◆ 3月17日至2022年8月3日，關懷院週三於林口分會舉辦大事關懷課程，共八堂，以臨終關懷、往生助念為主題，由助念團悅眾帶領，共有六十多人參加。

◆ 法鼓文理學院舉辦專題講座，邀請曾任達賴喇嘛華語翻譯的蔣揚仁欽主講「半甲子的修行心得 ──〈三寶偈〉的重點摘要」，以八項對空性的提問對應自撰的〈三寶偈〉，分享學佛的解脫之道，有近五十位師生參加。

03.18

◆ 美國舊金山道場舉辦網路禪一，由常興法師擔任總護，有近三十人參加。

03.19

◆ 19至21日，北投農禪寺舉辦「農禪生活體驗營」，由演懷法師帶領體驗寺院的修行生活，學員從各種禪修體驗中，練習收心、攝心、安心、放心，找尋安心之道，從出坡作務裡體會「一日不作，一日不食」的農禪家風，有近五十人參加。

03.20

◆ 20至28日，百丈院每週六、日進行清洗法鼓山園區祈願觀音池，包括洗石、曬石、刷池壁、擦池底、鋪石等作業，有近四百人次參加。

◆ 3月20至4月25日，北投文化館舉辦清明報恩《地藏經》共修，由監院果諦法師帶領，每日有近七十人參加。

◆ 臺北安和分院舉辦人生系列講座，邀請臺灣好基金會執行長李應平、臺灣設計研究院副院長艾淑婷對談「利人利己的人生」，大亞創投公司合夥人郝旭烈、灣聲樂團大提琴首席陳世霖分享「健康快樂的人生」，有近三百人參加。

◆ 基隆精舍舉辦禪一，由副寺果樞法師擔任總護，有近三十人參加。

◆ 蘭陽分院舉辦「平安自在 任意門」講座，邀請中興大學園藝系副教授劉東啟主講「如何傾聽老樹的語言」，分享與自然融洽共生的研究歷程，有近一百五十人參加。

◆ 高雄紫雲寺舉辦「法鼓青年開講」講座，邀請明日餐桌創辦人楊七喜主講「明日餐桌到明日之後」，分享愛惜物命，將剩餘的物品轉化為社區廚房、免廢市集、垃圾學校，用創意在餐桌上，創造出美好價值，共有四十多人參加。

◆ 3月20日至12月4日，高雄紫雲寺舉辦「法鼓文理講堂」系列講座，共五場。20日首場由生命教育學程助理教授辜琮瑜主講「三生有幸，四境安樂」，強調提昇了人的品質，便可三生有幸；建設好人間淨土，就能四境安樂，共有五十多人參加。

◆ 20至27日，美國象岡道場舉辦網路精進禪修，由住持果元法師主七，聖嚴師父西方法子查可‧安德列塞維克、吉伯‧古帝亞茲、賽門‧查爾德（Simon Child），以及加拿大溫哥華道場監院常悟法師、常濟法師共同帶領。

◆ 加拿大溫哥華道場舉辦網路英文佛學講座，邀請聖嚴師父西方弟子常聞主講「化解焦慮之道 ── 禪法」（Resolving Anxiety: the Chan Buddhist Way），分享以「空性」化解焦慮，共有九十多人參加。

03.21

◆ 北投農禪寺舉辦禪一，由常修法師擔任總護，共有一百二十多人參加。

◆ 臺北中山精舍舉辦Fun鬆一日禪，由常弘法師擔任總護，共有二十五人參加。

◆ 桃園齋明別苑舉辦「心光講堂」講座，由禪堂板首果興法師主講「身心淨土的生命故事」，以自身的成長經歷，並以聖嚴師父的教導開示，說明人間淨土的實現在於人人實踐菩薩道的修行，有近一百五十人參加。

◆ 臺南分院舉辦網路專題講座，由法鼓文理學院社會企業與創新學程主任葉玲玲主講「身心靈照顧——圓滿美好晚年」，分享老化身心的保健、預防之道。

◆ 高雄紫雲寺舉辦禪一，由常峯法師擔任總護，共有七十多人參加。

◆ 3月21日至2022年1月16日，關懷院週日於重陽分會舉辦大事關懷課程，共八堂，以臨終關懷、往生助念為主題，由助念團悅眾帶領，有近六十人參加。

◆ 3月21日至4月25日，關懷院週日於城中分會舉辦大事關懷課程，共三堂，以慰問關懷、佛化奠祭為主題，由助念團悅眾帶領，有近七十人參加。

03.23

◆ 助念團於北投雲來別苑舉辦「大事關懷交流茶會」，有近三十位北部各區助念組組長，與護法總會副都監常遠法師、關懷院監院常哲法師、果峙法師、演寬法師等，交流大事關懷實務經驗。

03.25

◆ 25日至28日，法鼓山於園區舉辦自我超越禪修營，由僧團副住持果品法師擔任總護，共有一百零一人參加。

◆ 25至27日，臺南雲集寺舉辦清明報恩《地藏經》共修，由副寺常辦法師帶領，共有兩百一十多人次參加。

◆ 25至28日，臺東信行寺舉辦清明報恩地藏法會，由常智法師主法，共有三百多人次參加。

03.26

◆ 26至28日，傳燈院於北投雲來別苑舉辦立姿動禪學長培訓課程，由演一法師帶領，有近八十人參加。

◆ 26至28日，護法總會與法鼓文理學院共同舉辦「勸募會員返校日」，安排勸募會員至校園參觀、共修，共有八十多位松山、大同分會的會眾參加。

03.27

◆ 3月27日至4月3日，北投農禪寺舉辦清明報恩佛七，由僧大副院長常寬法師擔任總監香，並開示念佛法門，每日有近四百人精進念佛。

◆ 臺北安和分院舉辦禪一，由監院果旭法師擔任總護，勉勵學員把握精進用功的因緣，以慈悲心待人，以智慧心安己，多聞熏習，共有九十多人參加。

◆ 27至28日，榮譽董事會於三峽天南寺舉辦禪悅營，由演啟法師擔任總護，學員藉由體驗戶外禪、分享親近佛法的因緣，堅定修行與奉獻的願心，共有六十位榮董參加。

◆ 3月27日、9月25日，以及12月25日，法青會於臺北德貴學苑舉辦祈福晚會，由演信法師帶領，共有三百多人次參加。

◆ 教聯會於法鼓山園區舉辦心靈環保一日營，進行戶外禪、禪繞畫，由演本法師等帶領，並由關懷院監院常哲法師分享法鼓山大事關懷的意義與內涵，有近四十人參加。

03.28

◆ 3月28日至4月10日，臺北安和分院舉辦清明報恩地藏法會，內容包括法會、恭誦《地藏經》，由監院果旭法師帶領，有近兩千四百人次參加。

◆ 3月28日至4月3日，臺北中山精舍舉辦清明報恩地藏法會，由常嘉法師帶領，共有四百五十多人次參加。

◆ 臺中寶雲寺舉辦專題講座，邀請成功大學經濟系教授許永河主講「我從東初禪寺走來」，分享於美國親近聖嚴師父、學佛的歷程，共有九十多人參加。

◆ 3月28日至4月4日，臺南分院舉辦清明報恩地藏法會，由果舟法師主法，有近七百人次參加。

◆ 3月28日至4月3日，高雄紫雲寺舉辦清明報恩地藏法會，由常峯法師等帶領，共有一千一百多人次參加。

◆ 傳燈院於北投雲來寺舉辦Fun鬆一日禪，由演禧法師擔任總護，有近五十人參加。

03.29

◆ 文化中心副都監果賢法師應中山大學之邀，以「僧眼看世界」為題，與師生分享如何以佛法眼睛看世間，共有五十位師生參加。

03.30

◆ 文化中心副都監果賢法師應屏東大學之邀，以「僧眼看世界」為題，與師生分享如何以佛法眼睛看世間，有近一百位師生參加。

◆ 聖基會監製的聖嚴師父紀實電影《本來面目》，獲2021年美國洛杉磯菲斯蒂喬斯國際影展（Festigious International Film Festival）最佳紀錄片長片殊榮。

03.31

◆ 人基會於臺北德貴學苑舉辦「2021平安自在心靈講座」，由僧大教務長常啟法師主講「僧心平安，俗世自在」，分享出家生活與心態，共有一百二十多人參加。

4月 APRIL

04.01

◆ 《人生》雜誌第452期出刊，本期專題「一個人的善終準備」。

◆ 《法鼓》雜誌第376期出刊。

◆ 法鼓文化出版新書：《帶著禪心去上班 ── 聖嚴法師的禪式工作學（簡體版）》（人間淨土系列，聖嚴法師著）、《禪觀修學指引 ── 漢傳禪修次第表解》（智慧人系列，釋繼程著）、《民眾佛教的扎根 ── 日本Ⅲ》（新亞洲佛教史系列，末木文美士編輯委員；松尾剛次、佐藤弘夫、林淳、大久保良峻協力編輯，辛如意譯）。

◆ 《金山有情》季刊第76期出刊。

◆ 《法鼓文理學院校刊》第27期出刊。

◆ 《護法季刊》復刊第26期出刊。

◆ 1至4日，桃園齋明寺舉辦佛三暨八關戒齋，由文化中心副都監果賢法師主法，共有一百人精進全程參加。

◆ 法行會於台北國賓飯店舉辦例會，由常隨法師主講《金剛經》，有近兩百一十人參加。

04.02

◆ 中國佛教會名譽理事長淨良長老於臺北彌陀寺方丈室安詳示寂。方丈和尚果暉法師代表法鼓山四眾弟子前往彌陀寺拈香，表達追思。

◆ 臺鐵太魯閣408車次列車於花蓮發生翻覆事故，慈基會、蘭陽分院、臺東信行寺以及護法總會花蓮分會，配合政府及社工單位，協助事故傷亡者家屬需求，由法師及義工前往醫院或殯儀館，提供助念與慰訪關懷。各地分寺院也於清明法會為傷難者書立消災、超薦牌位；關懷院也啟動全臺連線助念，信眾念佛迴向，祈願亡者超昇離苦、傷者順利康復。

◆ 2至6日，青年院於法鼓山園區舉辦社青禪修營，由演無法師擔任總護，並安排禪修中心副都監果醒法師主持生活禪工作坊，藉由豐富的日常實例、禪修經驗與公案，帶領學員體驗禪法的覺照力與活潑妙用，有近一百人參加。

◆ 退居方丈果東法師應人基會與國立教育廣播電臺共同製播的《幸福密碼》節目之邀，與聽眾分享弘法、關懷、處世的智慧。

04.03

◆ 方丈和尚果暉法師、慈基會祕書長常順法師、蘭陽分院監院常法法師等，帶領義工分別前往花蓮各醫院，關懷臺鐵太魯閣408車次列車翻覆事故傷亡者家屬，並帶領念佛，安定身心。

◆ 僧團應邀前往花蓮殯儀館「0402太魯閣408車次火車事故罹難者靈堂」，舉辦佛化奠祭，由方丈和尚果暉法師主法，帶領大眾誦讀《佛說阿彌陀經》、念佛，祝福罹難者

往生西方淨土；也代表四眾弟子，感恩參與救難、醫護等人員，以及來自各地的宗教、社福及慈善團體，共同配合政府的救援行動，共有一百多人參加。

◆ 3至10日，臺中寶雲寺舉辦清明報恩梁皇寶懺法會，由常獻法師等主法，並安排寺院管理副都監果理法師解說《梁皇寶懺》，引導大眾深入懺法要義，拜懺更安定；法會全程透過網路直播，有逾十一萬人次參加。

◆ 3至10日，禪堂於三峽天南寺舉辦初階禪七，由演揚法師擔任總護，共有六十六人參加。

◆ 4月3日至12月11日，關懷院週六於法鼓山園區舉辦大事關懷課程，共四堂，以臨終關懷、往生助念為主題，由助念團悅眾帶領，共有五十多人參加。

◆ 僧大創校二十週年，4月3日起於校園以「現代唐三藏養成計畫」為主題，展出出家修行的樣貌與僧大的教育特色。

◆ 3至24日，美國洛杉磯道場每週六舉辦網路專題講座，邀請屏東大學中文系副教授林其賢導讀《聖嚴法師年譜》，有近九十人參加。

04.04

◆ 4月4日至5月2日，臺北安和分院週日舉辦佛學講座，由弘化發展專案召集人果慨法師主講「觀自在 大悲行」，共五堂，分享觀音法門的慈悲與智慧，每堂有近五百人現場參加，逾一千七百人次線上聞法。

◆ 蘭陽分院舉辦清明報恩地藏法會，由監院常法法師帶領，法師開示念佛有「事一心念佛」、「理一心念佛」，藉由事相用功的念佛來開啟、完成理相修行的內涵，學習以柔軟的心待人接物，增長慈悲與智慧，有近一百五十人參加。

◆ 新竹精舍舉辦清明報恩地藏法會，由副寺常湛法師帶領，有近六十人參加。

◆ 高雄紫雲寺舉辦清明報恩慈悲三昧水懺法會，由常應法師主法，期勉大眾，遇事則以「安心、安身、安家、安業」，來對治自己的煩惱心，並將佛法的好與善，分享給身邊的親友，讓一切眾生都能因佛法而離苦得樂、平安自在。

◆ 臺鐵太魯閣408車次列車於花蓮發生翻覆事故，4至17日，慈基會於臺東信行寺、臺東殯儀館設立安心站，由僧團法師及慰訪義工持續關懷傷亡者家屬。

◆ 美國東初禪寺於象岡道場舉辦清明報恩網路三時繫念法會，由象岡道場住持果元法師主法，法會透過YouTube Live網路共修，邀請大眾共同成就慎終追遠、冥陽兩利的佛事，共有兩百三十多人參加。

◆ 4至25日，美國東初禪寺週日舉辦網路佛學講座，由象岡道場監院常源法師主講《華嚴經・安樂行品》，有近三百八十人次參加。

◆ 美國舊金山道場舉辦清明報恩網路淨土懺法會，由監院常惺法師、常興法師主法，常興法師開示往生淨土的方法是遵從因果法則，依正見、起正行，必得正果，共有兩百二十多人參加。

◆ 加拿大溫哥華道場舉辦網路清明報恩地藏法會，由監院常悟法師主法。

◆ 馬來西亞道場舉辦網路清明報恩地藏法會，由常施法師帶領，有近一百八十人參加。

04.06

◆ 臺鐵太魯閣408車次列車於花蓮發生翻覆事故，關懷院監院常哲法師帶領慰訪義工於花蓮殯儀館誦念關懷、慰問關懷家屬並致贈慰問金。

◆ 4月6日起，香港道場開辦「夏　修行之日常」網路共修，內容包括行門和解門、練習方法和經教開示，期許大眾深入理解觀念和方法之餘，更透過身、口、意三業，實踐佛陀的教法。

04.07

◆ 青年院於臺北德貴學苑舉辦禪一，由演坦法師擔任總護，有近四十人參加。

◆ 7至21日，普化中心每週三晚上於北投農禪寺舉辦「法鼓講堂」佛學課程，由常諦法師主講「善導大師的淨土思想」，因新冠肺炎疫情趨緩，落實戴口罩、實名登記、保持社交距離等防疫政策下，開放現場聽講，同時於「法鼓山心靈環保學習網」線上直播，提供全球學員上網聆聽。

04.08

◆ 法鼓文理學院舉辦創校十四週年校慶典禮，方丈和尚果暉法師、中華佛學研究所榮譽所長李志夫、法鼓山社會大學校長曾濟群、榮譽董事會會長黃楚琪等到場祝福。

04.09

◆ 僧團於臺東信行寺啟建三時繫念法會，由副住持果醒法師主法，超薦2日臺鐵太魯閣號408車次列車翻覆事故罹難者，包括臺東市長張國洲、臺鐵臺東站長楊舜安，現場共有一百一十多人參加；法會全程透過網路直播，逾一千人線上共修，共同為傷亡者祈福祝禱。

◆ 人基會心六倫宣講團、導演蔡旻霓率領的團隊於臺北市復興高中舉辦高中實驗性教育劇場課程「復興聊天室 with 大支校長」，邀請音樂創作者大支與學子展開互動式講座，分享生命的感動，共有五百六十位高一學生參加。

◆ 9至11日，護法總會與法鼓文理學院共同舉辦「勸募會員返校日」，安排勸募會員至校園參觀、共修，共有八十多位大信南地區的會眾參加。

◆ 9至30日，美國舊金山道場每週三舉辦網路禪藝講座，邀請史丹佛大學（Stanford University）藝術史博士羅慧琪主講「認識中國藝術」，從大乘佛教文殊菩薩和觀音菩薩的主要圖像來源，介紹菩薩像特殊的細節，並分析圖像的辨認方式，以及分享中國肖像畫與山水畫的傳統和鑑賞方法，有近八十人參加。

04.10

◆ 法鼓山於北投農禪寺舉辦祈福皈依大典，由方丈和尚果暉法師授三皈依，期許信眾善盡三寶弟子的責任，不忘以慈悲心待人，以智慧心安己，從自身做起，進而帶動整個

社會、世界的和諧與安定，有近一千位民眾成為三寶弟子。

◆ 10至17日，禪堂於臺東信行寺舉辦初階禪七，由演捨法師擔任總護，共有五十七人參加。

◆ 4月10日至5月22日，慈基會於全臺各地舉辦「第三十八屆百年樹人獎助學金」頒發活動，共四十四場，共有一千一百九十位學子受獎。

◆ 4月10日至5月29日，護法總會於全臺舉辦「勸募鼓手研習營」，主題是「分享的力量」，共五場。10日於高雄紫雲寺進行首場，護法總會副都監常遠法師、副總會長陳治明、蘇妧玲等到場關懷，有近一百五十位嘉義、臺南、高雄、屏東及臺東護法鼓手參加。

◆ 教聯會於北投雲來寺舉辦「教師心靈環保教學研習營」，以《大智慧過生活》為研習主題，並邀請臺北醫學大學臨床醫學研究所教授張育嘉主講「心靈環保的理念與方法」，共有二十多位來自各地學校的學員參加。

04.11

◆ 北投農禪寺「後四十的人生必修課」課程，11日的主題是「認識自己──就是要找自己」，由常用法師帶領探討為什麼要認識自己，共有四十多人參加。

◆ 傳燈院於北投雲來寺舉辦禪一，由演一法師擔任總護，有近七十人參加。

◆ 法鼓山社大於新北市金山杜鵑公園舉辦「自然環保友善農耕市集」，內容包括講座、手作等，並邀請北海岸金山、三芝、石門、萬里地區的農友共同參與，為友善大地盡心力。

◆ 人基會「家長陪伴成長」系列課程，11日於臺北德貴學苑邀請臨床心理師駱郁芬講授「在正向教養中認識孩子的氣質」，引導家長看見孩子的特質、理解孩子的訊息，建立正向的親子互動關係，共有二十多人參加。

◆ 榮譽董事會於北投農禪寺舉辦北區榮譽董事聘書頒發典禮，方丈和尚果暉法師、僧團都監常遠法師、寺院管理副都監果器法師、農禪寺監院果毅法師，與榮董會會長黃楚琪、法行會會長王崇忠等出席關懷，有近五百人參加。

◆ 4月11日至12月18日，美國洛杉磯道場週日舉辦「心光講堂」系列講座，主題是「看見慈悲喜捨的力量」，共七場，由悅眾分享生命故事，共有四百二十多人次參加。

◆ 泰國護法會舉辦清明報恩地藏法會，由常空法師主法，共有三十多人參加。

04.12

◆ 法緣會於三峽天南寺舉辦禪一，由常襄法師擔任總護，有近五十人參加。

04.13

◆ 法鼓文理學院舉辦專題講座，邀請慈濟基金會副執行長何日生主講「善經濟」，介紹古今中外各文明經濟體系中的善與利他思想及實踐，共有三十多位師生參加。

04.14

◆ 法鼓文理學院舉辦專題講座，邀請基隆地方法院刑事庭法官施又傑主講「國民法官制度宣導」，有近五十位師生參加。

04.15

◆ 臺南二中靜心靜坐社團師生十餘人參訪臺南分院，由常朗法師及義工帶領體驗禪繞畫、瑜珈、靜心靜坐等。

04.16

◆ 16至18日，傳燈院於北投雲來別苑舉辦初級禪訓班輔導學長培訓課程，由監院常乘法師、演一法師法師帶領，有近七十人參加。

04.17

◆ 法鼓山於臺南分院舉辦祈福皈依大典，由方丈和尚果暉法師授三皈依，並開示皈依即是依靠，在無常的生命長河中，一同修學佛法、斷除煩惱、廣度眾生，共有一百九十位民眾成為三寶弟子。

◆ 蘭陽分院舉辦「平安自在 任意門」講座，邀請心理學家鄭石岩主講「我好你也好，建立群我心關係」，分享人際溝通的藝術，共有一百三十多人參加。

◆ 17至18日，桃園齋明別苑舉辦清明報恩地藏法會，由副寺常林法師帶領，有近六百人次參加。

◆ 高雄紫雲寺「法鼓文理講堂」系列講座，17至18日由生命教育學程助理教授蕭麗芬主講「蝶夢莊周 —— 文學中遇見自己」，講述莊周、陶淵明、蘇東坡等文學家，藉由文學追尋生命的核心價值，有近一百人參加。

◆ 17至18日，僧大舉辦「第十三屆講經交流會」，副院長常寬法師、果光法師及多位指導師長到場關懷，共有二十位學僧分享學習成果；多位自覺營的學員也返校觀摩，重溫解行並重的出家生活。

◆ 護法總會「勸募鼓手研習營」，17日於臺中寶雲寺進行，護法總會副都監常遠法師、副總會長陳治明等到場關懷，有近一百五十位臺中、南投、彰化、豐原、苗栗護法鼓手參加。

◆ 文山分會「平安自在」系列講座，17日由文化中心副都監果賢法師主講「禪的理論與實踐」，期勉大眾學佛修行改變自己，減少煩惱而內心安定，先提昇人的品質，進而自利利人、廣結善緣，影響家庭和職場，共同建設人間淨土，有近八十人參加。

◆ 法青會於北投農禪寺舉辦「幸福覺招團練室」課程，主題是「研發幸福覺招」，由演懷法師等帶領閱讀聖嚴師父著作《修行在紅塵 —— 維摩經六講》，探討維摩詰居士如何在紛擾紅塵中，享有無拘無束、自由自在的一方淨土，有近六十人參加。

◆ 美國舊金山道場舉辦網路禪一，由常興法師擔任總護，有近四十人參加。

◆ 4月17日至5月29日，香港道場隔週週六舉辦舉辦網路生活佛法系列座談，主題是「情

與義」，分別由演清法師與四位悅眾分享在「中年」生命階段所遇上的挑戰，包括父母身體衰退、中年危疾突至、職場重新歸零，以及子女成長離巢。

04.18

◆ 蘭陽分院於仁山植物園舉辦戶外禪，由常璧法師擔任總護，共有五十多人參加。

◆ 南投德華寺舉辦清明報恩地藏法會，由副寺常庵法師帶領，共有四十多人參加。

◆ 18至25日，禪堂舉辦中階禪七，由演醒法師擔任總護，共有七十多人參加。

◆ 護法總會「方丈和尚抵溫叨 — 地區巡迴關懷」，18日在臺南分院展開，方丈和尚果暉法師偕同服務處監院常應法師、總會長張昌邦、副總會長鄭泗滄，與護法老、中、青信眾，歡喜以法相聚，方丈和尚勉勵大眾以慈悲心待人，以智慧心安己，有近兩百一十人參加。

◆ 榮譽董事會於臺北內湖大溝溪生態治水園區舉辦戶外禪，由演謙法師、演寶法師擔任總護，有近九十人參加。

◆ 加拿大溫哥華道場舉辦網路英文禪一，邀請聖嚴師父西方弟子常聞擔任總護，共有三十多人參加。

◆ 馬來西亞道場舉辦出坡禪，由常施法師帶領清掃如來家，共有五十五人參加。

04.20

◆ 4月20日至5月4日，三峽天南寺每週二舉辦「禪悅自然蔬房 — 香積禪者培訓」課程，由僧團副住持果祥法師及香積悅眾授課，將護念眾生的慈悲智慧，展現在農作和飲食當中，有近五十人參加。

◆ 4月20日至5月4日，桃園齋明別苑週二舉辦佛學講座，由蘭陽分院監院常法法師主講「佛陀心藥鋪」，共三堂，講說四它、十二因緣，進而認識煩惱的形成與化解的方法，每堂有近兩百二十人參加。

◆ 法青會「菩薩系列」講座，20日由演捨法師主講「發現心中大祕寶」，介紹如來的寶藏，有近八十人參加。

04.23

◆ 23至25日，三峽天南寺舉辦清明報恩慈悲三昧水懺法會，由演柱法師主法，共有五百六十多人次參加。

◆ 23至25日，傳燈院於北投雲來別苑舉辦精進禪二，由演捨法師擔任總護，共有八十多人參加。

◆ 23至25日，護法總會與法鼓文理學院共同舉辦「勸募會員返校日」，安排勸募會員至校園參觀、共修，共有八十位員林、彰化、豐原分會的會眾參加。

04.24

◆ 4月24日至5月1日，北投農禪寺舉辦中階禪七，由監院果毅法師擔任總護，共有一百

二十多人參加。

◆ 基隆精舍於新北市猴硐辦戶外禪，由果本法師擔任總護，共有四十多人參加。

◆ 24至25日，桃園齋明寺春季報恩法會，由常獻法師主法，方丈和尚果暉法師於首日到場關懷，籲請大眾以懷恩、報恩、感恩的心，體會大地母親包容萬物之精神，在全球氣候失調、疫情仍未緩解下，人心向善共同祈求三寶與龍天護法加持，共有兩百七十多人次參加。

◆ 國際禪坐會於北投雲來寺舉辦禪一，由演無法師擔任總護，有近三十人參加。

◆ 花蓮分會舉辦專題講座，邀請花蓮慈濟醫院能量醫學中心主任許瑞云、副主任鄭先安主講「愛與希望──創傷的覺察與自療」，認識創傷後壓力症候群，覺察情緒與病痛的源頭，回復心情的祥和與平靜，共有兩百一十多人參加。

◆ 教聯會於臺北德貴學苑舉辦「教師心靈環保教學研習營」，以《大智慧過生活》為研習主題，並邀請臺北醫學大學臨床醫學研究所教授張育嘉主講「心靈環保的理念與方法」，有近四十位來自各地學校的學員參加。

04.25

◆ 法鼓山於高雄紫雲寺舉辦祈福皈依大典，由方丈和尚果暉法師授三皈依，期勉新皈依弟子，修學佛法，可以從念觀音、求觀音、學觀音、做觀音四階段來修行，並以慈悲心待人、智慧心安己，隨時善念善心、隨處廣結善緣，有近三百位民眾成為三寶弟子。

◆ 基隆精舍舉辦佛一，由果樞法師帶領，共有八十多人參加。

◆ 法鼓山社大於新莊校區舉辦專題講座，邀請法提健康蔬食坊創辦人張翡珊主講「沒有剩食的培福生活」，分享在日常生活中建立惜食觀念，擁有「培福有福」的人生，有近五十人參加。

◆ 護法總會「勸募鼓手研習營」，25日於北投雲來寺進行，護法總會副都監常遠法師、副總會長蘇妧玲等到場關懷，共有一百六十位北一、北二轄區護法鼓手參加。

◆ 榮譽董事會於臺北內湖大溝溪生態治水園區舉辦戶外禪，由演寶法師擔任總護，有近七十人參加。

04.26

◆ 26至27日，慈基會於臺北市中山安心服務站舉辦培訓講座，邀請諮商心理師林純如主講「創傷的認識與自我照顧」，有近四十位北區各分會召委、慰訪組義工參加。

◆ 國家圖書館舉辦「110年臺灣學術資源影響力發布會」，中華佛學研究所發行《中華佛學學報》榮獲「人社最具影響力學術期刊：哲學／宗教研究學門」第四名、法鼓文理學院發行的《法鼓佛學學報》榮獲「期刊即時傳播獎」（五年統計所刊載之文獻被引用情形）第三名之獎項。

04.27

◆ 方丈和尚果暉法師於北投雲來寺大殿，對僧團法師、全體專職精神講話，主題是「做

中看 —— 止觀在生活中的運用」，全臺各分院道場同步視訊連線聆聽開示，有近三百
人參加。

04.29

◆ 法鼓文理學院舉辦「數位典藏年度成果發表會」，主題是「連結與探索」，由圖資館
館長洪振洲講說佛學數位資源發展新方向、助理教授王昱鈞概述漢籍佛典進階文字
處理，以及《法鼓全集2020紀念版》網站、法的療癒主題式資料庫 —— 以禁咒治療為
例、中古佛教寫本資料庫編碼專案 —— 文字游覽敦煌等專案介紹。

04.30

◆ 4月30日至5月2日，法鼓山於三峽天南寺舉辦社會菁英禪修營精進禪二，由常襄法師
擔任總護，共有五十多人參加。

◆ 臺東信行寺舉辦專題講座，邀請花蓮慈濟醫院能量醫學中心主任許瑞云、副主任鄭先
安主講「愛與希望 —— 創傷的覺察與自療」，認識創傷後壓力症候群，覺察情緒與病
痛的源頭，回復心情的祥和與平靜，共有兩百一十多人參加。

◆ 4月30日至5月2日，教聯會於北投雲來別苑舉辦禪二，由演本法師擔任總護，有近三
十人參加。

5月 MAY

05.01

◆ 《人生》雜誌第453期出刊，本期專題「戶外禪，身心SPA」。

◆ 《法鼓》雜誌第377期出刊。

◆ 法鼓文化出版新書：《觀音妙智 —— 觀音菩薩耳根圓通法門講要（改版）》（現代經
典系列，聖嚴法師著）、《好讀 雜阿含經 第三冊／實修實證自在解脫 卷二十一至
卷三十》（好讀系列，劉宋 求那跋陀羅尊者譯，臺大獅子吼佛學專站編註）、《準
提神咒》（平安鈔經本系列）。

◆ 臺北安和分院舉辦浴佛法會，由文化中心副都監果賢法師主法；另有獻供、灌沐太子
像、禪悅帶動唱等活動，有近六百人參加。

◆ 臺南分院舉辦禪一，由果明法師擔任總護，共有六十多人參加。

◆ 1至15日，禪堂舉辦話頭禪十四，由禪修中心副都監果醒法師擔任總護，為方便禪眾
作息，禪期分為兩梯次禪七，每梯次有六十多人參加。

◆ 1至22日，美國洛杉磯道場、舊金山道場每週六舉辦網路佛學專題講座，由禪堂板首
果興法師主講「中華禪法鼓宗 —— 生命蛻變，承先啟後」，介紹中華禪法鼓宗的法脈
源流，以及聖嚴師父自度度人的生命歷程，每堂有逾一百五十人參加。

◆ 加拿大溫哥華道場舉辦網路英文佛學講座，邀請聖嚴師父西方弟子李世娟（Rebecca

Li）主講「楞嚴智慧 ── 觀六根塵境」（Wisdom from the Shurangama in Daily Life: Contemplating Our Daily Life），共有八十多位來自全球不同時區的聽眾，透過視訊會議平台、臉書直播，共同參與。

05.02

◆ 桃園齋明寺舉辦戶外浴佛活動，由監院果弘法師帶領，內容包括灌沐太子像、孝親奉茶等，共有一百多人參加。

◆ 南投德華寺舉辦佛一，由副寺常庵法師帶領，有近三十人參加。

◆ 5月2日至12月25日，關懷院週一於花蓮分會舉辦大事關懷課程，共八堂，以臨終關懷、往生助念為主題，由助念團悅眾帶領，共有五十多人參加。

◆ 榮譽董事會於宜蘭頭城休閒農場舉辦戶外禪，由演謙法師擔任總護，共有七十八人參加。

◆ 5月2日至12月19日，美國東初禪寺週日舉辦網路佛學講座，由常灌法師主講「《大乘起信論》概說」，概述如來藏唯識學派思想，有近七十人參加。

◆ 美國東初禪寺舉辦網路「初心浴佛」法會，監院常華法師以《法華經》經文「諸佛世尊唯以一大事因緣故，出現於世」，勉勵大眾善用人身努力修行，證得清淨法身，運用與佛無別的「真心」救度眾生，有近一百四十人參加。

◆ 2至30日，美國東初禪寺每週日舉辦網路英文佛學講座，邀請聖嚴師父西方法子吉伯·古帝亞茲主講「一心一意 ── 標示古禪師的修行歷程」（One Heart One Mind: Charting the Course of the Ancient Chan Masters），有近三百一十人次參加。

05.03

◆ 3至4日、5至6日，僧團於法鼓山園區舉辦兩梯次「與禪相遇2.0」課程，由禪堂監院常乘法師、僧大教務長常啟法師、常正法師、常襄法師共同帶領，培訓初級禪訓班及中級1禪訓班師資。

◆ 5月3日至12月19日，美國洛杉磯道場每週日舉辦網路《六祖壇經》共學課程，由監院常悅法師帶領，有近八十人參加。

05.04

◆ 北投雲來寺舉辦浴佛法會，由果禪法師帶領，有近兩百人參加。

◆ 4至8日，臺東信行寺舉辦浴佛節系列活動，包括4日社區關懷，6至7日的幼兒園學童浴佛，以及8日浴佛法會，接引臺東鄉親體驗浴佛的法喜。

◆ 法鼓文理學院校長惠敏法師帶領八十位佛教學系師生參加「第五屆佛法盃」體育競賽與藝文交流，本屆由佛光佛教學院於宜蘭佛大校園舉辦，兩校學子歡喜交流，在不同環境中開展視野，相互切磋觀摩。

05.05

◆ 5至26日，普化中心每週三晚上於北投農禪寺舉辦「法鼓講堂」佛學課程，邀請僧大講師法源法師主講「圓覺經與量子科學」，因新冠肺炎疫情嚴峻，未開放現場聽講，同時於「法鼓山心靈環保學習網」線上直播，提供全球學員上網聆聽。

◆ 聖嚴師父著作《菩薩戒指要》英譯版*Essentials of the Bodhisattva Precepts*在亞馬遜網路書店（amazon.com）上架，是第十五本上架的師父著作英譯書，嘉惠全球英語系讀者了解菩薩戒的內涵。

05.06

◆ 法行會於臺北國賓飯店舉辦例會，由常隨法師主講《金剛經》，有近兩百人參加。

05.08

◆ 北投農禪寺「後四十的人生必修課」課程，8日的主題是「談情緒 —— 在情緒的浪頭上微笑」，由常用法師帶領，共有四十多人參加。

◆ 高雄紫雲寺「法鼓文理講堂」系列講座，8日由佛教學系副教授洪振洲及助理教授王昱鈞主講「AI世代的經藏深入術」，分享運用AI科技查詢與解讀藏經典籍的助益與便捷，共有五十多人參加。

◆ 高雄紫雲寺舉辦「法鼓青年開講」講座，邀請恆誠有機農場張顯嚴主講「有機飯心路」，講述結合佛法和科學，種植有機茶葉的心路歷程，有近四十人參加。

◆ 美國舊金山道場舉辦網路英文佛學講座，邀請聖嚴師父西方法子查可‧安德烈塞維克主講「修行與開悟之道」（The Way of Practice and Enlightenment），以英文與中文即時口譯進行，有近一百八十人參與。

05.09

◆ 慶祝佛誕日與母親節，法鼓山於北投農禪寺舉辦「心靈環保家庭日」，透過托水缽浴佛、感恩奉茶、環保手作、生活禪等活動，引導民眾體驗身心放鬆的禪法，活動於上、下午展開，分別有近一千人參加。

◆ 蘭陽分院舉辦浴佛法會，由監院常法法師帶領大眾恭誦《地藏經》感念母親及佛陀的恩德，法師以「大孝則喻親於道」，提醒知恩報恩，護持父母修學佛法，拜佛時也應抱持感恩父母和三寶的心，共有一百三十多人參加。

◆ 臺中寶雲寺舉辦浴佛法會，由文化中心副都監果賢法師主法，並開示浴佛的由來與意義，共有八百多人參加；當日同步舉辦「觀音祝福，媽媽幸福」活動，由義工為長輩貼上觀音祝福的紙胸章。

◆ 臺南分院舉辦浴佛法會，由果明法師帶領，勉勵大眾學習佛法正知正見，念念覺照，開啟內心的光明，共有一百六十多人參加。

◆ 高雄紫雲寺舉辦浴佛法會，由果迦法師主法，適逢母親節，與會的七百多人提起感恩心，表達對釋迦牟尼佛的無盡感恩，並感念母親永遠的愛與無私的奉獻，藉由外沐佛身，內淨自心的功德，回報佛恩、父母恩、眾生恩。

05.11

◆ 因應新冠肺炎本土疫情，法鼓山配合政府防疫政策，減低活動造成群聚感染的風險，公告體系相關單位暫停5月11日至6月8日前的實體活動、課程與共修；因疫情持續嚴峻，隨後布達暫停活動至10月31日。

05.14

◆ 鑑於全國近二十萬名學子將於15至16日參與國中教育會考，14日適逢文殊菩薩聖誕日，禪堂監院常乘法師於北投農禪寺開山農舍文殊殿錄影開示，分享放鬆身心的方法，祈願學子們保持清楚的判斷力，平安自在地順利應試。

05.15

◆ 15至16日，美國舊金山舉辦網路禪二，由常興法師擔任總護，有近二十人參加。

05.17

◆ 新冠肺炎本土疫情升溫，慈基會接獲臺北市萬華地區社福團體求助，於17至19日，緊急調送兩千片口罩提供街友防疫，並致贈龍山老人服務中心獨居老人所需的白米、麵條、罐頭食品等物資。

05.18

◆ 法鼓山於全球資訊網安心專區推出「宅在家英雄日課表」，內容包括法鼓八式動禪、早晚課、經典共修、網路禪修、念佛禪等，廣邀大眾在居家防疫期間，透過早晚恆常不斷的功課，清淨三業、安定身心。

05.19

◆ 香港道場於九龍會址舉辦皈依典禮，由監院常展法師授三皈依，期勉新皈依弟子在如來家找到生命的意義、究竟的快樂，有近一百四十人成為三寶弟子。

05.20

◆ 20至27日，法鼓文理學院舉辦「109學年度學士班畢業呈現」線上發表會，佛教學系十一位學士班學生，各依專長及志趣，展現四年學習成果，除了指導教師及會審教師外，並有數十位師生上線參與交流，分享佛學研究的見解與心得。

05.22

◆ 美國舊金山、洛杉磯道場及加拿大溫哥華道場聯合舉辦線上浴佛法會,方丈和尚果暉法師透過視訊關懷,期勉大眾藉浴佛因緣清淨自心,與佛的莊嚴功德相應。

◆ 22至24日,加拿大溫哥華道場舉辦網路禪三,邀請聖嚴師父西方弟子李世娟擔任總護,共有七十多人次參加。

05.23

◆ 2019年12月開辦的新莊福田班,授課期間適逢新冠疫情嚴峻,歷經三次開課、三度停止實體課程後,於5月23日透過網路圓滿第十堂課及結業式,創下普化中心福田班同期上課時程最長的紀錄,共計結業人數一百五十九人。

◆ 僧大舉辦「109學年度禪修專題呈現」,由學僧演修法師分享「聖嚴師父禪學著作中的問答集」,副院長常寬法師、果光法師講評。

05.25

◆ 鑑於新冠肺炎本土疫情轉趨嚴峻,方丈和尚果暉法師錄影開示,傳達「全世界是防疫共同體;慈悲心是防疫最好的良藥」,籲請一起以同理心關懷、體諒醫護人員的辛苦,以及政府應變的難處,期盼大眾善用科技,透過網路表達關懷,藉由述說、傾聽,減少心理上的不安和焦慮。

◆ 新冠肺炎本土疫情持續升溫,慈基會展開關懷行動,致贈臺北萬華區剝皮寮快篩站三十箱大悲水,期望緩解現場人員的情緒焦慮與擔憂,給予心靈安定的力量。

05.26

◆ 配合政府防疫升級規範,並兼顧於警戒期間往生者與家屬的心靈安定,5月26日起,關懷院啟動「線上大事關懷」服務,透過網路為往生者助念及關懷家屬,祈願亡者安祥,生者平安。

◆ 馬來西亞道場舉辦網路浴佛法會,由常寂法師帶領,緬懷佛陀出世的功德,表達無限的感恩,也為疫情日益嚴峻的馬來西亞和全世界祝福迴向,有近三百四十人參加。

◆ 馬來西亞道場舉辦線上分享會,回顧當地佛教團體爭取衛塞節(佛誕日)成為公共假期的歷史過程,有近六十位悅眾參加。

◆ 新加坡護法會舉辦浴佛活動,由常耀法師帶領,配合政府防疫措施,控制人流,從上午九時開始分為五個時段進行,有逾一百人參加。

05.28

◆ 慈基會邀請插畫家朱德庸製作以護理人員為對象的「安心祝福」影片,並於護理師護士公會全國聯合會中舉行致贈儀式,期能為身處抗疫第一線的護理人員,帶來安心的力量,由該會理事長高靖秋代表接受。

05.29

◆ 29至30日，香港道場於九龍會址舉辦「約咗佛陀去慶生」，內容包括浴佛法會、禪瑜伽頌鉢體驗；並在饒宗頤文化館舉行浴佛祈願、《本來面目》影片欣賞、佛系燈謎，以及包括製作沙畫、念珠、御守祝福包、盆栽等禪藝創作活動。

JUNE

06.01

◆ 《人生》雜誌第454期出刊，本期專題「幸福社企，讓善循環」。

◆ 《法鼓》雜誌第378期出刊。

◆ 法鼓文化出版新書：《禪的理論與實踐（大字版）》（家中寶系列，聖嚴法師著）、《止觀禪 —— 打開心門的鑰匙》（智慧人系列，釋果暉著）、《聖嚴研究第十四輯 —— 聖嚴法師與禪學研究》（聖嚴思想論叢系列，聖嚴教育基金會學術研究部編）、《阿嬤的粽子》（故事寶盒系列，陳辰著，菊子繪）。

◆ 1至30日，臺北安和分院舉辦《藥師經》線上共修祈福，祈願透過念力、願力，為疫情消弭祈福，安人安己安樂眾生；並於30日進行總迴向，有近五萬人次參加。

◆ 鑑於新冠肺炎本土疫情持續蔓延，雙北醫院發生確診者攻擊醫護事件，6月起，慈基會陸續捐贈防護衣、面罩、額溫槍、N95口罩等，給臺北榮民總醫院、臺大醫院金山分院、臺北市聯合醫院、關渡醫院、羅東聖母醫院；也致贈大悲水與平安觀音御守，關懷防疫專責和平醫院、仁愛醫院、國泰醫院、臺大醫院和新北市立聯合醫院的醫護人員。

◆ 因應新冠肺炎疫情三級防疫警戒，慈基會於6月起再次啟動「安心補助」計畫，陸續捐助陽光基金會桃竹中心、蘭智社會福利基金會、臺北市東區單親家庭服務中心、北海岸社福中心、北投社福中心、蘆洲社福中心等社福團體，同時義工也以電話慰訪關懷家庭，協助辦理安心補助款，以期緩解經濟的困境和壓力。

◆ 僧大學僧刊物《法鼓文苑》第十一期專題「善財童子出任務 —— 尋找防疫善知識」，由總策畫常燈法師與插畫家曹一竹，合作繪製的封面及插圖，獲英國插畫協會（The Association of Illustrators）「世界插畫獎」（World Illustration Awards, WIA）入圍肯定。

06.03

◆ 慈基會與僧伽醫護基金會合作，由僧醫會董事長慧明法師統籌採購雙北地區醫院抗疫急需的醫療物資，包括：N95口罩、防護衣、隔離衣、面罩、手套、髮帽、鞋套等，並協助新北市立聯合醫院設置消毒噴霧通道，為出入人員提供防護。

06.05

◆ 5日起，法鼓山與臺北市廣告代理商業同業公會共同製作的「向防疫英雄致敬」公益廣告，於有線電視及MOD系統等新聞頻道播出。

06.06

◆ 6至27日，美國東初禪寺每週日舉辦網路佛學講座，由禪修中心副都監果醒法師主講「楞嚴二十五圓通」，有近五百人次參加。

◆ 6月6日至11月21日，美國東初禪寺週日舉辦網路英文佛學講座，邀請聖嚴師父西方弟子哈利・米勒（Harry Miller）主講《法華經》（*The Lotus Sutra*），有近五十人參加。

06.07

◆ 7至8日，護法總會舉辦線上關懷活動，由方丈和尚果暉法師、僧團都監暨護法總會副都監常遠法師、服務處監院常應法師、演本法師、總會長張昌邦、榮譽董事會會長黃楚琪等人，透過視訊與四十二位各地轄召、召委，以及三十八位榮董會正副召集人連線交流，表達關懷。

06.10

◆ 6月10日起，十一本聖嚴師父生活類著作，包括《人行道》、《放下的幸福》、《工作好修行》、《智慧一〇〇》等有聲書，於Google Podcasts、Apple Podcasts、Spotify、SoundOn、KKBOX等在內的十二大播客平台上架，大眾透過手機或電腦下載播客APP，可隨時、隨處、隨選上線聆聽。

06.11

◆ 鑑於新冠肺炎本土疫情持續蔓延，慈基會捐贈臺北市、新北市政府電子體溫計七千支；並捐贈一千四百個「平安包」，關懷於臺北市安心檢疫所及防疫旅館的民眾。

◆ 法鼓文理學院舉辦學士班網路畢業典禮，十位來自臺、港、馬來西亞、泰國及越南的畢業生，完成四年大學部修業，搭菩薩衣及受證，共有六十多位師生、親友線上觀禮祝福。

06.13

◆ 6月13日至8月22日，法鼓山首度舉辦「居家線上分享會」，以ZOOM的研討方式結合臉書直播，廣邀社會大眾分享防疫心觀點，共八場。13日進行首場，由方丈和尚果暉法師、文化中心副都監果賢法師、青年院演無法師，以及護法總會總會長張昌邦、行政院社家署委員張寶方等，交流防疫期間的「新觀點・心生活」，有近一千八百人參與。

06.14

◆ 加拿大溫哥華道場監院常悟法師應當地卑詩省蘭利市的基督教西三一大學（Trinity Western University）之邀，出席校方舉辦的博士班專題跨宗教研討會，與基督教、錫克教、原住民等三位代表座談，共有二十一位師生參與線上研討。

06.16

◆ 有鑑於新冠疫情快速升溫，相關防疫醫療物資不易採購，慈基會致贈護目鏡等相關物資，關懷臺北市萬華清潔隊大理分隊，同時也捐贈苗栗縣政府隔離衣，新北市金山、林口區公所、臺北市萬華區公所感應式消毒機、防護衣等物資。

06.18

◆ 僧團以禪修心法為基礎，推廣「21天自我禪修，『心呼吸』養成計畫」，由都監常遠法師錄製解說，透過視訊引導大眾體驗心呼吸禪法，包括宏碁集團創辦人施振榮伉儷、資深媒體人陳月卿、楊月娥等各界人士，皆響應體驗，為臺灣凝聚安心的力量。

06.20

◆ 法鼓山「居家線上分享會」，20日進行第二場，由僧團都監常遠法師、青年院演無法師、花蓮慈濟醫院能量醫學中心主任許瑞云、表演工作者柯有倫，分享「感受新體驗、心呼吸」，調解疫情三級警戒的心中焦慮、恐慌與不安，有近一千八百人參與。

06.27

◆ 法鼓山「居家線上分享會」，27日進行第三場，由演本法師、臺北醫學大學張育嘉教授對談「居家新型態，禪意新方法」，分享把心安住在當下，同時做好自身的防疫工作，就能照顧好自己，進而護念他人，共有一千一百多人參加。

06.29

◆ 鑑於新冠肺炎本土疫情持續蔓延，慈基會捐贈臺北農產運銷公司大悲水、平安無事口罩、護目鏡等防疫物資，並認購北農相關經銷產品等做為關懷家庭的食物箱。

◆ 29至30日，聖基會舉辦「第八屆漢傳佛教與聖嚴思想國際學術研討會」，因應防疫政策，會議於該會官方臉書及YouTube進行線上視訊直播，兩日的學術交流，共有近百位來自臺灣、日本、香港、中國大陸及歐美學者專家參與，發表近五十篇論文。

06.30

◆ 慈基會捐助嘉義縣政府防疫帳篷，提供阿里山鄉等全縣十八處衛生所及慢性病防治所運用，為施打疫苗的醫護和民眾遮陽避雨。

7月 JULY

07.01

◆ 《人生》雜誌第455期出刊，本期專題「創傷覺察與安心之道」。

◆ 《法鼓》雜誌第379期出刊。

◆ 法鼓文化出版新書：《佛法綱要 —— 四聖諦、六波羅蜜、四弘誓願講記（改版）》（現代經典系列，聖嚴法師著）、《修行在紅塵 —— 維摩經六講（簡體版）》（現代經典系列，聖嚴法師著）、《漢傳佛教的智慧生活（修訂版）》（智慧海系列，聖嚴法師著）、《漢傳佛教復興 —— 雲棲袾宏及明末融合》（大視野系列，于君方著，方怡蓉譯）、《金剛經》（丹青妙法書法鈔經本系列）。

◆ 《金山有情》季刊第77期出刊。

◆ 《法鼓文理學院校刊》第28期出刊。

◆ 《護法季刊》復刊第27期出刊。

◆ 僧團副住持果燦法師，於1日捨報，世壽七十九歲，戒臘三十一載；僧團6日上午於法鼓山園區進行追思祝福，方丈和尚果暉法師代表僧俗四眾，感恩果燦法師為法忘軀，全心奉獻，是僧眾的典範，並祝福法師於西方極樂世界繼續精進，迴向娑婆世界廣度眾生，成就無上佛道。

◆ 疫情期間，關懷院網站特別設置「新冠肺炎臨終關懷專區」，布達疫情期間往生助念、告別追思的服務項目、申請流程、常見問答、相關影音、雲端祈福等資訊，引導亡者往生淨土，生者心安平安。

◆ 慈基會持續關注國內新冠肺炎疫情，於1日捐贈一千份平安包關懷臺中市政府第一線防疫工作人員，以及居家隔離、檢疫之民眾。

07.03

◆ 僧大舉辦畢業典禮，由院長果暉法師為六位畢業學僧頒授證書，並以年度主題「平安自在」與眾共勉，全體僧眾觀禮祝福。

◆ 3至24日，新加坡護法總會每週六舉辦佛學課程，由常耀法師主講「人生覺招 —— 《四十二章經》」，介紹修行生活的運用心要，有近五十人參加。

07.06

◆ 鑑於緬甸因政變導致社會動盪，人民飽受新冠疫情威脅，慈基會6日首先於仰光採購防護面罩，16日再捐助口罩、防護衣、電子體溫計、血氧機、血壓計、額溫槍等醫療物資，分送給鄰近的僧、尼佛學院、道場、禪修中心等，協助僧伽及民眾防疫。

◆ 慈基會持續關注國內新冠肺炎疫情，於6日捐贈平安包、大悲水予臺北市立聯合醫院忠孝、陽明、松德等院區之醫護人員。

07.07

◆ 7至28日，普化中心每週三晚上於北投農禪寺舉辦「法鼓講堂」佛學課程，由常鐘法師主講「智者之心《釋禪波羅蜜次第法門》導讀」，因新冠肺炎疫情嚴峻，未開放現場聽講，同時於「法鼓山心靈環保學習網」線上直播，提供全球學員上網聆聽。

07.08

◆ 自「聖嚴法師的有聲書」、「聖嚴法師經典學院」，陸續在播客（Podcast）平台上架後，廣受迴響，8日起，中國廣播公司閩南語節目《早安鄉親》、《快樂寶島》、《歡樂假期》，每週多次輪播分享聖嚴師父〈108自在語〉和生活小故事。

◆ 慈基會持續關注國內新冠肺炎疫情，於8日捐助財團法人老五老基金會防護隔離衣，提供第一線居服員陪同長者就醫時穿戴，協助有效防疫。

◆ 7月8日至9月28日，榮譽董事會每週二或四舉辦線上讀書會，由悅眾帶領共讀方丈和尚果暉法師著作《止觀禪》，每場皆有逾百人參加。

07.09

◆ 北美寺院管理副都監常悟法師應瑞士伯恩禪修中心（Bern Chan）之邀，進行專題演講，主題是「出家人日常生活中的正念禪修」，釐清正念減壓（Mindfulness-Based Stress Reduction, MBSR）的修行與佛教禪修的異同，參與實體與網路線上聆聽，共有七十多人。

07.10

◆ 10至11日、17至18日，法青會舉辦「暑期線上悟寶兒童營」，以線上親子課程，引領大、小朋友共同學習。

◆ 10至16日，北美寺院管理副都監常悟法師應瑞士伯恩禪修中心之邀，帶領年度禪七，以實體與線上複合方式進行，共有二十四位來自瑞士、列支敦士登、德國、奧地利、芬蘭、比利時、英國、加拿大等八國禪眾參加。

◆ 北美西岸三地道場每週三、週六聯合舉辦網路「2021暑期佛法講座」，7月10至21日，以美國洛杉磯道場為主場，由中華佛學研究所所長果鏡法師主講「唐代茶文化與茶公案」，有近四百多位美國、加拿大、臺灣信眾參加。

07.11

◆ 法鼓山「居家線上分享會」，11日進行第四場，以「防疫！防抑！情緒也需要打疫苗」為主題，由演無法師、演信法師、演謙法師、法鼓文理學院助理教授辜琮瑜對談，分享心不隨境轉的練心工夫，有近兩千位網友留言迴響。

◆ 人基會「家長陪伴成長」系列課程，11日邀請舞蹈生態系創意團隊藝術總監彭筱茵線上講授「親子生活創意舞蹈」，透過肢體互動增進親子關係，並將繪畫融入肢體律

動，讓家長與孩子一起開心做運動，分享彼此的關心與喜悅。

◆ 7月11日至8月27日，美國東初禪寺週日舉辦網路佛學講座，由禪修中心副都監果醒法師主講「從《楞嚴經》看世界與生命之源」，有近一千人次參加。

07.14

◆ 因應防疫「停課不停學」的政策，慈基會捐贈五百二十五台筆電予南投縣仁愛、信義等偏鄉部落學子；並於14日前送抵三十所國中、小學與原聲音樂學校。

◆ 慈基會持續關注國內新冠肺炎疫情，於14日前往桃園景仁殘障教養院，捐助製氧機與增稠劑等防疫及民生物資。

◆ 14至20日，香港道場參加於香港會議展覽中心舉行的「2021香港國際書展」，以「平安自在」為主題，與大眾分享法鼓山的理念；18日並舉辦講座，以「您可以選擇不恐懼」為題，由常禮法師與心理學家袁家慧、精神科醫生梁琳明對談。

07.15

◆ 歐美寺院管理副都監常悟法師，應美國香巴拉出版社（Shambhala Publications）之邀，錄製誦念英譯《華嚴經》的影片，代表法鼓山緬懷國際著名佛典翻譯家湯馬斯·克利里（Thomas Cleary）。

07.17

◆ 鑑於新冠肺炎本土疫情持續嚴峻，傳燈院推廣入門與基礎禪修網路課程，包括禪修指引、初級禪訓班，以及半日禪、禪一等，17日首場線上「禪修指引」，由監院常乘法師帶領，共有四十多位學員參加。

07.20

◆ 7月20日至9月25日，法鼓山社大於臺大醫院金山分院舉辦「風輕雲淡水墨畫聯展」，共有十四位學員展出六十一幅作品，展現學習成果。

07.21

◆ 法鼓文理學院心靈環保研究中心舉辦網路「2021臺灣里山倡議北區及跨區議題與策略盤點工作坊」，探討各倡議單位在新冠肺炎疫情下的困境與重生。

07.22

◆ 美國舊金山道場舉辦網路禪一，由常興法師擔任總護，共有三十多人參加。

07.23

◆ 因應新冠疫情蔓延全球，法鼓山於2020年推動居家線上持咒活動，引發大眾熱烈響應，23日起升級版「大悲咒Line起來2.0」，透過新介面與功能，包含雲端祈福、考生祝福等，讓祝福願力無限廣大。

◆ 僧大教務長常啟法師應人基會、教育電臺共同製作的《幸福密碼》廣播節目之邀，與聽眾分享僧大致力培養「現代僧人」，引導學僧透過團體生活、規律作息、佛學熏修等，消融自我、融入大眾、活出與眾生的生命連結。

07.24

◆ 北美西岸三地道場每週三、週六網路「2021暑期佛法講座」，7月24日至8月4日，以舊金山道場為主場，由常啟法師主講「維摩詰經旨略 —— 紅塵不迷亦不離」，英文同步口譯，有近三百五十人參加。

07.25

◆ 法鼓山「居家線上分享會」，25日進行第五場，以「防疫心生活，自律新觀點」為主題，由護法總會服務處監院常應法師、三學研究院僧才培育院監院常耀法師、資深悅眾施心媛對談，分享修行的方法，有近一千人參加。

◆ 7月25日、8月15日、9月19日傳燈院舉辦「遇見心自己」網路關懷課程，以「Zoom會議」形式展開，由演一法師、藝術心理治療師徐曉萍帶領，反思關照生命的立場，有近三十人參加。

07.29

◆ 慈基會捐贈桃園龍門營區陸軍三三化學兵N95口罩及防護專用3M膠帶，由祕書長常順法師代表捐贈。

07.30

◆ 馬來西亞道場監院常藻法師受邀於太平佛教會舉辦的網路「第三十六屆全國大專佛青生活營」中，講授「心靈環保」，除了分享理念，也引導學員建立及實踐自利利他的人生觀，有近兩百三十人參加。

8月 AUGUST

08.01

◆《人生》雜誌第456期出刊，本期專題「疫起共修藥師法門」。

◆《法鼓》雜誌第380期出刊。

◆ 法鼓文化出版新書：《佛陀遺教 ── 四十二章經、佛遺教經、八大人覺經講記》（現代經典系列，聖嚴法師著）、《留日見聞（改版）》（琉璃文學系列，聖嚴法師著）、《日韓佛教史略（改版）》（智慧海系列，聖嚴法師著）、《大智慧到彼岸 ── 心經講記》（智慧人系列，釋寬謙著）、《藥師咒》（平安鈔經本系列）。

◆ 法鼓山「居家線上分享會」，1日進行第六場，由關懷院監院常哲法師、護法總會副總會長蘇妧玲、資深悅眾莊淑秋對談「關懷在家，在家改變」，探討疫情期間如何延續關懷。

◆ 法鼓山社大舉辦「實體課程轉遠距教學授課說明線上會議」，介紹於9月展開的秋季班遠距教學課程，共有五十多位講師及專職參加。

◆ 加拿大溫哥華道場舉辦網路禪一，由監院常悟法師擔任總護，共有三十多人參加。

08.03

◆ 配合防疫政策與避免群聚，方丈和尚果暉法師對僧團法師、全體專職精神講話，全程採用網路進行，主題是「防疫心生活」，分享防疫期間的修行日常。

08.05

◆ 法行會舉辦網路例會，由方丈和尚果暉法師主講「後疫情時代運用四它安定身心」。

08.06

◆ 8月6日至9月3日，法鼓文理學院人文社會學群學會舉辦網路短講活動，共三場。6日進行首場，由生命教育碩士學位學程助理教授辜琮瑜主講「心心相印的魔法」，分享對自己與他人的祝福。

08.07

◆ 北美西岸三地道場每週三、週六網路「2021暑期佛法講座」，7至18日，以加拿大溫哥華道場為主場，由僧大副院長果光法師主講「撞倒須彌山 ── 漢傳佛教之話頭禪法」，有近兩百二十人參加。

08.08

◆ 法鼓山「居家線上分享會」，8日進行第七場，由青年院監院演柱法師、佛畫藝術創作者黃俞寧、花藝老師王淑青對談「好好欣賞，生命這朵花」，分享轉化心念，感受生命的燦爛。

◆ 8至14日，基隆精舍舉辦網路中元報恩《地藏經》共修，由副寺果樞法師帶領，共有五百四十人次參加。

◆ 8至14日，香港道場舉辦「平安自在藥師週」，實體法會與網路共修同步進行，由監院常展法師等帶領，將誦經、持咒的功德迴向，祝願世間疫情早日止息，天災人禍不臨。

08.10

◆ 馬來西亞道場舉辦網路禪一，由監院常藻法師擔任總護，鼓勵大眾透過禪坐、動禪，讓生命重新恢復活力，面對當下，有近四十位義工參加。

08.11

◆ 弘化院於「中元報恩三時繫念超度法會」舉辦前，11日於臉書（https://www.facebook.com/ddmorg）推廣「心靈環保心疫苗」活動，籲請大眾響應「一日三時，一週繫念，一起心淨化」，學習用慚愧、懺悔，淨化身、口、意三業，改變生命、提昇人品。

08.14

◆ 14至24日，護法總會舉辦五場網路關懷活動，方丈和尚果暉法師透過視訊，與全臺近一千五百位護法委員、教聯會、助念團、法青會與義工團悅眾交流，護法總會副都監常遠法師及各會團輔導法師也連線關懷。14日於北投雲來別苑進行首場，方丈和尚果暉法師等，與近千位護法委員，雲端交流防疫期間的學佛護法心得。

◆ 14至15日，美國舊金山舉辦網路禪二，由常興法師擔任總護，共有十多人參加。

◆ 加拿大溫哥華道場舉辦網路中元報恩地藏法會，由監院常悟法師帶領，共有九十多人參加。

08.15

◆ 15至21日，北投農禪寺啟建網路梁皇寶懺法會，因應新冠肺炎防疫政策，再度採取線上共修，結合錄影、直播與現場法師同步精進，共有逾二十萬人次參與。

◆ 人基會「家長陪伴成長」系列課程，15日邀請幼兒藝術教育講師龔盈瑩線上講授「生活與色彩」，進行親子間色彩的互動遊戲與創作，共有五十多位親子線上參與。

◆ 馬來西亞道場監院常藻法師應馬佛青吉打州聯委會之邀，於網路講座中，以「疫心迴向」為題，分享生命的價值與規畫。

08.16

◆ 法鼓山採購六百萬支一毫升細針具，捐贈衛福部配發給各地疫苗接種單位使用，16日天南寺監院常學法師代表僧團，會同中央流行疫情指揮中心代表，前往桃園物流中心，共同驗收首批到貨的一百萬支細針具。

◆ 法鼓文理學院人文社會學群學會舉辦網路短講活動，16日由生命教育碩士學位學程助理教授郭文正主講「滋養生命活力的魔法」，分享以詩與歌來養護自我的心靈與感受人生。

08.17

◆ 護法總會網路關懷活動，17日於北投雲來別苑進行第二場，由方丈和尚果暉法師等透過視訊，與近百位教聯會悅眾，雲端分享防疫期間實踐佛法的心要。

08.18

◆ 法鼓文理學院師生、職員與僧團法師共三十人，參加由朝邦文教基金會主辦的「Our World 我們的世界」SDGs 線上桌遊，透過遊戲進行經濟、推廣、消費活動，了解個人價值觀及行為的影響力。

◆ 護法總會網路關懷活動，18日於北投雲來別苑進行第三場，由方丈和尚果暉法師等透過視訊，與助念團悅眾，雲端分享防疫期間實踐佛法的心要。

08.19

◆ 19至21日，桃園齋明寺舉辦網路中元報恩地藏法會，由監院果弘法師帶領，共有六百多人次參加。

◆ 19至21日，臺中寶雲寺舉辦中元報恩地藏法會，由寺院管理副都監果理法師率同常住法師，透過網路直播，帶領逾一萬一千多人次，一起禮拜地藏懺、恭誦《地藏經》，將修行功德迴向現世父母親友，及全世界受苦受難的眾生，祈願人人平安。

◆ 護法總會網路關懷活動，19日於臺北德貴學苑進行第四場，由方丈和尚果暉法師等，與一百二十六位法青悅眾雲端分享熏習佛法的心要。

08.20

◆ 慈基會關懷弱勢學子的學習，祕書長常順法師、護法總會副總會長陳治明與專職、在地義工，走訪彰化縣社頭鄉湳底社區、嘉義縣福池關懷協會、大埔鄉和平社區及嘉義市公益社教協會，捐助七十四台平板電腦，並為學童安排線上學習及數位動畫課程。

08.21

◆ 法鼓山「居家線上分享會」，21日進行第八場，由演一法師、慈基會會長柯瑤碧、悅

眾李凱萍對談，主題是「現在，我們如何下一步？」，探討如何面對順境不執著、逆境不煩惱。

◆ 由中華民國社區營造學會、中華民國醫師公會全國聯合會、臺北市醫師公會等單位共同主辦，法鼓文理學院協辦的「社會處方在新冠肺炎的角色」（The International Forum of Social Prescribing in COVID-19 Pandemic）線上國際論壇，21日於臺北展開，邀請來自日本、韓國等專家學者與會，交流如何透過「社會處方」的實踐，在疫情中促進社區與心理的健康。

◆ 21至22日，美國洛杉磯道場舉辦網路中元報恩慈悲三昧水懺法會，由常惺法師主法，共有三百多人次參加。

08.22

◆ 僧團於法鼓山園區大殿舉辦網路中元報恩三時繫念法會，由副住持果醒法師主法，透過直播帶領大眾共修，祝禱各地受災罹難者往生淨土，世界疫情早日消除，共修在線人數最高達三千五百多人，逾一萬五千人數觀看。

08.23

◆ 23至28日，臺北安和分院舉辦網路中元報恩《地藏經》共修，由常嘉法師帶領。

◆ 23至28日，高雄紫雲寺舉辦網路中元報恩《地藏經》共修，由常峯法師等帶領，監院常參法師透過視訊開示，持誦《地藏經》學習地藏法門，除了效法地藏菩薩的大悲願心，還要學習「孝道、度生、拔苦、報恩」的慈悲和智慧，發大菩提心。

08.24

◆ 護法總會網路關懷活動，24日於北投雲來別苑進行第五場，由方丈和尚果暉法師、護法總會副都監常遠法師等，與義工團悅眾雲端分享如何在奉獻中修行。

08.25

◆ 馬來西亞道場常蓮法師受邀於雙威大學（Sunway University）佛學會舉辦的網路專題演講中，以「法師，鬼門開了怎麼辦？」為題，講解盂蘭盆的起源、意義、內容，並進一步釐清盂蘭盆與民間鬼節的差異，鼓勵大眾以慈悲心對待六道眾生，有近三十人參加。

08.26

◆ 8月26日至10月7日，慈基會週四於臺北雙連中山服務處舉辦「專職暨義工教育訓練課程」，共五場。26日進行首場，邀請前桃園長庚醫院護理部主任黃慈心主講「長照政策相關法規及資源運用」，介紹長照政策的理念及目的、長照2.0與社區整體照護、資源的種類與連結運用等，祕書長常順法師到場關懷，共有二十多人參加。

08.29

◆ 臺北安和分院舉辦網路中元報恩地藏法會暨地藏懺,由監院果旭法師帶領。

◆ 高雄紫雲寺舉辦網路中元報恩地藏懺法會,由果雲法師主法,有近一千人參加。

08.30

◆ 因應新冠肺炎疫情,海、內外聖嚴書院佛學班、禪學班,本學期首度以線上方式全程授課,8月30日至9月3日,共有三十九個班級陸續開學,有近五千位學員、關懷員透過視訊分享上課喜悅。

08.31

◆ 慈基會持續關懷偏鄉學子的學習,31日透過彰化、嘉義縣市政府和線上教育平台協助,與在地社區協會合作,與受贈平板電腦的學童們連線,進行系統教育訓練工作坊,介紹師生帳號的操作及經驗分享。

9月 SEPTEMBER

09.01

◆ 《人生》雜誌第457期出刊,本期專題「看佛教藝術療療心」。

◆ 《法鼓》雜誌第381期出刊。

◆ 法鼓文化出版新書:《一方水月——2022年法鼓山桌曆》。

◆ 1至22日,普化中心每週三晚上於北投農禪寺舉辦「法鼓講堂」佛學課程,由禪堂板首果興法師主講「夢而不迷,有菩薩同行」,因新冠肺炎疫情嚴峻,未開放現場聽講,同時於「法鼓山心靈環保學習網」線上直播,提供全球學員上網聆聽。

◆ 臺北農產運銷公司董事長黃向羣一行拜訪慈基會,為疫情期間,慈基會與北農合作購買農產品,捐贈各地關懷家庭,表達感謝之意。

◆ 1至2日,法鼓文理學院於園區舉辦「110學年度教師與行政主管共識營」,內容包括法鼓山的三大教育、校長治校理念及教學面、國際面、學生輔導報告與討論,以及校園永續規畫等,共有四十多人參加。

◆ 1至5日,美國東初禪寺於象岡道場舉辦中元佛五暨三時繫念法會,實體與網路直播同步進行,除了現場三十位僧俗代表,連線參與共修的民眾、家庭則有逾一百五十戶。佛五於5日上午大迴向、禮祖佛事後圓滿;下午啟建三時繫念法會,由象岡道場住持果元法師主法,迴向為亡者祝禱,有近兩百二十人參加。

◆ 9月1日至11月10日,香港道場每週三於九龍會址舉辦「學佛入門」課程,由常住法師等主講,內容包括認識佛教核心義理、學佛行儀導引等,接引大眾走進學佛的門徑,獲得修行法寶與法喜,有近五十人參加。

09.02

◆ 慈基會「專職暨義工教育訓練課程」，2日邀請長庚養生文化村課長葉嘉嶽主講「助人技巧與歷程——尋找復原力」，講析助人關係與技巧、助人者的挑戰與困境等，並帶領助人技巧練習，共有二十多人參加。

09.03

◆ 法鼓文理學院人文社會學群學會舉辦網路短講活動，3日由社區再造碩士學位學程助理教授李婷潔主講「藏在米食裡的魔法」，介紹臺灣米食文化。

09.04

◆ 4至5日，僧大於法鼓山園區祈願觀音殿舉辦剃度大悲懺法會，以法會共修祝福新戒沙彌、沙彌尼。
◆ 護法總會首度舉辦網路勸募會員授證典禮，方丈和尚果暉法師、僧團都監常遠法師、總會長張昌邦等，於北投雲來別苑主現場，透過視訊為兩百四十五位新進勸募會員授證，有近三百人線上觀禮。
◆ 馬來西亞道場監院常藻法師應馬佛青森美蘭州聯委會之邀，於網路講座中，以「疫情下的生命告別」為題，分享生命的價值與規畫。

09.05

◆ 臺北安和分院舉辦「社會與生命關懷」網路專題講座，主題是「如何有尊嚴走完最後人生」，由關懷院監院常哲法師，與三位長期致力於安寧緩和醫學的陳秀丹、洪宗杰和陳慰信醫師，分享如何建立正向的生死觀，在生命無常中，以慈悲和智慧，尊嚴地告別。
◆ 高雄紫雲寺舉辦網路佛學講座，由常諗法師講授《佛說佛地經》，帶領初窺十地佛菩薩的清涼境地，共有一千多人參加。
◆ 因應新冠肺炎疫情，法鼓山社大於秋季班開辦多項遠距課程，5日舉辦線上義工培訓說明會，由各班資深學員擔任班級義工，交流分享關懷的方法，共有七十多人參加。
◆ 榮譽董事會於北投農禪寺舉辦感恩聯誼會，方丈和尚果暉法師、僧團都監常遠法師、榮董會會長黃楚琪及各區召集人，與五百七十三位來自臺灣、泰國、新加坡、香港、美國的榮譽董事，歡喜共聚雲端。

09.06

◆ 法鼓山於園區舉辦剃度典禮，由方丈和尚果暉法師擔任得戒和尚，退居方丈果東法師擔任教授阿闍黎，為六位求度者圓頂、授沙彌（尼）戒，並有七位僧大新生求受行同沙彌（尼）戒，遵循防疫規範，有十一位家屬到場觀禮，多數親友透過線上直播，祝福新生佛門龍象開啟成佛之路。

09.07

◆ 慈基會會長柯瑤碧、副會長陳照興、王瓊珠等一行,前訪臺北農產運銷公司,感謝董事長黃向墘、總經理翁震炘及所有員工,對於中秋節關懷行動的護持,並加入打包物資的行列。

◆ 聖基會舉辦「聖嚴思想體系建構與實踐工作坊」,邀請政治大學哲學系教授李維倫主講「禪修過程中的經驗變異狀態:一個現象學的探究」,共有四十位學者與法師,就心理學、宗教哲學與佛教禪修的跨領域交流,進行對話。

09.10

◆ 新北市政府副秘書長邱敬斌、社會局專門委員黃逢明、環保局簡任技正許銘志、城鄉局副總工程司陳柏君等拜會慈基會,由祕書長常順法師代表接待,並就社會福利等業務進行交流。

◆ 10至12日,中華佛研所舉辦「獨坐大雄峰 —— 禪宗思想與寺院文化」線上研習營,包括兩場專題演講、十三場講席,邀請十餘位海、內外學者透過講學與提問對話,深入「禪」在學術多元研究及視野中的豐富樣貌,有近八十人參加。

09.11

◆ 9月11日至12月11日,加拿大溫哥華道場週六舉辦網路佛學講座,由監院常悟法師主講「佛教思想發展及般若經典介紹」,內容包括釋尊時代、部派及大乘三系的佛教思想發展與內涵,空性思想的探索,主要般若經典、論點的學習。

◆ 馬來西亞道場監院常藻法師受邀於當地「第十五屆全國大專佛青思想工作營」中,參與「佛學會與學佛系統之間的關係」網路座談,分享佛法修學的體驗,共有一百九十多人參加。

09.12

◆ 法鼓山首度舉辦網路「祈福皈依大典」,由方丈和尚果暉法師授三皈依,期勉大眾在生活中實踐佛法,感化自己的身、口、意,並以利益他人來成長自己,共有七百三十位民眾成為三寶弟子。

◆ 人基會「家長陪伴成長」系列課程,12日邀請任林教育基金會講師王聖華以「小小孩的心,我懂」為主題,線上分享理解情緒、提昇覺察力,藉由和諧的相處方式,讓親子關係更緊密,共有四十多位家長線上參與。

◆ 12至26日,美國東初禪寺每週日舉辦「提放‧自在」系列講座,共三場。12日進行首場,由僧團都監常遠法師線上主講「如何覺察身心?」,分享如何運用佛法在日常生活中,消融自我的煩惱,關懷他人的需要,有近三百一十人參加。

◆ 12至26日,美國東初禪寺週日舉辦網路英文佛學講座,邀請聖嚴師父西方法子吉伯‧古帝亞茲主講「禪坐 —— 從基礎到深入」(Meditation From the Basics to Advanced Practices),有近兩百一十人次參加。

◆ 加拿大溫哥華道場舉辦網路英文禪一，邀請聖嚴師父西方弟子常聞擔任總護，共有三十多人參加。

09.16

◆ 慈基會「專職暨義工教育訓練課程」，16日邀請耕莘醫院長期照護部副主任黃秋華主講「長者溝通技巧與電話關懷問安過程」，傳授與長者溝通技巧、電話關懷問安與流程等，並帶領分組演練，共有二十多人參加。

09.19

◆ 美國舊金山道場舉辦網路禪一，由常興法師擔任總護，共有十多人參加。
◆ 馬來西亞道場舉辦網路禪一，由常施法師擔任總護，共有四十二人參加。

09.20

◆ 法行會舉辦網路例會，由僧大男眾教務長常啟法師主講「《維摩詰經》的淨土思想與時間」。

09.25

◆ 高雄紫雲寺「法鼓文理講堂」系列講座，25日由佛教學系副教授莊國彬，透過視訊主講「當佛陀還是猴子的時候 —— 談本生故事的宗教意義」，從宗教教化的角度談世尊的本生故事，有近六百人參加。
◆ 馬來西亞道場舉辦網路義工關懷培訓課程，由常法法師及資深心理諮商師陳茉莉授課，分享如何「先安己心，再安人心」，共有一百三十多位義工參加。

09.26

◆ 法青會於臺北德貴學苑舉辦線上「與法師有約」，由僧團都監常遠法師主講「挑戰21」，有近一百位來自臺灣、香港、中國大陸的青年連線聆聽。
◆ 美國東初禪寺「提放．自在」系列講座，26日由關懷院監院常哲法師線上主講「如何幫助臨終者放下身心？」，分享如何運用佛法陪伴臨終者放下身心，有近兩百九十人參加。

09.28

◆ 法鼓學校校友會於法鼓山園區舉辦第六屆校友論文發表論壇，首度採用網路直播，由修優法師、蘇原裕、陳陶三位校友發表論文，並由文理學院校長惠敏法師、中華佛研所所長果鏡法師、陳清香老師三位師長回應評論，四十位師生於線上交流佛法學思。

09.30

◆ 慈基會「專職暨義工教育訓練課程」，30日邀請中化銀髮培訓學院事業處處長張文蕙主講「居家慰訪與應對互動技巧」，講述居家慰訪的需求評估內容、資源轉介服務程序與原則、居家慰訪的應對互動技巧等，共有二十多人參加。

10月 OCTOBER

10.01

◆ 《人生》雜誌第458期出刊，本期專題「《十牛圖》尋禪上路」。
◆ 《法鼓》雜誌第382期出刊。
◆ 法鼓文化出版新書：《是非要溫柔（大字版）》（家中寶系列，聖嚴法師著）、《話頭禪指要》（智慧人系列，釋繼程著）。
◆ 《金山有情》季刊第78期出刊。
◆ 《法鼓文理學院校刊》第29期出刊。
◆ 《護法季刊》復刊第28期出刊。
◆ 1至2日，香港道場於九龍會址舉辦都市禪二，由常禮法師擔任總護，共有九十多人次參加。

10.02

◆ 2至23日，高雄紫雲寺每週六舉辦網路佛學講座，邀請許洋主老師主講「梵文《心經》」，講說《心經》空性的智慧。
◆ 教師聯誼會舉辦網路禪一，由演本法師擔任總護，共有三十多人參加。
◆ 2至3日，普化中心首度舉辦網路「心靈環保讀書會帶領人基礎培訓課程」，內容包括聖嚴師父的思想與寫作、讀書會心要、有效讀書四層次解讀法等，由副都監果毅法師、信眾教育院監院常用法師、資深讀書會帶領人方隆彰帶領，共有一百一十多位新加坡、馬來西亞、泰國、香港、澳洲學員參加。
◆ 加拿大溫哥華道場舉辦網路佛法講座，邀請聖嚴師父西方弟法子查可·安德列塞維克主講「困境中培養慈悲心」（Cultivate Compassion in Difficult Time）。

10.03

◆ 3至31日，美國東初禪寺每週日舉辦網路佛學講座，由果廣法師主講「中道」，講說「中道」與「空、有」的面面觀，從而理解世間的空與有，堅定修學佛法的信心。
◆ 10月3日至12月19日，美國東初禪寺週日舉辦網路英文佛學講座，由監院常華法師主講「參究生命的源頭」（Investigating the Origin of Life），從業、名色、識、空、如來藏，引導探究生命的意義，有近七十人參加。

10.04

◆ 花蓮精舍建築完工，副寺常鐸法師與演鼓法師正式進駐，帶領悅眾、義工完備內部軟硬體設施，並陸續展開禪坐、線上念佛共修及大事關懷課程等弘化活動。

10.05

◆ 5至6日，人基會心六倫宣講團應臺南市敏惠醫護專科學校之邀，為一年級住宿生宣講「校園倫理 ── 性別平等」觀念，以「『愛』與『礙』之間」為題，分享以智慧和慈悲、放鬆靜心、「四要、四感、四它」等心靈環保理念，建立性別平等的倫理關係。

◆ 10月5日至11月28日，榮譽董事會每週二舉辦線上讀書會，由悅眾帶領共讀聖嚴師父著作《禪的理論與實踐》，每場有近一百人參加。

10.06

◆ 6至27日，普化中心每週三晚上於北投農禪寺舉辦「法鼓講堂」佛學課程，由僧大男眾教務長常啟法師主講「演不思議法 ── 《維摩經》旨略」，因新冠肺炎疫情嚴峻，未開放現場聽講，同時於「法鼓山心靈環保學習網」線上直播，提供全球學員上網聆聽。

◆ 法鼓文理學院舉辦專題講座，邀請精神科醫師楊聰財主講「由大腦性別差異談溝通」，結合榮格性格理論分析情感關係，有近四十人參加。

10.07

◆ 慈基會「專職暨義工教育訓練課程」，7日邀請中華緊急救護教育推廣協會祕書長謝燿州主講「常見緊急傷病『神救援』」，介紹燒燙傷處理、嬰幼兒外傷緊急處置、遇見暴力的處置等，共有二十多人參加。

◆ 法行會於台北國賓飯店舉辦例會，由法鼓文理學院校長惠敏法師主講「心靈環保與博雅教育5X5倡議」，共有一百七十多人參加。

10.09

◆ 9至17日，蘭陽分院舉辦「家中寶佛化祝壽」，因落實防疫政策，改採到府祝壽，由法師、義工組成「祝福小組」，將平安自在的關懷，親自送給六十七位長者。

◆ 9至11日，桃園齋明寺舉辦網路佛三，由文化中心副都監果賢法師主法，有近兩萬人次透過直播共修。

◆ 10月9日至11月6日，普化中心每週六首度舉辦「快樂學佛人」網路課程，共五堂，引領大眾認識三寶。

◆ 10月9日至11月7日，慈基會於全臺各地舉辦「第三十九屆百年樹人獎助學金」頒發活動，共計舉辦二十六場實體頒發、一場線上頒發、兩區親送、八區採匯款方式，共有一千一百二十四位學子受獎。

◆ 馬來西亞道場舉辦網路義工關懷培訓課程，由常法法師與資深心理諮商師陳茉莉授課，分享「陪伴的力量」，共有一百三十多人參加。

10.14

◆ 高雄市城中城大樓於凌晨發生火災事故，慈基會祕書長常順法師聞訊後，隨即南下高雄，會同紫雲寺監院常參法師、慰訪義工等，配合市府進行災後關懷。

◆ 法鼓文理學院校長惠敏法師應輔仁大學之邀，於文學院主辦的「歐亞連結 ── 歐亞文化交流」（Eurasian Connection: Eurasian Cultural Exchange）大師講座中，主講「歐亞文化交流：佛教在歐亞大陸的傳譯」，該講座有一百二十位學生選修，以半數分流，實體與線上同步進行。

◆ 14至18日，加拿大溫哥華道場舉辦網路英文禪五，邀請聖嚴師父西方法子查可·安德列塞維克擔任總護，共有三十多人參加。

10.15

◆ 關懷高雄市城中城大樓火災事故，慈基會祕書長常順法師、高雄紫雲寺監院常參法師帶領義工，持續與社會局社工人員於高雄市立殯儀館關懷受難者及家屬。

10.16

◆ 高雄市城中城大樓火災事故，方丈和尚果暉法師前往火災事故現場及殯儀館關懷罹難者家屬，並感恩辛勞的警消人員，以及默默守護家屬的社工與蓮友。

◆ 10月16日至2022年1月8日，臺中寶雲寺週六舉辦「隨高僧前行」網路佛學課程，共六堂，由常住法師們主講，介紹蓮池大師雲棲袾宏、長蘆宗賾禪師、中峰明本禪師，以及聖嚴師父的思想與行誼。

◆ 16至17日，法鼓文理學院主辦，中華佛研所、聖基會聖嚴漢傳佛教研究中心合辦「對話與交流 ── 佛教禪修研究工作坊」於臺北德貴學苑舉行，二十八位學者及研究生在「禪修文獻與佛教傳統」、「禪修與與現代社會」、「禪修與宗教經驗」三個領域，共發表十六篇論文及三場討論。

10.17

◆ 為高雄市城中城大樓火災事故罹難者祝禱，僧團於城中城火災法會靈堂舉辦超薦祈福佛事，由寺院管理副都監果器法師主法，率同高雄、臺南僧團代表，以及兩百多位高、屏地區義工與法青，藉由共修心力，為傷亡者及家屬祝禱。

◆ 人基會「家長陪伴成長」系列課程，17日邀請種籽親子實驗國民小學副校長黃瑋寧講授「教養過程的歌單 ── 一個中年女子關於教養與陪伴的體會」，指出權威不等於威權，人為的恐懼只能帶來短暫的教育效果，鼓勵孩童發展優勢學習，分析不如人的劣勢，方能找出詮釋學習的方法，有近五十位家長線上參與。

◆ 因疫情延後的「方丈和尚抵溫叨」地區巡迴關懷活動，17日於高雄紫雲寺展開，紫雲

寺監院常參法師及高雄南、北區八十八位勸募會員齊聚寺院，同時有四十四位會員透過雲端參加，方丈和尚果暉法師、都監常遠法師、服務處監院常應法師、總會長張昌邦也同步連線與會。

◆ 17至19日，美國法鼓山佛教協會（Dharma Drum Mountain Buddhist Association,DDMBA）受邀參與「世界宗教議會」（The Parliament of the World's Religions）以網路視訊舉辦的第八屆會議，由常濟法師、法鼓文理學院佛教學系主任鄧偉仁代表參加東南亞區域會議。

◆ 馬來西亞道場舉辦網路禪一，由常施法師擔任總護，有近三十人參加。

10.20

◆ 中央流行疫情指揮中心副指揮官陳宗彥，與內政部及衛福部代表，參訪北投農禪寺，並會見方丈和尚果暉法師，致贈法鼓山協助疫苗接種作業感謝狀，感恩法鼓山於8月捐贈六百萬支一毫升細針具，供衛福部配發給各地疫苗接種單位使用，提高疫苗接種普及率。

10.22

◆ 人基會心六倫宣講團十八位種子教師，於臺北市復興高中，帶領十八個高一班級進行「與高中生有約──尋夢計畫」，主題是「認識自我」，從自我認識開始，進而開發興趣與夢想。

10.23

◆ 23至24日，桃園齋明寺舉辦網路秋季報恩法會，由僧大副院長常寬法師主法，實體法會與線上共修同步進行，方丈和尚果暉法師首日親臨現場開示，期勉大眾體會世間無常、國土危脆，藉由兩日誦經念佛的修行功德，迴向全球因疫情或事故往生的罹難者，共有近一萬一千人次參加。

◆ 23至24日，人基會於臺北德貴學苑舉辦「幸福體驗親子營」，以心六倫為核心，包括戲劇表演、親子共學、品德教養等內容，共有十五對親子參加。

10.24

◆ 美國舊金山道場舉辦網路禪一，由常興法師擔任總護，共有十多人參加。

10.26

◆ 法青會於臺北德貴學苑舉辦「說書交流會」，介紹聖嚴師父著作，邀請政治大學斯拉夫語系教授劉心華、臺北大學企管系助理教授彭奕農、臺北大學主任教官朱漢屏、臺灣大學政治系副教授劉康慧，以及演無法師、演謙法師等擔任講評人，共有十三位法青參加。

10.30

◆ 法青會於臺北德貴學苑舉辦線上「與法師有約」，由僧大男眾副院長常寬法師主講「擁抱孤獨」，共有一百二十位來自臺灣、香港、中國大陸的青年連線聆聽。

10.31

◆ 慈基會於南投德華寺舉辦慰訪員初階教育訓練課程，由專職帶領，內容包括慈基會服務項目及慰訪作業流程、慰訪前的準備、慰訪義工的身、心、口儀等專業知識，有近二十人參加。

◆ 法鼓文理學院首度舉辦網路「終身學習菩薩行」工作坊，二十一位師生分享辦學方針、學習歷程與生命故事，共有八十人參加。

◆ 美國東初禪寺舉辦網路英文佛學講座，邀請聖嚴師父西方弟子林晉城（Peter Lin）主講「有、知、行 ── 從研究『我』到忘『我』」（Being, Knowing, and Doing: From Studying the Self to Forgetting the Self），有近四十人參加。

◆ 10月31日、11月4日，馬來西亞道場舉辦「提起・放下・看生死」網路工作坊，由監院常藻法師等帶領學習佛法的生死教育，共有一百五十四人參加。

11月 NOVEMBER

11.01

◆ 《人生》雜誌第459期出刊，本期專題「開箱！觀音菩薩的禮物」。

◆ 《法鼓》雜誌第383期出刊。

◆ 法鼓文化出版新書：《以心觀心 ── 默照禪要領》（智慧人系列，吉伯・古帝亞茲（Gilbert Gutierrez）著，吳俊宏譯）、《往生咒》（平安鈔經本系列）。

◆ 「《法鼓全集》2020紀念版」數位版全新上線，提供更便捷的搜尋功能，更舒適的閱讀介面，裨益於一般讀者、研究學人。

11.03

◆ 3至17日，普化中心每週三晚上於北投農禪寺舉辦「法鼓講堂」佛學課程，由常格法師主講「仁者心行 ── 菩薩戒的時空適應與行持」，因新冠肺炎疫情嚴峻，未開放現場聽講，同時於「法鼓山心靈環保學習網」線上直播，提供全球學員上網聆聽。

11.04

◆ 法鼓山社大於新北市三芝戶外教室舉辦「耕您有約」玫瑰暨香草種植活動，由校長曾

濟群、王惠淑老師帶領學員們種下近四百株玫瑰。

◆ 協助偏鄉學童落實線上學習，慈基會會長柯瑤碧一行前往南投縣東光國小，捐助平板電腦。

◆ 法行會於臺北國賓飯店舉辦例會，由普化中心副都監果毅法師主講「學佛的現實與超越」，有近一百七十人參加。

◆ 新加坡護法會舉辦網路「溫故知新」聯誼活動，輔導法師常炬法師勉勵義工「學做觀音」，做自己、也做別人生命中的觀音菩薩，自度度人、自利利人，共有二十一人參加。

11.05

◆ 法鼓山社大舉辦「2021悅眾成長營」，僧團都監常遠法師連線關懷，並分享「心呼吸」，共有近百位班級悅眾與校務義工參加。

◆ 11月5日至12月3日，中華佛研所、法鼓文理學院共同舉辦網路「數位唯識工作坊：當代的唯識研究與文本解讀」，共三場。11月5日進行首場，由文理學院副校長蔡伯郎講授「唯識數位資料庫之應用——以唯識文本之對勘與詮釋問題之研究為例」，介紹並操作示範「唯識典籍數位資料庫（Vijñapti-Mātratā Text Database）」等多個資料庫的建置成果。

11.06

◆ 慈基會與長期致力公益服務的專業人士吳彥杰合作，於彰化縣、嘉義縣社區兒少課後關懷據點，帶領學童透過動畫課程熟悉軟體應用，練習發揮數位創作力，幫助學子找到嶄露自信的舞台。

◆ 僧大舉辦「來自海外的青年學僧法師座談會」，由副院長常寬法師主持，藉由國際學僧的分享，了解該國的佛教與其他宗教團體、佛法弘揚的狀況，以及自身接觸佛法後的出家因緣。

◆ 榮譽董事會於高雄紫雲寺舉辦南區榮譽董事聘書頒發典禮，方丈和尚果暉法師、榮董會會長黃楚琪等出席關懷，有近一百五十人參加。

11.07

◆ 護法總會舉辦淡水分會啟用典禮，護法總會副都監常遠法師、總會長張昌邦、服務處監院常應法師、新北市淡水區長巫宗仁等與會出席，有近一百人參加。

◆ 7日及20日，法青於臺北德貴學苑舉辦「一禪在手 職場解鎖」工作坊，由心六倫宣講團講師戴萬成帶領，講說佛系管理的智慧，有近三十人參加。

◆ 7至21日，美國東初禪寺每週日舉辦網路佛學講座，由常勳法師主講「護國息災《佛說仁王護國般若波羅蜜經》概說」，解說此經要義乃是闡明護國之道首在護心，護心之本，在體悟般若智慧。

◆ 馬來西亞道場舉辦網路禪一，由常施法師擔任總護，有近三十人參加。

◆ 香港道場於九龍會址舉辦禪一，由演清法師擔任總護，有近三十人參加。

11.08

◆ 11月8日起，法鼓山社大於臺大醫院金山分院舉辦「銀齡樂活共學享老」繪畫展，展出金山和萬里樂齡繪畫班學員以粉彩筆及蠟筆創作的一百零八幅作品。

11.10

◆ 法鼓文理學院舉辦「DILA法鼓講座」，邀請國立歷史博物館館長廖新田主講「為什麼臺灣美術史很重要？」，剖析臺灣美術的發展與困頓，共有四十位師生參加。

11.11

◆ 臺南二中學生社團「靜心靜坐社」師生一行十六人參訪臺南分院，由常住法師及悅眾帶領體驗禪法的安定與放鬆。
◆ 文化中心應臺北大學之邀，於該校圖書館六樓布置完成與法鼓山相關的閱讀空間，其中並展藏「《法鼓全集》2020紀念版」、聖嚴師父各種中英文著作版本，及法鼓文化出版的各類心靈成長書籍。

11.12

◆ 12至14日，美國舊金山舉辦義工禪三，由監院常襄法師擔任總護，共有七十人參加。

11.13

◆ 護法總會舉辦「方丈和尚抵溫叨」，13日於彰化與員林分會展開，方丈和尚果暉法師、護法總會副都監常遠法師、服務處監院常應法師、總會長張昌邦、寺院管理副都監暨寶雲寺監院果理法師、果雲法師連線關懷，共有九十多人參加。

11.14

◆ 人基會「家長陪伴成長」系列課程，14日邀請禪修老師央金拉姆，分享「媽媽禪心法」，提供自己生兒、育女、教學、巡演、禪修，兼顧家庭、事業、修行的心法，以及安然走出忙、茫、盲的解脫之道，有近五十人參加。

11.16

◆ 慈基會祕書長常順法師應臺北市視障者家長協會之邀，於該會萬華視障生活重建中心暨社區工坊，帶領十多位視障朋友及老師體驗禪修。

11.18

◆ 文化中心副都監果賢法師應臺大醫院新竹分院營養室、新竹市營養師公會之邀，前往分享「身心安定──好好說話」，共有九十多位營養師於現場及線上聆聽。

◆ 人基會於臺北德貴學苑舉辦「心藍海策略」講座，邀請臺灣大學電機系教授葉丙成、心六倫宣講團講師李昌根者主講「用創新改變世界」、「開發心的力量」，有近五十位各行各業高階主管、經理人參加。

11.19

◆ 中華佛研所、法鼓文理學院共同舉辦「數位唯識工作坊──當代的唯識研究與文本解讀」，19日邀請政大哲學系名譽教授林鎮國主講「管窺晚近英美唯識哲學的詮釋路徑──從『唯心論』到『基礎論』的爭論」，分享唯識的意識哲學。

11.20

◆ 20至27日，法鼓山於園區啟建「大悲心祈福法會」，因防疫考量，全程改為線上，由僧團法師領眾共修《梁皇寶懺》、觀音法門、地藏法門、念誦《法華經》；27日舉行三時繫念法會，將共修功德總迴向。

11.21

◆ 加拿大溫哥華道場舉辦網路禪一，由監院常悟法師擔任總護，有近四十人參加。

11.24

◆ 法鼓文理學院舉辦專題講座，邀請紐約市立大學布魯克林學院（Brooklyn College of the City University of New York）現代語言文學系教授張嘉如主講「人類世下人類文明的終結與解放」，跨學科探索批判理論、生態批評與佛教研究之間的連結。

11.28

◆ 蘭陽分院舉辦禪修助理監香培訓課程，由監院常諦法師帶領，共有二十多人參加。

◆ 11月28日至2022年2月6日，慈基會於全臺各地分院及護法總會分會，舉辦「110年度歲末關懷」系列活動，內容包括點燈儀式、致贈慰問金及物資等，共關懷逾兩千戶家庭。首場於11月28日至12月12日期間，在北投中華文化館展開，有近八百戶家庭受益。

◆ 中區法行會舉辦網路會員大會，包括方丈和尚果暉法師、寺院管理副都監果理法師、護法總會副總會長陳治明、法行會會長王崇忠、中區法行會首任會長彭作奎、現任會長卓伯源等，共有三十多人參加。

11.29

◆ 11月29日至12月3日，法鼓文理學院舉辦「圖書館週」活動，內容包括電影欣賞、中西參大賽及五分鐘書評等活動。

◆ 泰國護法會舉辦網路專題講座，由演柱法師主講「逆轉人生的懺悔法門」。

12月 DECEMBER

12.01

◆ 《人生》雜誌第460期出刊，本期專題「慈悲喜捨 莊嚴心地」。

◆ 《法鼓》雜誌第384期出刊。

◆ 法鼓文化出版新書：《修行在紅塵 —— 維摩經六講（大字版）》（家中寶系列，聖嚴法師著）、《動物大車拼》（故事寶盒系列，陳辰著，張振松繪）、《六祖壇經定慧品》（丹青妙法書法鈔經本系列）。

◆ 1至2日，退居方丈果東法師應邀出席由中華人間佛教聯合總會、中國佛教協會聯合主辦的「人間佛教發展線上研討會」，於主題發言中分享法鼓山在疫情期間，推展線上弘化的經驗、觀察與省思。

◆ 法鼓文理學院舉辦「國際交流講座」，邀請日本岐阜聖德學園大學教授暨臨濟宗妙心寺派福聚寺住持河野文光，主講「借助臨床動作法的實踐理解『身體』『心靈』與『生命』」，實體與線上同步展開，有近一百位師生參加。

◆ 1至22日，香港道場每週三於九龍會址舉辦佛學講座，由監院常展法師等主講「高僧系列 —— 漢傳大乘佛教之濫觴」，介紹龍樹菩薩、鳩摩羅什、智者大師與玄奘大師等四位佛教論師和譯經師的求法弘法過程，回溯佛教從印度傳入中國的過程，闡釋佛教在漢地本土化過程中，因緣際會衍生出不同宗派，進而了解佛教法脈流變，領受跨越時空的身教言傳。

12.02

◆ 法行會於臺北國賓飯店舉辦例會，由普化中心副都監果毅法師主講「學佛的現實與超越」，共有兩百五十多人參加。

12.03

◆ 中華佛研所、法鼓文理學院共同舉辦「數位唯識工作坊 —— 當代的唯識研究與文本解讀」，3日由法鼓文理學院特聘教授陳榮灼主講「唯識義主體性的解釋：Derrida vs.上田義文」，講述唯識義的主體性。

12.04

◆ 高雄紫雲寺「法鼓文理講堂」系列講座，4日由社會企業與創新碩士學位學程助理教授楊坤修主講「社會創新與永續發展在臺灣的實踐」，介紹結合有共同理念的相關企業進行環境改善、公平交易、責任消費等形成良善的循環，產生更大的獲利，有近五十人參加。

◆ 12月4日至2022年1月8日，傳燈院週六以「一覺佛光照大千──向內觀心」為主題，舉辦四場網路講座，邀請聖嚴師父西方法子吉伯‧古帝亞茲（Gilbert Gutierrez）主講，每場有近兩百位來自美國、加拿大、臺灣、東南亞與巴西的學員參加。

◆ 關懷院於北投雲來寺舉辦「大事關懷講座」，邀請臺灣安寧緩和醫學學會理事長蔡兆勳醫師以「好走！」為題，分享對臨終者及家屬的陪伴與關懷，包括現場及線上，共四百一十位助念組、助念團及生命園區義工參加。

◆ 12月4日至2022年3月26日，護法總會新莊分會週六舉辦「做自己人生的GPS」講座，共七場，由心六倫宣講團師資主講，主題包括幸福學、職涯發展、家庭關係、流行趨勢等，以佛法覺察自我，開創幸福光明的人生，有近七十人參加。

◆ 榮譽董事會於北投雲別苑舉辦北區榮譽董事聘書頒發典禮，方丈和尚果暉法師、僧團都監常遠法師，與榮董會會長黃楚琪等出席關懷，有近兩百三十人參加。

◆ 加拿大溫哥華道場舉辦網路英文佛法講座，邀請聖嚴師父西方弟子常聞（David Listen）主講「你心我心──傾聽和溝通」（Connecting Heart to Heart: Deep Listening and Communication），分享如何透過禪修增進人與人之間的關係，共有六十多人參加。

12.05

◆ 5至26日，臺北安和分院每週日舉辦「樂活善生尊嚴善終」系列講座，共四場，除開放現場聽講，並同步線上直播。5日進行首場是「善生之道：心安平安」，由關懷院監院常哲法師、臺北市立聯合醫院復健科主任林峰正，分別主講「安身也要安心」、「從《地藏經》看生死」，結合佛法與醫學，引領大眾共同學習生死智慧，有近六百人參加。

◆ 蘭陽分院舉辦環保義工成長課程，由悅眾帶領，共有七十多人參加。

◆ 高雄紫雲寺舉辦「兒童生活教育寫畫創作」頒獎典禮，有近兩百位來自臺中、嘉義、臺南、高雄及屏東的得獎學童、家長參加。

◆ 5至12日，禪堂舉辦中階禪七，由演捨法師擔任總護，有近一百人參加。

◆ 榮譽董事會於北投農禪寺舉辦全球悅眾聯席會議，採實體與線上同步進行，方丈和尚果暉法師到場關懷，共有九十三人參加。

◆ 美國東初禪寺舉辦網路英文佛學講座，邀請聖嚴師父西方弟子李世娟主講「禪者如何修行『無緣大慈』」（Cultivating Unconditional Love as a Chan Practitioner），有近四十人參加。

◆ 美國西雅圖分會於當地僑教中心舉辦成立二十週年慶活動，加拿大溫哥華道道場監院常悟法師到場關懷，感恩信眾長期護持。

12.07

◆ 臺南分院於屏東縣雙流國家森林遊樂區舉辦戶外禪,由常提法師擔任總護,有近一百一十人參加。

12.08

◆ 由駐臺外交人員、眷屬組成的臺北市迎新會近四十位成員,在該會會長、外交部政務次長田中光夫人陳毅君帶領下,參訪北投農禪寺,並體驗禪修。

12.11

◆ 法鼓山於三峽天南寺舉辦社會菁英禪修營共修會,由傳燈院監院常乘法師擔任總護,有近六十人參加。
◆ 僧大舉辦佛學講座,邀請紹印精舍住持清德法師主講「初期大乘的菩薩道」,從印度佛教史發展脈絡貫串主題,摘要解說印順長老的著作精華。
◆ 護法總會於圓山分會舉辦「方丈和尚關懷聯誼會」,僧團都監常遠法師、常定法師、護法總會副總會長蘇妗玲等到場關懷,共有一百六十多人參加。
◆ 新店分會舉辦「退居方丈關懷座談會」,果東法師以「未來與希望」為主題,回應信眾請法,有近兩百人參加。
◆ 美國洛杉磯、舊金山,以及加拿大溫哥華道場聯合舉辦網路「歲末暖關懷」,包括美國西雅圖、加拿大多倫多兩分會同步與會,共有兩百八十多位信眾齊聚線上,一同聆聽方丈和尚果暉法師祝福、參加祈福法會。

12.12

◆ 臺北安和分院「樂活善生尊嚴善終」系列講座,12日進行第二場,主題是「善終之道:生死兩相安」,由關懷院監院常哲法師、臺北市立聯合醫院安寧療護科主任呂敏吉,分別主講「從貪生怕死,到死生自在!」、「安寧團隊,如何幫助病人及家屬減少病苦」,結合佛法與醫學,引領大眾共同學習生死智慧,有近五百三十人參加。
◆ 12月12日至2022年2月20日,社大週日於法鼓山園區開辦「香積人才培訓班」,共六堂。方丈和尚果暉法師於首堂課到場關懷,開示「人生的意義與價值在奉獻與學習」,說明擔任香積服務,是供佛供眾、修福修慧的好方法,共有二十多人參加。
◆ 人基會「家長陪伴成長」系列課程,12日邀請諮商心理師陳鴻彬主講「在對孩子的愛裡,遇見真實的自己」,從探索過往、理解創傷到包容體諒,讓親子間都能在對彼此的關愛裡遇見真實的自我,有近五十人參加。
◆ 12月12日至2022年5月15日,護法總會結合法鼓山2022年度主題「大菩提心」,每月週日舉辦網路「菩提心智慧學習講座」,共六場,12日進行首場,由常恩法師主講「向佛學習『菩提』」,課程於ZOOM線上學習平台,以及護法總會YouTube頻道同步直播,有近五百五十人參加。

12.16

◆ 12月16日至2021年1月6日，法鼓文理學院舉辦「從唯識到量論」系列講座，由特聘教授陳榮灼主講，共四場，實體與線上同步進行。16日首場講題為「能量、所量與自證分於陳那與法稱量論中的諦義──Sartre式解釋」。

12.17

◆ 17至18日，聖基會於集思臺大會議中心主辦「第七屆近現代漢傳佛教論壇」，以「境智一如──聖嚴思想與漢傳佛教的身心安樂與天地時空」為主題，二十五位學者及教界代表參與六場論文發表、兩場圓桌論壇，內容涵蓋漢傳佛教修行的實踐、經驗表述，禪門宗師的敘事書寫與解讀等。

12.18

◆ 18至19日，普化中心舉辦網路「心靈環保讀書會帶領人基礎培訓課程」，由副都監果毅法師、信眾教育院監院常用法師、資深讀書會帶領人方隆彰老師帶領，內容包括認識聖嚴師父著作、讀書會緣起與目標、帶領技巧、四層次解讀法與實際演練等，共有一百八十位學員參加。

12.19

◆ 臺北安和分院「樂活善生尊嚴善終」系列講座，19日進行第三場，主題是「善待之道：照顧不費力，資源最給力」，邀請遠東聯合診所身心科主治醫師吳佳璇、臺北市立聯合醫院社工師林怡杏，分別主講「照顧者的身心調適」、「善用資源不費力」，引領大眾共同學習生死智慧，有近兩百四十人參加。
◆ 傳燈院於北投雲來寺舉辦禪一，由演啟法師擔任總護，有近七十人參加。
◆ 馬來西亞道場舉辦網路禪一，由常施法師擔任總護，共有二十多人參加。

12.20

◆ 法鼓文理學院「從唯識到量論」系列講座，20日於園區階梯教室進行第二場，實體與線上同步進行，由特聘教授陳榮灼主講「自相（svabhāva）的意思──Whitehead式詮解」。

12.25

◆ 25至26日，蘭陽分院舉辦《法華經》共修，監院常諦法師期許大眾藉由聽聞、誦持經典，不斷地薰習，找到適合的修行法門，有近一百三十人參加。
◆ 法鼓文理學院於臺中寶雲寺舉辦「終身學習菩薩行工作坊」，由僧大副院長常寬法師與多位文理學院教師展開主題講座、對談及工作坊，引導學員共學菩薩道，共有八十

多人參加。

◆ 文山分會舉辦「退居方丈關懷座談會」，果東法師以「文山好緣亮」為主題，回應聽眾請法，有近一百八十人參加。

12.26

◆ 臺北安和分院「樂活善生尊嚴善終」系列講座，26日進行第四場，主題是「善處之道：誰能捍衛我的尊嚴？」，由法鼓文化編輯總監果賢法師、為恭紀念醫院安寧病房主任陳慰信，分別主講「法的療癒：佛陀教我的十堂生死課」、「人生的最後期末考：生命、死亡與預立醫療決定」，結合佛法與醫學，引領大眾共同學習生死智慧，有近六百人參加。

12.29

◆ 12月29日至2022年1月17日，法鼓山社大於各校區舉辦「2022感恩有里」系列活動，29日首場於金山校區展開，在彩繪班老師及義工帶領下，長者們透過彩繪紅包袋，歡喜迎接新年。

◆ 法鼓文理學院「從唯識到量論」系列講座，29日於園區階梯教室進行第三場，實體與線上同步進行，由特聘教授陳榮灼主講「Apoha —— Saussure式詮解」。

◆ 人基會「2021平安自在心靈講座」，29日邀請畫家鄭治桂主講「藝術自在 —— 自在的藝術」，分享東晉書法家王羲之的書法藝術，共有五十多人參加。

12.30

◆ 2018年9月開班的臺東信行寺「聖嚴書院佛學班」，原本三年課程，因逢新冠肺炎疫情警戒，兩度停課復課，30日圓滿最後一堂暨結業式，共有六十九位學員歡喜結業。

◆ 中國廣播公司花蓮台台長陳秀卿與花蓮記者協會理事長梁國榮一行，參訪花蓮精舍，由副寺常鐸法師代表接待，進行交流。

12.31

◆ 12月31日至2022年1月2日，北投農禪寺舉辦彌陀佛三暨八關戒齋，由果仁法師主法，因應防疫，法會現場開放三百五十個座位，全程禁語，大眾專注繞佛、念佛、拜佛，一心繫念「阿彌陀佛」聖號，以懺悔與感恩的心，迎接2022年。

◆ 12月31日至2022年1月2日，加拿大溫哥華道場舉辦網路禪三，邀請聖嚴師父西方弟子常聞擔任總護，有近四十人參加。

【附録】

法鼓山2021年主要法會統計

◎ 國內（分院、精舍）

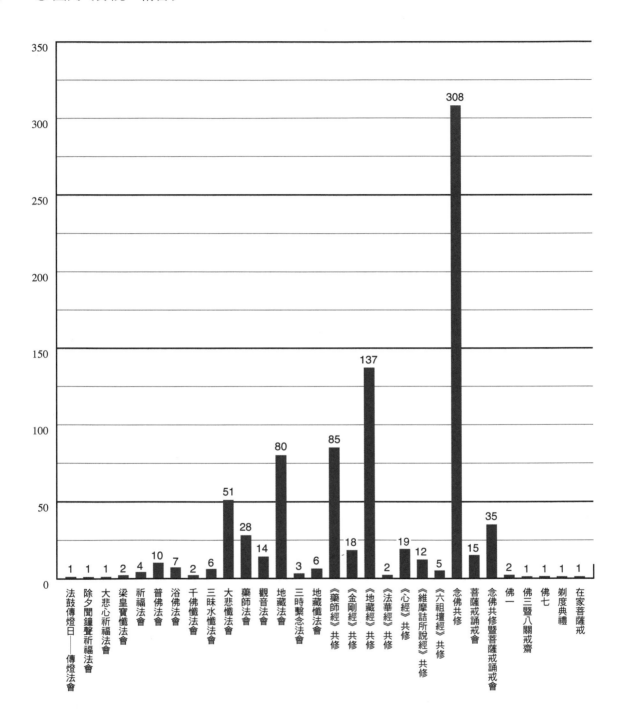

◎ 海外（道場、分會）

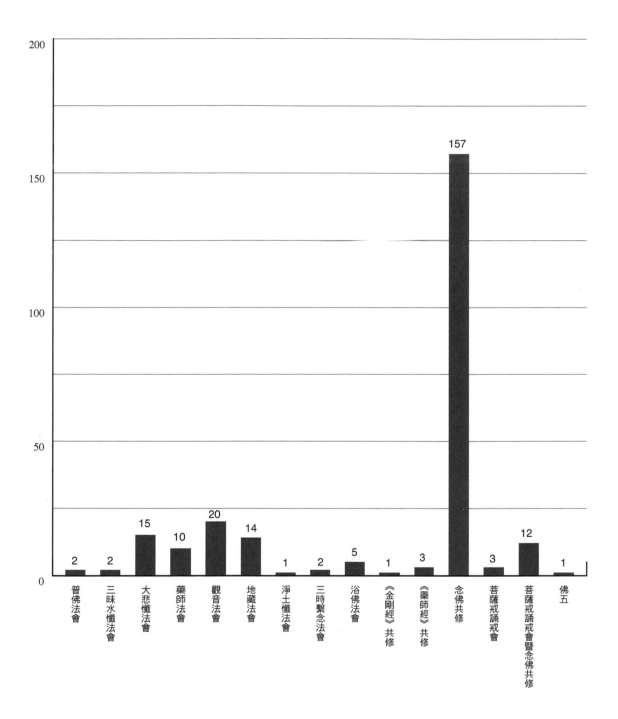

法鼓山2021年主要禪修活動統計

◎ 國內（分院、精舍）

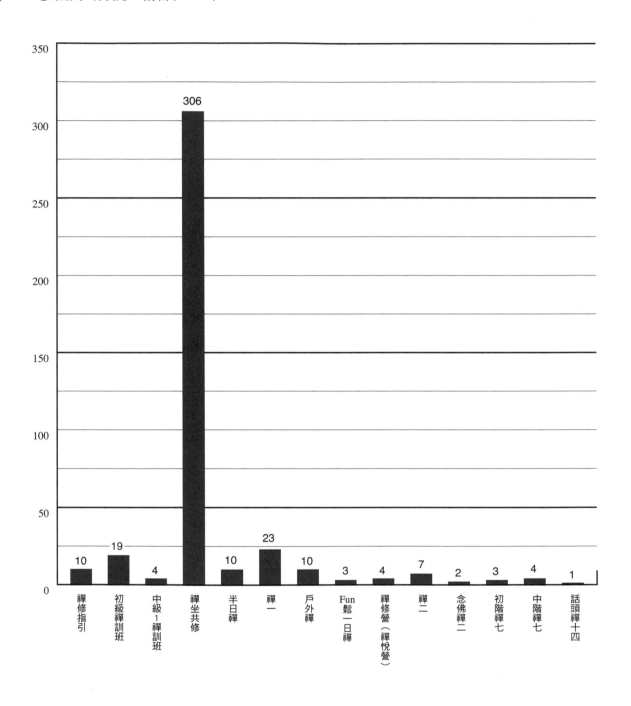

◎ 海外（道場、分會）

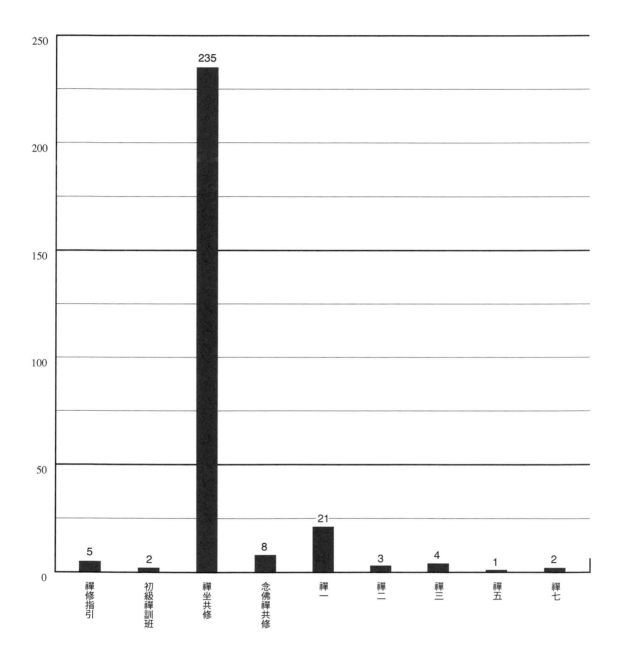

	禪修指引	初級禪訓班	禪坐共修	念佛禪共修	禪一	禪二	禪三	禪五	禪七
數值	5	2	235	8	21	3	4	1	2

法鼓山2021年主要佛學推廣課程統計

◎ 信眾教育院

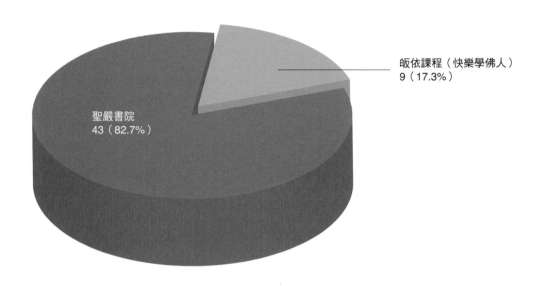

皈依課程（快樂學佛人）
9（17.3%）

聖嚴書院
43（82.7%）

◎聖嚴書院

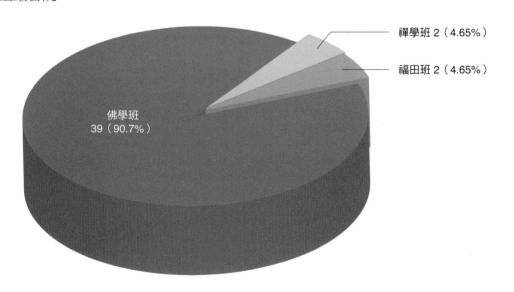

禪學班 2（4.65%）

福田班 2（4.65%）

佛學班
39（90.7%）

法鼓山2021年心靈環保讀書會推廣統計

◎ 全球

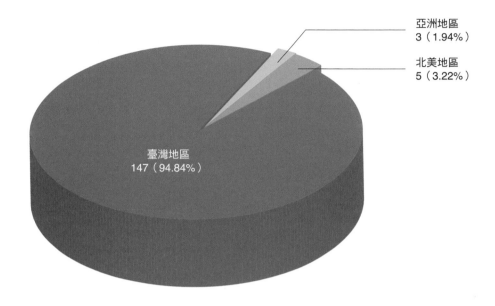

亞洲地區
3（1.94%）

北美地區
5（3.22%）

臺灣地區
147（94.84%）

◎ 臺灣

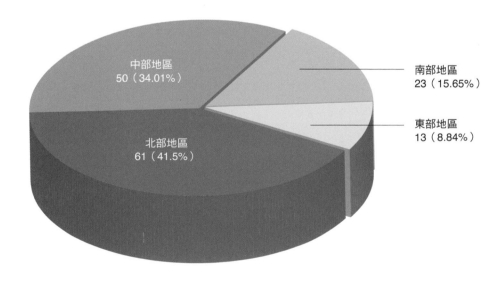

中部地區
50（34.01%）

南部地區
23（15.65%）

東部地區
13（8.84%）

北部地區
61（41.5%）

法鼓山2021年主要出版品一覽

◎ 法鼓文化

出版月份	書名
1月	《平安自在——慈悲心待人，時時有平安；智慧心安己，處處得自在。》（人間淨土系列，聖嚴法師著，法鼓文化編輯部選編）
	《平安自在——慈悲心待人，時時有平安；智慧心安己，處處得自在。（簡體版）》（人間淨土系列，聖嚴法師著，法鼓文化編輯部選編）
	《絕妙說法——法華經講要（改版）》（現代經典系列，聖嚴法師著）
	《心經集註》（智慧海系列，靈源老和尚著）
2月	《承先啟後的中華禪法鼓宗》（人間淨土系列，聖嚴法師著）
	《彌勒佛50問》（學佛Q&A系列，法鼓文化編輯部編著）
	《六字大明咒》（平安鈔經本系列）
3月	《平安的人間（大字版）》（家中寶系列，聖嚴法師著）
	《法緣・書緣》（琉璃文學系列，單德興著）
	《八大人覺經》（丹青妙法書法鈔經本系列）
4月	《帶著禪心去上班——聖嚴法師的禪式工作學（簡體版）》（人間淨土系列，聖嚴法師著）
	《禪觀修學指引——漢傳禪修次第表解》（智慧人系列，釋繼程著）
	《民眾佛教的扎根——日本Ⅲ》（新亞洲佛教史系列，末木文美士編輯委員；松尾剛次、佐藤弘夫、林淳、大久保良峻協力編輯，辛如意譯）
5月	《觀音妙智——觀音菩薩耳根圓通法門講要（改版）》（現代經典系列，聖嚴法師著）
	《好讀 雜阿含經 第三冊／實修實證自在解脫 卷二十一至卷三十》（好讀系列，劉宋 求那跋陀羅尊者譯，台大獅子吼佛學專站編註）
	《準提神咒》（平安鈔經本系列）
6月	《禪的理論與實踐（大字版）》（家中寶系列，聖嚴法師著）
	《止觀禪——打開心門的鑰匙》（智慧人系列，釋果暉著）
	《聖嚴研究第十四輯——聖嚴法師與禪學研究》（聖嚴思想論叢系列，聖嚴教育基金會學術研究部編）
	《阿嬤的粽子》（故事寶盒系列，陳辰著，菊子繪）
7月	《佛法綱要——四聖諦、六波羅蜜、四弘誓願講記（改版）》（現代經典系列，聖嚴法師著）
	《修行在紅塵——維摩經六講（簡體版）》（現代經典系列，聖嚴法師著）
	《漢傳佛教的智慧生活（修訂版）》（智慧海系列，聖嚴法師著）
	《漢傳佛教復興——雲棲袾宏及明末融合》（大視野系列，于君方著，方怡蓉譯）
	《金剛經》（丹青妙法書法鈔經本系列）

出版月份	書名
8月	《佛陀遺教——四十二章經、佛遺教經、八大人覺經講記（改版）》（現代經典系列，聖嚴法師著）
	《留日見聞（改版）》（琉璃文學系列，聖嚴法師著）
	《日韓佛教史略（改版）》（智慧海系列，聖嚴法師著）
	《大智慧到彼岸——心經講記》（智慧人系列，釋寬謙著）
	《藥師咒》（平安鈔經本系列）
9月	《一方水月——2022年法鼓山桌曆》
10月	《是非要溫柔（大字版）》（家中寶系列，聖嚴法師著）
	《話頭禪指要》（智慧人系列，釋繼程著）
11月	《以心觀心——默照禪要領》（智慧人系列，吉伯・古帝亞茲（Gilbert Gutierrez）著，吳俊宏譯）
	《往生咒》（平安鈔經本系列）
12月	《修行在紅塵——維摩經六講（大字版）》（家中寶系列，聖嚴法師著）
	《動物大車拼》（故事寶盒系列，陳辰著，張振松繪）
	《六祖壇經定慧品》（丹青妙法書法鈔經本系列）

◎ 文化中心（結緣書籍）

出版月份	書名
3月	《用心溝通》
5月	《面對挫折的勇氣》

法鼓山2021年參與暨舉辦之主要國際會議概況

時間	會議名稱	主辦單位	地點	主要參加代表
3月5至6日	梵巴傳統增上三學國際研討會	新加坡藏傳佛教中心	網路視訊	鄧偉仁老師
6月29至30日	第八屆漢傳佛教與聖嚴思想國際學術研討會	聖基會	臺灣臺北市	果鏡法師 果光法師 果幸法師
10月17至19日	「世界宗教議會」第八屆會議	世界宗教議會（The Parliament of the World's Religions）	網路視訊	常濟法師 鄧偉仁老師
12月17至18日	第七屆近現代漢傳佛教論壇	聖基會	臺灣臺北市	果鏡法師

2020-2021年聖嚴師父暨法鼓山相關學術研究論文一覽

◎期刊論文（與聖嚴師父相關）

論文題目	作者	論文發表處	論文發表年
由智顗之「事一心、理一心」論聖嚴之「統一心、無心」 ——以常行三昧念佛方法為主	釋修優	臺大佛學研究	2021
與余英時先生商榷：明末清初佛學轉向「道問學」是受儒家影響？從釋聖嚴法師的研究談起	李威侃	中國語文129：1	2021

◎會議論文（與聖嚴師父相關）

論文題目	作者	論文發表處	發表時間	地點
聖嚴法師天台教學之研究 ——以《天台心鑰——教觀綱宗貫註》為主	辜琮瑜	第八屆漢傳佛教與聖嚴思想國際學術研討會	2021/6/28	臺灣
聖嚴法師對《楞嚴經》的立場與解讀	陳陶	第八屆漢傳佛教與聖嚴思想國際學術研討會	2021/6/28	臺灣
建設人間淨土 ——聖嚴法師復興漢傳禪佛教的現代化特徵	劉怡寧	第八屆漢傳佛教與聖嚴思想國際學術研討會	2021/6/28	臺灣
聖嚴法師與馬丁布伯 ——淨土與對話哲學的相遇	修尼・馬格利斯（Hune Margulies）	第八屆漢傳佛教與聖嚴思想國際學術研討會	2021/6/28	臺灣
智顗與聖嚴觀心法門於禪病之對治	郭秀年	第八屆漢傳佛教與聖嚴思想國際學術研討會	2021/6/29	臺灣
聖嚴法師的禪修史觀與教學	李玉珍	第八屆漢傳佛教與聖嚴思想國際學術研討會	2021/6/29	臺灣
聖嚴法師的念佛禪法——參究念佛的演變	釋果鏡	第八屆漢傳佛教與聖嚴思想國際學術研討會	2021/6/29	臺灣
聖嚴法師心靈環保「學」之意義與開展	辜琮瑜	第八屆漢傳佛教與聖嚴思想國際學術研討會	2021/6/29	臺灣
聖嚴法師「人性論」之研究及啟示	紀俊吉	第八屆漢傳佛教與聖嚴思想國際學術研討會	2021/6/29	臺灣
從「虛空粉碎」論聖嚴禪法與泰國森林傳統的「開悟經驗」	釋覺心	第八屆漢傳佛教與聖嚴思想國際學術研討會	2021/6/29	臺灣
脈絡化與再脈絡化——聖嚴法師於華嚴與如來藏思想之現代詮釋與教學	鄧偉仁	第八屆漢傳佛教與聖嚴思想國際學術研討會	2021/6/29	臺灣

◎會議論文（與法鼓山相關）

論文題目	作者	論文發表處	發表時間	地點
經濟富足與心靈安樂 ——「心靈環保」、廠商經濟行為與永續發展	許永河	第八屆漢傳佛教與聖嚴思想國際學術研討會	2021/6/28	臺灣
心五四能否提升經濟行為的利他傾向？	謝俊魁	第八屆漢傳佛教與聖嚴思想國際學術研討會	2021/6/28	臺灣
「形而下」之聖域創造與觀音禪行 ——法鼓山三座觀音造像之考察	楊秀娩	第八屆漢傳佛教與聖嚴思想國際學術研討會	2021/6/29	臺灣

◎博碩士論文（與聖嚴師父相關）

論文題目	作者	論文發表處	發表年
聖嚴法師日常四念處觀融入教育戲劇課程之自我覺察研究	楊久瑩	法鼓文理學院生命教育學程碩士論文	2020
晚年如何美好？ ——聖嚴法師的禪修教育對高齡社會之啟發	李佳錫	法鼓文理學院生命教育學程碩士論文	2020
觀音法門之實踐與弘揚臺灣佛教聖嚴與心道法師之例證	袁小萍	真理大學宗教文化與資訊管理學系碩士論文	2021
戰後臺韓佛教之現代化比較 ——以聖嚴與吞盧法師為例	金正煥	政治大學宗教研究所碩士論文	2021

◎博碩士論文（與法鼓山相關）

論文題目	作者	論文發表處	發表年
心靈環保對中年婦女生命轉化與社會支持之研究 ——以法鼓山信眾為例	邱鈴惠	法鼓文理學院社區再造學程碩士論文	2020

法鼓山全球聯絡網

【全球各地主要分支道場】

【國內地區】

■北部

法鼓山世界佛教教育園區
電話：02-2498-7171
傳真：02-2498-9029
208303新北市金山區法鼓路555號

農禪寺
電話：02-2893-3161
傳真：02-2895-8969
112028臺北市北投區大業路65巷89號
112021臺北市北投區大度路一段112號

中華佛教文化館
電話：02-2891-2550；02-2892-6111
傳真：02-2893-0043
112006臺北市北投區光明路276號

雲來寺
（行政中心、普化中心、文化中心）
電話：02-2893-9966
　　　（行政中心、普化中心）
電話：02-2893-4646（文化中心）
傳真：02-2893-9911
112004臺北市北投區公館路186號

雲來別苑（護法總會）
電話：02-2896-6119
傳真：02-2896-6377
112057臺北市北投區三合街一段99號

法鼓德貴學苑
電話：02-8978-2081（青年發展院）
電話：02-2381-2345
　　　（法鼓山人文社會基金會）
電話：02-8978-2110
　　　（法鼓文理學院推廣教育中心）
100002臺北市中正區延平南路77號

安和分院（大信南分會）
電話：02-2778-5007~9
傳真：02-2778-0807
106058臺北市大安區安和路一段
　　　29號10樓

天南寺
電話：02-8676-2556
傳真：02-8676-1060
237008新北市三峽區介壽路二段
　　　138巷168號

蘭陽分院（羅東分會）
電話：03-961-0296
傳真：03-961-0275
265035宜蘭縣羅東鎮北投街368號

齋明寺
電話：03-380-1426；03-390-8575
傳真：03-389-4262
335008桃園市大溪區齋明街153號

齋明別苑
電話：03-315-1581
傳真：03-315-0645
330019桃園市桃園區大業路一段
　　　361號

中山精舍（中山分會）
電話：02-2591-1008
傳真：02-2591-1078
104028臺北市中山區民權東路一段
　　　67號9樓

基隆精舍（基隆分會）
電話：02-2426-1677
傳真：02-2425-3854
200007基隆市仁愛區仁五路8號3樓

新竹精舍（新竹分會）
電話：03-525-8246
傳真：03-523-4561
300007新竹市東區民權路266號7樓

城中分會
電話：02-8978-2081#1002～1004
100002臺北市中正區延平南路77號

圓山分會
電話：02-2585-1585
103632臺北市大同區承德路三段
　　　232號12樓

松山分會
電話：0921-690-545
105015臺北市松山區民生東路
　　　五段28號7樓

社子分會
電話：02-2816-9619；02-2816-9606
111065臺北市士林區延平北路
　　　五段29號1、2樓

北投分會
電話：02-2892-7138
傳真：02-2388-6572
112001臺北市北投區溫泉路68-8號
　　　1樓

內湖分會
電話：02-2793-8809
114059臺北市內湖區民權東路
　　　六段23巷20弄3號1樓

文山分會
電話：02-2236-4380
傳真：02-8935-1858
116603臺北市文山區景興路
　　　195號2樓

萬金分會
電話：02-2408-1844
傳真：02-2408-2554
208001新北市金山區仁愛路61號

板橋分會
電話：02-8951-3341
傳真：02-8951-3341
220652新北市板橋區三民路一段
126號13樓

新店分會
電話：02-2219-2998
231023新北市新店區民權路95號
14樓

雙和分會
電話：02-2231-2654
傳真：02-2925-8599
234045新北市永和區中正路417號
10樓

海山分會
電話：02-2269-2578
236036新北市土城區中央路三段
87號5樓

重陽分會
電話：02-2986-0168
241038新北市三重區重新路四段
53號5樓之1

新莊分會
電話：02-2994-6176
傳真：02-2994-4102
242001新北市新莊區新莊路114號

林口分會
電話：02-2603-0390
　　　02-2601-8643
傳真：02-2602-1289
244022新北市林口區文化二路
一段266號2樓之2

淡水分會
電話：02-2629-2458
251018新北市淡水區中正路251號

三石分會
電話：0978-207-781
252006新北市三芝區公正街三段
10號

宜蘭分會
電話：03-933-2125
傳真：03-933-2479
260022宜蘭縣宜蘭市泰山路112巷8
弄18號

中壢分會
電話：03-281-3127；03-281-3128
傳真：03-281-3739
324008桃園市平鎮區環南路184號
3樓之1

桃園分會
電話：03-302-4761；03-302-7741
傳真：03-301-9866
330012桃園市桃園區大興西路二段
105號12樓

苗栗分會
電話：037-362-881
傳真：037-362-131
360006苗栗縣苗栗市大埔街42號

■中部

寶雲寺（臺中分會）
電話：04-2255-0665
傳真：04-2255-0763
407028臺中市西屯區市政路37號

寶雲別苑
電話：04-2465-6899
407001臺中市西屯區西平南巷6-6號

德華寺
電話：049-242-3025
傳真：049-242-3032
545007南投縣埔里鎮清新里延年巷
33號

豐原分會
電話：04-2524-5569
傳真：04-2515-3448
420008臺中市豐原區北陽路8號4樓

海線分會
電話：04-2622-9797
傳真：04-2623-0246
436108臺中市清水區鎮南街53號2樓

彰化分會
電話：04-711-6052
傳真：04-711-5313
500009彰化縣彰化市中山路二段2號10樓

員林分會
電話：04-837-2601
傳真：04-838-2533
510002彰化縣員林市靜修東路33號8樓

南投分會
電話：049-231-5956
傳真：049-239-1414
540002南投縣南投市中興新村中學西路
106號

■南部

臺南分院（臺南分會）
電話：06-220-6329；06-220-6339
傳真：06-226-4289
704004臺南市北區西門路三段159號14樓

雲集寺
電話：06-721-1295；06-721-1298
傳真：06-723-6208
722008臺南市佳里區六安街218號

紫雲寺（高雄北區／南區分會）
電話：07-732-1380
傳真：07-731-3402
833161高雄市鳥松區忠孝路52號

三民精舍
電話：07-225-6692
807026高雄市三民區建國一路433號2樓

嘉義分會
電話：05-276-0071；05-276-4403
傳真：05-276-0084
600050嘉義市東區林森東路343號3樓

屏東分會
電話：08-738-0001
傳真：08-738-0003
900033屏東縣屏東市建豐路2巷70號1樓

潮州分會
電話：08-789-8596
傳真：08-780-8729
920004屏東縣潮州鎮和平路26號1樓

■東部

信行寺（臺東分會）
電話：089-225-199、089-223-151
傳真：089-239-477
950020臺東縣臺東市更生北路132巷
36或38號

花蓮精舍（花蓮分會）
電話：03-834-2758
傳真：03-835-6610
970032花蓮縣花蓮市中央路四段272號

【海外地區】

■美洲America

美國東初禪寺（紐約州）
（紐約州分會）
Chan Meditation Center（New York
Chapter, NY）
TEL：1-718-592-6593
FAX：1-718-592-0717
E-MAIL：ddmbaus@yahoo.com
WEBSITE：www.chancenter.org
ADDRESS：90-56 Corona Ave., Elmhurst,
NY 11373, U.S.A.

美國象岡道場（紐約州）
Dharma Drum Retreat Center
TEL：1-845-744-8114
FAX：1-845-744-8483
E-MAIL：ddrc@dharmadrumretreat.org
WEBSITE：www.dharmadrumretreat.org
ADDRESS：184 Quannacut Rd., Pine
Bush, NY 12566, U.S.A.

美國洛杉磯道場（加利福尼亞州）
（洛杉磯分會）
Dharma Drum Mountain Los Angeles
Center
（Los Angeles Chapter, CA）
TEL：1- 626-350-4388
E-MAIL：ddmbala@gmail.com
WEBSITE：www.ddmbala.org
ADDRESS：4530 N. Peck Rd, El Monte,
CA 91732, U.S.A.

美國舊金山道場（加利福尼亞州）
（舊金山分會）
Dharma Drum Mountain San Francisco Bay
Area Center
（San Francisco Bay Area Chapter, CA）
TEL：1-408-900-7125
E-MAIL：info@ddmbasf.org
WEBSITE：www.ddmbasf.org
ADDRESS：255 H. Street, Fremont, CA
94536, U.S.A.

加拿大溫哥華道場
（加拿大溫哥華分會）
Dharma Drum Mountain Vancouver Center
TEL：1-604-277-1357
FAX：1-604-277-1352
E-MAIL：info@ddmba.ca
WEBSITE：www.ddmba.ca
ADDRESS：8240 No.5 Rd. Richmond,
B.C. Canada ,V6Y 2V4

美國普賢講堂（麻薩諸塞州）
（波士頓聯絡處）
Dharma Drum Mountain Massachusetts
Buddhist Association
（Boston Branch, MA）
TEL：1-781- 863-1936
WEBSITE：www.ddmmba.org
ADDRESS：319 Lowell Street, Lexington,
MA 02420, U.S.A.

北美護法會
Dharma Drum Mountain Buddhist
Association（D.D.M.B.A.）
TEL：1-718-592-6593
ADDRESS：90-56 Corona Ave., Elmhurst,
NY 11373, U.S.A.

◎東北部轄區North East Region

新澤西州分會
New Jersey Chapter
TEL：1-732-249-1898
E-MAIL：enews@ddmbanj.org
WEBSITE：www.ddmbanj.org
ADDRESS：56 Vineyard Rd., Edison, NJ
08817, U.S.A.

多倫多分會（加拿大安大略省）
Antario Chapter, Canada
TEL：1-416-855-0531
E-MAIL：ddmba.toronto@gmail.com
WEBSITE：www.ddmbaontario.org
ADDRESS：1025 McNicoll Avenue,
Toronto Canada, M1W 3W6

南部聯絡處（康乃狄克州）
Fairfield County Branch, CT
TEL：1-203-912-0734
E-MAIL：contekalice@aol.com

哈特福聯絡處（康乃狄克州）
Hartford Branch, CT
TEL：1-860-805-3588
E-MAIL：cmchartfordct@gmail.com

◎東南部轄區 South East Region

塔城分會（佛羅里達州）
Tallahassee Branch, FL
TEL：1- 850-888-2616
E-MAIL：tallahassee.chan@gmail.com
WEBSITE：www.tallahasseechan.org
ADDRESS：1310 N. Paul Russell Rd.
Tallahassee, FL 32301, U.S.A

首都華盛頓聯絡處
Washington Branch, DC
TEL：1-240-424-5486
E-MALL：chan@ddmbadc.org

亞特蘭大聯絡處（喬治亞州）
Atlanta Branch, GA
TEL：1- 678-809-5392
E-MAIL：Schen@eleganthf.net

◎中西部轄區 Mid-West Region

芝加哥分會（伊利諾州）
Chicago Chapter, IL
TEL：1-847- 951-3602
E-MAIL：ddmbachicago@gmail.com
WEBSITE：www.ddmbachicago.org
ADDRESS：1234 North River Rd., Mount
Prospect, IL 60056, U.S.A.

蘭辛聯絡處（密西根州）
Lansing Branch, MI
TEL：1-517-332-0003
FAX：1-517-614-4363
E-MAIL：lkong2006@gmail.com
WEBSITE：michigan.ddmusa.org

聖路易聯絡處（密蘇里州）
St. Louise Branch, MO
TEL：1-636- 825-3889
E-MAIL：acren@aol.com

◎西北部轄區 North West Region

西雅圖分會（華盛頓州）
Seattle Chapter, WA
TEL：1-425-957-4597
E-MAIL：ddmba.seattle@gmail.com
WEBSITE：www.seattle.ddmusa.org
PO BOX：694 Bellevue, WA 98009, U.S.A.

省會聯絡處（加利福尼亞州）
Sacramento Branch, CA
TEL：1-916-681-2416
E-MAIL：ddmbasacra@yahoo.com
WEBSITE：www.sacramento.ddmusa.org

橙縣聯絡處（加利福尼亞州）
Orange County Branch, CA
E-MAIL：ddmba.oc@gmail.com

◎西南部轄區 South West Region

達拉斯聯絡處（德克薩斯州）
Dallas Branch, TX
TEL：1-682-552-0519
E-MAIL：ddmba_patty@yahoo.com
WEBSITE：www.dallas.ddmusa.org

■歐洲 Europe

盧森堡聯絡處
Luxembourg Liaison Office
TEL：352-400-080
FAX：352-290-311
E-MAIL：ddm@chan.lu
ADDRESS：15, Rue Jean Schaack L-2563,
Luxembourg

英國倫敦聯絡處
London Branch
E-mail：liew853@btinternet.com
WEBSITE：www.chanmeditationlondon.org
ADDRESS：28 the Avenue, London NW6
7YD, U.K.

■亞洲 Asia

馬來西亞道場
（馬來西亞護法會）
Dharma Drum Mountain Malaysia Center
（Malaysia Branch）
TEL：60-3-7490-2298
FAX：60-3-7490-2299
E-MAIL：admin@ddm.org.my
WEBSITE：www.ddmmy.org
ADDRESS：No. 9, Jln 51A/225A, Zon
Perindustrian PJCT, Seksyen 51A, 46100 Petaling
Jaya, Selangor, Malaysia

香港道場
Dharma Drum Mountain Hong Kong Center
TEL：852-2865-3110；852-2295-6623
FAX：852-2591-4810
E-MAIL：info@ddmhk.org.hk
WEBSITE：www.ddmhk.org.hk
ADDRESS：Room 203 2/F., Block B,
Alexandra Industrial Building 23-27 Wing Hong
Street, Lai Chi Kok, Kowloon, Hong Kong
（香港九龍荔枝角永康街23-27號 安泰工業
大廈B座2樓203室）

新加坡護法會
Singapore Branch
TEL：65-6735-5900
FAX：65-6224-2655
E-MAIL：ddrumsingapore@gmail.com
WEBSITE：www.ddsingapore.org
ADDRESS：146B Paya Lebar Road#06-01
ACE Building, Singapore 409017

泰國護法會
Thailand Branch
TEL：66-2-013-5651~2
E-MAIL：ddmbkk2005@gmail.com
FB:/www.facebook.com/ddmbathai
ADDRESS：1471. Soi 31/1 Pattnakarn Rd.,
10250 Bangkok, Thailand

■大洋洲Oceania

澳洲雪梨分會
Sydney Chapter
TEL：61-2-8056-1773
FAX：61-2-9283-3168
E-MAIL：info@ddmf.org.au
WEBSITE：www.ddm.org.au
ADDRESS：Room 605, Level 6, 99 York
Street Sydney NSW 2000, Australia

墨爾本分會
Melbourne Chapter
TEL：61-4-7069-0911
E-MAIL：info@ddmmelbourne.org.au
WEBSITE：www.ddmmelbourne.org.au
ADDRESS：42 Bridge Street, Bullen, VIC
3150 Australia

【教育事業群】

法鼓山僧伽大學
電話：02-2498-7171
傳真：02-2408-2492
網址：www.ddsu.org
208303新北市金山區法鼓路555號

法鼓文理學院
電話：02-2498-0707轉2364～2365
傳真：02-2408-2472
網址：www.dila.edu.tw
208303新北市金山區法鼓路700號

法鼓文理學院‧推廣教育中心
電話：02-8978-2110轉8011
傳真：02-2311-1126
網址：www.dilatw.blogspot.tw
100002臺北市中正區延平南路77號9樓

中華佛學研究所
電話：02-2498-7171轉2362
傳真：02-2408-2492
網址：www.chibs.edu.tw
208303新北市金山區法鼓路555號

法鼓山社會大學服務中心
（法鼓山社會大學北海校區）
電話：02-2408-2593～4
傳真：02-2408-2554
網址：www.ddcep.org.tw
208001新北市金山區仁愛路61號

法鼓山社會大學新莊校區
電話：02-2994-3755；02-2408-2593～4
傳真：02-2994-4102
網址：www.ddcep.org.tw
242001新北市新莊區新莊路114號

法鼓山社會大學北投校區
電話：02-2893-9966轉6135、6141
傳真：02-2891-8081
網址：www.ddcep.org.tw
112004臺北市北投區公館路186號

聖嚴教育基金會
電話：02-2397-9300
傳真：02-2393-5610
網址：www.shengyen.org.tw
100018臺北市中正區仁愛路二段
　　　48之6號2樓

【關懷事業群】

法鼓山社會福利慈善事業基金會
電話：02-2893-9966
傳真：02-2893-9911
網址：www.harity.ddm.org.tw
112004臺北市北投區公館路186號

法鼓山人文社會基金會
電話：02-2381-2345
傳真：02-2311-6350
網址：www.ddhisf.org
100002臺北市中正區延平南路77號5樓

國家圖書館出版品預行編目資料

法鼓山年鑑. 2021／法鼓山年鑑編輯組編輯企畫. --
初版. -- 臺北市：法鼓山文教基金會，2022.09
　　面；　公分

ISBN 978-986-98261-8-17-2（精裝）

1.法鼓山　　2.佛教團體　　3.年鑑

220.58　　　　　　　　　　　　　　111009003

2021 法鼓山年鑑

創　　辦　　人	聖嚴法師
出　　版　　者	財團法人法鼓山文教基金會
地　　　　　址	臺北市北投區公館路186號
電　　　　　話	02-2893-9966
傳　　　　　真	02-2896-0731
編 輯 企 畫	法鼓山年鑑編輯組
召　　集　　人	釋果賢
主　　　　　編	陳重光
編　　　　　輯	李怡慧、游淑惠
專 文 撰 述	釋演曉、梁金滿、胡麗桂、陳玫娟
文稿資料提供	法鼓山文化中心雜誌部、叢書部、史料部，法鼓山各會團、海內外各分院及聯絡處等單位
攝　　　　　影	法鼓山攝影義工
美 編 完 稿	邱淑芳
網　　　　　址	http://www.ddm.org.tw/event/2008/ddm_history/index.htm
初　　　　　版	2022年9月
發 心 助 印 價	800元
劃 撥 帳 號	16246478
劃 撥 戶 名	財團法人法鼓山文教基金會